U0454930

國文課絮語

張克 著

趙改燕 評

湖南大學出版社·長沙

图书在版编目（CIP）数据

国文课絮语 / 张克著；赵改燕评. —长沙：湖南
大学出版社，2024.12
ISBN 978-7-5667-3582-9

I.①国… Ⅱ.①张… ②赵… Ⅲ.①中华文化—教
学研究 Ⅳ.①K230

中国国家版本馆CIP数据核字（2024）第107845号

国文课絮语

GUOWENKE XŪYŬ

著　　者：张　克
评　　者：赵改燕
责任编辑：刘　旺
印　　装：湖南省众鑫印务有限公司
开　　本：787 mm×1092 mm　1/16　　印　　张：23.75　　字　　数：340千字
版　　次：2024年12月第1版　　　　　印　　次：2024年12月第1次印刷
书　　号：ISBN 978-7-5667-3582-9
定　　价：67.00元

出 版 人：李文邦
出版发行：湖南大学出版社
社　　址：湖南·长沙·岳麓山　　　　　　　邮　　编：410082
电　　话：0731-88822559（营销部）　88821174（编辑部）　88821006（出版部）
传　　真：0731-88822264（总编室）
网　　址：http://press.hnu.edu.cn

封面书名古刻版集字
版权所有，盗版必究
图书凡有印装差错，请与营销部联系

生生之谓易。

——《易传》

黄钟大吕施宣于内，能生之物莫不萌芽。

——陆九渊《敬斋记》

目 录

自序一：为什么是絮语

　　序言常是最后写的，本书也不例外。在长长的文字跋涉之后，著者最想说的，是写一本书的语态。

　　这书是当下两位普通国文教师围绕《国文课》选本随文感兴的记录，整理成文字时选择了"絮语"。为什么是"絮语"呢？

　　著者有个偏见，书有两种写法，一句一句写的和一段一段写的。一句一句写的，由字到词，由词到句，由句到段，处处都潜伏着犹疑、裂缝，语意的推衍、语态的妥帖、语流的畅顺、情绪的流转最费思量。具体而微的连缀、转折、递进、通贯时时刻刻折磨着写作者，站在文脉语流的某个坎上左顾右盼，过不去的情况不时出现，每每令人头疼、绝望，《聊斋志异·促织》里"唇吻翕辟，不知何词，各各竦立以听"可以借来约略说明此刻的窘状。有人说，"把句子扔到烤肉架子上，我要看见它滋滋作响"，大概就是这类人的追求。一段一段写的则不同，写手似乎都没留意过一句一句写时这些随处可见的烦恼，他们只是把一段段的文字信息编排码好，仿佛字、词、句就是一堆毫无血脉、情绪、色彩的文字机器人，随便扒拉、调配、砍杀。著者钦佩这路写手的冷心肠，自己多年操持可惜一点长进都没有，一下笔还是紧张，仿佛各个字、词、标点都会跳起来指责自己竟也学得如此随便、无情。

　　我也羡慕那些呢喃的文字。上中等师范时有次去找同学，大门小门都开着，他母亲在屋内对着上帝像做虔诚的祷告，根本没觉察我一直打招呼、已经走进来了。她的语流很快、连贯极了，喃喃自语，声音不高，但嘴里的话像喷泉涌现一般，一点也没有停歇、疲劳的迹象，絮絮不止，简直可以一直说到天荒地老。后来我看到刘小枫用"呢喃"一词评论张志扬的哲思语态时（《我在的呢喃——张志扬的〈门〉与当代汉语哲学的言路》），马上想到的就是这同学母亲祷告的画面，原来这样的语态叫"呢喃"。

我在中国古典文章里极少见到这样的语态，无论是四六骈文还是其他史传、碑铭及各路文体。即使是宣称自己"吾文如万斛泉源，不择地而出，在平地滔滔汩汩，虽一日千里无难"的东坡，也不符合我在同学母亲那听到的语态。张志扬的哲思语态恐怕也难全部符合，只能说大略相似。后来我在看丹麦神学家克尔凯郭尔《十八训导书》一书的中译本时，才又一次感受到了所谓呢喃的语态，感觉他的语流也在涌现，仿佛文字不是直线的，而是涌现的。这种涌现的语态我在陀思妥耶夫斯基那癫狂的叙述里也见识过。我思忖了很久，为什么这种呢喃的语态只有在神学家、基督徒那里才能见到？为什么在中国古典文言文里很难见到？

我在中国古典文言文里常感受到的语态是顿挫和流转的，可以分别以《史记》和《红楼梦》做代表，具体情形中国的读书人都明白，不必赘述。黄侃有句"言在唇吻，随世潜流；文着于书，其性凝固"大体可以说明从言到文的变化以及行文叙述的顿挫，形容杜甫诗文的"沉郁顿挫"一词可以说明中国文章的基本语态。其实这种顿挫感也是《红楼梦》行文叙述的常态。《红楼梦》行文叙述时的流转主要体现在每一语言单位（字或词）、每一话头、每一口吻、每一场景之间的过渡上，像切线划过某个点一般，圆融、妥帖。我觉得顿挫的凝结、庄重和流转的轻盈、圆融都是好的。

语流涌现的呢喃语态不常见，在顿挫与流转之间，可否有一种中间态的语态？我称之为"絮语"。顿挫感稍弱一点，不要每句都是深湛幽渺之思，让人可以絮絮而谈，但也不能全无遮拦，意思、语流、文脉还是得有个流转的样子。看上去，"絮语"像是打了折的呢喃。据我的观察，中国古代文章里出现絮絮而谈、唠唠叨叨的语态时，说话者多是边缘的老年人，尤其是老妇人。古汉语单字为本、四六跌宕的叙述行文有抑制"絮语"的内在机制。如此说来，"絮语"有可能作为一种现代语态在发展，"絮语"会是观察现代文章、古今之变的好切口。五四以降，虽有鲁迅的"自言自语"《小杂感》、散文诗《野草》那样深度倾诉自我的作品在，但留意、深入研究"絮语"语态、语体的并不多，"絮语"难道真是汉语语体的黑洞？

罗兰·巴特曾写过一本《恋人絮语》，对"絮语"有所思考。主要是想打破关于爱情的规训性表述，使用神经质似的发散性行文，散点透视，糅思辨与直接演示为一体，恢复情话的片段性，让人感受到"恋人心中掀起的语言波澜的湍流"。

我没那么大野心，搞不好汉语的"絮语"研究还得旷日持久，也非我们这本小书所能承载。说起研究，常见的无非三类，抚摸式的、针刺式的、覆盖式的。抚摸式的长于随物感兴，针刺式的长于问题剖析，覆盖式的则长于东拉西扯、虚张声势。当然，还有等而下之的，揩油式的，只是为了占研究对象的便宜，著名人物的纪念、研究文章，最易"油"大。这本《国文课絮语》，说起来还是会有些微研究心得，但不想遵循这三类研究套路的绳墨，无以名之，只好叫"絮语"式吧。

幸惠有声，恕此絮语！

古代的塾师，"学生初去后，灯火未来时"，无人说话，最是凄凉。现代的国文教师就好多了，有了邮件，尽可随时沟通、批评！我的邮箱是：z99k@sina.com。

是为序。

张克

2024 年 2 月 20 日

自序二：能生之物莫不萌芽

　　此刻是二十四节气中的雨水三候——草木萌动，五年前的这个时节，张克老师萌生出写一本《国文课絮语》的想法，借助早春的生发之力，心动即行动，每周他讲解一章内容，我根据录音整理成文字。主讲人没有刻意准备，每次话题一打开，思接千载，心游万仞，逸兴遄飞。后面听闻他罹患重症肌无力，我无比愕然。此时书稿的主体工作已经完成，我力有不逮，修订一事便搁浅下来。

　　前一阵张克老师把修订后的书稿发给我，我深感震撼，完全颠覆了我对"修订"的认识，仅字数方面就增加了三分之一的篇幅。作为一名略有语言洁癖的读书人，他追求"像切线划过某个点一般，圆融、妥帖"的写作方式，为严正整饬前期纵意所如的粗放，他用十足的真诚，将七八万字的学术理性和生命感悟妥帖地填补在看不见的沟沟缝缝中。全书行文丝滑细腻，明白晓畅。甚至为了这份晓畅，都演绎出絮语独有的絮叨了。

　　看到书法家启功先生《论书札记》里的一段文字："行书宜当楷书写，其位置聚散始不失度。楷书宜当行书写，其点画顾盼始不呆板。"说的虽是书法，我从中却看到了这本书的写作。国文教育关于生命的感发，主讲人秉持学者本色对学术理性的偏爱，如何兼顾两者不失度，做到相互顾盼与呼应，七八万字符的跳动，或许会告诉你答案。

　　在我看来，这本《国文课絮语》难以归类，有关于《国文课》教学细致入微的体会，有关于传统文化和现代思想的精到解读，更有一个当代文人对时代课题的执着探索——如何实现中华传统文化的创造性转换。这本书涉及的内容相当广泛，当你带着觉察的意识，就会发现一切都是与自己相关的。

草木萌动的季节，"萌动达，万品新"，能生之物莫不萌芽。希望这本书能给当下的国文教育带来新意，一起迎接"草木蔓发，春山可望"的美好春天！

赵改燕

2024 年 2 月 29 日

说说《国文课》的序言、篇章及选文

先请诸君看这本《国文课》（湖南大学出版社 2018 年版）的序言：

列位师友，您道这本《国文课》的编辑从何处着眼？说起立意，也苦思冥想了很久，最后绘事后素，还是决心将"生生之谓易"的精神做些演绎。待编者把其中原委注明，您定然会了然不惑，或许还会多一份理解也未可知。

编者长期供职于某高校，深知重建中华民族的文化自信是上下都念兹在兹的事，也是我们从事人文素养教育的教师职责之所在。平素也收集了不少大学生真实的感受和意见，从中熟悉了他们的活力、渴望，也理解他们的空虚和迷茫。当然，他们某些时候不经意的冷淡也促人自省，让人想起《孔乙己》里，当孔乙己热心地要教"茴"字的写法时，小伙计对孔乙己不耐烦，懒懒地答话——"谁要你教……"。

小伙计并没有错，他只是还保留着少年的纯真罢了。孔乙己倒是得反省，"茴字有四样写法"自然是高深的学问，但是否就是当时小伙计最需要的，怕是要斟酌一下的。然而，这样的说法，对孔乙己也是不近人情的苛责，很不厚道。毕竟，如孔乙己一样，每个人都不容易走出自己的"长衫"。孔乙己是这样，小伙计不也一样？一边讨厌着自己的老板，一边又习得了他的生意经。更何况，谁又能保证，"茴字有四样写法"一类的知识对小伙计的未来就真的一定没有用呢？没有了这些看似"迂远而阔于事情"的知识，小伙计又从何能过上和他讨厌的老板不一样的人生呢？

坦白说，这正是编者编辑这本《国文课》时一直萦绕心头的问题。我们愿意直面当代大学生的感受里已经呼啸而至的生存压力、多彩又单调的生活、热烈又贫乏的生命、蓬勃又隐忍的生机。

　　这是一个正在变动、更生的世界，大学生的懵懂青春、社会的急剧转型、国家的强劲复兴都是如此。"生生之谓易"的精神是对这一世界的最好诠释。中华文化会为如何理解这一变动的世界提供丰沛、睿智的思想资源。我们也从中收获了很多，感想和心得都散布到了这本《国文课》里。

　　现在，您的时刻到了。

　　序言的第一段，明眼人一看便知，赤裸裸偷师了《红楼梦》的起首，"列位看官，你道此书从何而来？说起根由虽近荒唐，细谙则深有趣味，待在下将此来历注明，方使阅者了然不惑"那几句。至于说"决心将'生生之谓易'的精神做些演绎"，确有给整个《国文课》找到编辑主心骨的愿望，选本的四个板块（生存、生活、生命、生机）也是由此着眼的。

　　第二段，借鲁迅小说《孔乙己》里小伙计的冷眼、冷意、冷言——"谁要你教……"，刺激、揶揄一下自己和同行，对当下的国文教师来说，看到这里若您瞬间就有种针扎一般的不适感，也并不愿把自己和"孔乙己"做类比，我在这里只好坦诚，我自己其实也一样，不适且心有戚戚焉。

　　紧接着，我们还是先包容、理解学生"不经意的冷淡"、不屑乃至"纯真"，鄙夷自己的学生是没有出息的，还是反求诸己、扪心自问吧，我们热心教"茴字有四样写法"一类的知识和传统时，和学生的隔膜有多厚，有多远，其中的明暗曲折、激动无奈，冷暖自知，也不必赘述了。

　　"然而，这样的说法，对孔乙己也是不近人情的苛责，很不厚道。"是的，反省若只单向递进、逼迫，便是苛责。当下的国文教师，自由特定的传统、教育塑造而来，"都不容易走出自己的'长衫'"，就说这序言又是偷师《红楼梦》，又是援引鲁迅的小说《孔乙己》来谈当下国文教师的处境，无非因为我们就是这个传统塑造的；甚至可以更精确地说，已故的学者王富仁在那篇《鲁迅小说的叙事艺术》的文章里，就曾用《孔乙己》来直接类比当代知识分子的处境，这都是我们熟悉且深以为然的。"迂远而阔于事情""没有用"怕是有些人张嘴就来的指责，这指责里有隔膜、有不屑，也肯定有无知，这使得我们国文教师的反省里，有不适，也有不甘。

先反省自己又为自己辩护，这笔法，按黄明胜《宣·讲：中国式公关写作的实战谋略》一书（见《连环刀引发中药界轩然大波》一文）的体会，分明就是行走文字江湖时"正一刀反一刀"的"连环刀法"。其实不是的。作为一名国文教师，我对《文心雕龙·丽辞》里"反对为优，正对为劣"的教诲，八股文破题时"分合明暗、反正倒顺，探本推开、代说断做，照下缴上诸法"（刘熙载《艺概·经义概》）的方式也是知道的。但序言里反省自己又为自己辩护与这些写作的程式、技术无关，只是因为，在我们的真实处境里，当学生处于某种视野、知识积累、人生经验的弱势时，处于强势的我们只能选择理解、倾听、自省；而当我们自己处于某种科层、传统、格局的弱势时，仅有反省，只能愈见孱弱，面对不体面乃至不尊重的种种张致，不甘、自尊乃至谠论诤言以至反抗，才是正途。

把这序言里的小小曲折略作解释，无非和读者诸君、各位同行道些思虑，"满肚葛藤，能问千转"，自然也想寻些共情。当下的国文教师，能做到起落裕如的怕是不多，能体谅我们如是叨叨的，想来不少。当然，为文不能直截干净，吞吐抑扬、唠唠叨叨的毕竟不足为训。这也是无可奈何的事，也算时髦的文化现代性之表征。按国学大师刘师培的高迈标准，中国文章，以魏晋为节点，就越来越不从容了。他看文章之转折，"汉人之文，不论有韵无韵，皆能转折自然，不着痕迹"，"使后人为之，不用虚字则不能转折"，"魏晋以后，文章之转折，虽名手如陆士衡亦辄用虚字以明层次"。(刘师培《汉魏六朝专家文研究·论文章之转折与贯串》)连《文赋》的作者名手陆机(士衡)都离不开虚字了,更何况,现代以降,叛者辞惭、疑者辞枝。鲁迅好用"然而"、卡夫卡多写"但是",一派竦立以听、涌心塞眼的景象,正所谓,"我从未体验到自己的单纯","我在学习纯洁的细节时感受到了压迫"(梁小斌《翻皮球》)。得承认,我们实际上是在大时代的转型里,神疲气衰之际,呵护、滋生、振拔那些古典的、刚健的、宽容的、呢喃的各路美好的人道精神,"短以取劲,长以取妍",尊重差异、体贴学生、尽份责任,这责任其实是沉甸甸的。

现在回到正题,说说这本《国文课》的篇章和选文。

全书以"生生之谓易"的精神为指引,分四个部分(板块):生存、生活、生命、生机。四个部分又各分三到四章,共有十五章,以适应一学期的教学(大体十六周,每周两学时),未做满十六章是考虑略空出一点留白时间,老实说这留白着实少了些。留白太多恐怕也难以实现,各路管家估计就不同意,这也是个实情,想来只能一苦笑。

四个部分的排序(生存、生活、生命、生机),其内在线索是:先得活着、活下来,才能领略生活的丰富多彩;尊重生活的各路面相,见多识广,方能凝神、敬畏参差多样的生命;有了生活的丰富,生命的虔诚,才会发现真实不虚的生机。微细处入手、过程中体贴,次第上升,最后窥得全貌,这和朱子定四书五经的阅读顺序有所不同。朱子主张:"先读《大学》,以定其规模;次读《论语》,以立其根本;次读《孟子》,以观其发越;次读《中庸》,以求古人微妙之处。"朱子的立意高深,从大处着眼,神降明出,这本是中国文史传习的重要精神,我们在诸多同行的选本中也常常能嗅出如此分类的气息。

这里岔开一笔唠叨两句当下国文课尤其大学国文课教学的现状,总体上颇有"道术为天下裂"的情形,各种以"这课不就是……"或"你就得……"的句式开始的误解和隔膜,各种非得上成高四语文、长于知识测试的执念,各种以学科话题出现但其实并不尊重学术底蕴的时尚话题，各种脱离学生真实感受、情思、祈望的幼稚化和虚张声势……总之诸多啼笑皆非、荒诞又令人窝心的指令、做法，正印证着当下人文通识教育的确面临挑战的现实：如何实现优秀传统文化现代转换。顺便说一下，一些同人有心把国文课学科化，这大概与着眼政策设计，在大学学科体制里争些尊重有关。但学科化并非学术研究的充分且必要条件，尤其是人文学术。若从学科这一概念的规范意义上讲，国文一事也不宜学科化，不学科化丝毫不影响对国文一事的学术研究。老实说，学科就像当代体制内学人的马甲，纯粹从事国文教学的同人，尤其是那些不在传统研究性大学平台的，事实上已经失去这个马甲的庇护了，念念不忘好像也于事无补，徒增烦恼乃至羞辱，又何苦呢？临渊羡鱼不如退而结网，尽心力和同学们在一起切磋学问才是最重要的。

牢骚发完了，说说我们不同于朱子的阅读次序安排，主要考虑的是，先规模、次根本的安排，学生受多年教育再熟悉不过，对其中的训导气质也格外敏感，不如反向操作，先留意学生需求的体贴、激活，语态柔和了，话题可聊了，指引亲切了，才好接引他们登堂入室，读书近思。总之，就是略有些读者意识罢了。四个部分及各自篇章、选文如下：

生存

第一章　敬事而信

沈从文：跑龙套

王鼎钧：台北的女车掌

叶灵凤：元祐党籍碑的刻工故事

第二章　安生服业

汪曾祺：职业

薛忆沩：出租车司机

萧红：马房之夜

第十五章 惠此中国

钱穆：中国民族之克难精神

冯至：工作而等待

每一章皆安排特定主题，依据该主题遴选经典篇什，设置可讨论话题，做些拓展知识资源的指引。这话说起容易，其实大费周章。需要回答的问题至少包括：

1. 为何是这些主题而非其他主题，内在的理据是什么？

2. 各主题按此顺序排列又有何讲得通的理由？

3. 各章的选文，又有何内在依据才得以入选？

4. 各主题下的若干选文是否能组成略具系统性的结构？

5. 全部选文对中国文化重要传统的覆盖是否足够？

6. 编者的阅读视野、趣味能成为唯一理由吗？

7. 与学生在中学期间所学经典篇目、课外拓展阅读篇目是否有重复，若尽量不重复，选文的难度是否又不切实际，过难过深？

8. 选文涉及的话题如何接榫学生真实的生存、生活需要？

以上八个问题可谓《国文课》（《大学语文》《语文与写作》等是它的别名）选篇、教程编辑的"大哉问"。能自觉回应，且能费心有所着墨的诸君，我们愿引以为同道。

下面我们就开始依次就每一章的主旨、选文做些絮语式的梳理、讨论，免不了把编书的点滴心得老老实实地给您交代了。琐细之极，要请您多些耐心。顺便说一下，这本《国文课》封面上的那四句致读者的话是这样的：

不想你翻几页国文就慌了神

不想你来国文课只想说"呵呵"

希望你可以满腹经纶

希望你依然善良单纯

◎关于这个文案，休格曼的《文案训练手册》（*The Adweek Copywriting Handbook*）英文版有两个版本，2004 版有这则文案，2006 版则删去了这个文案。中信出版社是根据 2004 版译的。涉及这则文案的英文原文是这样的：

If the purpose of all the elements in an ad is therefore to get you to read the copy, then what we are really talking about is reading the first sentence, aren't we? What does this tell you about the first sentence? Pretty important, isn't it? And if the first sentence is pretty important, what do you hope the person who looks at your ad does? Read it, of course. If the reader doesn't read your very first sentence, chances are that he or she won't read your second sentence.

Now if the first sentence is so important, what can you do to make it so compelling to read, so simple, and so interesting that your readers—every one of them—will read it in its entirety? The answer: Make it short.

If you look at many typical JS&A ads, you'll notice that all of my first sentences are so short they almost aren't sentences. Some typical ones might be:

Losing weight is not easy.

It's you against a computer.

It's easy.

It had to happen.

Hats off to IBM.

Each sentence is so short and easy to read that your reader starts to read your copy almost as if being sucked into it. Think about the analogy of a locomotive. When the locomotive starts to chug from a standing start, it really works hard. The amount of commitment and energy that the train must

这四句话其实也是偷师的尝试。我们在一本《文案训练手册》（作者是约瑟夫·休格曼）里看到了一些广告文案：

减肥并不容易。

对抗电脑的是你。

这很容易。

这一定会发生。

向（　）致敬。

最后一句的"（　）"里原来是某个电脑品牌的名字，可以把它换作自己感到骄傲或感兴趣的品牌；现在您可以凭直觉看看或耐心琢磨一下，这个小文案里的五句话，它的次序、内容，是否有些内在的门道？能不能带给自己一些启发？若看完有些茫然，一时看不出所以然，不妨和旁边的朋友一起讨论、商量一下，头脑风暴常常有意外惊喜。我们的阅读、分析如下：

第一句，"减肥并不容易"，这句话挺实在，无论胖子、瘦子，大概都能接受，估计胖子更能接受，还有不少共鸣呢！是不是隐约觉得这头一句话说的不就是一常识吗，这不一句废话吗？别小瞧了这第一句话。第一句话就能说出、写出别人愿意接纳，甚至能一下子就能"共鸣"的话，这并不容易。根据传播学的"滑梯理论"，想有效传播，第一句话得能激发读者的"共鸣"、吸引读者的眼球、让读者产生悬念，这样才有机会促使别人愿意继续读第二句，进而一而二，二而三，就这样一路读下去，最后读者像坐上了顺溜的滑梯一样，如期到达了终点。可见，第一句多重要，能激发"共鸣"多重要。这里的"共鸣"，严格说起来还有微妙的两种状态的不同，一种是偏理性上的认同，即"同理"，一种则是情感上的认同，即"共情"。很明显，"共情"比"同理"的"共鸣"状态来得更强烈，毕竟，情感的认同往往才是我们做决定的内驱力。

第二句，"对抗电脑的是你"，这句是直接点出了问题：人变胖有可能是因为过长时间地使用电脑，缺乏锻炼。可使用电脑在当下看来似乎又难以避免，所以我们面临的问题就是"对抗电脑"。当然，"问题"之所在，恰恰正是机会之所在。

第三句，"这很容易"，这句是个断语，是个承诺，也可以说是给了一个希望，不过看上去还是有些突兀，令人觉得唐突、微茫，也略有些令人不敢轻信，它还需要证明、论证，否则只会是个空洞、轻佻的希望和承诺。

第四句，"这一定会发生"，这句也是个断语，语气却更坚定了。"这一定会发生"既是对可预见结果言之凿凿的确认，也凸显了说话者的坚定意志，当然，这种坚定的意志会激发我们对说话者的信任。可以说，第四句就是对第三句的承诺、希望在做意志论证。

第五句，"向（　）致敬"，其实是个最后给出的很具体的行动方案——"购买（　）"。有意思的是，文案不直接说"请购买（　）"而是说"向（　）致敬"，分明是赋予了"（　）"中的内容以庄重的敬意和尊严；它可真会说话。

exert is monumental. But once the train starts to move, the next few feet become easier and the next few even easier. So it is with copy.

我觉得这里有两个问题。第一，译者把"It's you against a computer"译错了，不应该是"对抗电脑的是你"，正确的译法为"面对电脑的是你"。第二，国内很多写文案的书都引用了这则文案，但都没有解释文案的意思。我认为这则文案是IBM电脑的广告文案。第一句"减肥并不容易"是双关，既指保持身体健康的减肥行动不易凑效，更指减小电脑体积的技术难度。当然共情同理是有的。把这则文案的意思讲清楚，对于梳理其内在的逻辑可能有非常大的帮助。2004年出版的书，引用的应该是更早时候文案，那时电脑与网络技术还不太发达，大型游戏也少，沉迷网络的情况可能不太多见。

经过我们的如上解释，这个文案五句话的内在文脉，大抵清晰了。把它的内在文脉用关键词的形式总结下，就是：

文案	关键词
减肥并不容易。	共情与同理
对抗电脑的是你。	问题与机会
这很容易。	希望与承诺
这一定会发生。	意志与信任
向（ ）致敬。	方案与行动

现在可以看到这份商业文案的内在机制了，它实则是努力在和潜在客户建立起有亲近感、可信任、最终引发购买行动的心理联结。服务他人得从尊重他人开始，它的做法是：先寻找与客户可以共情的话题，再直面困扰客户的真问题，面对问题时首先给客户以希望和承诺，然后马上显示自己搞定问题的坚定意志、努力建立客户对自己的信任，最后具体而微地给出自己的解决方案。

我们觉得，除了学习朱子主张"先读《大学》，以定其规模；次读《论语》，以立其根本；次读《孟子》，以观其发越；次读《中庸》，以求古人微妙之处"的读书方法外，也可以领略下这类商业文案透露出的内在机制，从中获取些技法和启发。在这本《国文课》里我们悄悄做些了尝试。了解了我们偷师的秘密，您觉得我们这四句的模仿做得如何呢？

不想你翻几页国文就慌了神
不想你来国文课只想说"呵呵"
希望你可以满腹经纶
希望你依然善良单纯

生存

第一章 敬事而信

　　我们这书，这课，愿意直面当代大学生的真实处境，就像《国文课》序言里说的——"直面当代大学生的感受里已经呼啸而至的生存压力，多彩又单调的生活，热烈又贫乏的生命，蓬勃又隐忍的生机"，从丰沛的中华文化思想资源中寻找有益的精神养分，帮助同学们建立完善的人格，实现自我的成长。这几句话说得很庄重，也是真心话，不过好像还不够亲切，写给老师们看的味道浓了一些，同学们未必领情呀，还是继续努力吧。

"跑龙套"的欢喜、自嘲和庄严

　　第一章"敬事而信"的第一篇文章，是沈从文先生的《跑龙套》，读来倒是很亲切。我们的"阅读建议"也是直接写给同学们的：

　　"跑龙套"恐怕不是很多同学的梦想，但却是作为××高校学子的您的真实职业起点。生存的确不易，热爱也需经磨砺。大作家沈从文先生倒是常自称是个"跑龙套"的角色，而且"欢喜这个名分，除略带自嘲，还感到它庄严的一面"。我们的国文课就从这里开始吧。沈先生的这篇《跑龙套》很温和，也细腻，当然更有他对"跑龙套"的人们的尊重。您慢慢体会。

◎见微知著，貌似很平常的一句话，被解读出了"情理意"的三位一体，这才是语文老师的真功夫。欢喜、自嘲、庄严，孔子行事中也有例证，欢喜：《论语》："知之者不如好之者，好之者不如乐之者。"自嘲：《史记·孔子世家》有一段精彩的记载："孔子适郑，与弟子相失，孔子独立郭东门。郑人或谓子贡曰：'东门有人，其颡似尧，其项类皋陶，其肩类子产，然自要以下不及禹三寸。累累若丧家之狗。'子贡以实告孔子。孔子欣然笑曰：'形状，末也。而谓似丧家之狗，然哉！然哉！'"庄严：《论语》："子畏于匡，曰：'文王既没，文不在兹乎？天之将丧斯文也，后死者不得与于斯文也；天之未丧斯文也，匡人其如予何？'"

◎真的是向内在的修行，以学生为镜像，照见真实的自己。

选沈从文先生的《跑龙套》当首篇，就是看重了"欢喜这个名分，除略带自嘲，还感到它庄严的一面"这句话。"欢喜"是情感上的热爱，"跑龙套""这个名分"本身就值得热爱；"自嘲"则是理性上承认自己的能力有限，别太把自己当回事；"庄严"则是对这个"名分"里蕴含的实际工作的尊重，这是一种意志上的清醒和自觉。情感上的热爱引人共情，自黑自嘲给人幽默感，不忘"庄严"的责任感则让人放心，这三位一体，才是完整丰富的情感光谱、人性光谱。

对我们相当一部分同学来说，不管是否情愿，未来职业和梦想的起点，恐怕就是跑龙套。跑龙套看似平凡不起眼，其实并不简单。沈从文先生自中华人民共和国成立后就很少文学写作了，1957 年始在中国历史博物馆、故宫博物院从事文物研究工作，其实也要做一些非常琐细的工作，比如登记、保管文物等近于杂务的事情，文中说："近年来，社会上各处都把'专家'名称特别提出，表示尊重。知识多，责任多，值得尊重。我为避免滥竽充数的误会，常自称是个'跑龙套'脚色。我欢喜这个名分，除略带自嘲，还感到它庄严的一面。"其实我们从事人文通识教育的同人，是很能体会沈先生这句话的滋味的。人文通识教育的生态未尽理想，从事人文通识教育的同人或许也未得到应有的尊重，我们索性秉持着幽默的态度自嘲一下：我就是个教语文的，但我欢喜这名分，也感到它庄严的一面。审视不必要的清高，更好地倾听学生真实、日常的声音，更宽容地接纳真实的世界，这也是"欢喜"的修行。庄严在于，国文教学事关学生的文化修养与优秀文化的传承，这也是我们的事业和使命。我们的学生无论从事哪种职业，若都能从自己的工作中领略到这几重意味，一定是心智健全的。能够自嘲而幽默，说明内心强大，纵使处境有不堪之处，也能从容以对。带着庄严感，跑起龙套来更能一丝不苟。

现在也明白了，一些先进材料、公众报告、演讲稿等写得不够好，大概总是这三位一体缺了一点，缺"欢喜"不能使人动情，缺"自嘲"不够亲切生动，缺"庄重"又有些轻佻了。我们理解本章的主旨"敬事而信"，乃至传习《国文课》和其他学问，做人、做事，沈从文先生这"欢喜""自嘲""庄严"的"三位一体"是个挺好的提醒。

第一章"敬事而信"选了三篇文章，除了沈从文先生的《跑龙套》外，还有王鼎钧的《台北的女车掌》，叶灵凤的《元祐党籍碑的刻工故事》，相对应地分别设计了几个可以讨论的话题："跑龙套的价值和尊严""善待'最受委屈的人'""小人物的善良与正直"。来自台湾的王鼎钧先生现在已是大陆读书界人士熟悉的散文家了，这篇《台北的女车掌》节选自他的《文学江湖》。"女车掌"，其实就是"女售票员"，台湾 20 世纪 50 年代辛苦工作又备受委屈的人群，日常生活里，请"善待最委屈的人"是选这篇文章的心思。我们重点说说叶灵凤的《元祐党籍碑的刻工故事》。

元祐党籍碑的刻工故事

叶灵凤的《元祐党籍碑的刻工故事》是一篇现代散文，里面引录了几处短小的笔记文字，讲的是发生在宋代的两则"最动人的小故事"。元祐是北宋哲宗赵煦的年号。王安石变法是在哲宗的父亲宋神宗主导下进行的，神宗去世后，哲宗年纪小，由高太后垂帘听政。高太后本来就反对变法，所以又任用司马

◎ 嗯，心中有星辰大海，眼前就不是苟且。

◎ 不同文章中三者的比例需有微妙的平衡，才能做到恰如其分。

◎ 这三个话题设计得真好！

光为相，保守派又成为朝政的主流。从此以后，反对变法的就被称为元祐党人，支持变法的被称为元丰党人（元丰是神宗年号）。宋徽宗时代，变法派声势大振，丞相蔡京为了彻底地排除异己，奉皇帝的旨意，下令各州县大刻元祐党人碑，宣布这些人属于奸党，让他们遗臭万年。命令一下，各地官员就要找手艺精湛的刻工来刻石碑，这篇文章里的两位刻工——九江刻工李仲宁和长安刻工安民，就是在这种背景下演绎了"最动人的小故事"。

李仲宁本身是依靠官府做雕刻生意的，但是，当他知道这一次官府要他把苏轼和黄庭坚的名字，刻在奸人党碑上的时候，他就不干了。他对太守说："小人家贫窭，止因开苏内翰、黄学士词翰，遂至饱暖，今日以奸人为名，诚不忍下手。"他靠雕刻苏轼和黄庭坚的作品解决了温饱问题，"黄太史题其居曰琢玉坊"，他的工作坊都是黄太史黄庭坚题字的，现在要把他们的名字刻在奸人党碑上，实在下不了手。我们知道在中国古代，相对于普通的手艺人，官员的权力是很大的，拒绝官员的要求是要冒很大的风险的，更何况这还是朝廷旨意。李仲宁当然也知道，但是做人总得有基本的道德底线吧。能够这样直接地跟太守说"不"，说明他挺强悍的。

相比之下，安民要柔弱一点。他不愿刻碑的理由是："小匠不知朝廷刻石底意，但听得司马温公，海内皆称其正直忠贤，今却把做奸邪，小匠故不忍刻石。"他就是一个普通的刻工，和司马光没有任何利益关系，也没法理解朝廷高层复杂的政治斗争，就是一个很朴素的质疑：怎么能把司马光这样的好人刻在奸人党碑

◎相较于官员权力之大，工匠地位之低下，年轻人可能难以想象。中国古代讲究士农工商"四民分业"，刻意抑制工商，依附于工商的工匠更是不被尊重，抬不起头来。这里提供一则野史资料供参考。《朝野遗记》记载了宋徽宗时期宰相李邦彦是银工出身的事实："李太宰邦彦起于银行，既贵，其母尝语昔事，诸孙以为耻。母曰：汝固有识乎？宰相家出银工则可羞，银工出宰相正为嘉事，何耻焉？"

◎我的感受恰恰相反。安民的强悍是隐性的，根植于内在根深蒂固的道德评价体系，而李仲宁的拒绝更多的是从人情世故层面出发，我从他的话语里感受到委婉的真诚。

上呢？李仲宁拒绝刻碑后，不仅没有受到惩罚，还得到酒食馈赠。而安民就不同了，他和官吏也不熟，一说"不忍刻石"，官吏就要抽他鞭子，没办法，他只好妥协了："小匠刻则刻也，官司严切，不敢推辞，但告休镌'安民'二字于石上，怕得罪于后世。"他流着泪，请求不要把他的名字署上去。

李仲宁和安民，这两位刻工是不同类型的人，不管是强悍还是柔弱，都知道要对得起自己的良心，对得起手上的活计，对天、地、人都要有恭敬的态度。我们每个人、每位师友也大体如此，个性、气质不同，或强悍，或柔弱、沉静，无论怎样，我们都要对得起自己的良知。宋代刻工李仲宁和安民，让我们看到小人物的善良和正直，会产生怎样的社会影响。直到差不多一千年后的今天，我们仍然在学习他们的这种精神，传递这种能量。反过来，小人物若是丧失了善良与正直，也可以成为做恶的帮凶，甚至杀人的刽子手。有同学说，利益诱惑下，就算我不做那些不好的事，别人也会去做的，怎么办？的确，世事纷扰，要说起来有着各种可能性，不如发挥些孔夫子"载之空言，不如见之于行事之深切著明"的智慧，做人做事先守住自己这条底线。也许有人会说：我只是个微不足道的小人物，就算我保证自己不做，对整体的社会又能改变什么呢？当然可以！一只蝴蝶振动几下翅膀，都有可能会引发一场龙卷风。在今天这样一个"互联网+"的社会，人类的命运前所未有地联系在一起，每个个体的行为，一旦被定格、放大，产生的影响将超乎想象。即使没被看到，同样不是微不足道的，顾炎武说"天下兴亡，匹夫有责"，曼德拉说"我们可以卑微如尘土，不可扭曲如蛆虫"，现代社会的道德、良知更依赖社会中每个个体的伦理自觉，个体忠于自己内心的独立人格和"内心道德律"，承担起应有的道德责任，才会有整体的社会正义。这是我们学习《元祐党籍碑的刻工

◎现在觉得，头上的星空和内心的道德律是一体的。宇宙是全息的，星空熠熠生辉，也是生命内在之光的闪耀。

故事》这篇小文的切己感触，和大家分享。

叶灵凤还提供了一个线索，金古良的《无双谱》画传，有一幅安民的画像，郑振铎先生曾选入他所编辑的《中国版画史图录》中。查一下《无双谱》的信息，就知道，它又名《南陵无双谱》，是刊刻于清康熙三十三年（1694）的著名浙派版画。绘者从汉代至宋1400多年间挑选了40位广为称道的名人，如张良、项羽、苏武、李白、司马迁、张骞、严子陵、班昭、孙策、陶渊明、谢安、狄仁杰、郭子仪、文天祥、岳飞等，绘成绣像并题诗文，由于这些人物的事迹举世无双，故此图册称为《无双谱》，绘画者是擅长人物画创作的绍兴人金古良，镌刻者朱圭则是康熙时期的御殿刻工。安民能入《无双谱》，与项羽、苏武、李白、司马迁这些熠熠生辉的名字同列，成为为人敬重的无双之士，这《无双谱》的遴选眼光真真令人感慨，虽然他以"愚民"入选，得到的评价却是"愚民犹自有天良，镌碑不忍称奸党"。若是能多些这样的眼光，我们《国文课》的各路选本，多寻找、发掘、致敬各自领域、地域里像"安民"这样的真实人物，这书就教得、学得都有滋味了。

当良知和利益发生冲突

《元祐党籍碑的刻工故事》这篇文章很短，作者在第一段和第二段连着两次评论刻工的行为是"动人的小故事"。"动人"之处在于它有很强的代入感。假如我们自己是宋代的一名刻工，面临同样的情形，我们会怎么做呢？我们布置了这样的讨论作业，有些同学就很真实地表示自己没有勇气拒绝。有的同学很敏感地意识到，刻与不刻的背后，是利益与良知的PK。他们会为选择刻碑找各种借口："刻碑是官家命令，我一个小民除了服从，还能有什么办法？""要错也是朝廷的错，我就是个

◎是啊，各路英雄荟萃在一起，呈现更广阔的生命图谱。现代记录方式更加便捷和多元，越来越多的"安民"正登上历史的舞台。

◎这些作业可以让学生看见自己的思维模式，让他们向内去叩问自己，很有意义。

刻碑的，就算我不刻，别的工匠也会刻的。"这其实已经是阿伦特所谓"平庸之恶"的逻辑（《艾希曼在耶路撒冷》）：把责任都推给外部环境，通过这方式来消除自己道德上的负罪感。

讨论可以更深入了，如何看待"敬事而信"与"平庸的恶"？一些同学提供了自己真诚的回答。有人觉得肯定应该先守住道德底线，再说那些更高层面的追求，他说自己看到影视剧中地下党人经受疼痛仍保守秘密的画面，认为自己应该不会从事这种革命活动，因为受不了肉体的痛；还有人说，我们也不能简单地否定"平庸的恶"，高高在上的说教，只会令年轻人反感；还有人说，抽象的道德说教、道德绑架，不如实实在在的道德践行；也有同学反驳，现在问题的关键在于，我们的优秀传统美德是不是已经失去了全面履践的社会环境与土壤，那么每个人是否可以依据各自的趣味、偏好达成自己不同层级的道德自律？这样是不是更自然、更贴切些，也更利于我们弘扬这种美德？

◎观点越丰富越好，可以看见彼此。

每一场日常的讨论，都像一条条裂缝，曲径通幽、秘响旁通。肉体折磨与坚守信仰的情境，让我不禁联想到史铁生的《务虚笔记》、萨特的《墙》，乃至《约伯记》里的类似情形，肉体疼痛测试着信仰的坚贞，这撕裂感十足的情境未必适合和同学们公开讨论，会流于油滑和空泛，失去了对生命晦暗之处的必要尊重。提示阅读的线索给喜欢追问、深思的同学就够了。

◎学生能够如实表达自己的看法，老师以空杯心态倾听和引导，在彼此的交互中照见自己，是莫大的幸福。

我们对"平庸之恶"并不陌生。几年前，上海有一家食品公司生产问题馒头，被中央电视台曝光了。记者问车间里做事的一个人："你会吃这些馒头吗？"这个人就说："我不会吃的，打死我都不会吃，饿死我都不会吃。我知道这不能吃。"整个馒头的生产过程工人一清二楚，超市过期的馒头回收到工厂后，泡水变软，添加增白剂、染色剂、甜蜜素，再回炉生产包装。他说："像这种馒头，80%是年纪大的人买，供不应求，每天 3 万个这样的馒头，送进三四百家超市。"这个工人刚入职做这些事的时候，内心是怎么想的？每天做这些伤天害理的事，又是如何说服自己的？和刻工安民一样，他不也面对着利益和良知的冲突，他的选择为什么是这样的呢？这里已看不到"敬事而信"的痕迹，他从事的"事"恰恰是无法"敬"的。

我们知道现代企业的运行一般采用科层制的管理体系，层层管理，下级要服从上级。工人是企业中最基层的、负责具体技术操作的，他上面有主管，还有经理、总经理等。现代企业的运作是按照工具理性的原则来进行的，公司聘用这个工人主要是因为他有相应的生产技术，而不是因为他道德高尚。当这个工人因为道德感而拒绝进行这种技术操作，结果可想而知。这个工人可能在经历了一番思想斗争后会对自己说："想那么多干吗？按照要求来做就是了。"甚至还会站在老板的角度来辩驳："食品的成本太高了，用真材实料的玉米馒头，百分之百没有。"有同学说也不能过多地去指责这些工人，他们也很无奈。这种逻辑我们是不是很熟悉？当身边的人大都这么说时，我们也会倾向于接受这样的思维逻辑，我们的道德感就会不经意间钝化。这是很可怕的地方，这正是"平庸之恶"。我们在这个世界上生活，不能只听从现实的利益需求，否则就是孟子所说的"禽兽"了！当然，我们生活在一个比较复杂的职业社会里，"事"与"敬""信"也有分离的趋势，这种情况下，面对良知和利益的冲突，"敬事而信"的传统也需要与现代职业精神和职业伦理对话、融合。

敬事而信与现代职业道德

当下讨论道德问题，首先得承认现代社会的环境和传统社会秩序已经有很大不同了。经济学家茅于轼在《中国人的道

◎ 每一次选择都在强化自己的某种模式，善待自己的每一次选择，不要总是无知地去喂养内在的恐惧和贪婪。

◎ 灵魂最宝贵的自由意志，在生存的压力下让渡给老板和规则，生命被更深地套牢。唉！

德前景》里认为，职业道德是伴随着商品经济的发展而产生的一种新的道德，是我们的传统道德范畴所没有的新事物。他还说，社会成员具有强烈的职业道德意识是商品经济长期锤炼的结果。这个判断也许有些武断，古今对照、新旧断裂的意味强烈了些。但是它也提醒我们，如果只是把古代"敬事而信"的传统当作强硬的道德律令来要求现代职业人遵守，而不体会"敬事而信"蕴含的心灵内在的虔诚，那么，漂浮的概念、口号终究是漂浮的。人文通识教育的着力处，正是努力把日常的这些已经概念化、僵化的文化传统，还原成活泼的，充盈着真实的情思、困惑的源发之地，在每一次重现的时机里与每个血肉之躯对话。

◎这话说得太好了，激发、激活生命内在的意识芯片。我理解，这就是语文课的庄严。

职业道德也不是空泛的大话，需要留意的是它也应是有层次性的。第一个层次是底线道德，可以用"非伤害原则"（或"最小伤害原则"，见密尔《论自由》）来表示。是说你去做一份工作、提供一份志愿服务的时候，首先不要说奉献爱心等高尚的情怀，而是要记着对服务对象的"非伤害原则"。不要小看这个原则，在现实中，可能一个鄙夷的眼神，或者不够友善的言辞，乃至专业上的准备不足，训练上的不够细致，准备上的不够充分，就不经意地伤害了别人。反过来，作为接受别人服务的人，也要遵守"非伤害原则"的底线道德。一个人不论接受什么服务，也不论他为这个服务付了多少报酬，他应该在情感上给服务者以亲切的感谢，这是善意的修养，是对对方"敬事而信"的工作的基本尊重。职业道德的中间层次是"有限的慷慨"（见休谟的《人性论》，"资源的相对匮乏""人的自利"和"有限的慷慨"是他的现代人性论的三个前提预设）。茅于轼认为，职业道德最初是源于利益考虑的监督关系，所以职业道德不应该回避利益问题。对现代职业人的职业道德要求只能是"有限的慷慨"而不能是"无限的慷慨"，这是第二个层次。

◎非常赞同。

第一章 敬事而信

职业道德的第三个层次，是崇高、高尚的美德。比如无私奉献的精神，雷锋说"要把有限的生命投入到无限的为人民服务当中去"，就是一种"无限的慷慨"，是超出一般水准的、崇高的、高尚的道德。崇高是什么？康德说得挺好，一般人做不出来的才是崇高的，崇高使人感动。包括职业道德在内的各种社会道德，要有道德底线，有中间层次的"有限的慷慨"，还要有崇高、高尚的道德，这是像天使一样的美德。现代职业道德，确实有利益的牵制，但是它也能够往人的美德的高处走，成为超越利益的高尚道德。只是不可以强求，甚至期望每个人都需要、能够达到这个层次。

回到"敬事而信"，这是儒家宝贵的传统，语出《论语》的首篇《学而》，"敬事而信，节用而爱人，使民以时"，曾被孔子当作治国理政的第一要务，当然推广到任何职业都是适用的。朱熹说："敬者何？不怠慢、不放荡之谓也。"（《朱子语类》）在心为敬，道德信义是每个人发自内心的担当。心存敬意，对人对事就能够做到不怠慢、不苟且、不放纵、不糊弄。敬事而信显然不属于底线道德，而是儒家文化一直所提倡的高尚美德。孔门四科中，德行、言语、政事和文学，德行最重要。钱穆先生说："儒家教义，主要在教人如何为人。亦可说儒教乃是一种人道教，或说是一种人文教，只要是一个人，都该受此教。不论男女老幼，不能自外。不论任何知识、任何职业，都该奉此教义为中心，向此教义为归宿。"（《一九七四年九月在韩国延世大学的讲演》）这个人文教育是一以贯之的，它以君子的理想人格为目标，来引领社会成员向善向上，努力做到更好。李仲宁和安民，这两位刻工虽然是没有读过多少书的小人物，但是仍然受到了这种教义的浸润。正是内心这种强大的道德力量，使得他们在利益面前选择了良知。

有些人一听高尚美德、神圣道德、雷锋精神就颇为反感，

◎这个分层让我想到了霍金斯博士的能量层级图，视觉时代，语文教学也要可视化。

◎潜移默化的力量是巨大的。与善人居，如入芝兰之室，久而不闻其香。与不善人居，如入鲍鱼之肆，久而不闻其臭。

认为是假大空。前几年陈凯歌导演的电影《赵氏孤儿》，也许是觉得"义不负心，忠不顾死"的传统忠义观太不符合人性，就从现代人的价值观念出发，对这个经典故事进行了大幅改写，把主要人物身上的忠义品质都进行了删减和弱化，结果是抽掉了这个故事的魂儿，观众并不叫好。人性当然有非常感人的闪光的一面，无论古代还是现代，都不乏道德高尚的人士，我们看入选"感动中国"的人物，很多都在职业道德方面有着非常感人的表现。底线道德和高尚美德是职业道德的不同层次，现代社会需要底线道德的保障，同样也需要高尚的精神风范的引领。

◎当代也不能只强调底线道德，"取法乎上，得乎其中；取法乎中，得乎其下；取法乎下，无所得矣"。

像"敬事而信"这样儒家的宝贵传统，我们浸润得太少了。中国的哲人、圣人孔子，他教四样东西，所谓"文""行""忠""信"，这四个字，2008 年北京奥运会时似乎在鸟巢里出现过。什么意思？"文"，文献，我们在高校里进行的文化的教育，人文的教育，都属于"文"。"行"是什么？"行"的古字，其实就是一个十字路口，一只脚，看看往哪个方向走。"行"的核心是决断你到底要往哪个方向走。"文"是为了"行"。学习文化，不是背几句古文、公式这么简单，它要进入我们的血脉。"文"的核心，是帮助我们有一个强大的精神传统。诸位看《离骚》，开篇就是"帝高阳之苗裔兮，朕皇考曰伯庸"。什么意思？屈原在追溯自己高贵的精神传统，当然他的精神传统是跟他的血缘相统一的。对我们来讲，传习文化也是为了我们的行动服务的。我们常开导学生学习文化，是为了他在职场里有更多的生存智慧，能更好、更幸福地生存。什么样才是幸福的？有没有一个标准？事实上是有的。孔子所说的"忠"与"信"就是。所谓"忠"，心正为忠，中在心的中间，这实际上是我们内宇宙的事情，是我们内在精神世界的事情。心处在中间，不偏，就不会被外

◎是啊，现在国文教育形式丰富了很多，但很少进入实质层面，大多是在要花枪。

◎"忠"与"信"，保持内外两个世界的平衡。

◎"文""行""忠""信"四个字还有这样的关联。夫子被尊为万世师表，正在于他知行合一、由内而外实现生命的平衡与和谐。

◎"志于道、据于德、依于仁、游于艺"，次第非常清晰。现在的教育尤其是职业技术教育将这个整体割裂了，往往只在"艺"的层面大做文章。这样即使做到极致也是在枝叶上下功夫吧。

部世界打破平衡。所谓"信"，是人与人的交往、社会性的交往，为他人所信服。我们在公共领域跟别人交流、交往，应该为别人所信服。忠与信，刚好是我们的内宇宙与外部世界的两个原则。所以孔门四教，其实是孔子留给我们的关于一个人成为君子、完美人格的表述。我们还可以用《论语·述而篇》的一个表述来看孔子的这个思想。他说，贵族子弟要做士大夫，要成为君子要做到这四点："志于道，据于德，依于仁，游于艺。""志于道"，你要追求道，没一点追求是不行的。"据于德"，安身立命的东西叫德。王弼注《道德经》时曾说"德者，得也"，就是你追求道德的时候，在你的肉身、你的身体里会留下一点东西。"依于仁"，在社会性的交往里要依据仁义。看"仁"字怎么写的？左边一个人，右边是个二，有两个人出现的世界里就有"仁"的问题。"依于仁"就是指你跟别人交往的时候，依据的原则是不一样的。我们在内宇宙里依据的原则是"志于道，据于德"，要追求的精神层面的东西——西方人叫 God（上帝），中国人叫"道"，或者叫"仁义"，或者叫"佛"，等等，这是我们的内宇宙。怎么实现这一切呢？怎么实现"志于道，据于德，依于仁"呢？不是我们坐在那儿瞎想就可以的。孔子也指出了一个实现途径，叫"游于艺"。游者，徜徉也；艺者，六艺也。徜徉于六艺之中。六艺——礼、乐、射、御、书、数。学习六艺是为了丰富自己内在的世界，那么在外部的世界里就有力量、有智慧，当然生活也更幸福。这也是我们这门课的追求。

朱自清先生说："大学国文不但是一种语文训练，而且是一种文化训练。使学生对于物，对于我，对于今，对于古，更能明达，这自然不是国文一科目的责任，但国文也该分担起这个责任。"（《论大学国文选目》）我们从当下的真实处境出发，以现代人的意识，带着现代人的问题和诉求，和我们的杰出文化经典进行对话、产生碰撞，吸收其有益养分，协助学生成长为一个明达的、有强大人格力量的人。在这个教学相长的过程中，国文教师本身也会强大起来吧。王士禛《池北偶谈》曾讲过一个吹笛人一波三折的人生故事：起初，"卖饼为生，吹笛为乐"；其后受到财富诱惑，"钱既入手，遂不闻笛声"；最后"大悔"，还钱，"再卖饼，明日笛声如旧"。王士禛批评说："今士大夫不及吹笛者多矣。"但愿我们的同行，历经故事和曲折，还是做个国文教学的"吹笛人"。

* * * * * * * * *

◎ 眼前飘过一行字：抬头看天，低头看字。

第二章 安生服业

本章主旨是"安生服业"，讨论的话题有三个：一是职业的苦辛，二是情感能力与体面工作，三是对职业生涯的情感寄托。三篇选文都是极精彩的短篇小说，分别是汪曾祺的《职业》、薛忆沩的《出租车司机》以及萧红的《马房之夜》。遴选理由是，三篇小说分别对应少年、中年及老年三个生命阶段的"安生服业"之真相。少年的故作深沉而难掩童心，中年遭遇谋生与家庭温暖的失衡，老者的倦怠、期盼和抚慰，都是感人的故事。

有意思的是，汪曾祺的《职业》和薛忆沩的《出租车司机》，都是历经多次修订、很受作者本人喜爱的作品。汪曾祺甚至说过，《职业》是他自己最满意的作品（《晚翠文谈·〈职业〉自赏》），可惜对这一作品修订的微妙还未见有心人耐心爬梳。汪曾祺先生的书现在很热，至少比他的老友、同样是高手的林斤澜的书要热得多，真喜欢他的究竟有多少呢？呵呵！薛忆沩的《出租车司机》也一样，多次修订，其中更

◎于细微处见精神。真用心啊！

◎我也纳闷怎么每个书城都有那么多汪曾祺散文啊？

换的文字的趣味、质地的变化也很值得琢磨，我现在读的是收录在《流动的房间》一书的版本（花城出版社 2006 年版）。还坚持用这个版本？教材选用了最新版本，即华东师范大学出版社 2017 版。两个版本有不少字词上的改动，这些改动本身挺值得对照琢磨的，选文版本会变动不居，这也是《国文课》教学要适应的。萧红的《马房之夜》更不必说，萧红的文字具有灵性、耐读，慢读最好不过。

◎你到底读了多少书啊？据说意大利的作家艾柯仅藏书就有 30 万册。

下面我们就来细读薛忆沩的《出租车司机》（花城出版社 2006 年版）这一篇。细读是国文教师的基本功夫，元遗山说"文须字字作，亦要字字读，咀嚼有余味，百过良未足"（《与张中杰郎中论文诗》），确是如此。各个领域的细读、句读之作都令人印象深刻，古典文学领域林纾的《韩柳文研究法》、吴小如《吴小如讲杜诗》，外国文学领域王文兴的《〈玩具屋〉九讲》、川端康成的《新文章读本》，哲学研究领域邓晓芒的《〈精神现象学〉句读》系列，等等，都是好的参考。我们的细读，不想追求刻意、系统的圆融，不是写论文，只是琐细地呈现一下直接面对文字、语流的感兴，有些真意，也唠叨些闲话，更方便有心者参考、指正。

节奏里的秘密

◎这不是小说开头。这是阅读建议。

小说开头，"出租车司机怀着巨大的痛楚和内疚，决意要告别以前的工作与生活"。痛楚和内疚，是出租车司机情绪的两个方面。内疚在于，他失去最心爱的人之后，才发觉之前的工作与生活是如此不平衡。这是从小说的社会层面来讲的。从心理层面来讲，他的内疚主要来自日复一日的操劳，他对亲人的存在感已经淡漠了，可以说就是失去了感受、关注身边人，关注日常生活的能力，准确地说，是体验这种深度情感能力的丧失。

小说就是写他情感能力从冰封到逐渐恢复的过程，他的情感觉醒的过程。留意这里的"巨大的痛楚和内疚"，"巨大的"，冲决性的悲痛把他一下打蒙，再一点一点地恢复，只有恢复情感能力，他才能体会到这一切。小说表现了他的情感从冰冻到慢慢恢复，最后一下子发泄出来的整个过程。但是恢复情感能力后，他马上就面临着非常痛苦的事。他的觉醒付出的代价太高了。

"出租车司机将车开进公司的停车场"，作者故意不给他的人物起个名字，就是要模糊化、符号化。因为这是一类人，我们只看到人物的行动，看不到这个人的具体信息。他们只有作为职业人的功能性的信息，没有个人情感性的信息，这恰恰也是公众刻板印象里他们的职业特点。同样，"公司的停车场"没有具体公司的信息，这是作者在故意反精确。"出租车司机将车开进公司的停车场。他发现他的车位已经被人占用了。他没有去留心那辆车的车牌。"这是零度叙事。叙述能力很强的作家，喜欢用这种方式牢牢地控制读者的阅读轨道，一直往前推。这三句也能看出作家叙述的节奏，是小说标准的叙述节奏，用理性表述就是"正—反—合"的辩证法，用书法的技法类比就是一波三折。第一句是叙述，第二句是描写，前面是可见的一个画面、一个镜头，第三句就是虚的，看不见了，进入人物的内心世界。一二三的节奏，虚与实的结合。

"他看到北面那一排有一个空位。他将车开过去，停好。"又是一二三的节奏。叙述很干练，是在暗示读者，出租车司机的情感状态原来是喜欢骂人的，很随意，现在则是理性的，谨慎的。"出租车司机从车里钻出来，他环顾了一下四周。"新的镜头又开始了。"然后，他把车的后盖打开，把那只装有一些零散东西的背包拿出来。然后，他把车的后盖轻轻盖上。他在后盖上轻轻拍了两下。""然后"，在一个语流里面，两次重复使用，增加了延宕感。"然后"，这个词你或许会很熟悉，很多

◎这几乎是这个作家所有作品的一个特点。在《深圳人》小说集中，收录的十二篇小说都没有出现人物的名字。

◎"环顾"也是对读者的提醒，一般的士司机下班都是急匆匆地往家走，不大可能去"环顾"四周，这个词语有留恋的意味。

人说话时不停地说这个词，我们会在本章的附文《人人都爱说"然后"》详细谈谈这个"词"。"他把车的后盖打开"，"他把车的后盖轻轻盖上"，"他在后盖上轻轻拍了两下"，这是主语的重复，也是动作的重复，作家想暗示什么？出租车司机的工作和生活，就是这样简单琐碎地重复，这种日复一日的重复腐蚀了他的情感能力。这里的"轻轻"用得很好，就像《诗经》里的重复一样，一次又一次，提醒读者注意这个信息，这个人物是有情感的，是可以细致、温柔的。"有一滴雨滴落到他的脸上"，一滴雨，让人马上就想到了眼泪。这样通过第一段，我们就触到了整个小说的情绪、叙述感，人物以一种理性平静和温和细腻的情感变奏状态，来到我们面前。

换双眼睛看世界

接下来的一段是一些信息的交代，从前的出租车司机是什么样的。值班室老头的那一段，既是对人物情感状态的探测，也是小说情节的需要，老头一句"她们真可怜啊"，交代了必要的信息，出租车司机妻女的遇难。这里的对话也写得好，出租车司机的回答短促，又有点温和，符合理性平静的情绪状态。"现在高峰期还没有过去，马路上的车还很多。不少的车打开了远光灯，非常刺眼。""刺眼"，既是一个画面，又是出租车司机对人群和城市的感受。"出租车司机横过两条马路，走进了全市最大的那家意大利薄饼店。"意大利薄饼店，我们习惯叫 pizza 店，为什么不写 pizza 店？在出租车司机的眼里，意大利薄饼店是富于上流社会和异国情调的，跟自己的世界截然不同。"此刻他想要宁静"，这是人物情绪状态的交代。出租车司机点了女儿最爱吃的海鲜味的薄饼。"在点要这种薄饼的时候，出租车司机的眼眶突然湿了。"又一次用人物的反应来提醒读

◎作家写这篇小说的时候，是 20 世纪90 年代，那时 pizza在中国还不像现在这样流行。

者。这篇小说就是不停地暗示，不停地跌宕。就像鲁迅小说《铸剑》开头的那只老鼠。《铸剑》中的少年很柔弱，怎么测试他？来一只老鼠。他快睡觉的时候老鼠出来惊醒他，他折腾了一下，等到安定了快睡的时候，老鼠又出来。这种写法就是不停地提醒，好像一个点，周围有一圈不同的灯光，先从这里照一下，再从那里照一下。刚才是值班室的老头，现在是服务员提醒他，又给了读者一个暗示的画面。他把钱递过去并且说"对不起"，非常有礼貌，暗示读者这都不是他原来习惯的情感状态。

"出租车司机在靠窗边的一张桌子旁坐下。他的女儿有时候就坐在他的对面。她总是在薄饼刚送上来的时候急急忙忙去咬一口，烫得自己倒抽一口冷气。然后，她会翻动一下自己小小的眼睛，不好意思地笑一笑。"这是进入了细节。细节就像电影的特写一样，将他过往生活里最本真最日常的一个片段呈现、放大，很能打动人。作家会非常注意细节，同时又能够提炼出抽象的、有意义的东西。下面就转换了场景，他去看窗外的马路，"他曾经非常熟悉这样的环境"，"可是现在他对这环境感到隔膜了"，他已经有了一双不同的眼睛来打量这个世界了。《红楼梦》第一章就说"亦令世人换新眼目"，要刷新读者看世界的眼目。换一双眼睛看世界，是小说隐秘的起点，可以说也是艺术家的野心，要带你走入你熟悉却未必真知的世界。这自然是不同于日常经验的。出租车司机的高峰情感体验，是以亲人的丧失为代价的，不然他怎么可能改变日常看待世界的方式！短篇小说总是喜欢截取一个特殊的片段，这篇小说就选了接近最后的这个时刻，出租车司机心理改变已经接近完成的特定时刻，让他来回溯之前整个十五年来的生活。接下来的一段文字都是在环境、人、人的内心这三个维度之间不停地闪跳，让读者停留在作家设定的环境里不停地流转、审视。"出租车司机非常满足，他担心的雨并没有落下来。只

◎这个说法太好了。我认为艺术文学的根本就是否定的，否定你眼中的世界，否定你头脑中自以为是的一切。

是在停车场里，他向他的车告别的时候，有一滴雨滴落到了他的脸上。"他是不是很容易满足？一滴雨，是对第一段末尾的用心照应，是温柔的伤感情绪的象征。作家不停地用这个暗示读者，人物的情绪早晚会膨胀，会冲决一切。

情感交流匮乏的日常

"出租车司机擦去眼眶中的泪水。他深深地吸了一口可乐。"这是一个动作，他要调整情绪。作家把他所有要交代的表达出来之后，现在要宕开一笔了："那个女人坐进了他的车。""他问她要去哪里。她说一直往前开。他又问她到底要去哪里。那个女人还是要他一直往前开。"这个句式又回到了小说开头那样的语态，因为这就是他原本日常的状态，就是这么枯燥、简单，跟人在情感上没有很温和、很深入的交流，这就是他在工作时和世界的真实关系。这里也同时呈现出了这个女乘客的情感形象，跟出租车司机之前的状态差不多，给人的感觉是位受伤害的女士，情感是压抑的。此刻的女乘客和出租车司机，其实就是我们作为一个社会职业人的常态，人与人之间就是这样打交道的，功能性的，没有太多情感的交流。

"出租车司机从后视镜里瞥了那个女人一眼。""瞥"这个词用得好，可以理解为他想关注她，或者说他心里不高兴，还可以联想到他原先的工作状态，他也不关注谁，对乘客就是瞥一眼。"她的衣着很庄重，她的表情很沉重。"这又是一个画面，又是一个暗示，至此，暗示也变成了明示。"她显然正在思考着什么事情。不一会，电话响了。"电话响了，其实就是《铸剑》里的那只老鼠又出来测试了。接下来的这个情节是一个很平常的语言行为，但是出租车司机总是想顺着人家普通的言语爬进人家的情感世界。原来的他是根本不想跟别人发生情感联

◎从开头第一段就能看到结尾人物要大哭一场，这样岂不是少了一些阅读的乐趣？不过，这样才能与作者进行"共谋"，体验到共同参与文本创作的快乐。

◎我读这些文字时，很容易一下子就滑过去，不会想到这么精细的地方。在当代，小说阅读越来越体现出对专业性的要求，有些内容需要专业训练过的人才能读的懂。

系的，但现在因为他压抑着的情感在暗暗地涌动，他太敏感了，所以他老是想随着别人的表情、别人的词语，进入人家的情感世界，像个偷窥者一样。此刻他自己的情感能力太强了。"那个女人很从容地从手提包里拿出自己的电话，她显然不很高兴电话打断了她的思考。'是的，我已经知道了。'那个女人对着电话说。"这个女人的语言形态显得很不客气，很理性，很强势。这其实就是出租车司机频繁接触的乘客的情感状态，他自己平常也是这样的，他之所以会失去情感能力、对别人冷漠也是因为他的乘客就是这样对他的。这其实是对出租车司机情感能力的下降表示一种同情的理解，而不是指责。底层劳作的人的确常表现出情感粗糙的一面，这是有原因的，艺术是去接纳、理解，而非苛责。"'这有什么办法！'那个女人对着电话说。"当这句话用声音表达的时候，只能呈现一种情绪。可是文字可以让它更丰富，可以是冷静的，也可以是生气的，不同的人可以有不同的理解。看似简单的句子，却传达出很丰富的东西。"出租车司机听得出她的伤感"，因为出租车司机此刻很伤感，作家又一次提醒读者。这些情绪都是埋藏着的，一定会冲决出来。"出租车司机注意到她侧过脸去望着窗外。"每句话都在暗示读者，这是乘客和出租车司机两方面的交互作用。他的客人对他这样，所以他的情感能力会下降，回到家里也只能是这样。

◎看似很平淡的句子，这样一分析，整篇文章都活起来了，显得立体、丰满。

孤独的情感在攀援

叙述太紧张了，必须宕开一笔，舒缓一下再进行下一步。"我并不想这样"，又是很直接的开始。这是叙述节奏的内在韵律在律动，以便在更高的层面上重新开始。写作时，人物在作家的脑子里已经有个非常清晰的形象，只是需要传达给读者。用什么方式传达？不停地去测试他。"出租车司机想去想象一

◎一些人读完整篇小说都不明白作家为何安排这样的桥段。

下，是一个什么样的人给她打来了这个电话。"你看，现在他换一个角度，又想顺着人家的电话爬到人家对面的世界里去了，这也显得很自然。"也许是一个男人，他开始这样想。也许是一个女人，他后来又这样想。会不会是一个孩子呢？他最后这样想。"一个男人，一个女人，最后是孩子，又是一二三的节奏，你看，当然孩子一出现马上会勾他想起自己的孩子。"想到这里，他的方向盘猛烈地晃动了一下。"这里其实还是暗示，因为他自己的孩子还没出现。"'不是。'那个女人对着电话说。"这种写作笔法，曲艺里也经常喜欢这样玩，想象一下，然后否定，不停逗引着观众的兴致。

◎逗引用得好，这是出租车司机和女乘客的互动，也是作家和读者的互动。

出租车司机想到了他的女儿。所有的电话好像都是从另外一个世界打来的。他不知道他的女儿会不会也给他打来一个电话。

"不会的。"那个女人对着电话说。

出租车司机从后视镜里看到那个女人梳理了一下头发。

"不用了。"那个女人对着电话说。

出租车司机减慢了车速，他怕那个女人因为接电话错过了她的目的地。

"真的不用了。"那个女人对着电话说。

出租车司机很想打断她一下。问她到底要去哪里。

◎感受到了短句的压抑感。

"我会告诉你的。"那个女人对着电话说。……

这时，作家的叙述好像让女人和出租车司机构成了一个对话关系。"'过了前面的路口，找一个地方停下来。'她说。出租车司机如释重负，他点了点头。"如释重负，从叙述上来讲，就是第一个功能已经结束了，结论就是你爬不进别人的世界："不是"，"不会的"，"不用了"，"真的不用了"，一二三四的节奏，不停地否定出租车司机的猜测。在他情感压抑、敏感地想往别人的精神园地窥视的时候，别人不停地说"不"，这其实就是告诉我们，出租车司机平常是爬不进别人的情感世界的，他就只能封闭自己的内心。这段作家写得很生活化，就像我们日常看到的那样，这就是很从容的写法。像这种写法就很不错，因为它既平常又具有艺术感。就像画一样，看上去是一笔一笔的。《红楼梦》很厉害的一点就是，它从这句话过渡到下句话，每一句话都很圆融地衔接过去，让你觉得就像生活本身一样。就像轻滑的切线一样，从容经过。作家选了一个点，你看这个女人说的话就是个点，一句话经过这个点像个切线一样，很圆融地掠过了。你觉得好像也没什么，可是仔细体会，就会觉得叙述水平很高，这样一句一句的关系，很多作家其实做不到。常常句子很突兀，强行扭过去，看似强烈突然，其实是虚张声势。接下来，"他突然加大油门，愤怒地超过了一直拦在前面的那辆货柜车。"后面我们知道，是货车撞死了他的家人。但是从表达上来讲，作家在进入新的叙述转换的时候，可以一点一点地给读者暗示。"愤怒地超过"，他的情绪为什么突然暴怒？作家在这里逗引读者，肯定是有原因的。为什么是个货车？后面都交代了。毕竟小说是大众读物，还是需要交代一下。对非常聪明的读者来说，其实并不需要这样直白的交代。当然，对不那么敏感的读者，还是交代清楚比较好。所以从文体上讲，小说有它的委屈，它得妥协，对生活妥协，对读者妥协，存在着"上帝在人间"那样的问题。就像陀思妥耶夫斯基写的《白痴》，白痴其实隐喻着耶稣的形象，耶稣在人间他就是个白痴。陀思妥耶夫斯基的《卡拉马佐夫兄弟》里"大法官"的故事更可怕，就是上帝真到了人间，也得接受法官的规训，得按他的规定来。小

◎这是不是文学的逻辑性？通过语言的一句一句的关系，呈现出思维内在的肌理？

◎作家都在寻求理想读者，想起纳博科夫说的话："在那无路可循的山坡上攀援的是艺术大师，只是他登上山顶，当风而立。你猜他在那里遇见了谁？是气喘吁吁却又兴高采烈的读者。"可是理想读者不可求。

说不是诗歌，诗歌可以独立地、封闭地表达，只对自我负责，小说没办法，这个文体就是黑白混杂的，存在着许多妥协和无奈，当然，戴着镣铐跳舞，也别有智慧和技法。

重要的东西常常看不见

"那个女人没等找钱就下车走了。出租车司机喊了她一下，可是她没有理睬他。"又是节奏上的一二三，就像我说的切线划过。人家女乘客只是一次偶尔相逢的过客，跟你出租车司机没什么关系。"出租车司机本来把那个女人当成他的最后一批客人。当她在通话的时候，他几次从后视镜里打量她。他就是这样想的，他想她是他的最后一批客人。可是，在他停车的地方，正好有一对男女等在路边。"你看，又来了一个测试。第一次测试，老头喊出"她们真可怜啊"的那个测试，还不是对出租车司机工作状态的测试。刚才那个单独的女人是对出租车司机在工作中和外部世界关系的测试，现在是两个人。虽然出租车司机在现实生活里接触到各色人等，但是从表达情感状态的需要出发，作家选了这一对男女组合，很明显这两个人是特别典型的某种情感状态中的人。这是很聪明的设计。

"出租车司机注意到那一对男女很注意他们彼此之间的距离。"空间距离就是心理距离。"刚坐上车时，那个男人几次想开口，几次又都被那个女人冷漠的表情阻止了。"跟前面有点像，关系都是这种不交流的、冷漠的。"高峰期的交通非常混乱，在几个路口都发生了交通事故。最严重的一起发生在市中心广场的西北

◎说得好。我觉得诗歌就是文学金字塔的顶端，是作者写给自己的"道可道，非常道"，读者能否领悟要看个人造化。小说在写作时就有读者的预设，也需要读者的回响，就像歌曲创作，一首歌创作出来当然希望有人能唱，这样才算作品的完成。

◎从情感状态解读这几位乘客很有意思。我初读时认为小说是通过这些来告诉读者，人生不如意事十有八九。这二人也是有情人不能成眷属，以此来安慰主人公。

角。出租车在那里堵了很久。当它好不容易绕过了事故现场之后，那个男人终于开口说话了。"堵车，是出租车司机的日常工作状态。配合着拥堵的交通状态的是拥堵的情感状态，这是很有意的设计：日常生活就是堵来堵去的，相应地，情感也是堵来堵去的。

"'有时候，我会很留恋'……他含含糊糊地说。"这是男人在终于突破女人的冷漠防线之后说的第一句话，好像在暗示，这是一个很柔和、很体贴或者说很不强硬的男人，对不对？含含糊糊的说话语态，感觉他也是黏黏乎乎的。

"'有时候？'女人冷漠地说，'有什么好留恋的！'"仅从这个女人说的话来看，这个语言状态会让人感到很不客气，但给人的感觉已经传达得很清楚了，作家又用了"冷漠"一词来加强。不同的作家有不一样的趣味。我喜欢的风格，可能是偏北欧冷冷的那种，或者偏简约的、海明威式的，有一类作家更喜欢像西洋宫廷风一样装饰感很强的表述，薛忆沩会不会走向更具装饰感的表述？这个还不清楚，每个人的趣味不同，这没什么。

"'真的。'男人说，'一切都好像是假的。'"你看这种说话的语气，就像个乖巧的小男生一样，一个很柔和但没有力量、不够强势的男生。"'真的怎么又会是假的！'女人冷漠地说。"好像在这个女的那里，什么事情都很有把握，很干脆，但是我们后面知道其实不是这样的，表面上的强悍、语言的强悍恰恰是由于内心的柔弱，这种情感状态跟出租车司机是一样的。你看他原来骂人什么的，看上去很强悍，实际上最不强悍。"车的行进仍然非常艰难。出租车司机有了更多的悠闲，但是他提醒自己不要总是去打量后视镜。他故意强迫自己去想一想刚才坐车的那个女人。他想那个打电话给她的人一定不是一个孩子，因为她的表情始终都那样沉重。"出租车司机回想刚才那

◎我没有这种感觉。薛忆沩总是喜欢让他的人物说出有哲理性的句子。在《深圳人》的《同居者》这篇小说中，主人公说了几次"迷惘是生活的本质"。

个女人，这就是生活的碎片，他的记忆、感受常是碎片化的。这里孩子的信息又一次出现。"后排的男人和女人仍然在艰难地进行着对话。男人的声音很纤细，女人的声音很生硬。"其实刚才我们都已经听出来了，作家现在又点一下。小说就是这样，就像我们生活本身一样，你一下子赤裸裸地说出生活的本质，有时不如在一大堆废话里说那么一点。我们大部分的话都是废话，但是废话里有那么一点点精彩心得就够了，这大概就是庄子说的"卮言日出，和以天倪"吧。

"我真的不懂为什么……"

"你从来都没有懂过。"

"其实……"

"其实就是这样，你永远也不会懂的。"

"难道就不能够再想一想别的办法了吗？"

"难道还能够再想一想别的办法吗？"

这男的就是典型的小男生。这个女人每次都截断别人的话，不允许别人说，很强硬。"因为男人的声音很纤细，这场对话始终没有转变成争吵。"也就是说，这个男人没有去冲撞她。"这场对话也始终没有任何进展，它总是被女人生硬的应答截断了。"话语被截断，你不要以为好像男人就要反击了，情感要对撞了。"'你不要以为'……男人最后说。"这句话让人看到这个男人的柔弱可能是个假相，这是男女心理的不同。他说"你不要以为……"，虽然后面没说什么，但是我们从这句话里马上就能读出来，在他们生活的世界里，这个男人表面是萌萌的，柔弱的，但实际上他可能占着心理的优势。

"'我没有以为。'女人生硬地说。"我们还会觉得这个女人很强硬。"出租车司机将挡位退到空挡上，脚轻轻踩一下了刹车。""轻轻"这个词又出现了，表明他很柔和，他知道

◎总有人希望别人把话说得更直白些。

◎这段对话设计得真好！几乎什么都没有交代，但是能够迅速把读者带入到一个具体的情境中。

◎我没有这种感觉，没有觉得他是个"男生。"

对方是一个处于波动的情感状态的人，他能体会到别人的情感状态，贴心服务好，很细心。"出租车司机回头找零钱的时候，发现那个女人的脸上布满了泪水。"在语言的世界里，女人好像很强硬，但那些锋利的言辞都不是真相。实际上真正的心理优势在这个男的这里，真正伤心的是这个女人。这是个反转，作家让我们看到复杂的情感关系。通过这两个片段我们领略了这种复杂的情感关系，第一个片段没有这么复杂，第二个片段因为是两个人，两个人之间就存在着心理距离和心理优势的问题。通过对这两个层面的呈现，作家让我们进入到了丰富的人与人之间的情感状态。所以这个设计很用心，很见功夫。

两个世界的对照

刚才的两个片段是出租车司机面对的乘客的世界，现在要回到他自己的世界，回到他和他女儿的世界。"出租车司机将一张纸巾递给他的女儿。'擦擦你的脸吧。'他不大耐烦地说。"作家运用蒙太奇笔法，让读者直接回到他原来日常的世界了。人间无非这样，他自己也不过是在城市里打拼的普通打工人，常不耐烦，说话直接，也难听，不懂情趣呀，氛围呀，呵护呀。"有时候，她就坐在他的对面。她的脸上粘满了意大利薄饼的配料。出租车司机一直是一个很粗心的人。""粗心"这个词用得很好。为什么？没有刻意，就是一个平常的评价，因为出租车司机就是个普通人，普通人就常说"你太粗心了"，如果把话说得比较文雅，比较精准，从语流里跳出来，反而不对。陶渊明《饮酒》（其五），大名鼎鼎，"问君何能尔，心远地自偏"，"山气日夕佳，飞鸟相与还"，"远""佳"两字就是既普通又妥帖，若是其他字从语流里跳出来反而刻意了。"他从来不怎么在意女儿的表情，也不怎么在意女儿的存在。"这就不是出租车司机而是作家的语态了。生活是由繁多的表情组成的，但是生

◎对情感世界的探幽入微，需要有极细腻的感受力。是现代人的艺术感受力普遍衰弱了吗？学生连这篇小说的主旨都get不到，更不要说这些细致入微的设计了。

◎这个分析很赞。我读到这里总觉得有一点别扭，但是讲不出原因。

◎想起英国作家约翰·福尔斯的话：小说家的地位仅次于上帝，他并非知道一切，但他试图装成无所不知。

活汇总到一起就是"存在"，这个词是很抽象的。我前面，说过小说就是"上帝在人间"，所有写小说的都不想待在小说里，都想从小说里出来，都想往小说里塞这样那样的东西，是塞进去而不是让它自己生长出来。我们都能看到作家和出租车司机这两个人肯定是有距离的，有时候作家会忍不住越过人物说话，其实是不够尊重人物，但是现代小说非常强调创作者的意志，所以给了作家特权，甚至容忍了作家的放纵乃至放肆。小说在骨子里应是很民主的文体，是相对主义的胜地，这一点昆德拉《小说的艺术》里有精彩的论述。但小说又有时时刻刻变异的危险，和现实世界一样，我们喜欢、亲近、赞美有创造力的作者，恐怕也得警惕他的越界、独断、晦暗。"他也从来不怎么在意妻子的表情以及妻子的存在。"这是上一句的重复。刚才是一，这是二，然后就是三。他做了一个结论："因为她们的表情总是在他的生活之中。因为她们存在。"哲理性好强！

因为现代小说的理性化色彩在增加，现代社会又很愿意接纳、鼓励个人意志的张扬，像"因为她们的表情总是在他的生活之中"这样的表述，就是现代小说很推崇的范儿。它没有那么抽象，表情就是生活，是接近金句的表述。"可是现在，出租车司机意识到了他的女儿和妻子的表情，意识到了他的女儿和妻子的存在。因为她们刹那间就已经不存在了。"这些表述就不那么精彩了。因为它的逻辑是被作者紧紧抓住的，而不是出租车司机本身生长出来的，读者读起来会觉得有点不舒服。下面一句写得就很好："一个星期以来，出租车司机沉浸在悲痛和回忆之中。他的世界突然安静下来了，他却无法再让自己安静。"既是艺术的，可以生发出更普遍深刻的东西，也是出租车司机本人真实的心灵状态。这就是他的世界和他内心的关系。整个外部世界安静下来之后，他的内心就像开水一样开始咕嘟了，翻江倒海，这辩证地反映了我们每个人和世界的关系，所以这个观察非常具有普遍性。前面当作家直接告诉我们什么表情和存在的时候，并不能激发出我们的想法，但是当作家告诉我们这个发现的时候，读者会很自然地也这样审视自己所处的外部世界和自己的内心世界的关系，以外在世界的安静为契机，看看这个关系是不是真的这样。这就是很好的写作。我在作家最新的版本中发现这句话已经改写成："一个星期以来，他沉浸在极深的悲痛和极深的回忆之中。他的世界突然失去了最本质的声音，突然变得难以忍受的安静。"（薛忆沩《深圳人·出租车司机》，华东师范大学 2023 年版）线条变成了色块，简笔画成了油画，智性的修饰感、浓度增强了，质朴内在的辩证力量反倒减弱了，这或许是我的偏见？接着，"出租车司机一个星期以来突然变成了一个很细心的人。往昔在他的心中以无微不至的方式重演"这句话实际上是对前面所有信息的概括，我们可以看出来，出租车司机越来越细心，越来越温柔，已经可以用"细心"定格他的心理状态了。

"出租车司机知道自己的这种状态非常危险。他向公司递交了辞职报告。一个星期以来，他总是看到他的女儿和妻子。她们邀请他回到过去。从前那些沉闷的生活一下子变得有声有色了。他开始在意她们的表情和存在。他不放过生活中的任何一个细节。"这些都是一般性的叙述，就是不停地给读者传达信息，不太动人，描写才动人，但是小说也需要这些功能性的叙述。"当然，她们还会突然出现在他的出租车的前面。她们惊恐万状的神情令出租车司机自责。直到又有货柜车出现在他的视野之中，出租车司机才会摆脱掉那种自责。"这两句写得好，是有冲击性的画面，情绪的变化也可以接受，他看到货柜车会摆脱自责是因为他找到了一个发泄的对象。"货柜车从他的女儿和妻子身上碾过去的时候，出租车司机正在跑长途。他的客人很慷慨，给了他一个很好的价钱。"这实际上是他痛苦的根源，

◎外在是内在的呈现，人必须懂得向内看。所谓换双眼睛看世界，就是打开心灵之眼。

◎我认为这是作家让出租车司机和他的妻女建立起深刻的情感连接，没有这些疗愈就无法完成，尽管这个连接只能通过回忆来进行。

又给了一个画面，写得很好，因为出租车司机当时眼中的世界就是"客人很慷慨"，很多作家都会这样写，电影也经常这样处理，一边是悲伤，一边是给了很好的价钱，组合在一起相互对照才是真实的世界。

◎ 薛忆沩的小说总是充满了这种"意外"和"巧合"，我觉得他通过这些在不停地强调人生荒诞的主题，认识到这一点，自我觉醒才能发生。

◎ 我觉得这仍然是在写情感的连接，创伤的疗愈。死亡终止了现实的连接，但情感的连接并没有终止。

冰块融化，回归安宁

"出租车司机吃完了意大利薄饼。"这是蒙太奇，又回来了。现代小说的叙述视角可以随意转换，我们不能像研读古典作品如《红楼梦》一样，从那里过渡到这里要求全部圆融的切线，很难对现代小说做这样的要求了。"他觉得他吃起来的样子很像他的女儿。他的妻子会在一旁取笑他们的。"前面提到他的女儿，现在是他的妻子，他的家。这些画面在设定的时候，有很强的设计感。作家不会开始一下子全给读者，他是一点一点地放信息。"出租车司机吸干净最后一点可乐。他将纸杯里的冰块拿出来，在桌面上摆成一排。"这个也写得很好，前面写了家庭生活，写女儿吃东西粘在嘴上，给一点细节，在所有细节里这个是最精彩的。冰块摆成一排，因为冰会融化，会变成水，也很自然，在纸杯里就有冰块，而且这是他的女儿喜欢玩的游戏。作品里需要有这些，出租车司机的感情得有一个承载的具像，读者看完告别时会记得冰块摆成一排的游戏。

"出租车司机清楚地知道继续这样生活下去，已经没有什么意义了。他决定回到自己的家乡去，去守护着他年迈的父亲和母亲。"作家让出租车司机决定回到自己家乡去守护父母，从现在开始，整个小说快速踏上结束的路了，回到家乡这个选择看似很普通，但总觉得在这篇小说里反而不够合情致。当然，短篇小说不像长篇小说，它只能聚焦于一个片段，只能盯着人物的特定一刻，但短篇小说是否就完全不用考虑人物的未来性呢？这篇小说借妻子和女儿的死亡，把主人公摧毁了一次，摧毁是为了新生，为了救赎，为了他感受、体验等情感能力的复活。鲁迅说："悲剧是将人生有价值的东西毁灭给人看。"对出租车司机来说最有价值的是他小家庭的亲人，小说摧毁了给他看，让他重生。现在让他回到父母身边，这个亲情的救赎设计来得过于容易、直白了。作家可以暗示，或者出租车司机确实也可以这样做，但是表述上还是要更曲折一些。"出租车司机决定回到自己的家乡去。他希望在那里找到他需要的宁静。"《出租车司机》给主人公新的生活的指引如此简单，和整个小说细腻、复杂的笔调很不协调。当然有人会觉得只要写一笔他动了心思要回去就行了，不用把它做实，更何况他到那个世界就可以直接获得救赎吗？还是也有可能再次被摧毁？是的，告别城市只是他人生的一个片段，谁也不能保证他在下一个阶段（家乡、父母身边）不会被再摧毁一次。这也是一些类型电影喜欢用的套路，影片最后一个镜头，主人公又陷入危机了。昆德拉的长篇小说不也非常喜欢这种先摧毁一次、再摧毁一次的做法吗？篇幅所限，短篇小说不用写具体的第二次摧毁，可是它可以让读者意识到生活就是这样的丰富、复杂，可以考虑到小说主人公的未来性。说到这里，突然想到现在爱情题材的电影、小说，为什么总是让主人公一遍又一遍地被摧毁？为什么同性恋题材不断出现？爱情题材的第一个层次就是把这"爱情"两个字反过来说，即探讨社会性的情与爱，第二个层次就触及自然性的性（sex），第三个层次就是个体的孤独了，一层层的剥离、一层层的深入，同性恋题材显然更方便讨论爱情第三个层次的内容，进入了更深层次的需要。

　　下面来看最后一段。"出租车司机将手放到桌面上，他突然发现刚才那一排冰块已经全部溶化了。他动情地抚摸着溶化在桌面上的冰水，突然放声大哭起来。出租车司机知道，自己永远也不会再接触到这块桌面了。他也知道自己永远也不会再接触到这座城市了。对这座他突然感到陌生的城市来说，他随

◎我觉得这里写的是人物对城市的逃离，城市待不下去了，除了回家，似乎也没有更多的选择。

◎一次次地摧毁，是为了让人物真正地醒来。温柔的力量叫不醒，就用残酷的方式，直到你醒来。

◎很有道理。难怪当代有这么多同性恋题材的作品。

着他的女儿和妻子一起离去了。这时候，出租车司机突然感到了一阵宁静。这提前出现的神圣感觉使出租车司机激动得放声大哭起来。"回到那个冰块融化的细节，"突然放声大哭起来"，压抑的情绪终于宣泄出来了。最后一句写得特别好。感情宣泄完了之后一定是宁静，而这个宁静会出现神圣感，在神圣感的映照下，就会觉得自己活得太失败了，最珍贵的都失去了。他愤怒：看自己活了个什么？！愤怒就会激动，激动是痛苦，是发泄，是对命运的不公的反抗，全部都有，所以这个词用得好。由宣泄变得宁静，而由宁静走向反抗，是符合出租车司机的情感状态的。最后这个"放声大哭"，不仅仅是人物情绪的放大镜，还有他的命运意识。还有他愤怒的东西也要出来，是宣泄之后宁静下来的这个生命想活得有尊严的要求，这个动作里面有非常复杂的东西，而故事也随之结束了。

◎厉害！一个"放声大哭"，居然有这么复杂的情绪、丰富的层次。

短篇小说的细读是情绪、情感的共情、共振，也是和作家智力的对话甚至较量，细读这篇小说我们有了很多收获。最后我们从这篇小说内容的社会层面再补充个知识。这里需要引入一个概念——"体面劳动"（decent work）。"体面劳动"是1999年6月国际劳工组织局长索马维亚在第87届国际劳工大会上提出的一个概念，其核心理念是尊重两性在自由、公正、安全和有尊严的条件下从事生产性体面工作。这里的"体面"，不是指光鲜、有优越感，而是对人格的尊重。"体面劳动"的理念铺展开来，涉及促进就业、加强社会保障、维护劳动者基本权益，以及开展政府、企业组织和工会三方的协商对话等诸多事项。国际劳工组织还为"体面劳动"的理念落实制定了不少标准。我国是国际劳工组织最早的创立国，也批准了国际劳工组织的很多公约，但公众乃至知识界似乎对此了解的并不多，我们不妨可以更系统了解下。落实体面劳动，根本上是为了促进劳工有尊严地生活。衡量体面劳动做得好不好有一些具体的指标，"工作与生活的平衡"就是其中很重要的一个。这篇小说里的出租车司机很明显没有做到两者的平衡，我们看到了职业对他的生活和情感过度地侵占。像他这样"有职业无生活"的状态，在现实中非常普遍。时下的"996工作制"（早上9点上班，晚上9点下班，一周工作6天)，也是大都市职场的新常态，特别是跟互联网密切相关的行业更是如此。所以就有段子来调侃："上班996，生病ICU。"只有工作没有生活，这是非常危险的。一个健全的人，除了拥有知识和技能，他还要有情趣、感觉、浪漫、想象力以及精神沉思等这些属于心灵层面的事。我们得懂得，生活里常需要换一双眼睛看世界，世界在我们面前才会变得更丰富、更有层次感，也更有惊喜，我们得有意愿和能力去体验生命的丰沛和神奇。这一章"安生服业"的主旨，其实也是体面劳动的内涵，可以从这个角度来理解。政府、企业、社会以及劳动者个体能自觉认识到体面劳动的重要性，这样才有机会共同促成现代人有尊严的生活所需要的社会保障。

◎职业生态内部也有感情和生活，既存在着职业与生活的二元对立，也存在着职业状态本身感性与理性的和谐、完成绩效和维护良好的人际关系，以至志同道合等问题。越来越多的公司在招聘人才时更看重的是忠诚与沟通。一位杜邦公司的退休老人闲聊时曾说：技术是不断更新的，而人与人的关系是恒久的。

人人都爱说"然后"（外一篇）

"不就是说话吗？三分钟演讲，主题不限，只有一个要求：少说或不说一个词，这个词就是……"

大约有两年了，每每《国文课》第一节课伊始，我常用这句话来逗引课堂上的大学生，让小伙伴们猜我要禁止的这个词是什么，多数时候我收获的自然是台下茫然的表情，只好自我解嘲又不无得意地公布答案，这个词就是：然后。

"彼波起辞间，是谓之秀。"有时感慨，"然后……然后……"，大概就是年轻人语流间特有的"秀"。如若不信，读者诸君尤其年轻的小伙伴们，大可先放下本文自行测试一下，以三分钟为限，看那"然后"一词是否会情不自禁地出现在您的嘴边？

当然我得承认，在公共场所演讲和私下聊天是有所不同的，前者几乎是独白，后者则为对话。我"不怀好意"地刻意提醒——"我希望的课堂演讲可是独白而非对话哦"，常常被严重无视。上台，眼睛盯着前排的某位同窗而非平视全班，面向被盯着的一个人小声说话，对其他人视而不见都是课堂演讲常见的情形。而一旦进入面向全班的独白状态，"然后"之"秀"就开场啦。若是请台下的小伙伴们一起数着"然后"出没的次数，台上的那位就更是"然后"连连了。

这游戏伴随着欢笑，但玩多了难免会思量一下：发现"然后"一词，是否就可以秘响旁通地发掘出年轻一代某些隐微的"伏采"呢？显见的原因，语流不畅自然是因为逻辑思维、条理性偏弱。日常生活中的语流、对话多是片断式的，触发式的，现在要做公开场所的独白，空无依傍，本能地想把独白变成日常更熟悉的对话，所以不自觉地盯着某一个同学发声，最好他还来帮衬着回应两句，如此等等。不过，作为《国文课》教师的我自然还需要"粉墨登场"，来一番"迂远而阔于事情"的文化分析。就从人类的四类表达方式说起吧，足够高大上了。

第一类，情感型。想象一下，在某个瞬间，在封闭的心理空间内对自己意向对象（神、天、伊人、自我）的祈求和希冀。这自然是一种高峰性的、浓烈的情感祈求，日常生活里谁会玩这个呢？"悠悠苍天，此何人哉"的自我迷失不恰恰是因为士大夫痛失家园的"黍离之悲"吗？他喟叹的"知我者谓我心忧，不知我者谓我何求"正是人间的常态，您在封闭的心理空间内对"悠悠苍天"发问，希望得到对自己的回应，岂是俗人所能真切感受的？诗正是最典型的情感类表达。我们俗人一想到诗就想到"啊……"且感到滑稽，其实这刻板印象自有其缘由，"啊……"不就是要祈求时的第一声呼唤吗？有意思的是，"啊……"引出的那对话的心理距离本身也是奇妙的，它既远又近。在小伙伴们正跃跃欲试的恋情体验里，不难感受到这一点。爱情不就是平凡生活的诗篇吗？原来，"爱情是神圣的"还真不是一句笑话。

第二类，理性型。一个倾听者高度信任一个讲述者，他们依偎在一起分享着生活的波折、知识和智慧，这是故事的世界，现在它更喜欢披上一件叫"小说"的外衣。激动的诗人祈求累了，也难免想来到这个世界歇下脚，它更日常些，边界也很模糊，知白守黑和知黑守白的各色人物在这里参差多态，一派混搭的景象。好玩的是，我们俗人对故事的刻板印象或许是"long long ago"，但真正能诱惑我们将故事，甚至很烂的故事读下去的原因其实在于生活的"未来性"——"然后"呢？我唠叨到此处，机灵的小伙伴会马上意识到这里出现了对"然后"的解释——"然后"正是"故事"的秘密！看上去的确如此，幼儿园的小朋友讲故事，"然后"也是他们的口头禅。可年轻的小伙伴们，自己嘴里高频度地发射"然后"，是小朋友式的"故事"本能发作吗？呵呵，但愿这不是令大家"一扣而语穷""百诘而色沮"的问题！

第三类，意志型。"To be or not to be"，这是一个问题。这其实就是自由意志的秘密——去成为还是不去成为某种人，去做还是不做某件事的选择、决断与承担。和听故事看上去刚好相反——故事是"然后"引导着我们，而欣赏一出如《哈姆雷特》《窦娥冤》等我们早就知道故事情节、结果的悲剧——一个只有"既定"而没有"然后"的世界，到底我们在看什么呢？不就是看既定的命运对某个人的捉弄和他（她）的奋起反抗吗？奋起的正是人的自由意志，那正是生命的尊严之所在。意志是自己选择后的决断，决断后则需要承担，甚至要承担起某些生命不能承受之重。成群结队的哲人们早就阐明的各色思想，俗语所说的"人生如戏""戏如人生"，不都在提醒我们，人生正是一场从生到死的既定历程中自由意志的精彩展演吗？"然后"隐没，意志出场，年轻的小伙伴们，为活出属于自己的尊严，"煅岁炼年，奚能喻苦？"

不难发觉，如上的知（理）、情、意三类可谓人最本真的表达类型。人因有神圣的情感祈求故能努力超越凡俗的生活，因体认生活的亏欠和驳杂所以需要在"然后"的故事延宕中习得智慧、寻找慰藉，更能在无法延宕的决断时刻，迸发出自由意志大无畏的精魂。然而，自否定的精神辩证法也告诫我们，神圣的情感易诱发迷狂，寻找慰藉的延宕会使人颓败为犬儒，意志的张狂则多流于独裁。而它们的混杂则构成了人类的第四种表达，无以名之，姑且称之为"怨恨表达"吧。鲁迅小说《狂人日记》中的一句——"狮子似的凶心，兔子的怯弱，狐狸的狡猾，……"可谓此种深具毒性的表达最传神的写照。反躬自省，各位务必警惕呵！

四类表达方式唠叨完毕，其实身为教书人的我自己也颇为惶恐，有段时间甚至都细思恐极起来。《道德经》云："上士闻道，勤而行之；中士闻道，若存若亡；下士闻道，大笑之。"所谓"大笑"，不正是小酒馆里的酒客们对爱向小伙计兜售"茴字有四样写法"的落魄读书人孔乙己的表情吗？

"什么'君子固穷'，什么'者乎'之类，引得众人都哄笑起来：店内外充满了快活的空气。"

人类有四类表达云云不正是"茴字有四样写法"的变体吗？老实说，虽然小伙伴们对某种"快活的空气"隐秘的心仪并不难觉察，但如此"哄笑"在大学的课堂上毕竟少见，我自己最担心的倒是《道德经》未提及的态度，那就是"没感觉"——隔膜。庆幸的是，台下年轻的小伙伴们给予我的大多还是若有所思的凝重。我自己更无意嘲讽他们或独白或对话的语言世界里"然后"丛生的现实。本质上说，这就是一个"然后"丛生的时代，无论是在人们凡俗的日常语言世界还是极其先锋的文化艺术场域里，只不过两者之间存在着无意识的习焉不察和虽自觉却欲罢不能的分别而已。20世纪70年代，丹尼尔·贝尔在《资本主义的文化矛盾》一书里就有过相类似的观察："尽管常规语言忠于一种由中转性介词衔接起来的井然有序的实词感，现代主义文学力图把这种中转成分作为传递感觉神经冲动的突触点来强调，力图把人们抛进轰动的旋涡里。"这里所说的原本应助益于语言秩序的"中转性介词"摇身一变成为"把人们抛进轰动的旋涡里"的"传递感觉神经冲动的突触点"，可谓现代文化秩序动荡的重要表征。卡夫卡的好用"但是"，鲁迅的满篇"然而"，陀思妥耶夫斯基在《卡拉马佐夫兄弟》里借伊万的嘴的质问——"问题就在这个'但是……里'"，不胜枚举的文学语言世界的"突触点"，和年轻的小伙伴们日常生活中的"然后"之"秀"，不正构成了我们这个时代互为映照的语言坐标吗？尽管，您可以发觉，"但是""然而"是质疑、断裂，而"然后"恰恰相反，它意味着顺从、延宕。

　　加缪小说《鼠疫》里有一个卑微而善良的政府小职员格朗，他是一个虔诚的文学爱好者，正在为寻找能描摹出心仪女士神采的词句而苦恼，他问道："医生，您总知道，必要的话，要在'然而'和'而且'之间作出选择，这还不算太难。要在'而且'和'接着'之间进行挑选，这已比较不容易了。如果要从'接着'和'然后'之间决定用哪一个，那就更难了。但是确实还有比这更难的，就是'而且'该用不该用的问题。"

　　要请教读者诸君，这是年轻的小伙伴们对生活的烦恼吗？如果是，那么这仅仅是他们这一代人对生活的烦恼吗？不晓得。或许来自他们的回答之一是：

90后？ 00后？

NO，人人都爱说"然后"。

第三章 执经达权

　　这一章的主旨叫"执经达权"，围绕经权之变这个重要思想，想讨论三个问题。第一个就是个人意见与自身位置的关联。第二个是表达中的智慧和良知。第三个就是同理心和同情心的异同。

　　确定这个主旨，并且放在第一章"敬事而信"、第二章"安生服业"之后，大体理由如下：如果说第一章"敬事而信"是坚定信念，第二章"安生服业"是体验人生，那么第三章"执经达权"就偏向生存智慧了。有经有权，执经达权本是我国重要的思想传统。根据胡乔木的回忆，毛泽东《在延安文艺座谈会上的讲话》正式发表后，郭沫若称其为"有经有权"，毛泽东也很欣赏这种说法，"觉得得到了知音"（《胡乔木回忆毛泽东》），可见这一传统的历久弥新。

◎刷到过一个外国学者讲"执经达变"的视频，他认为这是中国人最了不起的智慧。

　　选文四篇分别来自韩非子、商鞅、苏洵。韩非子的文章选了两篇，一篇来自《韩非子·难篇》的第一则故事和围绕这一故事层层递进的讨论，一篇来自更具思辨性的《韩非子·难言》，讨论的是说服他人的各种危险和智慧。商鞅的《更法》是《商君书》的第一篇，内容围绕秦孝公主持、启动"更法"革新的决策过程。苏洵的《管仲论》则是苏洵关于如何评价"春秋第一相"管仲的翻案文章。四篇文章，涉及的多是国家大事，政治论断，分析又极为透辟、辛辣，锋芒毕露，冷意逼人。涉世未深的同学初见这类文章，往往觉得老气横秋，隔膜得很，一点都不可爱，也难以进入文意，遑论汲取其中的智慧了。看来这类文章的读法、讲法，还得动点心思。

◎是啊，这是国文教学最尴尬之处。学生大多喜欢充满时尚感、未来感、科技感的东西，教师得费心思量，设计一些漂亮精美的"楼"，把这些珍珠放到里面送给学生。

《韩非子·难篇》故事的读法

先来看第一篇——《韩非子·难篇》故事的节选。《韩非子·难篇》其实是韩非子为了说明自己的主张，平时所积累的诸多故事，这里节选《难篇》的第一个故事，这个故事非常典型。《国文课》的"阅读建议"是这样写的：

这则故事需要您慢慢品读。假设您自己就是对话中的人物，先尝试独自应对如下问题，再阅读括号后的文字，比较并体会自己与文中人物在思维方式、分析、判断及表达上的差异。此种阅读的方法也可以用于本书的后续篇章的学习，不妨多挑战下自己。

这是一个很细致的代入式的读法，请同学们先试一试自己面对一个问题的反应，然后再去看别人是怎么反应的，对照自己和书中人物的反应，可以明白不少事的微妙，这大概就是最微观的翻转课堂之类的做法。据说新儒家的著名学人，年轻气盛的徐复观见熊十力先生时，说自己看了王夫之的《读通鉴论》，然后指摘了这本书的诸多不是。熊十力大怒，说你这根本不会读书，读书要先看它的好处再批评它的坏处才行。其实读书有两种方式，第一种就是你要知道经典之所以被视为经典一定是有内在道理，你先信服它，跟着它走，看自己能走多远。熊十力、钱穆等先生应偏爱这种读法。和这种方式刚好相反的是另外一种对抗式的读法：我为什么要相信你？我每句都要质疑你！没有在理性的天平上论证充分，就别想说服人、糊弄人。老实说，这两种都是很好的读书方法。读《论语》等儒家的经典还是以第一种读法为佳，至于读《道德经》，则未必，第二种读法或许更有收获。以《道德经》第一章"道可道，非常道"那几句玄之又玄的话为例，如果我们用对抗的读法，更能体会到它的每一句其实都回应了你的质疑、疑惑，它已经猜到了你可能会怎样反应并且做了回答。读马克思《资本论》那样的大书，同样会发现，它处处揣摩你的反对、质疑意见并且做了提前的阻击、解释，这样的书，敢于挑起你的质疑，迎战你的质疑，逼得你也不得不审视着、对抗着读。现在读《韩非子》的这一篇故事，采用的读书方法是先不对抗，把自己代入进去，看我们编者是怎么问的，你会怎么回答。

◎我倾向于第一种，先要空杯，才能接收到智慧的甘露。每个人的认知都有局限性，第二种方法渲染了所谓的自我，其实也让自己的认知更加坚固。

晋文公将与楚人战，召舅犯问之，曰："吾将与楚人战，彼众我寡，为之奈何？"

这个故事一上来就是晋文公的提问。"吾将与楚人战，彼众我寡，为之奈何？"问题的情境是特定的，很清晰，先得承认这个现实。现在得决策，该怎么做？我们把选文后面的文字可以先捂上，假如有人这么直接问自己，该怎么回应？很多同学的直接反应就是说不出来，没法回应。

◎为什么？是这个问题距离他们太远？确实，我看到同学的回应大部分是照搬舅犯的话，也有的就这么对晋文公说：我不知道，你去问别的臣子吧。哈哈，很真实很可爱。

两个谋士，一个主张使诈，一个反对

"臣闻之，繁礼君子，不厌忠信；战阵之间，不厌诈伪。君其诈之而已矣。"

我们看谋士舅犯的反应，首先是"臣闻之"，这三个字很有意思。古书里常有"吾闻之"三个字，佛经开篇都是"如是我闻"，什么叫有文化？我听说过和没听说肯定是不一样的。"繁礼君子，不厌忠信"，如果我们跟君子交往，多少礼仪都不嫌多。忠信是处理人与人关系时应恪守的道德准则，交往对象是君子，内在要"忠"，就是得尽心竭力，无保留地对待他。外在讲"信"，不说假话不欺骗别人。"战阵之间，不厌诈伪"，但是如果对方是敌人，那就要用欺诈手段了。请留意，这是典型的读书人的思考方式，先告诉你理论原则，再看看我们现在面临的具体情形，既然对方是我们要与之战斗的强大楚国，那么结论就很清晰了："君其诈之而已矣"，你就这样干就行了。如果同学们第一次不知道如何回答的话，现在得对照下，想想自己会不会像舅犯这样回答问题？其实大部分人是做不到这么全面地应答的，他说话不多但有原则、有情境、有结论，非常清楚。

我们现在停一下，如果你是晋文公，是一个领导，是一个决策者，当你听到这个回答你会作何反应？可能会有如下两种反应：第一种会觉得这舅犯讲的很教条，只是讲一些理论，不顶用；第二种会认为舅犯说的话也太直接了，竟然叫我使诈。但是这里晋文公一句话都没说，没有反应。他让舅犯先退下，"因召雍季而问之"。就是再找第二个谋士，问同样的问题，就像旋律再次出现一样。那我们可以再一次测试一下自己：同样的问题这次我们又该怎么回应？能有不同的回应吗？

"焚林而田，偷取多兽，后必无兽；以诈遇民，偷取一时，后必无复。"

这是雍季的回应。打猎的时候你把林子都毁掉了，那么野兽当然都跑出来了，可是以后就没野兽了。他举了一个例子类比，意思很清晰，就是你一时会获取好处，可是这是不可持续的。如果用欺诈的方式来对待民众，结果很明显，就是以后再也没机会了。你看雍季的这个回应，我们自己能不能想出来、

◎这个分析很重要。希望同学们都学会，能够灵活运用这个公式解决问题。

◎看史料说，此前在中原的战争中还没有公开使用诈术的。

◎看到雍季的回答，就想到两个字：呵呵。这种仁爱的思想任何时候都是正确的，但也是无力的。在现实中，有另一套强大的生存逻辑：行还是不行，能成事还是不能成事。但同时又觉得雍季的话是对的，在这个打打杀杀弱肉强食的世界，如果没有这些仁爱的思想高悬在那里，那真的太可怕了。

说出来？和舅犯的思维不同，雍季是先做类比，后说结论。晋文公的反应也很有意思，他听后说"善"，也就是好。刚才舅犯说完他可是没有反应的，这个对比很明显。

◎我发现古人真的很善用譬喻，这一点值得我们学习。

晋文公怎样做，又是怎么说的

辞雍季，以舅犯之谋与楚人战以败之。归而行爵，先雍季而后舅犯。

晋文公的做法很有意思，他夸赞第二个谋士雍季，用的却是第一个谋士舅犯的计谋，他还是用舅犯的诈术打败了楚人。回来论功行赏，却把雍季放在首位赏赐，舅犯反而被排在后面。每一步我们都要想想，如果我们是晋文公，做不做得出这样的决策？为什么用了人家的计谋而不先奖赏？为什么不直接表扬别人？大臣们开始议论纷纷，说城濮之战能够获胜全凭舅犯的计谋，领赏的时候却让他靠边站，可以这么做吗？很明显是抱怨，这合理吗？舆论哗然，现在晋文公怎么面对呢？如果我们是晋文公，会怎么面对汹汹的舆论？你手下的中层干部、骨干提出了质疑，说你这样做不公正，你将如何回应呢？

◎晋文公的人生经历，让他不得不这样行事。历经骊姬之乱，在外流亡19年还能登上王位，靠的就是老谋深算吧？

"此非若所知也。夫舅犯言，一时之权也；雍季言，万世之利也。"

这是晋文公的反应。第一句是非常有威权的话，分明是在以势压人：这不是你们这个层次的人所能知道的，你们理解不了。可是只有凌驾于人的口气终究是不行的，他后面还是做了一个解释：舅犯的计谋是一时的权宜之计，此时此刻特定的情形下，我可以这样权变。雍季的话，却是可持续发展的万世之利。如果我们是大臣，我们会接受这样的回应、解释吗？既有权威的压制，又有理性的解释，这两方面能说服我们吗？每个人说的话和他的立场、在权力格局中的位置是相关联的。我

◎很多同学在前面会反感晋文公的做法，但是到这里马上会被他的这一套说辞说服。

们现在无法知道群臣是否接受了晋文公这套权势加理性的解释，但是有一个旁观的人，就是"孔子"，他折服并点赞说："文公之霸也，宜哉！"晋文公真的应该称霸，因为他"既知一时之权，又知万世之利"。这是个很高的评价。我们作为局外人，会不会像这里的"孔子"（这里的"孔子"肯定不能等于历史上真实的那位圣者）一样去表扬他？其实很多人会很崇拜像晋文公这样"阴用其言而显弃其身"的做法。就像商鞅变法，秦惠文王杀死了商鞅，但秦国还是按照商鞅的治国方略治理的。韩非在秦国的遗嘱，也是一样的。"孔子"的表扬恐怕是会赢得很多赞同的。要命的是，作为一个普通读者，我们可以测试一下自己，如果你并不赞成"孔子"的点赞和意见，自己有没有思想的力量去对抗晋文公或者批评他呢？

◎很多同学不加思考就站队到权威这一边了。

有人不服来辩驳，激动到骂人

　　阅读到此处，就这篇选文而言，在我们的理解里，晋文公是什么样的人？舅犯是什么样的？雍季又是什么样的？在整个决策和实施的过程里，你对谁的印象最深刻？恐怕很多人会对晋文公印象最深刻，没有力量抵得住他的魅力。连"孔子"都抵不住，对他点赞认可。有意思的是，就是有人不服。"或曰"，就是"有个人说"，很明显这里是韩非子在借助另外一个人的嘴巴来说话了。就像有个电视节目《锵锵三人行》，他们聊天的时候，主持人经常会说"我有个朋友怎样怎样……"。"或曰"，就是"有一个朋友说……"：

◎孔子对晋文公有自己的认识，他说"齐桓公正而不谲，晋文公谲而不正。"所以我觉得孔子在这里对晋文公的称赞，显示了孔子的宽厚和善良。

　　雍季之对，不当文公之问。凡对问者，有因问小大缓急而对也。所问高大，而对以卑狭，则明主弗受也。今文公问"以少遇众"，而对曰"后必无复"，此非所以应。且文公不知一时之权，又不知万世之利。战而胜，则国安而身定，兵强而威立，虽有后复，莫大于此，万世之利奚患不至？战而不胜，则国亡兵弱，身死名息，拔拂今日之死不及，安暇待万世之利？待万世之利，在今日之胜；今日之胜，在诈于敌；诈敌，万世之利而已。故曰：雍季之对，不当文公之问。且文公不知舅犯之言。

　　这里面的层次非常复杂，我们一点点来梳理、分析。首先第一句就非常直接地把第二个谋士雍季的应对给否定掉了，因为答非所问，很不恰当。凭什么这样说呢？先说原则。其实写文章有个很简单的套路，就是你写完一句话，赶紧问一下自己为什么这么写，也就是古书里经常出现的"何则"。我们在这里也可以补上这两个字：何则？凭什么这样说？下面他就解释，他说理论上，原则上，"凡对问者，有因问小大缓急而对也"。你应对人家的问题，应该有类似光谱一样长短不一的匹配与对应。如果人家问的是高大上的战略问题，而你回答的是卑狭的具体细节问题，那么高明的君主、决策者是不应该接受的，因为你答非所问。对雍季来说，晋文公问的是此时此刻我实力确实不如楚国，我又想跟他发动战争，即在"以少遇众"这个特定的情形下该怎么办。而雍季回应的是"后必无复"。晋文公提出的是一个特定空间、情形下的决策选择问题，雍季把它悄悄转换成了时间问题，回答的是现在这么做以后再没有机会了。所以说"此非所以应也"。这是第一层。

◎这个办法很实用，是因果逻辑思维的训练。

◎作为一个谋士，答非所问是低级错误吧？

　　接着来看第二层："且文公不知一时之权，又不知万世之利。"这句话就狠了。你可以想见，"或"这个人，很明显也是一激烈犀利的读书人，他着急了，连晋文公本人都给否定了。你能感觉到这个语流中他的激愤，直接就骂到晋文公本人了：你既不知道什么是一时之权，也不知道什么叫万世之利。这跟"孔子"的点赞刚好对着干了。他对这两个懂得权变的人进行了全面的抗议。作为普通读者，我们有智慧有力量有勇气来发出这样的质疑吗？我们读的时候，每一步都可以停下来想一想

◎这样读书有意思，人物都活了！

自己的反应，为什么没有这位"或"那样的力量？

"或"也不能只下论断、结论，得像刚才说"雍季之对不当文公之问"一样，先说结论，接着做解释。何则？凭什么这样说？下面他就做分析了："战而胜，则国安而身定，兵强而威立，虽有后复，莫大于此，万世之利奚患不至？"对于打仗来说，获胜才是最关键的，此刻你能取得胜利，则国家安定，权威确立，即使后面再有战争，也不过如此。你要是跟我谈"以后"的机会，你就要在每一次战争中都取得胜利，延长起来才是万世之利。以后的利益也是由一次次胜利组成的，所以现在强大、战胜才是唯一可靠的东西，用时间的延续来讲这些都不可靠。而且你想想可怕的结果，假如此刻输了，"战而不胜，则国亡兵弱，身死名息，拔拂今日之死不及，安暇待万世之利？"你现在就完蛋了，根本就没有以后如何如何的可能性，你还讲什么"后必无复"！所以结果非常清楚，你如果想有万世之利，今天就必须胜利。而要今日之胜，就必须以诈术对待敌人。"或"一步一步非常严密地推导出了结论：此时此刻用诈术来对待敌人，就是万世之利。这是立足于现在的极端的现实主义的世界做的推断，此刻就是整个世界，这个思维达到了极致。其实很多人不大愿意接受的鲁迅的思维，也是这个思维。未来的黄金世界他是拒绝的，就是专注此时此刻，把你紧紧地抓住定位，让你跑不了，这是一种很厉害的思维特征，很犀利，很现实，当然，也很具毒性。毕竟，取消了时间的连绵，取消了未来、历史和现在之间互渗的意义，时间就被完全掏空了。

好，结论就是："雍季之对，不当文公之问。"两层分析后，又回到了雍季的应对。又一次回来你就可以看见整个论争的过程了。刚才我说了，对文公"既不知一时之权，又不知万世之利"的批评，是整个思维里最有激情的部分，一激动竟然骂到了最高权威，索性就说了"且文公不知舅犯之言"。很明显，这个"或"

◎这个"或"是否过于强调现实的、理性的逻辑了？战争总是充满了变数。苏轼在《留侯论》里面举了一个例子，说楚庄王要攻打郑国，郑伯光着膀子牵着羊前去投降，结果楚庄王就放弃了攻打。况且春秋时期的很多战争都是象征性的点到为止。

◎宇宙是全息的，当下能通达过去与未来。

很讨厌雍季，认为他这样的人说话表面上很正确，实际上没用，而晋文公你怎么能看不出来呢？"或"一激动连领导都骂了。

◎"或"觉得，一个雍季怎么把国君都带偏了，气愤啊。

掌声究竟应该送给谁

舅犯所谓"不厌诈伪"者，不谓诈其民，谓诈其敌也。敌者，所伐之国也，后虽无复，何伤哉？文公之所以先雍季者，以其功耶？则所以胜楚破军者，舅犯之谋也；以其善言耶？则雍季乃道其"后之无复"也，此未有善言也。舅犯则以兼之矣。

回过头来"或"开始为舅犯辩护。第一个层次，舅犯所说的"不厌诈伪"，不是让晋文公你去对待自己的臣民，而是针对敌人的。舅犯非常清楚地告诉你了，对象不同，行为的原则可以不同。对我们来说，所伐之国是敌人，就是以后不打交道了，对我们又有什么伤害呢？论功行赏先把雍季放在前面，是因为他的功劳吗？可是战胜楚国使用的是舅犯的计谋，你为什么却奖励雍季，因为他善于说话吗？雍季说"后之无复"，这不是什么好话，一点儿也不精彩。很明显，我们从语流中能清清楚楚地看到这个"或"对雍季的讨厌，他讨厌这种善于修辞很会讲话但是不解决棘手问题的人，在为舅犯辩护的时候，都忍不住来踩两下雍季。"舅犯则以兼之矣"，舅犯既注重实用又很会修辞，两者兼顾。

◎从逻辑的层面看，韩非子对雍季的批评，几乎无懈可击。可是他依据的都是效率至上的工具理性的东西，视野不够开阔。

舅犯曰"繁礼君子，不厌忠信"者：忠，所以爱其下也；信，所以不欺其民也。夫既以爱而不欺矣，言孰善于此？然必曰"出于诈伪"者，军旅之计也。舅犯前有善言，后有战胜，故舅犯有二功而后论，雍季无一焉而先赏。

舅犯说，讲究礼节周备的君子追求忠信，"忠"，所以爱他的下属，"信"，才不欺骗百姓。这个原则说得既有爱又不欺骗，还有比这更好的吗？政治正确，道德正确，多好！然而他

◎对舅犯的分析当然很有道理。可是，对这些谋略，我们不应该有种本能的反感吗？

◎对孔子的这个结论，真想知道山东大儒们是怎么看的。史书里有没有记载呢？

又说了得用诈伪对待楚军的话，这是战场上与敌作战的无奈之举。这样一分析，舅犯前面说的话政治正确、道德正确，后面又用计谋帮你晋文公战胜了楚国，无论是从正确性还是实际效果来看，舅犯都有功劳。掌声不是应该送给舅犯吗？在封官行爵的时候，你晋文公把他往后放，而雍季什么都没有做却先得到赏赐。"孔子"称赞你"文公之霸，不亦宜乎"，其实"孔子"和你都不知道怎样才是"善赏"。这才是结论。

一个人的意见里藏着他的身份

我们现在盯着"或"也来做个分析。他为什么那么讨厌雍季？他和舅犯是什么关系（他肯定不是因为是舅犯的好朋友才会替他鸣不平）？他为什么会打心眼里讨厌第二个谋士雍季，而激赏第一个谋士舅犯？晋文公的身边有一些谋士，他们依靠自己的智慧来帮助最高权力者决策。舅犯已经是这群贡献智慧的人里最理想、最好的了，竟然被如此对待，所以"或"为他鸣不平。

现在我们再反过头来评估一下，"或"所有的这些分析、这些心思，难道晋文公不清楚吗？他的理性推演，难道晋文公就不懂？如果晋文公也懂，那么他如此决策又是因为什么？这大概就与每个人所处的位置有关了。晋文公是最高决策者。这一章的第一个话题就是"个人意见与自身位置的关联"。很明显，"或"是舅犯、雍季这个谋士行列中的人，和晋文公的那些群臣一样，群臣表示不满是因为他们也会被这样对待。所以这就是一个谋士——一个以智慧来谋生存的人和一个权力决策者之间的关系，一个谋士有时候就得承受很多委屈。

整个故事讲完，来看《国文课》"习问"环节（思考练习）里的一道题："请尝试评估：从思维习惯、个人偏好等多方面综合考虑,文中的人物,自己更喜欢谁?更讨厌谁?更恐惧谁?原因何在?他们身上有哪些自己可以汲取的力量和智慧?而自己又更像谁呢?"我们是否希望自己做决策的时候,像晋文公那样?如果没有决策权而只是在决策者身边的话,我们是否觉得像舅犯那样就已经很智慧、很得体了。而雍季,可能很多人会讨厌他,但是如果雍季是我们的家人,比如说是我们的孩子,我们可能会觉得这样说也挺好,反正永远不会错,也不得罪人。这会是我们的真实心态吗?我们的心态跟每个人所处的位置是相关联的。这篇文章是非常典型的韩非子的文章,司马迁说"韩子引绳墨,切事情,明是非,其极惨礉少恩",有分析有故事有情形,有强悍的理论推演,但是推动理论推演的,其实是内在的激情。很多人以为韩非子只是冷,其实冷正是来自于热,来自于他的激情激愤。这个故事看上去很简单,其实是很有曲折的,现在把它的脉络、层次和结构都讲清楚了,希望能给你以启发。

◎我认为真正的谋士需要的是内在的静定,韩非的激愤里有巨大的焦虑和不安。

◎以前我在政府机关工作的时候,那时政企还没分开,有家下属公司因为投资失败,就换了机关一个政工口的干部去做总经理。结果没几个月,员工就强烈要求把之前那个因为重大投资失误而被撤掉的老总给换回来。原因是新任老总天天讲正确的废话,在机关的时候这当然没问题,可是市场竞争激烈残酷,只会这一套就害人了。我也发现当时底下没有一家公司的领导班子是和谐的,很多情况就是这种务实的看不上务虚的。而随着年龄的增长和人生经验的丰富,我越来越意识到,每一个单位其实都需要雍季这样的人,在哪个层面宜虚,哪个层面务实,都反映了中国式的领导艺术和智慧。在国与国的交往上,务虚是不可或缺的,所以我又理解晋文公的做法了。

商鞅《更法》的"锵锵四人行"

《更法》是《商君书》一书的第一篇,内容是秦孝公意欲"更法",召集三个重臣,当然也是各个利益集团的代表性人物召开的一个决策会议,秦孝公当主持,"锵锵四人行"。

◎国君主持?

孝公平画,公孙鞅、甘龙、杜挚三大夫御于君。虑世事之变,讨正法之本,求使民之道。

"孝公平画",秦孝公为国家发展谋划战略,制定国策。他召集了三个人：公孙鞅、甘龙、杜挚。公孙鞅就是商鞅，一个大家都知道的激进的变革者。甘龙和杜挚，历史上也是赫赫有名。甘龙，你可以理解成非常有城府的一个人，这种人精通政治韬略，处事冷静，可以说是权力斗争时最可怕的角色。杜挚代表了世家贵族，他们是凭依门第得到权势的人。秦孝公叫这三个人来召开决策会议，他们其实是不同阶层不同位置不同利益的代表人物。"虑世事之变，讨正法之本，求使民之道。"这三句话表明，考虑到世事在变化，他们要寻找治国的根本，统治老百姓的方法，因为他们是制定国策的。

◎精心策划的一场高端的有保密性质的会议，与会人员或许都是反复斟酌过的。

君曰："代立不忘社稷，君之道也。错法务明主长，臣之行也。今吾欲变法以治，更礼以教百姓，恐天下之议我也。"

秦孝公说，我接替上一任执政，不能忘掉江山社稷，这是君王应该做的事情。其实就是说我现在要"更法"变革，找你们来确定下我统治的根本策略，要遵循的原则。我有我的本分，而你们臣子也得有你们的本分。"错法务明主长，臣之行也"，你们要彰明我的主张、我的威信。现在我想变法，通过变法治理国家，通过更新礼节、礼仪来教化百姓。但是我担心天下人议论我，怎么办？君王已经做了定调，就是要变法，但是又担心会出现舆论方面的不同意见，所以召集三位商议如何应对。当然，秦孝公实际上他是知道的，其实就是甘龙和杜挚背后的人会议论他，但是他说"恐天下之议我也"。他的话得小心地听。

◎一上来就说"君之道、臣之行"，是不是也有提醒三个人注意身份，君臣不要越位的意思？

为什么着急的总是他

公孙鞅曰："臣闻之，疑行无成，疑事无功。君亟定变法之虑，殆无顾天下之议之也。且夫有高人之行者，固见负于世；有独知之虑者，必见骜于民。语曰：'愚者闇于成事，知者见于未萌。民不可与虑始，而可与乐成。'郭偃之法曰：'论至德者不和于俗，成大功者不谋于众。'法者，所以爱民也；礼者，所以便事也。是以圣人苟可以强国，不法其故；苟可以利民，不循其礼。"

秦孝公的话音刚落，公孙鞅（商鞅）就开始抢着说话了。四个人在那里开会，领导主持，那三个人里最着急说话的，是最急于变法的商鞅。你可以理解成，他和君王有着唱双簧的默契，他得抢着说；你也可以理解成，最没力量的人最容易先激动。往往就是这样，沉静的人，很冷很不动声色，一定是有力量的。商鞅第一个抢着说，而且从后面的内容你更能感觉出来，他每次说话都是很冲动的样子。其实也不能完全理解成，他的性情就是这样容易激动的，当然可能有性格的原因，但是更多的恐怕还是和他的利益、他的追求、他所处的位置有关。毕竟甘龙和杜挚他们政治的手腕和背后的力量都是比较强的，而商鞅作为客卿，只有一颗要急切变法的心而已。他从魏国来到秦国，背后没有力量支撑。他说"臣闻之"，关于"臣闻之"，我们在讲韩非子的《难篇》故事时已经说过了，此处不赘述。"疑行无成，疑事无功。"你老是疑神疑鬼的，就什么事也做不成。"君亟定变法之虑，殆无顾天下之议之也。"君王你得赶紧确定下来，不要管天下的议论了。你看商鞅多着急，上来就说这些。"有高人之行者，固见负于世"，精英做的决策一定会被普通老百姓反对或者是不理解。"有独知之虑者"，他很高超，当然会孤独，是一定会"见骜于民"，必定被老百姓嘲笑，他不理解你很正常。所以有话说得好，"愚者闇于成事"，笨蛋他不懂，因为他被陈规麻痹了，反正传统就是这样。"知者见于未萌"，聪明人不一样，事情才萌生的时候，他就看到了机会，就赶紧做。"民不可与虑始，而可与乐成。"不要跟老百姓讨论准备启动的事，因为他们根本看不出来，但是可以跟他们分享结果。真正决定启

◎对照着自我检测了一下，我是小团体里最没有力量的那一个。

◎人物的形象一下子就出来了，如果我来画商鞅的像，嘴唇应该是薄薄的，跟史书上的画像不一样。

动的是精英。所以后面他说，"郭偃之法曰：'论至德者不和于俗，成大功者不谋于众。'"根据郭偃的原则，真正有大德行的人，是不会跟世俗搅在一起的。做成大事的人，也不会去老百姓那里寻找谋略。"法者，所以爱民也；礼者，所以便事也。"我们制定的规则法则，是爱护老百姓的，制定的"礼"也是方便行事的，这只是我们统治、治理的需要，想"更法"变革时是不用受它们约束的。"是以圣人苟可以强国，不法其故；苟可以利民，不循其礼。"所以结论就是，只要可以变强，他才不管过去的掌故规范，也不会去取法过去的老传统，只要有利于老百姓，就不会因循守旧，只有推进改革才是正事。商鞅的理解、主张是非常强硬的。这个原则就是高度的现实主义，我现在想干就可以这么干，管你什么传统不传统。

◎在现代社会这样恐怕不行，民意非常重要。

孝公曰："善！"

你看，秦孝公其实也挺紧张，或者说他也需要有人这么着急地和他呼应。他马上就说："你说的好！"和我们上一章讲过的晋文公相比，秦孝公不像晋文公性格那么冷静，当然你也可以理解成秦孝公太急于做事了。

◎我读书总是读不出这些，太粗疏，少了许多意味。

怼你没商量

甘龙曰："不然。臣闻之：圣人不易民而教，知者不变法而治。因民而教者，不劳而功成；据法而治者，吏习而民安。今若变法，不循秦国之故，更礼以教民，臣恐天下之议君，愿孰察之。"

你看，在商鞅和秦孝公这么急切地发表言论以后，甘龙依然可以非常强悍地断然说出"不然"两字，这意见是针锋相对的。接下来他也说"臣闻之"，刚才你商鞅不是讲你听说吗？现在我们也听说过，我们也有自己的源头和传统。像这样的对

◎"不然"这俩字，也可能声音很轻，我觉得作为一个重量级的老臣，说这俩字的时候不能用重音。

抗看似引经据典其实是很激烈的，"臣闻之"（"我听说"）这三个字看起来摆弄文辞，不免迂腐，实际上是最为有力的，因为它彰显的是某种强大的共识和传统，"圣人不易民而教，知者不变法而治。"我们继承的传统是，真正的圣人不会总是改变民风民俗来进行教化，因为老百姓会不知所措；真正聪明的智者也不会轻易改变法规来治理天下，因为对于治理者来说最好的办法是"因民而教"，是根据老百姓的特点来进行教化，治理者看上去不劳而获似的，不必劳苦就直接成功了。"据法而治者，吏习而民安。"治理者根据这些规矩实施治理就行了，官吏也习惯了，还熟悉这些老百姓的习惯，也不打扰他们，多好。现在你要变法，不遵循全国已有的规矩和传统，想着更换礼节，重新教化百姓，"臣恐天下之议君"。这句话说得比较含蓄隐晦，其实就是说天下都会反抗你。"愿孰察之"，希望你好好想想吧。这段话里，第一个词很直接——"不然"，到后面的时候又语气和缓了一些，给君王留有空间，是很老练的。

◎你的分析也很老练。

公孙鞅曰："子之所言，世俗之言也。夫常人安于故习，学者溺于所闻。此两者，所以居官而守法，非所与论于法之外也。三代不同礼而王，五霸不同法而霸。故知者作法，而愚者制焉；贤者更礼，而不肖者拘焉。拘礼之人，不足与言事；制法之人，不足与论变。君无疑矣。"

甘龙说完之后，你可以想见可能商鞅都没有认真思索他的话里的分量（甘龙可是重臣，商鞅就是一个外来的客卿），马上直接就对甘龙说："子之所言，世俗之言也。"这话挺狠的，尤其是在那种高度讲究礼节礼仪的情况下，就这么直接对着别人说"你就是个俗人"，很老练的人肯定是不会这样讲的，商鞅太猛了。"夫常人安于故习，学者溺于所闻。"这是把两类人（常人和学者）都骂了，老百姓不懂，读书人也是傻帽。你看商鞅多狠！"此两者，所以居官而守法，非所与论于

◎不能认真体会，因为此刻是能量的推动，一体会那股冲劲儿就没有了。

第三章 执经达权

法之外也。"读书人和普通的常人（也可能指普通的官和吏），他们持有自己的小官帽，当个小官，守护着法律还行。他们不是我们这种搞政治做决策的人，不要跟他们讲这些，讲了他们也不懂。怎么理解商鞅的这一种不屑呢？根据现代政治法学的理解，有一种学问叫政治法学，一种叫规范法学，就是讨论已有法律规范以内的事。但是在特殊时期，例如宪政建立的时期、宪政危机的时期，在这些非常规情况下，需要的就是政治决断而不是规范性的法律决策了。20世纪德国的右翼法学家卡尔·施密特就是这么个思路，现在国内也有各路学人在呼应、讨论这个思路，像刘小枫、高全喜等等。所以从这个意义上也不能说商鞅说的完全没道理。这就是个政治决断的事，不是规范法学内部的事，秦孝公现在要做的是政治性的决断——要不要"更法"，而不是具体的规范性的法条怎么制定。"三代不同礼而王，五霸不同法而霸。"礼和法，那只是工具而已。"故知者作法，而愚者制焉。"智者是创制法律的，不能被法律所捆绑住，而愚者就被法律法条制约住了。"贤者更礼，而不肖者拘焉。"贤者能超越"礼"的具体规定而进入新的层面，水平不高的人却会拘泥其中。"拘礼之人，不足与言事"，被礼困住的人，我们怎么可以跟他谈论治理天下的事呢？"制法之人，不足与论变"，因为我们讨论的是根据世界的变化重新制定规则的事，而他已经被困在体制之内，没有超越性，没有创造力了，那还谈什么呢？！这一通话说得都特别狠，说白了就是批评甘龙缺乏政治的决断力，没有政治素质。对一个政治人物来说每一句都是最不客气的批驳了，真是怼你没商量。"君无疑矣"，君王您就不要怀疑了。把这句话和刚才甘龙说的"愿孰察之"比较一下，更能看出，商鞅又急切又直接的劲头，就差说，这帮人，君王您就不用跟他谈了。

◎其实很有道理，人法地，地法天，不是每个人都能直接看到天的。

◎我同意商鞅的说法。每个人的角色不同，天在九官里代表着天道真理法则，身处天位的人，该做的就是依循天道适时调整法则。

◎现在我们在体制内的人恐怕没有人能说出这么带劲儿的话了。

没底气就装激进

杜挚曰："臣闻之：利不百，不变法；功不十，不易器。臣闻法古无过，循礼无邪。君其图之！"

下面是杜挚说话了。杜挚和甘龙不一样，我们知道甘龙不完全排斥变法，他是有限的变法者，他也不属于杜挚利益集团，所以显得更中立客观，韬略更深。杜挚不一样，他代表着贵族的既得利益，"更法"很明显就是要打破他们这种人没有功劳仅凭借贵族身份却可以垄断权势的局面，是对他们特权的直接冲击。杜挚也说理由了，不过只是理由，他说的其实不大有力量，有点装。他说"臣闻之：利不百，不变法；功不十，不易器。"他也先说"臣闻之"，可见这套路大家都会玩，扯虎皮拉大旗、一切历史都是当代史、传统是现在建构的、重塑经典等等，这些东西摆弄多了就失去了对传统起码的敬意了。当然，这会儿杜挚在争现实利益，他可管不了这么多。他的理由是，如果没有百倍的利益，就先不要变法，没有十倍的功效，就不要改变器。他定的标准是有百倍、十倍的好处才可以变法，要么就没必要，有趣，多像鲁迅所说的"非革命的激进革命论者"。杜挚这陈义甚高、标准苛刻的话，其实很虚，"非革命的激进革命论者"骨子里都是虚的，虚张声势而已。这个人的底气不足也露出来了，他不敢直接面对变法还是不变法的问题，他只好说现在如果还没有那么大的利益就算了吧，不要轻易去改变传统。这个人的确不是很有力量，他也说不出来像商鞅和甘龙那种很激烈但是又很强悍的话语，就想着回归传统。"臣闻法古无过，循礼无邪"，遵循传统总是不会出错的，当然也是对他们贵族更有利的。可以留意的是，这句话里，杜挚同时启用了两个原则，一个是实用的计算利益的原则，故意把标准定得很高；一个是传统至上的原

◎嗯，屁股指挥脑袋。了解人物的背景很有必要。

◎这个穴位点得很精准。

◎分析得很好，我只是看到他说的话，但是看不到理由背后的这两个原则。

则，遵守这个原则不费吹灰之力。第一个原则是堵别人嘴的，第二个原则才是他的真心话。可见他这家伙也有自己的狡猾，当然，我们也能感觉到他讲话其实不够坚定，没有内在的力量，高高低低的。他想从这两方面去说服秦孝公，"君其图之"，君王您考虑吧，反正最后决策的是您。

多辩就是曲学

公孙鞅曰："前世不同教，何古之法？帝王不相复，何礼之循？伏羲、神农教而不诛；黄帝、尧、舜诛而不怒。及至文、武，各当时而立法，因事而制礼；礼法以时而定；制令各顺其宜；兵甲器备各便其用。臣故曰：'治世不一道，便国不必法古。'汤、武之王也，不脩古而兴；夏殷之灭也，不易礼而亡。然则反古者未必可非，循礼者未足多是也。君无疑矣。"

◎商鞅的批判力是从哪里来的？心中装着怎样的一个世界？

当然商鞅对杜挚照样不放过，他继续批判。"前世不同教，何古之法？"你看，这个语气是非常直接的对抗，哪有什么古之法？皇帝都不是一样的，伏羲、神农是"教而不诛"，教化人但不杀人；黄帝、尧、舜是"诛而不怒"，会杀人但是不过分。到周文王、周武王的时候，"当时而立法，因事而制礼"，就更文明了。礼法是根据不同的时代变化的，拟制的时候，当时合适就行了。它们就像兵器、装备一样，只是为了便于利用，它们本身没有任何价值。讲什么前世的"古之法"，就是工具而已。这是极端的功利主义者、工具论者的思维，认为不需要遵循传统，这样国家才能兴盛。"夏殷之灭也，不易礼而亡"，夏朝和商朝就是因为没有更新"礼"而灭亡的，死抱着礼法肯定会死掉。"反古者未必可非，循礼者未足多是也。"对抗传统的人未必不对，遵循传统的人不一定就对。"君无疑矣"，大王你就不要怀疑了。

◎如果这段对话发生在因循守旧的中原国家，又会是怎样的情形呢？毕竟当时的秦国地处偏隅，文化的力量比较弱，从贵族的反驳也可以看出来。

孝公曰："善！吾闻穷巷多怪，曲学多辨。愚者之笑，知者哀焉；狂夫之乐，贤者丧焉。拘世以议，寡人不之疑矣。"于是遂出垦草令。

文末了，秦孝公最后下了一个结论：说得好！我听说学得不够通透的人、一知半解的人喜欢辩论，愚笨的人自己不懂就笑话人家，聪明的人就觉得他们很可怜，因为聪明人能看到更伟大的世界。我已经不怀疑了，反正他们就是那样的人，他们不是我这个层次的人，我就是要变法。于是就发布了《垦草令》。秦孝公不仅是决策者，而且是发动者和仲裁者，他其实是利用商鞅这样一个急切的狠人来压制甘龙和杜挚，现在他一锤定音了。这场要更法的决策会议，整个决策过程大概就是这样的，以古鉴今，是不是当今有些决策会议的过程大概也是这样的呢？

《管仲论》的翻案文章

苏洵的《管仲论》是一篇翻案文章，针对的是《管子》里的管仲形象和评价。一般认为管仲作为"春秋第一相"，有雄才大略，以一己之力协助公子小白建立功业，成就了小白变齐桓公的传奇。但是到宋代苏洵这里，评价完全变了，他翻转了对管仲的看法。苏氏父子做文章喜欢写"论"，苏洵的《管仲论》，苏轼的《留侯论》，都是非常著名的范文，也很喜欢翻案，他们的脑子确实比较灵，学习几招希望咱们也灵一点。

这个锅，苏洵要管仲来背

管仲相威公，霸诸侯，攘夷狄，终其身齐国富强，诸侯不敢叛。管仲死，竖刁、易牙、开方用，威公薨于乱，五公子

◎以前我很少阅读此类文章。就像提出"信息茧房"概念的凯斯所说的那样，人们只关注自己感兴趣的信息，久而久之将桎梏于自我编织的茧房之中，从而丧失全面看待事物的能力。也许有的同学和我一样，一开始对本章内容并没有太大的兴趣，但是通过这些深入细致的分析，会有很多收获，并激发自己更多的思考。

争立，其祸蔓延，讫简公，齐无宁岁。

管仲是做齐桓公的相，这里写成"威公"是因为中国古代的避讳制度，苏洵是宋钦宗赵桓的臣子，避讳"桓"字这里就写成了"威公"。管仲辅佐下的齐国很富强，诸侯不敢叛乱，但是他一死，三个小人就开始兴风作浪。竖刁、易牙、开方，是中国历史上非常著名的三个宠臣。竖刁为了能跟着齐桓公进入宫廷，自行阉割。易牙是专门负责齐桓公饮食的厨师，干过最出名也最无耻的事就是他把自己的儿子蒸成人肉给齐桓公吃了。但是齐桓公死的时候很惨，他想要些米饭吃，易牙就不给，就这么着，平日里声色犬马的齐桓公竟被活活饿死了。开方是卫国的公子，身份已经很高贵了，他却抛弃双亲到齐国来陪齐桓公玩。这三个人都是不尽人情的主儿，当然恐怕得承认，这三人肯定都是逢迎的情商特别高、脸皮特别厚的主儿。三人被任用后，齐国很快陷入混乱，"五公子争立"，齐桓公在宫廷内乱中死掉了。第一段很短，苏洵概说了齐国由盛而衰的整个过程，节奏越快，转折越大，越让人心不甘，气不顺，得找原因，抓出罪人。

夫功之成，非成于成之日，盖必有所由起；祸之作，不作于作之日，亦必有所由兆。则齐之治也，吾不曰管仲，而曰鲍叔。及其乱也，吾不曰竖刁、易牙、开方，而曰管仲。何则？竖刁、易牙、开方三子，彼固乱人国者，顾其用之者，威公也。夫有舜而后知放四凶，有仲尼而后知去少正卯。彼威公，何人也？顾其使威公得用三子者，管仲也。仲之疾也，公问之相。当是时也，吾意以仲且举天下之贤者以对。而其言乃不过曰：竖刁、易牙、开方三子，非人情，不可近而已。

第二段他开始议论。事情能够成功并不在成功的当时，一定有所由头，祸害在发作之前肯定也是有兆头的。所以说齐国的治世不是管仲的功劳，是鲍叔牙的功劳。讲到这里，我们

◎ 文言文就是厉害！寥寥数语，就清晰地概括了一段并不简单的历史。

◎ 一代霸主，死的时候很凄惨，福报用得太快了吧。

◎ 没有伯乐就没有千里马，可是伯乐毕竟不是千里马。仅有端倪，未必成事。就算是勘探到地下有水源，也未必能打出水来。

还得说一下管仲与鲍叔牙的关系。管仲出身贵族，后来家道衰落，父亲早死，很早就出来做事。后来跟鲍叔牙一起做生意，就是两个人的店在一起挨着，鲍叔牙做包子生意，管仲就卖一点与房地产相关的东西。大概当时房地产生意不怎么好，鲍叔牙经常接济他。两人都觉得这不是个办法，就投军去了。经过了很艰难的过程，他们傍上了齐国的两个公子。鲍叔牙傍上了公子小白，管仲傍上的是小白的哥哥公子纠。两个公子的哥哥是齐襄公，齐襄公不仅瞎搞，还跟自己的妹妹文姜乱伦，这在当时轰动四方，文姜后面嫁给鲁国一个挺有手腕的大角色。这里面详细的枝枝蔓蔓，若你想知识共趣味一炉，黑幕与八卦齐读，你就找冯梦龙的《春秋列国志》看好了。现在历史读物写得越来越好看了，当年明月、马伯庸、刘勃，写得好的作品大多都有趣，都可以找来看。回到正题，齐襄公老是瞎整，后来被公孙无知推翻后，公子纠和公子小白就开始争王位了。公子纠的妈妈是鲁国人，公子小白的妈妈是卫国人，两人争王位，鲁国、卫国都介入了，这就变成了"国际"事件。苏洵这里说"齐之治也，吾不曰管仲，而曰鲍叔"，这是一个结论。我们一般人认为齐桓公贪玩，齐国治理得好是管仲的功劳。管仲一死，国家就完了，这不更加证明管仲的重要性吗？但是现在苏洵要让管仲来承担齐国一败涂地的责任。

◎这一段真实的历史太狗血太八卦，以至于像三流编剧编出来的一样。

"何则？"苏洵自己设问，这个做法值得借鉴。我们在本书前面已经提到过这个"何则"。写作的时候实在不知道怎么写的话，就多问一问自己——何则？凭什么这样说？然后去做论证。"竖刁、易牙、开方三子，彼固乱人国者"，他们这三个小子，肯定是祸害别人国家的人，他们就是那样的人。这种分析很有意思，好像现在有一种时髦的学问叫精神类型学，主张有的人是生下来就坏，有电影还专门讨论这个问题。"顾其用之者，威公也"，但是任用他们的人是桓公，这话有点怪，他

◎套用当下极为流行的某个明星的话，苏洵说的就是"我不要你们觉得，我要我觉得"。霸气！

也没有说透，其实再往下说，真正使他们得到重用的人不还是你管仲！你看别人是怎么做的："夫有舜而后知放四凶，有仲尼而后知去少正卯。"舜从尧那里继承权力之后，马上流放"四凶"，就是把对他构成权力挑战、跟他竞争的四个部落首领流放掉，那种流放实际上就等于除掉了。孔丘仲尼当上大司寇后，立即杀掉了少正卯。因为少正卯上课特别懂得修辞，会忽悠学生。在教育竞争市场，仲尼竞争不过，他意识到此人特别会忽悠，有摇动人心的危险，所以马上就处理了。但是为什么齐桓公没有处理这三个小人？苏洵后面做了一个分析。"彼威公，何人也？"管仲你不知道桓公是什么样的人吗？管仲你跟着桓公这么多年，怎么可能不知道公子小白那声色犬马的习性，所以使桓公任用这三个小子的不就是你吗？你为什么不出手，早点除掉那三个小子？等到"仲之疾也，公问之相"的时候，你又是怎么交代的呢？古文的"疾"就是现在说的疾病，"病"是小病。这里是说，管仲快死的时候，齐桓公就问他关于丞相的问题，谁来接他的班。"吾意以仲且举天下之贤者以对"，我苏洵认为此时你应该推举天下的贤人来应对。但是你说的不过是那三个小人不近人情，不要接近他们之类的闲话，你没有尽到你政治上的责任呀。

◎有些人因此对孔子很有看法，如木心先生。

◎一看就是没怎么在官场浸泡过的。

小人不足虑，接班人才是大问题

呜呼！仲以为威公果能不用三子矣乎？仲与威公处几年矣，亦知威公之为人矣乎？威公声不绝于耳，色不绝于目，而非三子者则无以遂其欲。彼其初之所以不用者，徒以有仲焉耳。一日无仲，则三子者可以弹冠而相庆矣。仲以为将死之言，可以絷威公之手足耶？夫齐国不患有三子，而患无仲。有仲，则三子者，三匹夫耳。不然，天下岂少三子之徒哉？虽威公幸而听仲，诛此三人，而其余者，仲能悉数而去之耶？呜呼！仲可谓不知本者矣。因威公之问，举天下之贤者以自代，则仲虽死，而齐国未为无仲也。夫何患三子者？不言可也。

管仲你以为桓公果真不任用那三个小人？你跟桓公相处这么多年了，你应该知道他的为人。他是"声不绝于耳，色不绝于目"，如果不是那三个小人，谁能满足他的欲望呢？当初不用他们，只不过因为你在那里，一旦没有你他们就可以弹冠相庆了。你以为你这个将死之人说几句劝桓公远离他们的话能够捆绑住他们的手足？！怎么可能？齐国不怕有那三个小人，因为这样的人很容易出现，天下就少不了这样的人。齐国担心的是没有你管仲了以后该怎么办。你在，那三个小人就是三个匹夫罢了。退一步说，即使桓公听了你的话杀掉了这三个人，而其余的类似的家伙能"悉数而去之"吗？这样的人多了去了，不可能全部杀掉。所以说你管仲不知道政治的根本呀，你应该趁着桓公问你谁可以为相的时候，"举天下之贤者以自代"，这样即使你死后，齐国也有像管仲你这样的人治理，你也根本就不用担心了，这三个小人你也不用说了。读到这个时候，作为读者的我们可能会有一个疑问了：管仲为什么不举荐一个人接替自己呢？这个疑问先存着，且看苏洵怎么揣摩管仲心思的。

◎ 就算知道说了也是白说，但是还得说。说不定齐桓公哪一天会幡然醒悟呢？

五伯莫盛于威、文。文公之才，不过威公，其臣又皆不及仲；灵公之虐，不如孝公之宽厚。文公死，诸侯不敢叛晋，晋袭文公之余威，犹得为诸侯之盟主百余年。何者？其君虽不肖，而尚有老成人焉。威公之薨也，一乱涂地，无惑也，彼独恃一管仲，而仲则死矣。

下面，苏洵开始举例分析了，他说你看人家都是怎么做的。他拿晋国和齐国做个了对比。春秋五霸中最厉害的是晋文公和齐桓公，晋文公的才华比不上齐桓公，他们晋国的臣子又比不上你管仲，接班人晋灵公也很残暴，不如齐桓公身后的接班人

◎ 好像诸葛亮也有这个问题。是不是自己太强大太完美了，其他人就看不上眼了？

◎苏洵作为一个后来人，他知道后面三家分晋的情形，知道晋国士卿的权力越来越膨胀，感觉他这里举晋国的例子不是那么恰当，只是为了证明他的观点。

齐孝公宽厚，但是人家晋国政权交班的时候，国家没有陷入混乱，晋国因袭晋文公的余威还延续了一百年，原因在哪里？虽然晋灵公残暴无道，但是国家上层有德高望重的人在维持着政治治理的延续性。可是齐桓公一死，国家就"一乱涂地"，这是为什么呢？这一对比，苏洵得出个简单的结论："无惑也，彼独恃一管仲，而仲则死矣。"读者也不要疑惑了，整个国家都是依靠一个管仲，现在管仲死了，结果当然是国家也全完了。

这段拿晋国和齐国做对比，上一段是分析管仲怎样处理那三个小人的问题，但是还是没解决我们刚才的疑问，管仲为什么不举荐个接班人呢？举荐有这么费劲？

大臣之用心，固宜如此也

夫天下未尝无贤者，盖有臣而无君者矣。威公在焉，而曰天下不复有管仲者，吾不信也。仲之书，有记其将死论鲍叔、宾胥无之为人，且各疏其短。是其心以为数子者皆不足以托国。而又逆知其将死，则其书诞谩不足信也。吾观史鳅，以不能进蘧伯玉而退弥子瑕，故有身后之谏。萧何且死，举曹参以自代。大臣之用心，固宜如此也。夫国以一人兴，以一人亡。贤者不悲其身之死，而忧其国之衰，故必复有贤者，而后可以死。彼管仲者，何以死哉？

接下来这一段就分析管仲为什么不举荐了，这段话可以说都是诛心之论，如刀的笔触冷峭犀利，揣摩、分析、定性，的确有力量，不过也让人不禁心生冷意，不免慨叹，真狠，够毒，心真硬。你稳着点，平复心情，别激动，咱往下看。

◎你要不分析，狠劲儿就出不来，哈哈。

"夫天下未尝无贤者，盖有臣而无君者矣。"天下不是没有和你一样的人，大部分时候是有这样的臣子，而没有相应的赏识者。当年是鲍叔牙把你管仲推荐到他身边的，桓公自己没有这个眼光，这个工作要你管仲来完成。桓公在的时候，整天说天下再没有管仲这样的人了，我才不相信。难道是他对你的尊重让你认为世上真的只有你厉害，没有人可以取代你？我更不相信。《管子》里面有记载说，管仲快死的时候，他评价他的朋友当然也是同僚鲍叔牙、宾胥无等，光说人家的短处，"是其心以为数子者皆不足以托国"，大概是他心里以为人家都不行，不能够托付重任。"而又逆知其将死，则其书诞谩不足信也。"苏洵猜管仲都快死了，这些是瞎说，是不可信的。苏洵这话就说得很厉害了，他琢磨管仲的心理，往那些不光明正大的地方去了。留意，这些很厉害的猜测、结论性的话已经是诛心之论了，更厉害的地方是，他还为自己的这些论断拉来了佐证。他的论证很有设计感，他很用心地举了两个非常典型的例子，或者说是两个很极端的例子。

◎有些人才，确实是百年难得一遇的。

◎这两个例证确实很有说服力。

　　一个是"身后之谏"的故事。卫国的大夫史鳅，临死的时候对他儿子说，自己做卫国大夫，却不能把贤士蘧伯玉引荐到君王的身旁，不能斥退那个宠臣弥子瑕，非常惭愧，死后就把我的尸体丢在廊下吧，别放到房间里。弥子瑕是卫灵公的一名宠臣，有不少史书都记载了他们的故事，这两人的关系亲密到让人感到腻歪。有一次有人通知弥子瑕说你母亲病了，他一着急竟然假托君命驾着君王的舆车赶去探望母亲了。卫灵公知道后不但没有治他的罪，还夸他孝顺，这肯定是严重不符当时礼制的。还有一次，他跟卫灵公在果园游览，觉得桃子甜，顺手就把吃剩下的半个给卫灵公吃。旁边的人一看就参了他一本，因为这当然也是不合礼仪的。卫灵公就说，哎呀，这都是弥子瑕爱我才会这么对我的。史鳅觉得自己没有办法把这样一个宠臣从高位拉下来，就让儿子把自己的尸体丢在廊下，以此告诉卫灵公自己的遗憾和不甘。他的儿子照着做了。卫灵公来祭吊时见了，非常诧异，一问就很感动，史鳅的谏言终于被采纳了。

◎说明弥子瑕颜值太高了，他自己也知道，就有恃无恐。

第三章 执经达权

这就是历史上很著名的"身后之谏"，这故事说明，政治人物怎样死，都要有政治的考虑。这是第一个例子。苏洵选这个例子的用意是，同样是死，你看看人家怎么死的，而你管仲又是怎么死的？这用意，当然厉害。可从情感上，我们总觉得有点不舒服，大概我们不是政治人物吧，所以苏洵的翻案文章，历史上有一些人不是很喜欢。我们把它作为选文，是想让大家瞧瞧他翻案的手段，也提醒同学留意它的毒性。这一章的几篇文章，都有这个问题。一点都不讨论这些事，回避这类文章呢，恐怕也不对，毕竟这也是源远流长的真实一脉。

◎这么说，李鸿章丢下风雨飘摇的大清国自己死掉也是不负责的了？我们主要是看人物生前的所作所为，用身后事来评价，当然是苛责。

　　另一个例子是"萧规曹随"的故事，是把对手变成自己政治接班人的著名范例，主角是萧何和曹参。刘邦集团起来以后，曹参是军界大佬，而萧何是在关中做治理者，给前方提供后勤保障。刘邦取得天下以后，要找一个宰相，他选了萧何而没选曹参，军方的人非常不满意，曹参甚至拒绝住在长安城。他开始处处为难萧何，但是后面时间长了，他私下里承认，治理天下萧何确实比他厉害。萧何也很注意跟他的关系，尊重他。萧何快死的时候，消息传到曹参那里，曹参马上命令仆人整理行囊，准备进京做相。下面人还很疑惑，结果萧何辞世前推荐的接班人就是曹参。进京以后，曹参完全不变动，所有的事务都遵守萧何之前的规定。新上任的汉惠帝就让曹参的儿子给他带话，就说社稷更替、百废待举，为什么丞相不做事呢？曹参把他儿子打骂了一通，说你哪有资格谈论国家大事，传什么话。汉惠帝没办法了，就直接问曹参。曹参回他：您和高祖刘邦相比怎样？皇上说那我肯定不如高皇帝。曹参又问：我曹参跟萧何相国相比怎样？回答是治理上应该也比不上萧何。曹参就说那我们两个怎么能改变他们制定的规定呢？还是遵循前代之法吧！这是很著名的"萧规曹随"的故事。苏洵举这个例子也是很有用意的，就是，管仲你是你的朋友鲍叔牙推荐给公子小白的，现在你连

◎萧何是道家的，轻松看懂人性。

人家鲍叔牙都不信任，你看萧何是怎么对待曹参的呢！所以这个对比，还是批评管仲的，潜台词就是，管仲你肯定是嫉贤妒才才没有举荐贤人接替自己，要不然说不通呀，其实这就是诛心之论。接下来这句更狠："大臣之用心，固宜如此也。"这调子定的，这原则定的，这榜样举的，"固宜如此"的语气仿佛真理在握，天理附体，理直气壮。有了这原则，苏洵再去看管仲，全是不屑，你管仲是政治人物，是重臣，你就应该像"身后之谏"的史鱼那样，你就应该像"萧规曹随"的萧何那样，而不是限于自己的糊涂认识，或者内心那些不光明的不良想法就不举荐忠臣。管仲你可全是错呀。想必写到这儿，苏洵得意极了。

◎苏洵的格局还是小了。

最后他得出结论："夫国以一人兴，以一人亡。贤者不悲其身之死，而忧其国之衰，故必复有贤者，而后可以死。"国家因为你一个人兴盛现在也因为你而完蛋。对真正的贤者来说，你肉身的死不该是让你悲哀的事情，你应该忧患的是整个国家因为你的死而衰落，所以必须要有贤者取代自己才可以死。最后一句是我见过的古书里骂人骂得最凶的一句话："彼管仲者，何以死哉？"那个叫管仲管老二的人，你凭什么去死？你连死的资格都没有！这个话说得多难听，多噎人！写到这儿，苏洵得意得都忘形了吧。

◎我好像更多地理解了在政治生态中"书生"二字意味着什么。

《管仲论》这篇文章，恨意十足、犀利无比、强悍有力，这些都是很明显的。有意思的是，我们这么一读就能体会到苏洵这笔触的毒性了，翻案文章的厉害也正在这里。你可能直觉上、感情上很讨厌它，可冷静下来想想，其实这类文章、这类逻辑并不少见。除了讨厌，自己有没有力量去对抗它，甚至再给它翻回去呢？这篇文章在立论的逻辑、策略的选择、史实的列举上都非常用心，用好话来讲就是精心设计，用坏话来讲就是非常刻意，心机深，读这一篇文章同学们大概对苏洵这个人会有个印象了。

◎苏洵仕途不顺，应该和他的性格有关。当然也是他的两个儿子太优秀了，年纪轻轻都有建树，做父亲的在为儿子感到骄傲的同时，恐怕也有对自己的焦虑吧。

第三章 执经达权

◎原初版为"习问"。

我们在这一篇文章的"阅读建议"里还提到，苏洵评论管仲，有同理心，但是一点同情心都没有。同理心和同情心有什么不同呢？简单地说，所谓同理心，就是理性上他可以知道你、明白你的心思，甚至理解你，但并不一定认同你、支持你。所谓同情心，是说他在情感上和你能共情，能感同身受。很明显，很多时候，人们有同理心却未必有同情心。像小偷偷东西这件事，应该还是有同理心的，毕竟小偷知道被偷的人会有损失，会愤怒、难受，但他可不管这些，评估被偷者的反应只能让他偷东西时更小心、更隐蔽、更狡猾，才好不让人发现。小偷和被偷者，理性的心思是可以相通的，但小偷对被偷者，可没有什么同情心。苏洵对管仲，也是一点同情心也没有，这是让我们觉得很心寒的。

◎是这样吗？我怎么觉得有美化小偷的嫌疑呀？

第四章的主旨是"进德修业"。讨论的话题有两个，其一是职业类高校学子的精神资源和文化自信，其二是现代"职业道德"素养的自觉。

为什么把"进德修业"聚焦到更具体的"职业道德"上呢？有两个原因：一个是我们本来就在这种类型的高校教书，和我们的学生讨论"职业道德"这个话题也算有的放矢；第二个是我们也发觉，关于"职业道德"的文化资源的自觉积累其实并不乐观。或许正是因为我们在职业类高校教书，更方便自觉或不自觉地审视下这个问题。中国古代并无现代意义上的"职业"意识，上层的"事功"、下层的"活计""生计"等才是常用的词语。进入现代社会，现代社会的发展和"职业"意识的觉醒密不可分，马克斯·韦伯那本著名的《新教伦理与资本主义精神》，就把资本主义精神追溯到新教徒的"职业精神"那里去了，翻翻其中"路德的'职业观念'"那篇就知道了。有时也想多看看国外关于"职业"的各路高论，

◎从现实角度看，不独我们这类高校，几乎所有高校的教育最终都是面向职业的，都需要职业道德。

刺激一下神经，不过常常是行动之后并不心动，例如那本职业社会学的力作，安德鲁·阿伯特的《职业系统：论专业技能的劳动分工》，虽号称职业社会学的集大成之作，对于一个国文教师来说，读来读去还是浑浑噩噩、一头雾水，获益并不多。

国内似乎还未出现有重大影响的关于古代的"事功"与现代的"职业"相比照、相渗透的经典论述。学术界这方面的积累，尤其可资我们援引的不算丰厚，尽管如此，我们平时也会找些研究看看，例如浙东学术以"事功"思想著称的陈亮的研究，又比如余英时关于"中国近世宗教伦理与商人精神"的论述，自然都有不少启发但仍觉得还不够切身。日前，翻到日本学者木下铁矢《朱子："职"的哲学》一书，这位日本学人拈出一"职"字说朱子，还号称"职"是朱子思考的"第一块石头"，努力往华夏典籍里寻找支援，这份精细和通贯，倒是值得礼赞！老实说，我们的国文教学，看似平凡，但若是稍有心力想在各个细部认真起来，就会面临很现实的问题，除了自己的学力不够以外，当下知识共同体提供的文献及学术支撑也并不够理想。加之我们身处学术研究的洼地，不免英雄气短，沮丧绵长，呵呵，这几句闲话就算是一点牢骚了。看来，真要做事，还得自己动手才是，这也算现代的"职业"意识吧。

回到正题。本章主旨是进德修业，且希望聚焦职业道德的问题，还有一个愿望，就是希望同学对自己出身的这类学校，也有一份文化资源乃至精神资源的认同。如果说第一章的敬事而信是坚定信念，第二章的安生服业是体验人生，第三章的执经达权是汲取生存智慧的话，那这第四章就算身份认同的提醒了。从这个立意出发，我们只准备了两篇选文：其一是黄炎培的《我之人生观与吾人从事职业教育之基本理论》，其二是徐复观的《我们在现代化中缺少了点什么——职业道德》。

黄炎培作为中国现代职业教育的先驱，请同学了解一下

◎我以前为了补课找涂尔干、德勒兹等人的书来读，感觉很隔阂。

◎朱子思考的"第一块石头"，可能是"职"吗？

◎其实在一些普通高校，学术和教学"两张皮"的情况还挺普遍的。

◎这两篇文章从题目看不怎么吸引人，文章还是很好读的。

他关于职业教育的思考，实在很有必要。若是做个调查，在当下职业类高校读书的大学生，对黄炎培有所了解的，恐怕寥寥无几，更遑论师生一起自觉追溯黄先生开创中国现代职业教育的心得、经验和精神了。黄先生这篇《我之人生观与吾人从事职业教育之基本理论》，融合了人生观、职业教育观、社会观、宇宙观，论述的形式是古典的，使用的文字也是浅近的文言，保留着他那代士人独有的味道，蕴含着在古典与现代转圜期间的思虑和经验。同学若不晓得他是何人，与自己又有何关联，只把他当作喋喋不休的说教长者，一场亲切的会面顷刻成了代际隔膜的灾难。所以说，国文教学中，进入这文章的具体内容之前，先了解背景、作者，尤其了解这背景、作者和同学的深层关联，有多么重要。而了解了这些，黄先生此文开篇几句话，就会显得那么亲切又庄重，就像自家老人一样的口吻了：

> 人生几个原则，吾人所时时以之自省者：
>
> 一、须得清清白白地有计划的做人；
>
> 二、须从远处看，从近处做；
>
> 三、我恃群以生，须减少个人一切打算，对群谋尽量的贡献。

第二篇选文是徐复观的《我们在现代化中缺少了点什么——职业道德》。新儒家的代表人物之一徐复观先生写出这种标题，或许会令不少人惊讶，他留意到"职业道德"在中国现代化进程中的"缺少"，是个重要提醒，这种问题意识是弥足可贵的。儒学思想资源与社会急剧的现代化，是个大题目，国文课教学不免涉及对这一问题的讨论，现在上下都在提倡"中华优秀传统文化创造性转换"，如何"创造性转换"，空有雄心热情，不紧盯着问题，总觉得不踏实，难以践履。民国以降，新儒家的代表人物，如钱穆、牟宗三等，都是问题意识突出的学人，钱穆的"历史的温情与敬意"，牟宗三的"良知坎

◎特别是"人有知，乃求真"这一段，对万物一体的认识，对生命意义的阐发，值得用心细读。

◎黄炎培先生的毕生心血就是开创并发展中国近代职业教育事业。说来惭愧，已是近知命之年，我对自己仍是混沌不清的。

陷"说各自均有针对的问题，各有纠偏、补正的立意。近年来，我读张祥龙关于儒家的"时机"意识（《先秦儒家哲学九讲》），关于"家与孝"（《家与孝》），关于大儒董仲舒"深察名号"的意蕴（《拒秦兴汉和应对佛教的儒家哲学》），均能感觉到活泼的问题、情境，激发的力量动人心魄，让人受益匪浅。新儒家外，问题意识突出的学人多有。此处最应举出的是林毓生，他"中国传统的创造性转化"的提法，和现在上下提倡的"中华优秀传统文化创造性转换"何其"家族类似"，能得出如此睿识，难道和他另一个提法"中国意识的危机"中的问题意识会无关吗？没有了切实的问题意识，知识的漂浮、碎片化、膨胀、驳杂难以避免，这知识传习起来，也肯定会失去真意和激动人心的感发力量。我曾在一场学术会议上唠陪末座听一院长、教授、名流大讲五四启蒙精神，可他的语态、语气、用词、情绪、思致乃至身影都散发出一种远离五四启蒙精神、更接近僵化的陋儒的状态，实在让人感慨唏嘘。没有真问题、真性情的灌注，无论儒家思想还是五四启蒙精神都可以变异，变质，沦为陋儒，或者做戏的虚无党，又有何奇怪的呢？难怪张爱玲感慨，教书很难，又要做戏，又要做人。

　　两篇选文的内容很清晰，此处就不一一细读了，介绍起本章立意、选文我竟禁不住牢骚满腹，惭愧惭愧，打住打住。

◎是的，但是如果只停留在问题，也是碎片化的。

生活

第五章 真气深情

　　这一章的主旨是"真气深情"，自这一章全书也从"生存"模块来到了"生活"模块。"生活"如此广阔，区区"真气深情""厘尔女士""修辞立诚""谈言微中"四个主题怎能全面覆盖呢？的确，在第一模块"生存"那里，第一章的敬事而信，第二章的安生服业，第三章的执经达权，第四章的进德修业，这四个主题还可以设计得有递进之意的话，"生活"本身的丰富已不允许这样安排了。"生活"模块，就是从同学们的生活实感出发，遴选的四个有感的主题罢了。每个主题里，各篇选文有各自的感兴，拼置在一起组成生活的"星丛"（本雅明语），各自均可以"只取一点因由，随意点染"（鲁迅语），总之，"参差多态乃是幸福本源"（罗素语），而这据说也正是"思无邪"（《论语》）最古老的原意——不受拘束、不受限制地自由生长，"鹰击长空，鱼翔浅底，万类霜天竞自由"。

　　"真气深情"来自明末清初大才子张岱的名言：

◎只是看着这些主题，就已经充满了期待。

◎这句话熟悉的人不多，但同学们都记得他的《湖心亭看雪》。

"人无癖不可与交，以其无深情也；人无疵不可与交，以其无真气也。"（《陶庵梦忆》）深情，对现在的年轻朋友来说，是不是已成了稀缺品？这几年同学们在微信朋友圈的发文，出现频率较高的几个词，开始是"丧"，接着是"佛系"，后来是"我太难了""人间不值得"等等，具体看时每一个都有些戏谑、自嘲、好玩，放在一起就有点不那么轻松了。当然，这些更年轻一代的同学们，是在互联网环境下成长起来的一代，对生活的感受和体验也有迥异于前辈的地方，太庄重了会吓跑他们。不过，要是有人真的相信当下的年轻人只是喜欢网络表达的轻松、时尚和反讽，他们真实的状态并不是这样的，也得存疑。儒家的中庸、佛家的中道都提醒我们，对年轻人的感受，最好不落边见，多倾听，少些执念。

◎这个提醒很重要！其实大家也懂，只是一进入到生活的汪洋大海，在角色扮演的沉浸式体验中，就看不见"我执"在渲染。

只是，可以留心的是，语言、表达本身会潜移默化地塑造我们的感受、情绪、体验乃至思维，最后凝结成我们的情感、信念系统。有什么样的情感、信念系统，就有什么样的人生趣味和偏好。当偏向某种色彩、情绪、力量的词语一次又一次地脱口而出，其实就是一次次的自我暗示、补充和确认。一个整天被"好丧"和"太难了"觊觎、伏击、围剿的生命，恐怕也很容易错过生活的快乐和美好。生而为人，海子有一首诗中写得好："你来人间一趟，你要看看太阳。"（《夏天的太阳》）佛家智慧认为，世界本身是不生不灭、不垢不净、不增不减的，人间是否值得，取决于自己有一颗怎样的心。那些热爱生活、亲近真气深情的人，本身便是人间的太阳。

◎陆九渊说"吾心即是宇宙"，佛家讲善护念，一个道理。

这一章我们精选了几篇有趣又经典的文章——东坡先生的《书临皋亭》和《与毛维瞻》，食神张岱的《蟹会》，郑板桥（郑燮）的一封家书《范县署中寄舍弟墨第四书》，以及张爱玲的《公寓生活记趣》，想和同学们一道，感受一下这些敏感之士对生活或一往情深，或琐细存心，或洒脱旷达的微妙，相信这些走心的美好文字，以及倒映在这文字里的萦怀情思，能让人由衷地轻叹——人间真的值得！
. . . .

◎轻逸与沉重，一体两面。

下面，我们就先读一下东坡先生的这两则尺牍了。

将苏轼《书临皋亭》和《与毛维瞻》两首尺牍小品作为选文放在一起，其实是受了吴小如先生的启发。吴先生是鉴赏诗文的高手，他对东坡这两则尺牍的认识，有个变化。中年以后，他一反自己少年时初读《书临皋亭》"轻松洒脱"的印象，据他自己说，半个世纪后自己体会更多的是逆境中苏轼"诚朴老实""如实具体""发自内心的毫无遮掩的老实话"的特点。《书临皋亭》的情境与《与毛维瞻》自然不同，一个冷一个热。《书临皋亭》里，精神轨迹从得意走向自省、由热到冷；《与毛维瞻》则恰成对照，从灰暗凄然走向自嘲乃至笑意，是从冷到热。但吸引吴先生的，同样是苏轼"老老实实、表里如一"的态度。可以说，吴小如在这两则小品里体会最多的就是苏轼的"老实"。（吴小如《发自肺腑、自然真诚的佳作——苏轼小品二篇浅析》）我们的细读，愿意接续吴先生的眼光，就两则小品里真气深情的流转奥妙也做些"老实"的品读。

从得意到自省

临皋亭在苏轼第一次贬官后去的黄州，东坡居士这个号，也是在那里取的。《书临皋亭》实则是一则尺牍式的小品，全文 48 个字而已：

东坡居士酒醉饭饱，倚于几上，白云左绕，清江右洄，重门洞开，林峦坌入。当是时，若有思而无所思，以受万物之备，惭愧！惭愧！

是不是有点像我们今天发的微信朋友圈？酒醉饭饱，说明东坡先生此时此刻状态很好，虽然被贬在偏远的黄州，可还是照样吃嘛嘛香，不像屈原被流放后的那个形象——"颜色憔悴，形容枯槁"。

◎ 苏轼刚去黄州的时候，也许还真是这个样子。

开篇自称"东坡居士酒醉饭饱"，"东坡居士"的自称里有自得，"酒醉饭饱"的直白、不避俗也的确"老实"，当然也很得意。"酒醉饭饱"四个字如此直白袒露，我们仿佛都能看到他那微微泛红的脸庞，微醺的双眼，甚至能听到他带着四川口音在说"安逸、安逸"。东坡先生知道怎么爱自己，越是在落魄的境地，越要善待自己。怎么善待自己？身体是革命的本钱，大块吃肉大口喝酒，先安顿好这身皮囊，这很重要。

"倚于几上"，东坡先生的身体非常放松地靠在矮几上，这也是古人常见的午休方式，很写实；此时展现在他眼前的是"白云左绕，清江右洄，重门洞开，林峦坌入"。哇！这真是非常震撼的景象，次第展开、天地同框、动静合宜。左侧是天上缭绕的白云，右侧是地上回旋的江河，向前看去，层层叠叠的苍翠山峦在逐层打开，而涌入他眼眶的，是自远即近仿佛正逼近的"林峦"。独享这样的美景，是不是很有些"豪横"的感觉？刚到黄州时，苏轼所见是残月、疏桐和孤鸿。"缺月挂疏桐，漏断人初静。谁见幽人独往来，缥缈孤鸿影。惊起却回头，有恨无人省。拣尽寒枝不肯栖，寂寞沙洲冷。"（《卜算子·黄州定慧院寓居作》）现在，同样还是那个黄州，向敞开心胸、旷达地接纳了自己的东坡先生，呈现出它那摄人心魄的惊艳之美。如果说"东坡居士酒醉饭饱，倚于几上"一句，是慵懒的、得意的、沉浸的，无方向感，一任直觉和享受笼罩的话；"白云左绕，清江右洄，重门洞开，林峦坌入"一句，却是次第的、有顺序的、有秩序的。风景的呈现、进入是严格遵循秩序感，乃至对称感的。前后两句之间，一半是慵懒，一半是清醒。

◎ 一个"坌入"，让我感到它们瞬间一起进入了观赏者的眼帘。

"当是时，若有思而无所思，以受万物之备。"在这样的时刻，东坡先生貌似在思考什么，但是又什么都没想，一半是

"有思"，一半是"无所思"；恰和前文一半是慵懒，一半是清醒成对照。"若有思而无所思"，不禁令人想起《庄子·齐物论》里南郭子綦"隐机而坐，仰天而嘘"的状态。在极度放松的状态下，南郭子綦听到了天籁，感受到了"吾丧我"。吾丧我，不是说我不存在了，而是我与世界融合为一，就像庄子说的"天地与我并生，万物与我合一"，"独与天地精神往来"。

友人告诉我，现在酒醉饭饱、倚于几上的东坡先生，似乎也跟南郭子綦一样，心灵进入到一种虚静的状态。老子说"致虚极，守静笃，万物并作，吾以观其复"，内心安然笃定，就能觉察到万物的运行之道。相信东坡先生刹那间也是有所了悟，这种感受很难用语言表达出来。我思量了一下，又觉得此时的东坡似乎又和南郭子綦不一样，他的心灵应该不是进入到了南郭子綦那样虚静的状态，也不是老子说的"致虚极，守静笃，万物并作，吾以观其复"。也许，他的确也有这样的自我暗示，"当是时，若有思而无所思，以受万物之备"，似乎也是要以无所思的虚静来承载万物了。但其实，"若有思而无所思"的真相是，"有思"的"思"已经暗暗地启动，且按照对称、秩序、逼近等动态感运行，但苏轼自己其实并不情愿被"思"带出慵懒、得意的境地，"无所思"才是自己期望的；陷入慵懒、得意的"无所思"，而不是虚静的"无所思"，才能使自己没心没肺、心安理得地"以受万物之备"。但这"思"已经启动，苏轼无法一直伪装仍停留在慵懒、得意的状态，最后，只好承认、自省，自己何德何能，能如此独享这人间美景，只好道声"惭愧惭愧"。

◎我和武怀军教授交流，他的意思是，"有所思"与"无所思"中的两个"思"，显然内涵是不一样的，否则二者对冲就归零了。假设人们思考的对象是一个圆，当你思考这个圆中的一个点时，这是"有思"；但对于这一点以外的其他点来说，就是"无思"。这里"思"的对象应该是圆中的不同点。结合苏轼贬黄州后的诗文，多旷达之思，从正面看，他看得开；从反面看，还是有心结。这个心结正是他要借诗文排遣的。我的理解，"无所思"就是酒醉后忘记心结，"有所思"则是发现了平日不曾发现的美景，作者的视角与自然奇观平视，而非仰望，故而飘飘然产生了享受自然馈赠、与天地相沟通的感觉。

◎佩服！极精微的念头波动，都被你捕捉到了。

第五章 真气深情

友人又问我，那么，"若有思而无所思"，究竟是一种什么状态？比方说一个人经常对着电脑发呆，是不是也是"若有思而无所思"？对着电脑发呆发懵，很多瑜伽士、参禅打坐的修行人所追求的身心的放空，不也是"若有思而无所思"吗？让头脑的理性思考暂时停止，内心更大的智慧才会涌现，我们才会看见被遮蔽的生命真相。我们每个人都非常需要有这样的瞬间，释放掉一些沉重思想和念头，静静地感受自己与天地宇宙的深刻联结。

我觉察到友人是在善意地提醒我，不要在东坡的"若有思而无所思"的微妙上做刻意的分辨了，这多不符合"若有思而无所思"本身的真意呀。赶紧道谢，是的是的，惭愧惭愧！

◎一小段自我与本我的辩诘。

"惭愧！惭愧！"，东坡最后一句也是这么说的，也最见东坡先生的老实、自省，酒醉饭饱，倚于几上，饱食终日无所用心，竟能蒙受天地万物的恩泽……相应地，面对突如其来的人生困境，自己曾那样悲愤和迷茫，归责一切，唯独放过自己，而自己其实是如此的平凡，天地化生万物，天地自然的馈赠从不吝啬，稍有自省之意，就只好以"惭愧惭愧"来直面自己的羞愧了。

很明显，东坡居士本来在得意自在地享受着浓浓的烟火气，但自然在他面前次第展开的格局拓展了他的视野，振拔了他的精神，他那慵懒、自得、自在的精神也在暗暗地提升，自然带他进入天地之间的秩序、运行，使他感到净化、庄重，并开始自省。

◎这段关于流转的分析非常精彩，也很老实。螺蛳壳里做道场，方寸之间做腾挪，这种能力对我这样偏好空讲虚讲的老师来说，亟需提升。

短短的《书临皋亭》，记录了东坡先生自慵懒、闲适的感性，经由自然的提升来到更庄严的精神层次的内在流转过程，最后以惭愧的自省作结，不可谓不老实。

从凄然到一笑

如果说《书临皋亭》里，东坡先生的精神轨迹是从得意走向自省、由热到冷的话，《与毛维瞻》则恰成对照，它是从灰暗凄然走向自嘲乃至笑意，是从冷到热。

《与毛维瞻》是苏轼写给朋友毛维瞻的尺牍，同样是短章：

岁行尽矣，风雨凄然。纸窗竹屋，灯火青荧，时于此间，得少佳趣。无由持献，独享为愧，想当一笑也。

钟叔河先生曾把《与毛维瞻》做了白话翻译，也很有"佳趣"，文字如下："年将尽时，天气越来越冷，加上刮风下雨，无法出门。即使没有什么特别不顺心的事，也不免会无端地觉得凄凉。只有到夜深人静时，在竹屋纸窗下点上一盏油灯，让那青荧的灯光照亮摊开的书页，随意读几行自己喜爱的文字，心情才会慢慢好起来。渐渐便会觉得寂居的生活也有它的趣味，可惜无人与共，只能由我独自享受。"（《依然有味是青灯》）罗宗强先生的《玄学与魏晋士人心态》一书，书的内容已经忘得七七八八了，印象最深的是写在后记里的一句话——"青灯摊书，实在是一种难以言喻的快乐"。这种快乐是真正领会了读书旨趣的人才会享有的，这大概就是读书人的一点得意吧。

东坡先生的这则尺牍，固然有些孤独和寂寞，但是他说"得少佳趣"也不完全是自嘲。其实中国文人也讲究清雅淡泊的审美情趣，"山僧对弈坐，局上竹荫清"，"覆图闻夜雨，下子对秋灯"，东坡先生这里的纸窗竹屋、灯火青荧，在一些论者看来，也传递出一种安宁静谧的高致情怀。东坡尺牍里的这句"时于此间，得少佳趣"，究竟只是平常口吻"了无佳趣"的委婉语（无），还是"佳趣虽少却自有妙处"的微言大义（有），我曾和几位国文教师有个下午讨论了一通也未有定论，其中的微妙曲折颇值得琢磨，也录在这里。苏

◎书到今生读已迟，估计你累生累世都和读书有缘，这是多好的缘分啊。

州著名的拙政园里就有"得少佳趣"的题字，分明是偏向后者了。龙榆生先生编的《苏黄尺牍选》，句读和上海古籍出版社的《苏轼全集》不同，写成了"时于此间得少佳趣"，如此连贯起来似乎文意又会略偏"了无佳趣"之意，仔细琢磨了一下也难确凿认定，看来"得"与"少"粘连更紧还是"少"与"佳趣"更紧，是分歧所在，这个需要文言语感，更需要确凿的用法规则来做判断，可惜自己学业不精只有不可靠的语感。后世文人喜欢东坡此则尺牍的人不少，依我的直觉，"得少佳趣"应该是从平常口吻到微言大义，此可谓尺牍的文化增殖。

◎哎，再这样下去佳趣都溜走喽！

我提出如上的意见和感慨，我的同事、老哥兼学术监督，读书多且细的武怀军教授告诉我，此处的"少"似可做"小"字解，与"无由持献"相接。他举宋赵蕃《二日晚得少空偶阅杜集无何坠火焚者数叶谨成古句致愧惜之意呈明叔仲威》做对照，诗题里的"得少"二字用法与此处相近。我又琢磨了半天，"少"如果解作"小"，其实是取"少许"意，是从"有"的运思上着眼的；需要留意的是是否可以从"无"的角度考虑。前两句"岁行尽矣，风雨凄然"，可谓时间感受；接着的两句"纸窗竹屋，灯火清荧"则是空间感受；"时于此间，得少佳趣"两句，"时于此间"即此时此刻之意，是对前四句的凝结，时的凄然，屋的清荧此刻难说是佳趣，所以我倾向于"得少佳趣"即是了无佳趣。恐怕东坡此时心境是佳趣没有，情绪复杂，孤独感最强，他其实走到了日常语言难以赋形的边缘地带；可以和陈子昂"前不见古人，后不见来者。念天地之悠悠，独怆然而涕下"对照，同样是特定时空感受里难以言表的孤独感。只不过陈子昂此时把孤独感凝结定型，东坡则通过与友人的拟交流化解了。"无由持献，独享为愧，想当一笑也"句，"无由持献"是此时此刻自己的私人感受难以传达，这触及中国艺术、情感

◎后来武教授还翻看了不少清人赋作，发现了数篇《纸窗竹屋赋》，详其意旨，都持"小"之意。这些篇赋应该可以代表清代人的看法。

◎我只能旁观你的思绪流转。

表达的流转特质，东坡式思虑的流转性才是主流，在流转中稀释意志的强度和情感的浓度，和《春江花月夜》是一样的；陈子昂式的凝结性的方式才是少见的，现代文人里除鲁迅常取凝结式的表达外，也很少见；"独享为愧"是自嘲语，友人之间应当分享，自己却做不到，这是浅浅的文学社会学的理解，若从"文学发生学"的角度看，这是私人感受进入公共空间的难题，只能有无相生，如此想来，也只能接受这一现实，过分较真自己反倒不够通达了，所以"想当一笑"。

我发了以上长长的感触，惹得武怀军教授还得再教导我，他的意见是，私人感受进入公共空间甚难，南朝陶弘景诗云"山中何所有，岭上多白云。只可自怡悦，不堪持赠君"（《诏问山中何所有赋诗以答》）约为此类。若从有的角度理解"少"，颇能诠释其难。"岁行尽矣，风雨凄然。纸窗竹屋，灯火青荧"，看着了无佳趣，但东坡能无中生有，目视孤独，心生佳趣，其精神流转在有无相生的瞬间已然完成。苦中得乐，微妙处无法为外人道，即便为外人道，料少人解，故无须为外人道也。不分享又有违朋友之义，故曰惭愧。惭愧云者，谓有心分享却无力分享，于朋友、于外人而言实无此佳趣耳。"想当一笑"，既为自嘲，亦为遗憾之余独得佳趣之乐。这段文字意思凡四转：无—有—无—有。意境凡三转：孤独—佳趣—更孤独。苦状无法为外人道，固然孤独；苦中得乐无法为外人道，当更孤独。苦状虽不能道，但目视即得；趣味非目视可及，即便心神驰骛，亦非人人可得。想来只能形与影相伴，自己与自己交流，故一笑耳。

我把武怀军教授的意见看了又看，担心再回复他会害他彻夜难眠地辅导我，就偃旗息鼓不再讨教了。我自己睁着眼睡不着，思绪漂忽，一个国文教师的小感慨又来了，是哦，清寂与热闹，都是人生。在清幽寂静中，浮躁的心才能沉潜下来，

◎呵呵，看到此处，突然想知道若东坡穿越而来，见到此文，更有何道？大概也会"想当一笑"吧。

◎三转四转，我的大脑团团转。

人才能跟真实的自己相遇。人们走遍全世界，也不过是为了更好地认识自己。这种清寂之美，有时是高朋满座觥筹交错所无法比拟的。当然，有武怀军教授这样的饱读之士在身边不停地辅导自己，何尝不是个美事？想到这儿，更能理解东坡写尺牍给朋友了，咧着嘴笑了几秒，呼呼大睡，一觉到天亮了。

以上，交代了国文教师日常交流读书的一点小趣味，下面，我们继续，紧贴字面，老实地品读这则尺牍。

《与毛维瞻》的开篇即跌入冰冷绝望的世界，"岁行尽矣"，时间再次来到尽头，"风雨凄然"，风雨交加的阴沉空间感笼罩一切，八个字道尽自己感受到的人世的孤独和凄惨，这是浸透性的底色。"纸窗竹屋，灯火青荧"，已与前文八个字笼罩一切的悲凉不同，"纸窗竹屋"虽简陋但毕竟有着人间气息、修饰感，跃动的灯火，青荧的灯光的色彩感，都表明，这是一个修饰过的空间，有着用心操持的痕迹。心灵的动感气息已经显露。"时于此间，得少佳趣"，这又是一句实话。与不安分的、跃动的，想表现为外部动作的内心相比，这个空间提供的可以应和、逗引的物色、触发点实在太简陋了。其结果是，"无由持献，独享为愧，想当一笑也"。跃动的心灵难以在这一简陋的空间里有所动作，受其限制其实也是受其激发，这是飞扬的心灵与禁锢的空间之间的辩证法。受到空间禁锢的心灵难免想有所突破，对友人的思念、联想即是自然之举。联想、思绪是自由的，心思已经活泛，友人之间的情谊、礼仪都想坚持，但是肉身又难脱"纸窗竹屋"，活泛里不免又有些沮丧，但这沮丧毕竟不是被击倒的绝望了，这一些复杂的情思最终在"独享为愧"的"自嘲"的一笑里得到暂时的安放。

《与毛维瞻》里真气深情的流转，是从冷到热，是精神逐渐激发、振拔的过程。当然，这里有时间流逝引发的冷意，清冷岑寂空间里的感伤，但最终心思终于跃动、活泛，虽不能事

◎不好意思，你们如此充满智慧的交互，竟让我想到一个词语：所知障。好吧，我承认自己读书太少，只有黑化你们，才能让我感到咱们之间的巨大鸿沟被弥合了。

◎投射出一个内在丰富且灵动的东坡。

事如意，但毕竟可以以"想当一笑"的自我宽慰来抵御彻骨的寒意。在整个精神流转的过程中，"纸窗竹屋，灯火青荧"是个转折点，如此画面，正是读书人心灵得以振拔的机缘。罗宗强先生的"青灯摊书"，正是此类画面，这实在是一种难以言喻的精神流转的触发点。这种激发，大概是真正领会了读书旨趣的老实人才享有的。

从闲适到流转

东坡居士的这两则小品，分别从或得意或凄冷的极端状态，经过精神的触发、提升、流转，最终似乎走了一个圆圈，都走到了它原本状态的反面。《书临皋亭》由得意走到了自省，《与毛维瞻》由凄然走到了一笑。

我们以为，只要对东坡的《书临皋亭》《与毛维瞻》等小品做老实的品读，都会发现这一特点，那就是，其内在的精神是流转的而非静态的。

东坡的此类小品文，不少论者常看到、玩味它的闲适感。闲适的确是中国传统文化思想儒、释、道的重要交集，儒家的中正平和，道家的逍遥自然，佛家的空灵澹静，都对闲适有所点化。由闲适而产生的恬静自得的自由感，可以说是中国传统文化心理最典型、最突出的一个特征了。《论语·先进篇》里有一段文字："莫春者，春服既成，冠者五六人，童子六七人，浴乎沂，风乎舞雩，咏而归。"这种从容不迫心无挂碍的闲适自得，就是孔子提倡的"乐"的境界，宋代后更是以"曾点气象"成为士大夫的理想人格境界。素慕东坡居士的林语堂先生说："因为在研究了中国的文学和哲学以后，我得到了这样的结论：中国文化的最高理想始终是一个对人生有一种建筑在明慧的悟性上的达观的人。这种达观产生了宽怀，使人能够带着宽容的

◎刘勰《文心雕龙》"神思"篇说："意翻空而易奇，言征实而难巧"，您这是用难巧的语言老老实实地勾勒出了意绪翻空腾奇的场面，河南话：不服不中！

◎确实也是有的，只不过说得过于泛滥了。

◎文字是有能量的，看到这段文字我就有恬静之感。

嘲讽度其一生，逃开功名利禄的诱惑，而且终于使他接受命运给他的一切东西。这种达观也使他产生了自由的意识，放浪的爱好，与他的傲骨和淡漠的态度。一个人只有具着这种自由的意识和淡漠的态度，结果才能深切地热烈地享受人生的乐趣。"

当然，对中国传统文化中闲适趣味的批评也绝不少见。比如，邓晓芒就认为："在中国传统文化中，不论是以玉为象征的温静平和的儒家，以气为象征的虚静恬淡的道家，还是以灯为象征的寂静澄明的佛家，都反映了中国传统自由感的一个共同特点：静。静则得自由、得解脱，躁动则受束缚、受拘执。……显然，这种平静无忧只有在完全消解了个人意志的情况下才能做到……没有意志的自由感只不过是一种心理上的自欺和虚幻的自由感。儒家的怡然自得，道家的悠然自在，禅宗的忽然自了，都没有给一个民族真正的自由精神带来实质性的启迪，而是一步比一步更深地陷入到麻木和奴性中去。"（《灵之舞》）邓晓芒先生以西方独立人格为参照，激烈批评国人自由意志的孱弱，这种孱弱不能说与我们传统的文化思想无关。

具体到东坡的《书临皋亭》《与毛维瞻》等小品，是发掘其虚静的闲适，还是老实读出其流转的精神，怕仍是饶有意味的话题。

人人都爱苏东坡

人人都知道苏东坡，人人都爱苏东坡。林语堂说："一提到苏东坡，中国人总是亲切而温暖地会心一笑"，"苏东坡是一个无可救药的乐天派、一个伟大的人道主义者、一个百姓的朋友、一个大文豪、大书法家、创新的画家、造酒试验家、一个工程师、一个憎恨清教徒主义的人、一位瑜伽修行者、佛教徒、巨儒政治家、一个皇帝的秘书、酒仙、厚道的

◎虽然邓老师说得很有道理，但我不认可这段话。

◎入乎其内，出乎其外。无论哪一种，都是和各自内在的需求相应了。

法官、一位在政治上专唱反调的人、一个月夜徘徊者、一个诗人、一个小丑。但是这还不足以道出苏东坡的全部。"(《苏东坡传》)央视大型人文纪录片《苏东坡传》的总撰稿人、作家祝勇说苏东坡是"仅次于上帝的人"(《苏东坡传》)。故宫600周年时,首个大展就是苏轼主题书画特展,用的标题是"千古风流人物"。林语堂《苏东坡传》的原版是英文,叫 The Gay Genius,在林语堂写作的那个年代,Gay 就是愉快的意思,书名直译就是"快乐的天才",这个概括很到位。

近来颇受好评的台湾李一冰先生的《苏东坡新传》,又是另一番滋味。有人说,和林语堂笔下快乐的苏东坡不同,李一冰先生的东坡是深陷牢狱不能不狼狈至极的东坡,是虎口余生自觉从苦闷走向旷达的东坡,是在遭遇现实一次又一次无情打击中努力保持生命韧性的东坡,是在文人的真性情、率直和乐观里仍保留着一肚子不合时宜的东坡,是杰出的人格光彩也不能减少身边政治算计与小人诬陷的东坡,是如此杰出也不能减少悲辛穷厄人生体验的东坡,李先生的东坡,是那个真实的东坡,也是历经人生磨难的他自己,他借东坡来浇自己人生的块垒。我还看过东坡老家四川眉山县的文人刘小川写东坡的小书《苏轼,叙述一种》,老家人写东坡先生的亲切、生动真令人羡慕呀。这几年东坡的墓地,河南郏县东坡墓旁的"东坡村",在刘楠博士的策动下,"守护苏东坡云村民"活动也正热热闹闹地动起来了,"云"东坡都来了,和东坡在一起,世界真奇妙而可爱呀!

阅读东坡最会带给人惊喜,即使是那些熟悉的篇章。日前有机会使用华东师范大学出版社出版,徐中玉先生主编的《大学语文》(第11版),其第十二单元"诗意人生"选文有东坡的名篇《赤壁赋》,即《前赤壁赋》。"思考与练习"里,编者悠悠地问:"你是否赞同作者所作'变'与'不变'的分析?

◎林语堂的《苏东坡传》,有明显的偏见和硬伤,为什么还那么有影响力?胜在什么呢?

◎想起王阳明的话:你未看此花时,此花与汝心同归于寂;你来看此花时,则此花颜色一时明白起来。真实的东坡沉寂在历史深处,不同的观者投射出了不同版本的东坡,并在东坡的不同镜像中照见了自己。

◎哈哈,东坡太火爆了,早就出圈了。

南北朝时僧肇《物不迁论》说：'不迁，故虽往而常静；不往，故虽静而常往。'你觉得与苏轼的观点有联系吗？"我猜绝大多数的大学生会不明白编者这一问该如何回答，僧肇的《物不迁论》想必更是没听说过。东坡在《前赤壁赋》里关于"变"与"不变"的分析是，"客亦知夫水与月乎？逝者如斯，而未尝往也；盈虚者如彼，而卒莫消长也。盖将自其变者而观之，则天地曾不能以一瞬；自其不变者而观之，则物与我皆无尽也，而又何羡乎！"这段话前半句"水与月"的类比，后半截的"天地"的字眼，都容易引人在道家道法自然的思想脉络里琢磨。其实，正如编者这一问提示的那样，东坡关于"变"与"不变"的分析，在佛家的智慧里才能得到更好的诠释。恰好我曾乱翻些佛经，《瑜伽师地论》《楞伽经》《金刚经》《物不迁论》《碧岩录》等几部胡乱看过一通，更巧的是，近来正细读已故张祥龙教授的《拒秦兴汉和应对佛教的儒家哲学》一书，对他致力于清理、发掘佛学"物不迁论""不落边见""一心二门"等独特的思维方式带给华夏文明的影响印象深刻，特别是对这些易被混同于道家，但其实不同于道家，甚至高于道家的思维方式，该如何辨识，如何转换，心有所感。所以看到编者以僧肇的《物不迁论》对照东坡《前赤壁赋》里关于"变"与"不变"的分析，忍不住会心一笑。东坡行止、思维里的佛学秘密，虽常也有人谈起，但八卦类的、神神道道类的居多，在一本给大学生的教材里编者忍不住发出如此精深的问询，怕还是不多见的，很好奇这编者是何路大神，看来这仁兄对东坡的理解，已不愿停留在常见的理解上了。他对东坡的喜爱，也值得点个赞。我未必有机会和同学们细说东坡与佛学最高智慧亲近的秘密。友人说，她还是喜欢和同学们吹吹东坡可爱、真性情的一面。她最喜欢讲的一则小故事是，一次饭后，苏轼在家里来回踱步，一边抚摸他的肚子，一边问大家：你们说我这肚子里装的是什么？大家纷

◎想到《庄子·齐物论》里说的，圣人存而不论、论而不议、议而不辩。佛道都是指月的工具，殊途同归，同归于空生妙有的"空"，本来无一物的"无"。

纷说是才华、见识、学问什么的，只有他的爱妾朝云笑着说：大学士那里是一肚皮的不合时宜。苏轼听后夸赞她说得好。我也喜欢听这个故事，尤其是东坡摸着肚子来回踱步的样子，谁会不喜欢呢？

◎生命就要可可爱爱，耶！

东坡的一生，虽然也曾短暂任过翰林学士、礼部尚书等显赫官职，但就像他在《自题金山画像》中自嘲的那样：问汝平生功业，黄州惠州儋州。这三个地方，一个比一个偏，是他被朝廷一贬再贬的见证。他四十多岁的时候，被支持变法的改革派搞了个文字狱，就是著名的"乌台诗案"，在监狱里被关押了一百多天后，被打发到湖北黄州。贬官黄州是东坡很重要的一个人生节点，此前他顺风顺水，年纪轻轻就因为才华出众而出名。但是如果不是贬官黄州，他的人生感悟、文学成就就不会是这个样子。我们所熟悉的他的大部分诗词，几乎都是被贬以后的佳作。此前，他的思想是儒家主导的，到黄州后开始吸收道家和佛家的思想。黄州有个安国寺，苏轼隔一两天就到那里，"焚香默坐，深自省察"，感受"物我相忘，身心皆空"。

◎遇事静下来，让能量向内，跟自我连接，渐渐就会清晰明了。

此后，他成了世人心中的东坡先生，儒道释思想在他身上很好地融合互补。仕途腾达时，以儒家思想为主导积极作为，体现了他对社会的承担精神；贬官流放时，佛道思想占上风，乐观旷达，随遇而安。他成了中国文人的理想境界和代表人物，成了大家都爱的人。

从《书临皋亭》可以看出，东坡已经消化了"乌台诗案"的影响，重新激发起对生活的热忱。这是非常了不起的。对照之下，不禁想起了屈原。《楚辞·渔父》里，屈原被放逐，渔父问他怎么会到这个偏远地方来，屈原的回答是："举世皆浊我独清，众人皆醉我独醒。"这个回答，把他自己和世界黑白分明地割裂开来了，自己洁身自好，世界污浊不堪，世界不容我。纵然是事实，可是这个回答毕竟缺少了自我反省和自我批评的意味。渔父说屈原是"深思高举，自令放为"，是他自己导致被放逐的，搬出圣人劝他"与世推移"，屈原非常决绝地回应道："宁赴湘流，葬于江鱼之腹中，安能以皓皓之白，而蒙世俗之尘埃乎？"屈原当然很值得我们敬重，他刚正不阿、洁身自好、坚持自我，他彻底不屈地活出了自己的高尚，成就了不可复制的伟岸和激烈。苏轼比屈原幸运，在他生活的时代，佛道思想已经非常成熟，他能够在佛家和道家思想的帮助下，反观自身，对自己有深刻的检讨和反省。这使他没有一味地抱怨他人和环境，也没有飞蛾扑火地对抗命运的不公，而是尝试着积极地融入当地人的生活，他甚至会故意犯一些无伤大雅的小错误，这样才不会在众人中"深思高举"，他在烟火气里学会了接纳完整的自己。

◎智慧地臣服于生命剧情的安排，放下许多的不甘，才会有安然与旷达。

《范县署中寄舍弟墨第四书》里的"板桥家法"

现在来谈下《范县署中寄舍弟墨第四书》，这是郑板桥写给堂弟郑墨的一封普通家书，因情真意切，流传甚广，信里提出的"板桥之家法"更是成为中国的著名家训。其实我最喜欢看的是这封信的第一段，值得录在这里细看：

◎想必大家都一样吧。

十月二十六日得家书，知新置田获秋稼五百斛，甚喜。而今而后，堪为农夫以没世矣。要须制碓、制磨、制筛罗簸箕、制大小扫帚、制升斗斛。家中妇女，率诸婢妾，皆令习春揄蹂簸之事，便是一种靠田园长子孙气象。天寒冰冻时，穷亲戚朋友到门，先泡一大碗炒米送手中，佐以酱姜一小碟，最是暖老温贫之具。暇日咽碎米饼，煮糊涂粥，双手捧碗，缩颈而啜之，霜晨雪早，得此周身俱暖。嗟乎！嗟乎！吾其长为农夫以没世乎！

琐细得很，也认真，情感更是浓烈，第一句就是这样，板桥先列了得家书的准确时间，说晓得了新置田秋收的收成，连具体的数量五百斛都写上了，然后说"甚喜"，两个字似乎短促克制了，不够尽兴，接下来索性直接发了个乍看有些夸张的感慨："而今而后，堪为农夫以没世矣。"这一句兴奋的感慨像打开了情感抒发的水龙头，板桥于是就进入了农家生活场景的美好想象了："要须制碓、制磨、制筛罗簸箕、制大小扫帚、制升斗斛。家中妇女，率诸婢妾，皆令习春揄踩簸之事，便是一种靠田园长子孙气象。"农具一个个不厌其烦地娴熟列举，大概是想向收信人堂弟郑墨以及老家的亲人表明，看，我都记得清楚着呢，我是真的想当农夫的，真是动了心思的真诚、可爱。当然，对家中妇女、婢妾的安排，"皆令习春揄踩簸之事"，有点拿架子了，最后把这生动的农家场景定性为"一种靠田园长子孙气象"，倒也符合板桥的士人身份，毕竟他最上心的还是郑家子孙的养成教育。接下来这句"天寒地冻时"，为到门的"穷亲戚朋友"（其实更多是讨饭的乞丐）"先泡一大碗炒米送手中，佐以酱姜一小碟"的暖心、细致、周到最令人感动，"最是暖老温贫"这几个字看了不免令人动容。啥是厚道，啥是礼数，啥是家教，啥是善良，记住这句话，记住这客气的称呼，记住这周到的劲儿，记住"暖老温贫"这四个字就好了。我常常感慨文人的敏感、温和或许是这世上内敛、不招摇然而最宝贵的大善、人道。我曾留意到张爱玲有篇《道路以目》的散文里有句话：

　　小饭馆常常在门口煮南瓜，味道虽不见得好，那热气腾腾的瓜气与"照眼明"的红色却予人一种"暖老温贫"的感觉。（《流言》）

　　同样的暖心、细致、周到，还有同样的"暖老温贫"四个字，不用考证，有这四个字做"通关密码"，足可确认张爱玲也是懂板桥的。这琐细之处的传承真是美好得让人想掉泪。身为国

◎带着一颗有力跳动的心来阅读，进入到人物的内在去感受去体验，这书读得也太值了吧！

◎身份使然吧，比对方大二十多岁，有教导的责任。闻到了一点曾国藩家书的气味。

◎其实也不用记住，只要有这样一颗心，就是自然而然的事儿。

文教师，常常有机会能留意、感受、传递这些生动的情感，可以学习板桥那样，也发一份感慨，"而今而后，堪为教书人以没世矣！"

这封家信接下来的内容就不细讲了。读时会直觉板桥有些激动，对农夫的褒扬略显夸张，对士人则施以冷眼——"我想天地间第一等人，只有农夫，而士为四民之末"。农民耕种，身苦力勤才能有收获。"我辈读书人"，本来应该做人做事都做表率，传承上"守先待后"，事功上进退有据，"得志泽加于民，不得志修身见于世"，但读书人"一捧书本，便想中举、中进士、作官，如何攫取金钱、造大房屋、置多田产。起手便错走了路头，后来越做越坏，总没有个好结果"。板桥写到这里简直像现代人在说大白话，毫不顾忌文字的雅驯了。他对自己的同类读书人的腐化、堕落深恶痛绝，尽是道德义愤。对农夫，则是客气体谅，待之以礼，"要体貌他，要怜悯他。有所借贷，要周全他。不能偿还，要宽让他"。他对农夫的情感里分明隐藏着读书人的愧疚，以至于影响了他健全的判断，他强解咏牛郎织女的《七夕》诗，说它的本旨是贵农的，不是讲什么"会别可怜"的，因为"织女，衣之源也，牵牛，食之本也"，所以你们都搞错了。我无法判断板桥是不是故意这么强解的，他说的煞有其事。不过这样的思致还是有些失衡，失衡后的心思每每容易愤怒，看不顺眼，想批评，于是板桥也忍不住对老家新近出现的"颇有听鼓儿词，以斗叶为戏者"大为恼火，定性是"风俗荡轶"，要求家人"亟宜戒之"。

我还是更偏爱此信开头板桥的细腻、温和，中段的批评、愤怒自有道理，但总觉得不够从容了。还好的是，信的末尾，激烈之后又回到了冷静。交代郑墨再买些田产，以备家族生计，又交代不能贪多，不与民争利，克制的板桥又回来了。世间的不公不义多有，激烈的批评之后，还是得冷静下来，找到真能

◎这是好大的福分啊！带着一颗细腻的心，才能有这份美好的相应和交互啊。现在感受力、觉知力最宝贵，视而不见，听而不闻，内在世界"如如不动"的比比皆是。

◎圈子里的读书人活成了苟且，农夫则成了诗和远方。

◎唉，我阅读文章总是缺少这份超拔，往往会被作者带着走。既能浸润其中，同时又随时跳脱出来，觉察作者思想意绪的流转波动，是国文老师的基本功。加油！

安身立命又可行的家法，这就是"他自做他家事，我自做我家事，世道盛则一德遵王，风俗偷则不同为恶，亦板桥之家法也"。这家法看似平淡无奇，其实不易。初衷是"一德遵王"，底线是"不同为恶"，人间有"世道盛"和"风俗偷"的波动，守住这两条，虽不能说是飘飘乎如遗世独立，也算自尊自爱有家教的人了。

◎"波动"一词用得好！世道风俗在动态演绎中，看见波峰波谷，适时校准航道。

关于家书再唠叨唠叨

板桥在家书中对他堂弟细致入微的交代，年轻人有时会沉不住气去一点一点地体会。这里有个古今时空环境的差异。中国古代是宗法社会，整个家族采用的是嫡长子继承制。嫡长子被称为宗子，我小时候家里也是家族的"长门长户"，就是这个意思。板桥写这封信的时候，父辈都已经去世了，他这一代也只有他和堂弟二人，以宗法论，板桥就是宗子。宗子有权力也有责任对宗族成员进行教导。所以板桥写信教导他的堂弟和其他族人是他天经地义的职责。古代的道德推崇孝悌，认为孝悌是做人和做学问的根本。悌就是指要敬爱兄长，何况郑墨还比郑板桥小 25 岁，更应该听从兄长的教诲。

这种教诲很真切，并不是生硬的，可以再举一个例子。梁启超 1916 年在日本时给他的女儿梁思顺写过一封信，当然是文言的，耐心看是能看得懂的，录在这里：

嗟夫思顺，汝知我今夕之苦闷耶？吾作前纸书时九点耳，今则四点犹不能成寐。吾被褥既委不带，今所御者，此间佣保之物也，秽乃不可向迩。地卑湿蚤缘延榻间以百计，啮吾至无完肤。又一日不御烟卷矣。能乘此戒却，亦大妙。今方渴极，乃不得涓滴水。一灯如豆，油且尽矣。主人非不殷勤，然彼伧也，安能使吾适者。汝亦记台湾之游矣，今之不适且十倍彼时

◎一上来就倾诉苦闷？这个爸爸也太可爱了。

第五章 真气深情

耳。因念频年佚乐太过，致此形骸，习于便安，不堪外境之剧变，此吾学养不足之明证也。人生惟常常受苦乃不觉苦，不致为苦所窘耳。更念吾友受吾指挥效命于疆场者，其苦不知加我几十倍，我在此已太安适耳。吾今当力求睡得，睡后吾明日必以力自振。誓利用此数日间著一书矣。（《梁启超家书》）

前面是向女儿吐槽环境不好，潮湿还有虫子，自己睡不着，水也没得喝，灯也没油了，好惨。但是后面马上就进行了反省，不留情面地批评了自己。你看，这是父女之间的家信，是很真诚的。梁启超一辈子写了不少这样的信，你可以想见，他们家孩子从小是在这样的氛围里长大的，也难怪梁启超的九个子女各个都学有所成，成就了"一门三院士，九子皆才俊"的梁门传奇。

现在我们都不怎么写纸质的信了，想起以前上大学时收信拆信的喜悦，现在是体验不到了。提起家书，我们马上会想到诸葛亮的《诫子书》、曾国藩家书、梁启超家书、傅雷家书等。传统的家书包含着士人修身、齐家、治业、报国的经验和心事，有着我们中国人信奉的道德准则最生动的印迹，当然也有我们中华民族生生不息的对血缘亲情格外的珍重。在中国传统的教育中，家书是一种重要的家训和家教形式，长辈们通过家书把自己的道德修养、人格风范、人生感悟、求知体会等经验智慧，悉数传授给子孙后代，引导后辈们汲取成长、成才的丰富营养。大家都知道的，"静以修身，俭以养德，非淡泊无以明志，非宁静无以致远"这个千古金句，就出自诸葛亮的《诫子书》。诸葛亮在临终前没有把权力移交给自己的儿子诸葛瞻，却仍不忘以德勉励儿子。在诸葛亮看来，德才是立身之本。这也说明了，德性的修为是家书一个非常重要的方面。

家书是家庭成员、至亲之间的书信往来，自然蕴含着至真的亲情。汉乐府中的一首：

◎这个爸爸真的是一点架子都没有，感觉像是写给朋辈的信。现在一些父母不知道该怎么跟孩子交流，从这里应该能受到一些启发吧。曾听某位中小学校长讲过，有学生去澳洲游学体验，不想跟家里联系，原因是家长只关心他有没有吃到龙虾，说澳洲海鲜干净便宜不吃就是傻仔。孩子觉得这种交流很无聊，确实，一些父母只操心孩子的吃喝拉撒，不关心他的内在感受，没有内在能量的交互，孩子就不再对父母敞开心扉。

客从远方来，遗我双鲤鱼。呼儿烹鲤鱼，中有尺素书。长跪读素书，书中竟何如？上言加餐食，下言长相忆。(《饮马长城窟行》)

这是写一个思念丈夫的妻子苦苦盼着丈夫的消息，终于盼来了双鲤鱼。双鲤鱼就是做成鲤鱼形状的木头盒子，里面装着书信。信中说了些什么呢？一是要好好吃饭，再有就是我一如既往地思念你。这个妻子想念丈夫想得都要发疯了，终于盼来了家书一封，虽然很简单，"上言加餐食，下言长相忆"，没有什么甜言蜜语。但这就是中国人习惯的情感表达，比较平淡、含蓄、内敛，但是其中又蕴含着很深沉的情感，鲁迅与许广平的《两地书》大概也是这样，可以找来翻翻。

说到家书里的亲情，再提供一件真实的事，上大学时一个女同学的事。她爸爸给她寄了一床被子，夹了张纸条在上面，她打开一看眼泪就下来了。她爸爸其实只写了几句话，要她好好照顾自己，钱不够花跟家里说，但是我们这一代人的父辈是很少表达感情的，她是一个朝鲜族女孩，一直以为爸爸重男轻女不喜欢她。看到爸爸随手划拉的几行字，就非常兴奋、激动，她已经感受到浓浓的父爱了。这就是家书蕴含的情感的力量。

今天，由于科技的发达，我们有更便利的方式跟家人沟通，视频电话、QQ、微信等。闻一闻信纸上的墨香，摸一摸亲人熟悉的字迹，越来越成为奢侈的事情了。传统的家书文化也正面临着衰亡的形势。可是，情感是需要传递的，爱不是也要大声说出来吗？传统家书里传递情感、经验、智慧的做法依然还是宝贵的资源。即使是微信里的文字沟通，为了准确传递情感，也有很多措辞的讲究。再说一件真事。一位非常认真负责的老师给一个学生在微信里写了长长的一段话，对他的作业进行周详的指导，这个学生仅仅回了两个字："好的"。这样的回复好吗？老师看到后直接憋屈到无语，内伤严重，情绪低落，三天

◎我们的文化属于爱德华·霍尔所谓的高语境文化，知道言不尽意，所以意在言外，甚至得意忘言。这方面零零后一代有多少改变呢？我觉得"爱你呦，么么哒"大致也是这个路数。

◎也可以看出她内心爱的匮乏感有多深！

都回不过劲儿。后来实在忍不住批评这个学生时，他还一脸懵，啊，怎么啦，我知道了不就行啦。有什么问题吗？他是丝毫不能认知到、体会到老师如此认真周详的回复是要花费很多心力的吗？好像也未必，又不傻，但问题在于，他缺乏情感上的感同身受，缺乏共情的敏感和自觉。他更多的是专注于自己的利益，自己的感受，不大关注别人的感受、别人的需求尤其是情感的需求，不大会"同情"。真遗憾，中国文化是最讲究情感、情致和礼数的文化，板桥这份家书里就提供了丰富的启示，当然，西方其实也不乏这样的思想资源，亚当·斯密《道德情操论》讲道德就是从"同情"开始的。

还想说的是，情与理其实往往是相伴而生的，没有深度的情感共鸣，连理性分析能力都会受到影响。不妨做个测试，就请同学写张请假条吧，最日常、最简单的事了，还要请同学铆足劲，动用自己全部的生活经验、人生智慧写一份自认为最妥当的请假条。我的观察和数次测试结果，并不理想。下笔行文采用"我有需要，所以我要请假"逻辑的占大多数，能使用"某事重要，有关方面需要我做，所以需要请假"的寥寥无几；请假的具体要求写得足够具体不少人还可以做到，但很少有人会提前考虑到缺课以后的补偿方案，以满足任课老师的需求。我会坏坏地调侃，同学下笔就是"我有需要，所以我要请假"的逻辑虽然率真不虚，但毕竟太过类似电视广告里小朋友的"妈妈，我要"，而不会像商家推销化妆品时请美艳的明星对着你说"你值得拥有"，你看人家，超级自信地把她的推销直接变成了你的价值确认，你的需求。可以说，不少同学的思维习惯正在经历从"妈妈，我要"转至"你值得拥有"的阶段，"欢迎来到成人世界"，呵呵，请学会尊重他人的需求，尤其是情感需求。

◎没错，但是从另一角度来看，这位老师憋屈到内伤，正好可以反观一下自身，看看自己在意的究竟是什么。学生千差万别，有感激涕零的，也就有漠然置之的，都是人情常态。只是我们都愿意看到好的，排斥不好的。如果看到"好的"这俩字，能呵呵一笑淡然处之，我觉得就是国文大先生的境界了！

第六章 厘尔女士

本章主旨是"厘尔女士"，语出《诗经·大雅·既醉》，按照唐代经学大师孔颖达的理解，这里的"女士"，是指"女而有士行者"，即"淑媛"，是对有知识、有修养女子的尊称。厘（釐）是赠予的意思。"厘尔女士"是吉祥祝福的话，很明显是对着杰出的男子（一说是周王）说，上天赐予你有知识、有修养的女士。本章以"厘尔女士"为主旨，倒不是指对着校园里的男生说吉祥话、让他们开心的，相反，更想以古喻今，讨论讨论如何成为一名现代的女性。一位友人了解了我们编者的心思后，很严肃地盯着书本说，其实，现代的男性意识也是需要培养的，你只单独讲女性意识的培养是不对的。她提醒、批评得极是，男性意识和女性意识本来就是一体两面、相伴而生的。就是对"厘尔女士"这句话的理解，也不乏有人主张，这里的"女"是"女丁"，"士"就是"男丁"，"厘尔女士"就是赐予你女丁和男丁，怎么能只赐女丁或男丁呢？"女"与"士"本来就不可分。关于"厘尔女士"词义的如上两种理解各有道理，认真起来估计会聚讼不已。其实，以现代的眼光讨论女性意识，恐怕更会分歧多多，

◎是的，西方的女性主义流派五花八门，彼此打架，乱成一锅粥。

比如需要更平等地看待女性还是更呵护地看待女性，即使女性之间，观点也并不一定能一致。这些并不要紧，要紧的是，女性有了性别意识的自觉，努力活成自己希望的美好的样子。

《红楼梦》第一回借空空道人之口问通灵的石头，担心书里"只不过几个异样女子，或情或痴，或小才微善，亦无班姑、蔡女之德能，我纵抄去，恐世人不爱呢"，这种担心在当时并不多余。古典时代世人是如何看待"或情或痴，或小才微善"的女性的呢？石头在回应空空道人的担心时不客气地批判了各类"败人妻女""淫滥""谋虚逐妄""熟套"的把戏，明言这些各色人等"竟不如我半世亲睹亲闻的这几个女子"，在这些女孩子身上倒是寄寓了他"令世人换新眼目"的伟大梦想。"空空道人听如此说，思忖了半晌……遂易名为情僧"，可见石头对女性的看法深深地感动了空空道人，以至于他动了情。在这个意义上，在如何理解女性的问题上，《红楼梦》一书的确有"令世人换新眼目"的内在力量。我们挑的这几篇选文，应该没有《红楼梦》那样深刻，不过就讨论的三个话题，还是适宜的。这三个话题是：其一，女性的"或情或痴，或小才微善"；其二，女性的爱与怨；其三，女性意识的尊重和接纳。

选文首先是三则《诗经》短章。《诗经》里有许多反映女性情思的诗篇，还真实记录了女性生存的辛劳、情感的怨尤、家庭的困扰等。我们选的《狡童》青春率真，犹如一少女在嗔怪"那小子很帅，那小子很坏"；《野有蔓草》既优雅蕴藉又多清扬之气，"邂逅相遇，适我愿兮"，一切都显得那么自然、美好；《风雨》则在激切、焦虑中有内在的贞确和欢喜。三首诗，对应女性的三种生命状态，生命就是这样的丰富多彩。林徽因女士的《别丢掉》这首小诗背后的故事和才子徐志摩有关，容易被八卦，其实这首诗本身有缅怀、有心忧、

◎看过一些女性主义研究的文章，感觉有些真是不得其门而入，这几个话题都能通达女性世界的内核，并且彼此能够融会贯通。赞一个！

有慨叹，更有持守。人间的情感并不全是花好月圆，尤其人到中年的女性，常少不了体验唏嘘乃至伤悲，因此也需要学会隐忍、沉静和善良，选这一篇给同学看，大体是这样考虑的。选择唐传奇的名篇《霍小玉传》，就更有针对性了，通俗地说，这就是一个痴情女和"渣男"的故事，可这故事里的"渣男"，可是大唐帝国的青年才俊、明日之星、大才子李益，他也曾那么狂热和痴情，他怎么会从痴情的恋人一步步变成狠心的渣男？女主霍小玉又是怎么一步步陷入情网而不能自拔的？两人悲剧的每一步似乎也没什么大不了的恶，甚至也都是可以理解的，李益身上的小毛病，霍小玉的迷思，也不难在校园里的男男女女身上见到，这样一想，事情就紧张了，原来《霍小玉传》是可以直通自己生活的。

下面，我们就用心读一读这传奇的《霍小玉传》。

平生不品唐传奇，纵称学者也枉然

《霍小玉传》是唐传奇中的名篇。唐传奇特别有意思，鲁迅说它是"始有意为小说"，也就是说以唐传奇开始出现自觉的小说笔法。什么是小说笔法？这个要细究起来是大学问，不是说之前志怪志人的文字里就完全没有类似小说的虚构笔法，我理解，鲁迅主要是看到了唐传奇小说笔法的自觉性。其实小说的虚构性本质是想象力，唐代国力昌盛，总体风格宏放，根据我们的经验，凡是国力昌盛、科技发达的地方，想象力也一定是发达的。王小波陪他妻子李银河在美国匹兹堡大学读博士的时候，他的老师，史学大师许倬云先生提醒他看唐传奇，搞不好也是从这个角度来的。当然，王小波成功开掘了唐传奇这个宝藏，重述唐传奇的几篇小说有趣生动，最好看的应该就是那篇《红拂夜奔》。关于它有个说法，说李靖因为太有才

◎汉武帝时代国力强大，为何没有发达的想象力？不知道《史记》这样的作品能否归于想象力？

◎也有叫他补课的意思。我看过访谈，许先生是无锡私塾出身，觉得王小波这一代人的语言和结构都太一般了，建议他从古典文学中汲取营养。

◎这个说法很有意思。

◎想起英国作家王尔德说的："古时候是学者写书，公众看书。现在是公众写书，没人看书"。王尔德说的现象在我们当代更加突出，读书越来越成为一种专业活动，写书的人也未必具有精读的能力。

了，所以只能当流氓，晚上 10 点多，踩着高跷在长安城的深夜游荡，有点类似"一个幽灵，一个大唐帝国的幽灵在长安城游荡"，多具有大唐的气质，又酷又飒，拉风得很！我常觉得 20 世纪 90 年代到当下，整个中国当代文化精气神的变动，就是从《梦回唐朝》那种"菊花古剑和酒""开元盛世令人神往"的摇滚范儿走向了《青花瓷》"天青色烟雨，而我在等你"的旖旎宋词调调。我们现在看唐传奇、讲唐传奇的时候，想象力是很重要的一个问题。当然，学者的眼光，喜欢把它做实，有人研究《霍小玉传》这个作品，说男主人公李益和作者蒋防都是实有其人的。蒋防写这篇小说的时候李益还活着，那蒋防为什么那么恨李益？小说最后写的那些心理变态的事他是如何得知的？这些是很有意思的现象，都交给考证家去研究喽，我们只管看字面意思就是。除了严肃的考据文章，也可以来点轻松阅读。刘勃写过一本《传奇中的大唐》就挺好看，作者像个说书的，嘴很贫但又挺有货，可以找来翻翻。刘勃书中说，看一篇唐传奇，即使是唐朝的中层官员也得花掉一到两个月的俸禄，绝对是奢侈享受。也是，直到宋代黄庭坚那个时代，才有大量的刻书出现。在唐代，能够欣赏唐传奇的，基本上都是高级官员、文人和有钱人，看一篇传奇几乎都要一个月的时间。他们在阅读的时候，估计是一点一点地看，一个词一个词地读，来回咂摸、体会，毕竟它可是这么高级的东西，哪舍得这么囫囵吞枣的就消化了。先信这些都是真的，咱也学着点，一起慢慢读，"受享受享"吧。

陇西李生正思春，长安媒婆忙牵线

"大历中，陇西李生名益，年二十，以进士擢第。""大历"是唐代宗李豫的年号，共计使用了十四年，大历是盛唐向中唐过渡的时期，社会、经济都开始转变。李益，号称"大历十才子"第一名，妥妥的帝国精英，明日之星，这时候正在科考，"年二十，以进士擢第"，绝对的顶级聪明。这时候他还不是渣男，我要提醒一下，绝顶聪明的李益身上的性格、人性也是有弱点的，而且这弱点你看上去一点都不会觉得突兀，常人其实也很难说自己就没有弱点，这就使这故事看着有意思了。"其明年，拔萃，俟试于天官。"他等着第二年的吏部考试，天官就是吏部，《周官》（即《周礼》）把官员分为天官、地官及春夏秋冬官，体现了中国文化的天人合一。李益已经获得做官的入场资格（进士），如日中天，美好前程就在这个青年面前了。他正值 20 岁，刚好就是中国传统的完成冠礼的年头，男孩子的冠礼就是从少年进入成年的仪式，总之，就在生命两个重要阶段的分界处，出事了。"夏六月，至长安，舍于新昌里。"如果是对唐代长安的人文地理敏感、有研究的人，看到"新昌里"这个词的感受和我们普通读者是不一样的。韩愈《长安志》、杜牧《大唐长安记》、韦应物《长安图》不好找到读，但看过电视《长安十二时辰》的大概对长安城的 108 坊（里）会有个印象。新昌里在哪里？已是"东市"靠近"延兴门"的城郊接合部了，当然名叫新昌里的现在全球都有，西安有，美国也有。"新昌里"距离当时长安城的繁华所在（靠近皇城）同时也是青楼女子聚集的娱乐场所的"平康里"有多远呢？和"平康里"的斜对面，这篇传奇的女主霍小玉住的"胜业坊"又有多远呢？有心人不妨自己去查下，李益为什么不直接住到平康里？自然是因为，虽然都在"东市"，地面不同，花费就差了去了。我猜唐朝人一看李益这时住在"新昌里"就明白，这才子的银子还是不够足呀。下面就雅致地说了，"生门族清华"，"门族清华"字面意思是身世家族清高华贵，但既然此时选择住在"新昌里"，也

◎脑子里还得下载一份长安地图。

◎老天是公平的，命运的剧本里往往才华和财富不可兼得，好处不能都让一个人给占了吧。

◎套话是不是因为后人都跟着学？说不定此句是套话的鼻祖。

◎那是，春风得意马蹄疾，鲜衣怒马少年时，任谁都会飘飘然的吧。

◎孤陋寡闻如我，还以为媒婆是姓王的多。

高贵不到哪去，"清高"也就只剩下清汤寡水的清了。一句话，李益大概出身于一般的书香门第，读书一流但财富不足。"少有才思，丽词嘉句，时谓无双"，这都是套话，但是这种套话也表明李益智商很高，确实是读书厉害。"先达丈人，翕然推伏。""丈人"就是老人（老者），前辈认可他，"翕然"就是一致，反正整个舆论、整个世界都是捧着他的，都知道他要起势的。"每自矜风调，思得佳偶"，风调，就是风度、格调的意思，李益他的自我评价也是蛮高的。20岁思春也正常，"窈窕淑女，君子好逑"嘛。"博求名妓，久而未谐"，说明他也很挑，而且这个年龄阶段也没个准性，还找不着方向，安定不下来。你想，李益作为即将冉冉升起的一个政治明星，有着美好的前景，身边人的夸赞、巴结，他现在肯定自视很高。后面你就看到，其实他这个人的长相不是很好，所以他要想找着个一眼就看上他的"名妓"，也不是很容易。

下面就适时出现了一个八面玲珑的媒婆鲍十一娘，这就是中介的力量，呵呵。唐代的媒婆为什么多姓鲍？在文化史上也很有意思，不细说了。鲍十一娘以前是薛驸马家的青衣。这里的青衣不是唱戏的那个青衣的意思，就是婢女，仆人。"折券从良，十余年矣。"交了钱，然后就从良了，已经出来混十几年了。你看，在鲍十一娘的身世里，是受欺负，拿钱赎身买自由，所以这个人对世界的理解肯定就是钱、权利，对不对？这个人的性格就是下面这两句："性便辟，巧言语"，花言巧语，很会讲话，很圆通。"便辟"就是说话很到位，遇到利益问题，她一定跟你说透，也很巧妙，一准儿喜欢根据你的意思迎合你的需要来说话。这种人很精明，但是关键时候也比较狠辣，该翻脸也翻脸。"豪家戚里，无不经过"，就是哪儿都混过。"追风挟策"，有一点风声就循着过去了，不放过任何机会，循着过去的时候，人家自己可以自带谋略，就是当场就知道该怎么处理，门清儿，超级聪明老练。追风挟策，这词写得多好。捕风捉影，还有主意，各种招儿娴熟，这种人就是厉害，"推为渠帅"，当个捐客、当个媒婆，其实鲍十一娘已经在她这行当里做到了头部、老大的位置了。正因如此，此时的明日之星李益才值得她出手。

接下来，"常受生诚托厚赂，意颇德之"。什么"诚托"，现在我们看这些好像都是套话，其实也合情理，托人办事当然要有诚意。厚赂，就是拿钱收买。这就是真实的世界，礼数和利益都得照顾好，双重保障。在鲍十一娘眼里，李益这孩子还不错，对自己挺好，舍得给真金白银的好处，还老是说些客气的好话，态度很诚恳，鲍十一娘还是愿意帮忙的。"经数月，李方闲居舍之南亭。"李益在自己租的小院里呆着，"经数月"三个字，说明也不好找。但机会终于还是来了。"申未间"，下午时分，"忽闻扣门甚急，云是鲍十一娘至"。扣门甚急，鲍十一娘要么确实没怎么装，和李益不见外；要么是故意夸张造气氛，好显示她多卖力、一直焦虑着在张罗。李益"摄衣从之，迎问曰：'鲍卿今日何故忽然而来？'"，他毕竟是书生，开口称鲍卿，很客气很有礼数。"鲍笑曰：'苏姑子作好梦也未？'"，"苏姑子作好梦"，与《聊斋志异》里"薛姑子做好梦"（《翩翩》），大概是一回事。关于"苏姑子"有很多说法，有说是"书罐子"的变音，也有说是"苏小小"——南北朝时期南齐的歌妓。苏小小在历代文人雅士中有很隐密的影响，尤其唐朝的白居易、刘禹锡、李贺、权德舆、张祜、李商隐、罗隐、温庭筠都挺喜欢她，李益"博求名妓"，也许就是想寻找个像苏小小那样才色俱佳的女子。"苏姑子作好梦也未"，这一句可以理解为，得遇苏小小的美梦做了没有？这是鲍十一娘在逗李益，大概像现在见面就问人家"昨晚是不是梦到××（自己填，呵呵）了"。接下来，"有一仙人，谪

◎精彩，画面感都出来了。

◎厉害了，不咋起眼的"扣门甚急"，让你解读出这许多人性的东东。真是世事洞明皆学问，人情练达即文章。容我再发挥一下，"甚急"是李益的感受，干等了几个月本来就很急了，听到扣门声即感到好事来了，心中的急切就和外在的扣门声相应了。我跑偏了吗？

◎真会"起兴"啊，一句话就到了别人的心坎里，一开口就知道有没有。

在下界，不邀财货，但慕风流。如此色目，共十郎相当矣"。你是不是在做好梦？现在我要给你说个仙儿。留意，这句鲍十一娘先说"不邀财货，但慕风流"，这是对着李益"门族清华"的现实的，对不对？这就是好话，从鲍十一娘嘴里出来就是体贴入微。她是市井里混的主儿，也不拐弯抹角，很直接地说，对方不要钱，就是喜欢风流才子。所以结论就是：如此色目，跟你相当。鲍十一娘这话，真让人叹服，不虚伪不掩饰，但是也不下作，最重要的是还能满足李益的脸面，能说到李益的心坎里。书生就是书生，刚才李益还装模作样，礼数周到，客客气气称呼鲍卿，还是有点距离感。一听见鲍十一娘带来的好消息立刻就"闻之惊跃"，跳起来了，可见期待已久，都快急坏了。"神飞体轻，引鲍手且拜且谢曰：'一生作奴，死亦不惮。'"引，拉着别人的手；拜，作揖感谢别人。这句很厉害，李益的那个激动，他那忙不迭的动作，他那张嘴就很轻易的承诺，尤其从他这个承诺的浓度来看，他还是个城府很浅、情绪很不稳的人。别人一勾，他马上就有了很激动的情绪反应，可以说，他的迫切在颤抖。所以这个人，我们在后面会不停看到他在某种情境下类似的情绪反应，这是他的真实性情，此刻当然显得很幼稚，也很可爱。但这种轻易波动的情绪不是所有时候都可爱的。后面写他为了筹备婚礼跑到亲友那里去借钱的时候，他完全可以故意借不来的。借不来钱，就不用抛弃霍小玉娶表妹卢氏了。但他一到特定场合，就很容易被别人撩动，一被奉承他又忍不住显摆，一显摆就努力发挥自己的才华，结果确实就把钱借来了。李益此时就是个单纯的情境动物，他的不成熟也在这一点上。你可以骂他是个渣男，可是他的渣和他这个容易动情的特点是分不开的。此时的他骨子里还是个比较柔弱、没城府也善良的人。虽然他最终选择狠心抛弃霍小玉，但是从他在整个过程

◎ 鲍十一娘对李益这个书生拿捏到位，说话也很懂得启承转合的节奏，不愧是高手。

◎ 你的金句在闪光。

里的行为举止还是能看出来，他并非是那种全无心肝、冷酷无情的人，他的狠心和他的柔弱、易动情又是交织在一起的，这就是这个人物既招人痛恨又惹人感慨的地方。他不是那种很沉静的人，媒婆号称给自己介绍一个仙儿，怎么也得要先看看再说。李益没有这个成熟的心智，他一听就着急、兴奋，急切想见，这就是他的青春吧。或者说，他身处从20岁的少年要进入成人世界的当口，完全没有做好准备。你看他表示感谢的话多夸张，"一生作奴，死亦不惮"，一辈子给你做奴才，死我也不怕，这就是个轻诺单纯的孩子。讲到这里，有一点感慨，单纯的童心当然是美好的，但是否有可持续的韧性呢？明末思想家李贽有一篇著名的文章《童心说》，提出了回到"绝假纯真，最初一念之童心"的思想。我们这个民族，每每有回到童心的冲动，日常"还是小时候好"的感慨时有耳闻，"常德不德，复归于婴儿"嘛，尤其经历过创伤之后，想想"文革"结束后汪曾祺的那篇短篇小说《受戒》里素朴的童真就知道了。这种思想的可贵之处毋庸论证，可李益的故事也提醒我们，真的要走进人生的风波里，"童心"也得时时生长，经受磨砺。尼采不就说过"精神的三变"吗？精神要先像骆驼一样，学会承受；再变成狮子，敢于否定；最后历经沧桑才能变成婴孩，此时婴孩的本质已不是懵懂、任性、柔弱，而是摆脱羁绊的自由创造。这也是一种童心，这才是真正的"生生之谓易"的精神。想到这，再思虑李益身上的弱点，往深了看，不禁让人一惊。

接下来，"因问其名居"，李益赶紧问："她住哪儿？名字是？"一看就是着急的样子。"鲍具说曰"，具说，很详细地说，说明鲍十一娘来前已经做足了工作。"故霍王小女，字小玉"，鲍十一娘说，这是霍王的小女，小玉。霍小玉的霍是来自于父亲霍王。很明显这姑娘非同一般。"王甚爱之"，她

◎说明他成长在一个比较单纯的环境里，没机会锻炼城府。

◎我理解的复归于婴，并不是指回到我们通常说的"童心"，而是回归到生命清净无染的本源，没有分别心的混沌合一状态。回归的途径是要做减法，要剥落掉许多成见的尘垢，涤除玄览，和尼采说的正好形成对照。

◎我认为这是"生生之谓易"之一种。生命变动不居，程式多元不一。

第六章 厘尔女士

◎根据现代心理学有关说法，这样的女孩长大后遭遇渣男的概率比较低。这么看，小玉确实太不幸了。

◎这个让我想起关于"低语境文化"和"高语境文化"的区分，这是美国人类学家爱德华·霍尔提出的概念，他认为现代西方社会属于"低语境文化"，偏重语言的逻辑理性；而东方社会则是典型的"高语境文化"，许多话不需要明说，说出来的话也往往有弦外之音。

◎哈，敢于解构！

爸爸活着的时候很爱她，她的童年是在爱里浸泡过的。"母曰净持。——净持，即王之宠婢也。"这下，小玉身世里的秘密一下出来了。为什么母亲叫净持？她叫这个名字肯定是有原因的。按照唐朝的等级观念，奴婢属于贱民的底层，是不可以直接做贵族的妾的，像净持这种情况，就得先到寺庙出家，把婢女的身份"放良"，然后才能被霍王纳为妾。"王之初薨，诸弟兄以其出自贱庶，不甚收录。"这才是真实的人间，这表述也是顺畅里透着冷意，什么叫"不甚收录"？其实就是"不收录"。不甚好，直说了就是不好。这里可以再举个例子。一位年轻的日本学者增田涉跟着鲁迅学习、翻译他的《中国小说史略》，有一次很认真、老实地问鲁迅：你在文章里说郑振铎的《中国文学史》"颇好"，"颇好"是什么意思？究竟是好还是不好？鲁迅只好说，颇好就是不好。（《鲁迅的印象》）所以"不甚收录"这个话，实际上就是被撺出来了嘛。此处的表达颇为委婉，这是中国人文字、话语世界的温情、礼数，但掩映之间，实际上还是透露了小玉母女很残酷的真实生活境遇。

"因分与资财，遣居于外。"分点钱把她们娘俩遣发到外面去了，这句就直白了。"易姓为郑氏"，改为郑氏了。这里稍微补充个知识，和李益的陇西李氏一样，荥阳郑氏、太原王氏、范阳卢氏、清河崔氏，都是唐代社会的第一流高门。霍小玉"易姓为郑氏"，不知道缘由何在？是冠母姓？不好说，恐怕也跟当时流行的风气有关，唐朝青楼欢场的女子喜欢冒充当时李、郑、王、卢、崔这"五姓女"。这样说起来这个姑娘应该叫郑小玉。为什么我们现在在唐传奇里还是叫她霍小玉呢？这大概牵涉到《太平广记》录这篇传奇的流传过程，这里不细说了。"人亦不知其王女。资质秾艳，一生未见；高情逸态，事事过人；音乐诗书，无不通解。"小玉这个女子是见过世面的，跟她小时候的环境有关，加之现在操持的生计，说她资质秾艳，可见她的特点，她不是素淡清雅之人。"高情逸态"也好理解，毕竟是从小在贵族家庭环境中长大，她也很聪明，事事过人，书生会的她也样样在行，所以自视也会很高，有争胜心。"昨遣某求一好儿郎格调相称者"，这句有意思了，这个女孩也在寻找自己的心仪对象，刚好求到我了，读到这儿，像我这样的多疑之人会多个心眼，有这么巧，小玉和李益两边都求到鲍十一娘了？"某具说十郎"，我赶紧推荐你了，这话说得自然又贴心！小玉一求我，我第一个把你推荐给了她，细说你的好。"他亦知有李十郎名字，非常欢惬。"李公子你是大才子名声在外，写诗作文那都是一流的，所以霍小玉知道你的名字，并且也非常喜欢你，是你的粉丝。以上几句，鲍十一娘的嘴可真甜，把她的媒婆业务、撺掇一对陌生人的事活生生说成了小玉对李益的倾慕不已。下面就是最实际的事了，安排行动，交代小玉"住在胜业坊古寺曲，甫上车门宅是也"。胜业坊，在唐代长安城的都城格局里，算是长安城的黄金地段。霍小玉家是个"车门宅"，大门可供车辆通行的宅子，完全是富贵人家的排场，肯定很好找。"已与他作期约"，我都跟你联系好了，"明日午时，但至曲头觅桂子，即得矣"。瞧瞧，一切细节已经考虑到位，这就是会办事的人。

下面，"鲍既去，生便备行计"。这一短促小句，直写李益猴急的样子，"既……便……"的句式用得精彩。鲍十一娘刚走，李益便开始为见霍小玉做准备。"遂令家僮秋鸿，于从兄京兆参军尚公处假青骊驹，黄金勒。"解释下这句里的"从兄"，它比堂兄的范围更大，堂兄一般指父亲同胞兄弟的男孩子，从兄的血缘关系可能更远，总之李益得从自己的亲朋好友圈里划拉个有实力的借点东西，好给自己收拾收拾，这也见出"门族清华"的他实力确实还不够。还不错，"青骊驹，

◎人家是行业翘楚，也正常啊。

◎情商高，提升客户的价值感，让他在飘飘然中逐渐失去理智。我这是小人之心了，呸呸。

◎从鲍十一娘这个人来看，媒婆说媒，并不是全靠一张嘴。鲍十一娘有很强的营销能力，能够以客户为中心，对客户的情感需求拿捏得很准，包含有心理学的东西，值得现代的百合网、婚姻中介好好学习哈。

第六章 厘尔女士

黄金勒"借来了，这都是装饰得很漂亮的行头，场面必须得撑起来。

"其夕，生浣衣沐浴，修饰容仪"，明日午时才见面，傍晚的时候，他就赶紧沐浴了。我们对唐代的日常生活越了解，就越能理解这里每个词语背后的意味。那时的沐浴，跟我们现在不一样，印象中唐代的官员是十天一洗澡的，一个月分上旬、中旬、下旬，就按照这个来洗的，李益这是深度清洁、全面打扮了。"喜跃交并，通夕不寐"，又一次写他猴急的样儿。我们仿佛能看到，他把下人秋鸿派走以后，门关起来那个情境，想必他是又跳又咧着嘴笑，感觉像周星驰搞笑电影中的主角那般手舞足蹈，开心到爆。通夕不寐，他睡不着嘛，他这个小孩真实，一点城府都没有。"迟明，巾帻"，黎明时分，戴上头巾，具体是什么头巾我们也不懂，这是博物学的学问了。"引镜自照，惟惧不谐也"，对着镜子照、整理，唯恐哪里不和谐。

"徘徊之间，至于亭午。"就是在那着急，也立不住，走来走去，煎熬到中午。"遂命驾疾驱，直抵胜业。"快到约定的那个时间，就赶紧跑去胜业坊了。"至约之所，果见青衣立候，迎问曰：'莫是李十郎否？'"很明显，鲍十一娘事先都安排好了，一个女仆在门口等着迎接。"即下马，令牵入屋底，急急锁门。见鲍果从内出来，遥笑曰：'何等儿郎，造次入此？'"又是李益一个接一个的猴急动作，看人家媒婆，笑盈盈的多从容，还开玩笑呢！李益这么着急，像个贼似的，在鲍十一娘眼里，大概李益也太嫩了，她都忍不住开起玩笑了。"生调诮未毕，引入中门。""调诮"就是说俏皮话，开玩笑，很欢快，说话间他们已经到中门了。"庭间有四樱桃树；西北悬一鹦鹉笼，见生入来，即语曰：'有人入来，急下帘者！'"鹦鹉的这句话可真是扫兴。在李益兴高采烈，急切地往里冲的关口，估计他的整个情绪都在往上顶，正走得热闹、心中得意的时候，揭露真相的鹦鹉出来了。鹦鹉一句"有人入来，急下帘者！"，简直大煞风景，它的标准化作业揭露了一个赤裸裸的现实：挑帘的人多，这里是个公共场所，李益也不过是来到此地的又一个顾客而已。这种一波三折的笔法，一提一按，实在高超。看看李益会作何反应？"生本性雅淡，心犹疑惧，忽见鸟语，愕然不敢进。"说李益"本性雅淡"真是客气文雅，其实就是说他的生活经验像一张白纸，啥都不懂，此时他心正热，劲儿头正足，兴冲冲地往里走，这鹦鹉一叫，令他"心犹疑惧"，毕竟这也太明显了，和鲍十一娘嘴里说的这女子小玉对自己主动的仰慕不一样呀。"忽见鸟语，愕然不敢进"，李益这孩子既敏感又胆小，鹦鹉这一声，让他有点懵，"愕然不敢进"了。"逡巡，鲍引净持下阶相迎，延入对坐。"逡巡，有顾虑不敢进门。注意这一段李益从"急急"到"逡巡"的变化，他有点六神无主了，还得谙熟人情世故的人替他解围。于是，"鲍引净持下阶相迎"，这句看似自然而然，鲍十一娘引小玉母亲净持下阶相迎也符合待客之道，不过也不难看出，大概这两位成熟的女人早已察觉稚嫩的李益的神情变化，还是决定主动下场把他接引过来，免得徒增尴尬。下面给了净持一个特写镜头："年可四十余，绰约多姿，谈笑甚媚。"这是小玉妈妈的形象，三句话令她的神态毕现，一看也是个有故事的人。后面我们会看到，小玉骨子里其实还是像她母亲，种种激烈的底色其实还是温柔，只是不如她母亲对于人情世故更有心得也更从容。

净持发话，"因谓生曰：'素闻十郎才调风流，今又见仪容雅秀，名下固无虚士。某有一女子，虽拙教训，颜色不至丑陋，得配君子，颇为相宜。频见鲍十一娘说意旨，今亦便令永奉箕帚。'"多么漂亮的场面话！语态得体又谦逊有礼，

◎这么一解说，太有看头了！

◎我认为他此刻的感受主要是惊惧，未必能"疑"到这一点。

◎也许是天生气质，也许是霍王给予她爱的结果。她原本是婢女出身，能够受到霍王宠爱，破格晋身为妾，并且有小玉这样聪明漂亮的女儿，她对自己的人生应该比较满意吧。

第六章 厘尔女士

应酬得可谓滴水不漏。看这第一句："素闻十郎才调风流，今又见仪容雅秀。"才调风流好说，什么叫仪容雅秀？雅、秀，字面就是秀气，不是那种很猛男型的男人，白面书生嘛，说读书人"仪容雅秀"总没有错。有没有觉得，只说见面觉得李益"仪容雅秀"，没有对李益的容貌有更好的褒扬，真是拿捏得有分寸，等下小玉出来，就没这么客气了，她可是直接怼李益：没想到你长得那么难看？接下来说李益"名下固无虚士"，就是很名副其实，这也是拐着弯从原则上夸人的好话。净持先是表扬别人，然后很谦虚地说自己的孩子。中国话有时是要反着听的。"虽拙教训"，其实是说我们家也是很有家教的。"颜色不至丑陋"，意思其实是女儿长得很漂亮。"得配君子，颇为相宜"，是说配你也不差。你看这话里就有一个我刚才说的"颇"字，"颇为相宜"，这是很隐忍的用法，其实那潜台词或许是，以我们家小玉姑娘的美貌，配你是绰绰有余的，谁让我们现在沦落到这步田地，也只好委屈自己了，这可真是中国式的人情世故。接下来这句，"频见鲍十一娘说意旨，今亦便令永奉箕帚"。还记得不，鲍十一娘跟李益说的可是姑娘家主动找我的，也听说过你的大名，很仰慕你，总之，女方是很主动的。现在人家妈妈说的可是：鲍十一娘老是在我们这儿说起你，这也是缘分，我们就答应了。为什么会这么看重主动、被动呢？这是礼数，也是尊严，这就是人情世故的微妙。不晓得李益听出来没有？有点替他着急。"永奉箕帚"，就是永远拿着笤帚、簸箕侍奉你，意思就是我们愿意服侍你。这个话说得很体面，而且信息都传达了：她们愿意。李益的反应会是什么呢？

"生谢曰：'鄙拙庸愚，不意顾盼，倘垂采录，生死为荣。'"李益太感动了，又开始发誓表心意了。他每次说话都很激烈，幅度很大。人家净持很从容，他却从来都是激动、激烈、深情。

◎唉，真是个男尊女卑的社会。即使在三从四德还没有提出的大唐，也是这样表述的。

说自己人笨又平庸，要是很荣幸被接纳，自己必须表忠心，"生死为荣"，又拿生死表忠心了，他这可还没见小玉呢。这孩子就像个弹簧，人家一点他他就蹦得老高，老不稳当了。

◎这个比喻也太形象了。看得出李益的价值感和配得感都比较低。

金风玉露一相逢，便胜却人间无数

"遂命酒馔，即命小玉自堂东阁子中而出。生即拜迎。"小玉要出场了。此时的李益估计是幸福得要发晕了，至少得微晕，呵呵，还不错，没有全晕，毕竟没忘"拜迎"，礼数还是很周到的，他做出了很恭敬的样子。"但觉一室之中，若琼林玉树，互相照曜，转盼精彩射人。"果不其然，小玉漂亮得不得了，自带光芒，美丽的容光，仿佛把房间都照亮了。"既而遂坐母侧"，乖巧地坐到母亲身边。她母亲也矜持地说道，你不是老是念"开帘风动竹，疑是故人来"吗？那就是十郎的诗。"尔终日吟想，何如一见。"你看这客人介绍的，明面上是净持对小玉说的话，其实更是让李益听着高兴的，这情商实在太高。其实能这么说估计提前也是要做功课的。虽说李益的诗在当时有所流行，可独选出"开帘风动竹，疑是故人来"这两句一定也是非常精心的。听起来不免像在暗示，既然来了，你们两人也如故人一样，心很近，你们太合适了。小玉母亲确实就像她的名字净持一样，是既冷静又很柔和、体贴、周到的。当然小玉从她妈妈身上也继承了这些，她和李益的故事前半段也是很美好的、很浓烈的，她也是很会体贴人的。不过这会儿，她倒是很调皮。"玉乃低鬟微笑，细语曰：'见面不如闻名。才子岂能无貌？'"小玉微笑着，有点撒娇，细细的声音，悄悄地跟妈妈抱怨了：见面不如闻名，才子岂能无貌？他没有那么好看，有点遗憾。小玉可还真是个孩子，忍不住跟妈妈撒娇说了心里话。可见这个女孩子平常妈妈也

◎发晕，微晕，全晕，读者诸君晕不晕？

◎未必，毕竟是王府出来的，各种高级的场面话听多了，耳濡目染，接待一书生自然不在话下。

◎貌似李益当时已经凭乐府诗《江南曲》火爆长安，教坊伶人对他的诗句应该不陌生。

第六章 厍尔女士

是很宠爱的，她也是忍不住就说真话的那种人。人家李益就在对面坐着呢。

　　小玉这一任性，可把李益吓坏了，他正兴奋着呢，小玉的声音再低他也听得门清儿，更何况或许小玉就是故意说给他听的呢。"生遽连起拜曰：'小娘子爱才，鄙夫重色。两好相映，才貌相兼。'"李益已经慌得失了读书人的分寸，你看他这话说的，哪里有一点风雅了，也太直白了，你爱才我好色，咱两个多合适呀。此时的小玉和李益，真是单纯又可爱呀，这就是两个孩子嘛。一个说，你长得不好看，另一个就说，哎呀，我有才的，你喜欢我的才，我喜欢你的貌，咱俩不是挺好的吗。李益说完这句大白话，母女相顾而笑：这么直白啊，直白到可爱，也太没有心机了，比我们家小玉还幼稚。"遂举酒数巡"，就开心喝酒，面对李益实在没有什么压力了。你想这母女俩的生活遭际，她们见过的人，经过的事，遇到的主顾太多了，一看李益这孩子，又清又浅又真诚，完全是个不用动心思就能搞定的人啊，心情不免一下放松了下来，那就喝几口舒心的酒喽。

　　"生起，请玉唱歌。初不肯，母固强之。"李益邀请小玉唱歌，小玉开始不愿意。一是因为女孩子肯定先得矜持一下，另一个原因也很明显，是李益的长相第一眼并不入她的法眼，再逗他一下，让他再一次慌张露出窘态，真好玩，这是小玉的调皮。"母固强之"，当妈的故作强制，要求小玉献上一曲，想必这也是表演的老套路了。我在猜想，肯定之前鲍十一娘已经动用浑身解数说服净持了，李益这孩子虽说幼稚，但是真是个好孩子，将来还很有前途，上哪找这样的主儿？你家这女儿小玉还能怎么样？所以净持作为母亲

◎ 从你的这一段分析，读出两个不一样的小玉，既单纯又老练，有点矛盾的感觉。

◎ 哈哈，也是读者的世故。

国文课絮语

是很清醒的，她所有的话都讲得很到位，可见准备得很充分。小玉的歌唱"发声清亮，曲度精奇"。很明显一张嘴，那就是高手。"酒阑，及暝，鲍引生就西院憩息。"喝多了，就睡觉。鲍十一娘尽职尽责，带李益到西院休息了。"闲庭邃宇，帘幕甚华。"那当然里面环境都是很好的了。这毕竟是个高档场所，窗帘、帘幕都是非常华丽的。"鲍令侍儿桂子、浣沙与生脱靴解带。"就是那些小仆人帮李益脱鞋，他已经喝大了。他肯定是心情好，也放松，别人再劝他多喝两杯他就喝。你想，像这种场所他都能喝大，实在也是真性情。"须臾，玉至，言叙温和，辞气宛媚。"不一会儿，小玉来了。上文写了净持的媚，这里是写她的媚。"解罗衣之际，态有余妍，低帏昵枕，极其欢爱。"这一段自然也是套话，极其欢乐。"生自以为巫山、洛浦不过也"，巫山、洛浦是古代两个爱情神话。巫山云雨，洛神女神，他以为不过如此，他认定小玉就是这个世界上最美的女孩子了。其实他啥也没见过，他现在就是这样单纯到痴情的人。

◎那点疑惧已抛到九霄云外。

◎心理学认为人的天生气质有四种类型：乐天型、忧郁型、激进型和冷静型。李益应该是比较单纯的没心没肺的乐天型吧？

一纸盟约不负卿，从来薄幸男儿辈

接下来是故事里的第一次小突转。"中宵之夜，玉忽流涕观生曰：'妾本倡家，自知非匹。今以色爱，托其仁贤。但虑一旦色衰，恩移情替，使女萝无托，秋扇见捐。极欢之际，不觉悲至。'"你看小玉这个女子，在两人有肌肤之亲后，她肯定也认清了这个男生确实是个不错的人。也的确如此，此时的李益就是很温和、善良且多情的人，小玉对他好，他也同样很珍惜。可小玉比他还是要成熟得多。小玉半夜起来哭着说的这番话，是以直白的"妾本倡家，自知非匹"开头的，多么难堪的现实呀。小玉说，你确实是个好人，对我很好，可是我也担心，一旦我人老色衰你就会抛弃我。"女萝无托，秋扇见捐"，女萝没有乔木就无从高攀，扇子到了秋天就难免要被抛弃，女萝和秋扇常用来比喻弃妇。这是霍小玉的不安。一方面她知道二人的身份鸿沟，另一方面，她也知道这个男孩其实很不成熟。当他换个地方，当他遇到其他女子，谁能说得准。需要点出的是，一场欢爱后小玉竟然如此担心，其实恰恰是她自己也动了真情，不然逢场作戏而已，自己怎么会如此认真起来了呢？

◎这是小玉的自卑。小玉对李益的感情是爱吗？她是不是欺骗了自己？沉浸在爱情中的姑娘，在俩人相处的开始就能看到未来的隐忧吗？她让他写保证书，是基于理性的考量，也是一种索求。真正的爱肯定不是这样的。

"生闻之，不胜感叹"，李益已经在心里开始相许了，当小玉说出她的担心，她要面临的现实忧虑时，他也很感慨。我想他的感慨也是很真诚的，至于感慨什么倒是略过了，是跟着小玉的思路感慨，还是感慨其他，这里略过去了，也只能略过去了。总之，感慨完了李益开始发誓。这应该是他第三次发誓了。"乃引臂替枕"，把自己的胳膊拿过来当枕头，让小玉枕着，开始发誓，"徐谓玉曰：'平生志愿，今日获从，粉骨碎身，誓不相舍。夫人何发此言！请以素缣，著之盟约。'"这个"徐谓"写得很好，徐徐地对着小玉说，而不是很急地

◎真是每一个字都不能错过啊！

说，为什么？前面他不是一说话就急躁的吗？我们可以揣摩他此时的心态，庄重地说，而不是猴急地说，他要表明他这个发誓是真诚、郑重、严肃的。"平生志愿，今日获从"，我一直想找到你这样的佳人，今天我找到了，所以我"粉身碎骨，誓不相舍"，这是又拿自己的命发誓了，和他之前又是一样的习惯，最后说我肯定不会舍弃你的，夫人何发此言？看看，李益连称呼都变了，认定小玉就是他的夫人了。最后，他主动提出来，给小玉写下盟约，证明自己的庄重，这是典型的书生意气，啥都玩文字，喜欢用白纸黑字给出郑重的承诺。

◎课堂测试过学生的反应，有的嫌小玉矫情，有的对这种不信任感到愤怒，还有一些回应已经相当油滑了。当然，多数还是会给予口头安慰的：不会的，我不会那样的。

看小玉的反应："玉因收泪，命侍儿樱桃褰幄执烛，授生笔研。玉管弦之暇，雅好诗书，筐箱笔研，皆王家之旧物。遂取绣

囊，出越姬乌丝栏素缣三尺以授生。"听李益这么发誓还写下誓言，小玉就收了眼泪，让仆人拉起帐幕，把墨研好，取出绣囊里上好的三尺素缣给他。小玉出身霍王府，平时也喜好诗书，很快就给李益准备好了上好的材料。小玉肯定也是真情流露，不过也很难说没有一点心机，她毕竟比李益成熟很多，此时她也想抓住改变自己命运的机会，无可指摘。"生素多才思，援笔成章，引谕山河，指诚日月，句句恳切，闻之动人。"李益毕竟是才华横溢的文人，动起笔墨来那真是酣畅淋漓，他写的确实也是澎湃的真情。"染毕，命藏于宝箧之内。自尔婉娈相得，若翡翠之在云路也。如此二岁，日夜相从。"保证书写好，收藏起来，两人恩爱如意，如同翠鸟高飞云端一样。如此过了两年。留意，不是两日，而是两年，很夸张吧。看来李益完全忘掉了第二年的天官吏部考试，两年时间，二人日夜缠绵在一起，真是"传奇"啊！我们试着理解一下这个不可思议的过程。李益不用说了，他是躲在爱情的蜜窝里忘掉了外面的世界。小玉呢？小玉的母亲净持呢？她们也这么浪漫任性？小玉大概也是大梦不愿醒的状态，总想把李益的仕途时间推得更往后一点。净持呢，大概也是宠着女儿，不愿说破。以净持的社会人生经验，她肯定什么都懂，知道女儿的大梦早晚得醒，但她也不忍心戳破。以她的冷静，她分分钟都可以明示、暗示李益要去争取功名了。可这话一出口，小玉的幸福也就戛然而止了，她自己与霍王，不就是此种滋味吗？所以，她也没有干涉，李益和小玉就这么浑浑噩噩地度过了两年的极乐时光。母女二人想留住李益，但从社会地位各方面，她们终究是留不住的，告别的时刻终究要来了。

"其后年春"，这个表述很有意思，"春天"是春意盎然的季节，可他们离别的日子临近了。本来应该是次年李益就要去参加吏部考试了，他们厮守了两年，也推迟了两年，

◎耳边响起叶倩文的一首粤语经典老歌——《黎明不要来》："黎明请你不要来／就让梦幻永远存在／现在浪漫感觉放我浮世外／现在梦幻诗意永远难替代"。但是黎明终究还是要来的。

◎据考察,在唐代,主簿就是县里的三把手,李益要从最低的职位做起。

这是他们生命里最美好的记忆,但这个美好记忆的时间越长,小玉受到的伤害就越重,因为她和李益的情感已经是日常状态了。她是日常状态里他的夫人,这不是那种很短暂的激情状态。"生以书判拔萃登科,授郑县主簿"。李益去考试了,不出意外地拔萃登科,确实是聪明的人,他要到郑县做主簿,开启仕途。"至四月,将之官,便拜庆于东洛。长安亲戚,多就筵饯。"四月份的时候,"将之官",将要去上任了,按规矩要回家探望母亲。长安亲戚多,知道他要当官,而且这么年轻,大有前途,巴结他的人自然很多。这就是世俗社会。"时春物尚余",春天的气息还在,"夏景初丽",一切都还很美好,激烈、热烈的东西才起来,春天温柔的气息,都在这个分边际的时节。这话字面上很美好,但季节转换的节奏总隐隐暗示着变化将至,果然,接下来就是"酒阑宾散,离思萦怀",没办法,情绪陡转直下,离思来了。小玉恐怕也冷静起来了,她得面对现实了,她告诉李益:"以君才地名声,人多景慕,愿结婚媾,固亦众矣。"她知道的,以李益的才华、声名,巴结羡慕、"愿结婚媾"的人太多了。"况堂有严亲",这很致命,很明显,李益这么单纯的人,早就把他家的情况、他母亲的性格给小玉汇报了,所以小玉知道他家老太太的厉害。"室无冢妇",你现在还没有家室,"君之此去,必就佳姻",你肯定会有一个美好的婚姻。"盟约之言,徒虚语耳。"你当年跟我说的那些疯话不过是虚言罢了。小玉说这些话的时候,既冷静又不甘心吧,她还主动提出了个解决方案。她说:"然妾有短愿,欲辄指陈。永委君心,复能听否?"我们已经延续这么长时间了,我现在只想抓住最后一点时间。我把整个人都交给你了,你能不能再听我一次话?下面是,"生惊怪曰",你看李益这个人,他竟然是惊和怪的,说明他根本都

◎感觉这是策略,故意激起对方的反驳。

没想过自己开启仕途后如何安置小玉。当小玉说掏心窝子的话的时候，他还问"有何罪过，忽发此辞？"真是萌到家了，还疑惑：我是不是做错了什么，你怎么这样说话？李益和小玉的情商不在一个级别、一个层次上。他还傻傻地要求小玉，"试说所言，必当敬奉"。说吧，我一定按你的要求做。哎，不明白呀，一个很会写诗、下笔如有神的人，日常生活里的情商怎么就那么低呢？

"玉曰：'妾年始十八，君才二十有二，迨君壮室之秋，犹有八岁。一生欢爱，愿毕此期。'"小玉说，我现在十八岁，你二十二岁，你距离而立之年还有八年时间，你能不能再给我八年的幸福。小玉这个人确实也有豁得出去的一面，她要李益陪她到三十岁，此后两人两清。八年后，你"妙选高门，以谐秦晋，亦未为晚"，你还门当户对结婚去，也不算晚。我就"舍弃人事，剪发披缁"，我就像母亲一样，遁入佛门。小玉讲得很清楚了，我自己的命运，我自己知道是怎么回事。我就只要你再给我八年的陪伴，之后我也不再缠你，到时我遁入空门。看似她做了妥协，其实这是她认为他们俩最好的解决方法了。

"生且愧且感，不觉涕流。"李益这时才反应过来。一方面是终于意识到问题的严重性了，自己竟然一直都没有替小玉着想过，真是羞愧；另一方面恐怕也是，按小玉的说法，他自己在三十岁以后逐渐走向人生的高处，而他的至爱小玉却要遁入空门了，如此结局他也很羞愧。总之，他肯定是感到自己对小玉还不够体贴，完全没有为小玉的命运着想，实在是太羞愧了，"不觉涕流"。李益一激动，要么就哭，要么就发誓："皎日之誓，死生以之。与卿偕老，犹恐未惬素志"，跟你一起白头偕老我都不满足，"岂敢辄有二三"，我不会再有其他二心。"固请不疑，但端居相待。至八月，必当却到华州，

◎说明李益真是文人，沉醉在小玉的温柔富贵乡，忘却了时间。

◎换作女性的角度来看，这个要求也不过分。很多人30多岁还考不中呢。

◎我咋嗅出了激将的意味？跟定情之夜一样的感觉：我是弱者，我还能咋样？

寻使奉迎，相见非远。"千万放心，一定来接你，八月接你，因为现在是四月，四个月以后李益计划安顿好了就回来接小玉。这是他做出的承诺。"更数日，生遂诀别东去。"李益舍不得离开，又盘桓了好久才走，这一走就面目全非了。下面的种种曲折就惹人心伤了。

满心相思换绝情，一腔愤懑凭谁诉

"到任旬日，求假往东都觐亲"，李益回家探亲。"未至家日，太夫人已与商量表妹卢氏，言约已定。"老太太出手，板上钉钉，生活本身的逻辑就是这么结实，李益还没到家呢，婚事就给定下来了，你有啥办法。"太夫人素严毅"，李益母亲的性格特点，一个是"严"，一个是"刚毅"。母强子弱，李益身上就是缺这两项，他是既不"严"又不"毅"，所以"生逡巡不敢辞让"。又出现"逡巡"这个词了，李益遇到情况的标准动作，而且他不敢推辞。他对小玉的情感不能说是不真诚的，可到这里遇到坚硬的现实主义困境的时候，就能看到他内在力量的不足了，他既然无力反抗，那就只好服从母命了。"遂就礼谢，便有近期"。你只要一点头，马上就给你安排，近期就要结婚。这节奏、这安排真快呀，生活本身的逻辑就是这么强悍可又看上去波澜不惊、理所应当呀。就这八个字，就把前文李益和小玉的诸种情思美好彻底扫平了，这真是"几乎无事的悲剧"呀。

"卢亦甲族也"，这是社会门第的现实，社会性的现实因素全来了。卢氏人家也是甲族，"嫁女于他门，聘财必以百万为约"，人家还不愿轻易嫁给你李家呢，你要拿出百万的聘财，"不满此数，义在不行"，没有这个数的聘金那都不行。"生家素贫"，现在也不用客气地说什么"门族清华"了，李家就是

◎不由让人想起古典戏剧的模式，男主或是考取了功名，或是得遇了恩人，前面有多恩爱，后面就有多绝情。总之，中国男人的成功往往是以牺牲女性的情感为代价的。

◎一般来说母亲刚强的话，儿子往往偏柔弱、柔和。这里面有中国式的阴阳平衡思维，好像现代心理学也有分析。

◎唉，无处不在的隐性压力，不知向谁反抗。一拳打向虚空中。

没有钱，"事须求贷"，李益还得去借，"便托假故，远投亲知，涉历江、淮，自秋及夏"。我读到此处不禁纳闷，李家既然穷，为结婚还得借。何苦远投亲戚朋友，又为何从秋天、冬天一直跑到第二年的春天、夏天呢？简直整整一年都在外面借钱。为什么费这么长时间？为什么这么卖力借钱？要是借不来，对方卢氏又不答应，那就顺水推舟不结了，回头接小玉呗，不是刚好吗？事实上，卢氏讲面子，李家能给聘财百万以上，人家肯定更有面子，可李家真拿不出这百万卢氏也未必就不愿意，毕竟李益的才华、前途在那明摆着呢，人家可能看中的是这个。可这李益为什么那么尽心尽力去借钱呢？我还特意了解了一下，根据唐代的律法、习俗，像李益这种门第，娶个小玉这种身份的女子也不是不可以的。他怎么一回家就好像把小玉给忘了呢？纳闷。

　　"生自以孤负盟约，大愆回期，寂不知闻，欲断其望，遥托亲故，不遣漏言。"急转之下，一个错误掩盖上一个错误。李益外出找钱这么久，已经辜负了他对小玉的约定，他原来承诺的是四个月嘛，当年的八月就应去接小玉的，现在已经过去一年了，已经是第二年的夏天了。而且"大愆回期"，就是他自己的婚期也临近了，反正已经辜负小玉了，索性就算了。"寂不知闻，欲断其望。"李益这个人，他在某种情境里，很容易服从某一特定情境下的情绪，并且不顾后果。你看他还"遥托亲故"，给各个亲戚朋友写信或是用别的方式告知他们，千万不要把自己的信息透露出去，不要让小玉知道，反正她见不着自己就死心了。他活在自以为是里，其实这种人是最可恶的，他还不如狠心地直接说清楚。他的自以为是其实源于他的懦弱，他的不敢面对、不敢承受，可越是这样对小玉的伤害就越大。因为这会使小玉难舍最后一缕无望的期盼，李益的懦弱、回避和犹疑，将变成对小玉的精神虐杀。

◎我觉得是因为他答应了母亲，既然向母亲妥协认可了这门亲事，就得履行承诺。否则陷母亲家人于尴尬境地，只顾自己逍遥，以李益的善良品性是做不出来的。

◎我好像也有这个问题。既没有智慧去看穿，也没有力量挣脱。

◎小玉那么聪明的人怎么会不知道这意味着什么呢？只是不甘心罢了。

◎汤显祖根据蒋防的《霍小玉传》创作了剧本《紫钗记》，名字就是从这里来的。

◎敏感的读者从这个信息就能预测到后面的悲剧结局了。小玉完全陷进去了，为了李益不管不顾，不懂得及时止损，崩盘是早晚的事。

"玉自生逾期，数访音信"，小玉这边，因为李益之前承诺了四个月以后来接她，八月一过，她就行动起来到处找了。小玉的主动说明她是有力量的。"虚词诡说，日日不同。"一开始她主动联系，李益就每次编个理由骗她，后面就故意不理她了。于是小玉可遭罪了，"博求师巫，便询卜筮"，她已经开始求神问佛了，这绝望又不甘的心灵已需要神灵保佑了。"怀忧抱恨，周岁有余"，折磨了小玉整整一年多，"嬴卧空闺，遂成沉疾"，身体日渐虚弱，积成重病，疾是重病的意思。"虽生之书题竟绝"，李益的书信也没了，完全失去音信，他中断了联系。"而玉之想望不移"，小玉这边还是很坚定。这两个人其实还在互动，李益的回避、不作为，现在成了小玉的毒药，她开始"赂遗亲知，使通消息"，拿钱给别人，让他们报告李益现在在哪里，有什么消息。"寻求既切，资用屡空"，当小玉急切的时候，不免有人利用小玉的急切占她的便宜，毕竟不给人家钱，人家就不跟你说，所以小玉的积蓄只能越来越空了，"往往私令侍婢潜卖箧中服玩之物"。为什么得"私令"？因为她母亲肯定是不同意这样的，小玉也就只能悄悄地让她的仆人把她自己收藏的那些东西拿去变卖，"多托于西市寄附铺侯景先家货卖"。侯景先很明显是一个搞当铺的，或者是代卖东西的，人家到他那儿委托他变卖些货。曾经让她的侍婢浣纱拿一个紫玉钗，跑到人家景先家去卖，路上碰见了一位宫廷里的老玉工，见浣沙拿着这个东西，就说这个钗是他做的。这是当年霍王为小女"上鬟"，就是举行成人礼时定制的，所以追问浣沙，"酬我万钱。我尝不忘。汝是何人，从何而得？"可见小玉已经没什么东西可卖的了，她连自己成人礼上父亲给她的礼物都要变卖了。霍王对她们母女应该是很好的。在小玉的世界里，温柔的情感记忆里一定有他父亲，这是她最珍贵的记忆。可现在连父亲送给她的礼物她都卖了，可见她已经到了何种地步。

正如浣沙所言："我小娘子，即霍王女也。家事破散，失身于人。夫婿昨向东都，更无消息。恺怏成疾，今欲二年。令我卖此"。留意浣沙这里的用词"夫婿""小娘子"，说明小玉身边的人都已经把他们认定为正常的夫妻了。玉工凄然下泣曰："贵人男女，失机落节，一至于此！"老人的流泪和感叹意味深长。为什么呢？前面说过，当时能看传奇的人，其实非富即贵，就是"贵人男女"这个群体，实际上这就是他们自己的故事，小玉原来也是那个贵人世界的，霍王死后才沦落了。而对于这个群体来说，最糟心的莫过于"失机落节"了。"失机落节"这四个字概括得太好了，我想到了清代孔尚任的传奇剧本《桃花扇》里的侯方域和李香君，想起陈寅恪《柳如是别传》的钱谦益和柳如是，人们常用"离合之情"和"兴亡之感"来讲此类故事，其实贵族的"失机落节"才是这类故事的真相。顺便说一句，这几个故事里的男人普遍表现不佳，遇到困境时脊梁没有挺起来，几个女主人公则是光彩夺目，情深义正，也决绝得让人心痛。所以，这个老玉工说："我残年向尽，见此盛衰，不胜伤感。"我也大概是有点老了，看到此处，也不禁很伤感。老玉工把这个群体内在的忧虑说出来了。

◎都沉浸在戏里不愿出来。

"遂引至延光公主宅，具言前事。"这个延光公主我不知道具体情况，应该是和小玉、霍王有交情的人，看来她不知道小玉现在是什么情况。如果霍王不死，按照正常的人生轨迹，小玉本来应该过上延光公主那种生活。现在就天差地别了。所以"公主亦为之悲叹良久，给钱十二万焉"。这句很简略的写法我觉得很好，多说又怎样呢，拿真金白银帮助小玉才是真心体谅她。延光公主的行为，给这个贵族群体挣了一份脸面。为什么呢？因为小玉一个人的命运，其实就是他们这群人的潜在命运。只是不少"贵人男女"，没有延光公主那么善良，也不会那么动情而已。

◎我觉得这种感喟是中国式的人生感叹，不仅仅属于这个群体。

◎这个阐发很好。公主的悲叹有很多意味，说明她也是个有着丰富感情的人。不良宫廷剧看多了，把公主都想象成权力博弈里冷漠的政治动物了。

◎明经和进士都是唐代科举中最重要的两种考试，明经主要考对经典的研习，进士要考诗赋，所以要难的多。当时的人有所谓"三十老明经、五十少进士"一说。

◎《奇葩说》有一期的主题就是"分手该不该当面说"，正反双方进行了精彩的辩论。李益不跟小玉直说，主观上也是为了把对小玉的伤害降到最低。我赞成蔡康永说的一句话：一个好的爱情，要有一个深刻的结尾。要珍惜一次痛苦的分手，把它纳入深刻的回忆中。我好想把他的这句话送给李益。

"时生所定卢氏女在长安，生即毕于聘财，还归郑县。""毕于"，就是弄完了。李益把聘钱准备好了，返回了郑县。到这一年的腊月，"请假入城就亲"。回到长安，他是"潜卜静居，不令人知"。他像做贼一样，实际上是到长安城跟卢氏商量结婚的事，怕走漏了风声让小玉知道。没有不透风的墙，报信者出现了。"有明经崔允明者，生之中表弟也。""明经"和进士是不一样的，这个我研究不深，只知道进士更厉害。李益的这个表弟崔允明人很好，"性甚长厚"，以前经常跟李益一起到小玉家，"杯盘笑语，曾不相间"。他每次得到李益的消息后，"必诚告于玉"。这一次李益回长安商量婚事，他当然也如实跟小玉说了。其实，崔允明这也是好人办坏事，只能使小玉更痛苦。"玉恨叹曰：'天下岂有是事乎！'"到现在了小玉还觉得不可思议，公子怎么能这样呢？！当初山盟海誓，说好了要来接自己的，现在却要去娶卢氏，还故意隐瞒着，而且在这中间也不给自己任何消息。从任何角度看，李益隐瞒消息这种做法都是很糟糕的。当面把话说清楚，虽然也残忍，可痛苦毕竟是短暂的。人家最终可能会理性地接受：你走你的阳光道，我走我的独木桥，对不对？本来人家小玉也是这样规划的，不想纠缠你李益一辈子，先前都已经表明心迹了。可是现在李益你让人家等了两年的时间，把人家一点点地引入了最强烈的情感旋涡里去。你慢慢退出、置身事外，情感冷却了，却把别人这个情感的旋涡一点点旋转起来了，你真是把别人往死路上推。现在小玉已经彻底绝望了，她发恨叹一声，"遍请亲朋，多方召致"。这个女孩子很刚烈的一面显示了，她遍请亲朋好友，传话务必让李益过来说清楚。

"生自以愆期负约，又知玉疾候沉绵"，现在李益也犯难了，他也知道自己对不住小玉，现在小玉的病情已堪忧了，下面他的反应可就太缺德、太渣了，他决定要"惭耻忍割，终不肯往"。这八个字的意思说透了可真黑暗，李益一辈子没这么决断有力量过，第一次就用到小玉身上了。他已经意识到，他对小玉的伤害太深，小玉的生命可能就走到尽头了。他也不是不感到惭愧、耻辱（"惭耻"），但是他决定狠心（"忍"）决绝地割断联系。这是一种什么心理呢？李益从多情、易冲动、单纯、善良怎么就一步步走到这种无情的地步了呢？他的下意识里，不就是再等一段时间，小玉就没了，他自己也就解脱了吗？你看，这就是原本一个多情、柔弱的人的懦怯酿成的毒药。让人无限感慨，原来柔弱、懦怯也是可以通往暗黑、残忍的。这大概就是心灵的辩证法吧。我觉得文言文字的可怕也在这里，表面平实的话语掩映的其实是惊心动魄又残酷的真相。唐传奇是这样，以后的明清小说更是这样，你看上去都是套话，好像也没什么，但你若仔细往深里看，就能看出来人心的深渊了。此时的李益意识到了小玉不久就会死，他就在等，然后自己就摆脱这个困扰了，现在索性从记忆里抹去，逃避。这就是人们为什么恨他，骂他是没良心的渣男，可他原本是一个多情而真诚的人，"真诚"真的可靠吗？孟子说："反身而诚，乐莫大焉。"我常充满疑虑，甚至觉得纯真也是不可靠的，李益和小玉的故事不也说明了这一点吗？多年前王朔的作品流行，痞气十足，起因也是纯真，甚至可以说有纯真才会有痞气，可它也会通往黑色、狠毒的深渊，这一点人们的认识并不清醒。我们对小玉有深深的同情，愿意站在她这一边。我们恨李益，他不尊重人，他的逃避已经到了要别人付出生命代价的时候，还在逃避，他真是懦弱的狠毒，"终不肯往"，他是有多决绝。这个"终"字，是说李益的绝情，也在暗示我们，小玉的生命是要"终"了。

李益"晨出暮归，欲以回避"。小玉这边"日夜涕泣，都忘寝食，期一相见，竟无因由"，多么无情的对照和讽刺啊！

◎很残酷也很真实，他骗过了自己可是骗不过你。

◎从李益身上可以看到，中国古代男性自我成长的意识是很不够的。

◎嗯，知白守黑，一切都随着因缘而变幻，不能执于某一面向而看不见整体。

◎我请同学选一首歌送给霍小玉，好多同学写的都是《分手快乐》《好心分手》之类的。看起来都很潇洒，就是不知道当他们自己真正面对的时候是否还能这样，毕竟感情的事更是知易行难。

◎又想起王尔德的语录：不够真诚是危险的，太真诚绝对是致命的。

◎中国的农历三月就是艾略特《荒原》中的四月："四月是最残忍的一个月，荒地上／长着丁香，把回忆和欲望／掺和在一起，又让春雨／催促那些迟钝的根芽。"

原来李益还找各种理由搪塞，现在情况都明了，小玉多方招至，李益连个理由都没有，直接耍赖了。于是，小玉"冤愤益深，委顿床枕"，就往那个死路上踉踉跄跄赶了。"自是长安中稍有知者。风流之士，共感玉之多情；豪侠之伦，皆怒生之薄行。"整个长安城都知道他们的故事了，都对李益感到愤怒：你怎么能这样呢？！可是也只有他这样的人才能做到这么绝情，因为一般人没有他那样的轻诺、多情、真诚，但是也没有他那么懦弱又狠心，这真是别样的心灵辩证法。

香消玉殒浑不怕，要留诅咒在人间

"时已三月，人多春游。"又过了一段时间，又是春游时节了。还记得他们离别是什么时候吗？春末夏初，这又是一个轮回了，春夏之际万物疯狂生长的时候，一个生命却要终结了。"生与同辈五六人诣崇敬寺玩牡丹花，步于西廊，递吟诗句。"牡丹就是世俗之花，富贵之花。李益还在追求他的世俗幸福，四处游玩，赏花吟诗，玩这些游戏。"有京兆韦夏卿者，生之密友，时亦同行。谓生曰：'风光甚丽，草木荣华。伤哉郑卿，衔冤空室！足下终能弃置，实是忍人。丈夫之心，不宜如此。足下宜为思之！'"同行有一个密友叫韦夏卿的，这些都是有身份的人，就对李益说："郑小玉好可怜啊，她为你'衔冤空室'，你'终能弃置'，心太狠了。我们做男人不能这样，这样对不住人家，你好好想想吧！"这个韦夏卿，和那个给小玉汇报消息的亲戚崔允明，都是围绕在李益身边的好人。当然，如果我们苛责的话，会觉得这毕竟是大历年间，进入中唐时期的故事，盛唐的男人气、宏放之气已经开始丧失。你看这些劝告、感叹，还是太柔弱，不够有英气。

终于英气来了。"叹让之际，忽有一豪士，衣轻黄纻衫，挟弓弹，丰神隽美，衣服轻华，唯有一剪头胡雏从后，潜行而听之。"这个豪士，身着黄衫，携带着弓弹，剪了一个胡人的发型，异域范儿。眼前这个黄衫客，豪迈之士，他听见他们的谈话就直接受不了了，准备诳李益，上前作揖说道："公非李十郎者乎？某族本山东，姻连外戚。虽乏文藻，心实乐贤。仰公声华，常思觐止。今日幸会，得睹清扬。某之敝居，去此不远，亦有声乐，足以娱情。妖姬八九人，骏马十数匹，唯公所欲。但愿一过。"你不是李十郎吗？我们家也是山东大族，我没什么文化，就是喜欢结交那些贤德的人，我也想拜访你，跟你亲近。我家离这里不远，有个聚会，想邀请你参加。他还强调了家里有妖姬、骏马，这都是李益现在非常喜欢的。"生之侪辈，共聆斯语，更相叹美。因与豪士策马同行，疾转数坊，遂至胜业。生以近郑之所止，意不欲过，便托事故，欲回马首。"你看，豪士一说自己家里有好玩的，李益他们这波人就跟着过去了。李益这个人别人是很容易说服他的，他本性就是这样，这是一种类型的人。当他发现离霍小玉家越来越近的时候，就说自己有事想回去，他已经意识到危险了。这个时候豪士说："敝居咫尺，忍相弃乎？"李益就是那种没有力量的人，现在想跑也跑不了了，他被豪士挟持着只能往前走。到达小玉家门口时，李益已经"神情恍惚，鞭马欲回"。"豪士遽命奴仆数人，抱持而进。疾走推入车门，便令锁却，报云：'李十郎至也！'一家惊喜，声闻于外。"你再看人家豪士的行为，直接指挥随从把李益活生生给擒拿过来了，奴仆把他抱下马来，快速进入小玉家里，然后一锁门，通报小玉家人，一场好戏要上演了。

◎这个无名无姓的黄衫客，真是帅呆了！

◎这一系列动作干脆利索，就跟彩排过似的，画面感好强！

"先此一夕，玉梦黄衫丈夫抱生来，至席，使玉脱鞋。"这是说小玉昨晚的梦，做的梦其实是对今日会面的预告，从写法上看有点接续志怪的久远传统。小玉对这个梦有自己的解释，梦中惊醒后她对妈妈说："'鞋'者，'谐'也。夫妇再合。'脱'者，'解'也。既合而解，亦当永诀。由此征之，必遂相见，相见之后，当死矣。"这是小玉的解梦，也是命运之神直接显白的公告，实际上就是小玉告诉我们，她已经做了赴死的决定了，事已至此，她这个原本心高气傲的女子还怎么和李益见面，见面之后还怎么活？"凌晨，请母梳妆。母以其久病，心意惑乱，不甚信之。俛勉之间，强为妆梳。妆梳才毕，而生果至。"你看整个情形和节奏，尤其母亲净持的应对，虽不愿意但也很明白，没法拒绝迎接小玉最后的结局。这真是难以言表的悲哀时刻，所以只好把净持的心思、猜测写得模糊，动作写得勉强了。"玉沉绵日久，转侧须人。"小玉此时已经起不了床了，转侧都需要人帮助。"忽闻生来，欻然自起，更衣而出，怳若有神。"这很明显就是小玉拼尽最后的力量了。这几句写得都极好，小玉憔悴之极，现在靠提最后一口气支撑下来的神态，其实何尝不是回光返照。"遂与生相见，含怒凝视，不复有言。"眼睛是心灵的窗户，不说话，就是凝视怒看他，要看透这个负心人的内心，此时无声胜有声。"羸质娇姿，如不胜致，时复掩袂，返顾李生。"小玉太弱了，也受不了了，拿衣袖遮住自己，一眼也不愿意看了，但是又忍不住回头看，她先前愤怒此时逐渐哀怨的内心不晓得有多痛多伤。"感物伤人，坐皆欷歔"，在场的人看着都受不了了。过了一会儿，就摆上了酒宴，"有酒肴数十盘，自外而来。一坐惊视，遽问其故，悉是豪士之所致也"。这是侠客安排的，侠客就是这样，总有人要撑住场面。小玉侧身转面，斜视着拿起来杯子，酬谢敬酒。下面她一开口就是让人伤心

◎如果我是导演，要选女主的话，就考演员演这一段，比"梨花一枝春带雨"还有难度。

◎不知道零零后的同学们怎么看待这位豪士？恋爱是两个当事人之间的事，现代人的边界意识都比较强。

透顶又激奋难平的话了：

　　"我为女子，薄命如斯！君是丈夫负心若此！韶颜稚齿，饮恨而终。慈母在堂，不能供养。绮罗弦管，从此永休。征痛黄泉，皆君所致。李君李君，今当永诀！我死之后，必为厉鬼，使君妻妾，终日不安！"

　　这是小玉的最后诀别，是冤愤，是哀怨，是痛恨，更是诅咒。诅咒之激烈、毒辣，恐怕不少温柔敦厚之人第一次看见会很不舒服。可我觉得，没有这种几近疯狂的强度、狠劲，恐怕也不能匹配霍小玉的光彩，也失去了唐传奇的魅力。如果你看过希腊神话《美狄亚》的话，你会发现受到伤害的女性疯起来究竟有多可怕。美狄亚是科奇斯岛国会施法术的公主，爱上了伊阿宋王子，伊阿宋后来移情别恋，美狄亚由爱生恨，杀死自己和伊阿宋亲生的两个幼子来泄愤。美狄亚的那个力量，是非常原始、疯狂、强悍的：我要毁灭与你相关的一切东西！霍小玉作为一位中国女子，可以说是美狄亚的远方灵魂姐妹，和美狄亚的疯狂相比，她已经有情有义多了，最后她"引左手握生臂，掷杯于地，长恸号哭数声而绝"。最后这个时刻，她还选择左手握着李益的胳膊，这个动作，你能想象她最后的情感里愤怒、不舍、绝望、解脱的多重意味。

　　"母乃举尸，寘于生怀，令唤之，遂不复苏矣。"小玉的母亲，抬起小玉的尸体就放到了李益怀里，让他呼唤她，可小玉再也无法醒来了。你看这个细节，这个母亲的伤心、无力和对这个男的怪罪、愤怒。这是文字，我们自己如果把它转换成视觉画面，可能不同的人会想象这位母亲此时会是什么神情，沉静式的哀伤还是歇斯底里的愤怒、诅咒，净持一生大多数时候是矜持温和的，可谁能保证此时她不会激烈乃至疯狂起来。当然，如果此时净持是一如既往的柔和、沉静、压抑，我们看到这个画面的人会觉得更痛入心扉，她的教养

◎典型的受害者思维模式。

◎唉，有多少爱到最后都成了恨！爱悠悠，恨悠悠。

◎很痛心。小玉那么聪明，却没有在这场爱的关系中破茧而出，走向自由，而是被爱毁灭。对爱和身份的渴求，源于她对自己的低价值感，追求不到，就更加深刻地处于那种卑微的体验中。现代人或许能够看到，爱的痛苦本是引领她生命觉知，走向独立和自由的一个契机，如果她能够勇敢地面对现实和自我，她就会获得新生，也许还会感谢李益的帮助，让她完成了自我成长的蜕变。

会更反衬出，这个叫李益的家伙实在太不是人了。

小玉诀别的这整个过程中没有李益一句话、一个表情反应的摹写。唐传奇乃至中国整个古典小说，常常需要从字里行间、留白处看的，不写、略写反而胜过工笔。现在要定格在他身上了："为之缟素，旦夕哭泣甚哀。"为小玉穿上丧服，日夜哀哭。他不是没有真情，他这全身戴孝的哀哭也不是作假，他这一哭恐怕你又心软了，哎，这孩子也是可怜，可怜之人必有可恨之处，可恨之人也常有可怜之处，人间的事就是这么纠缠。"将葬之夕"，下葬的前一天晚上，李益仿佛看见霍小玉又出现在了自己面前，又留下了另一句遗言："愧君相送，尚有余情。幽冥之中，能不感叹"。她也知道这书生不是故意害她，他还是对她有情感。能不感叹？我的感慨也来自于这里，老实说让人很难受的地方也在这里，这孩子不是个坏孩子，可外面现实的生活逻辑太强大了，他每次都没有力量反抗，终于走到了这一步。小玉葬于长安御宿原，这个地方我没有细致地研究，可能是乱葬坟那种卑微的没有名誉的人去的地方。"生至墓所，尽哀而返"，李益在霍小玉墓前，尽情宣泄着自己的悲痛，然后才离去。故事的高潮也结束了，小玉发出的诅咒也要开始了。

"后月余，就礼于卢氏。"你看这就是生活，无论他告别小玉时哭得多么痛彻心扉，过了一个月还是要张罗着举行自己的婚礼，生活本身有它的逻辑，这个短句冷冷的，不乏讽刺之意。"伤情感物，郁郁不乐"，他确实也开心不起来，经历过小玉的死以后，李益其实已经不复是以前的李益了，他伤害了小玉，也伤害了自己，失去了很多人生最宝贵的东西。又过了一个月，夏天五月份的时候，他与卢氏一起回老家，正要就寝的时候，"忽帐外叱叱作声。生惊视之，则见一男子，年可二十余，姿状温美，藏身映幔，连招卢氏"。小玉的诅咒开始了，因为他自己长得不好看，现在让他看见一个二十

◎这俩人，一个是该拿得起的时候不担当，一个是该放得下的时候放不下。

◎虽然结局让人唏嘘，但是我还是认同木心先生的评价，这则爱情传奇"实在罗曼蒂克，感情张力猛大，悲欢喜怒，都唯美，十足唐风，现代中国不可能有。"

多岁非常漂亮的男子在勾引他的新婚夫人，这就是在刺激他，你的老婆和那个比你更美貌的男子也可以这样的。你和小玉曾经是那么亲密，到最后不也没有信任了，你和你的老婆不也一样。你看，这就是人性，小玉发出的诅咒，实施的情形，都非常可怕，就是专戳他的软肋，惩罚就从他对新婚妻子的信任感下手。"生惶遽走起，绕慢数匝，倏然不见。生自此心怀疑恶，猜忌万端，夫妻之间，无聊生矣。"诅咒精准，一击而中，怀疑就像一条毒蛇在李益内心长大、啮咬，终于使他的心理世界失衡。因为他自己，就是不可相信的嘛，当年小玉是那么信任你，你也那么深情地发誓，承诺得那么好，结果你是不可信任的。将心比心，你又怎么能信任别人呢？谁又是可以信任的呢？自己做过的事犯过的错，他只能怨恨自己，怨恨之毒只能流向自己的内心，当然，创伤、怨恨的心灵也失去了对人性的信任，所以他开始"猜忌万端"，他整个的内心被腐蚀，全部崩塌了。"或有亲情，曲相劝喻。"当然会有亲人、旁边的人想着法子开导他、劝慰他，"生意稍解"。别人劝一劝，他就稍微好一点。但是架不住一次一次地往他这个人最幽微的心理上戳呀。果然，最厉害的来了：

"后旬日，生复自外归，卢氏方鼓琴于床，忽见自门抛一斑犀钿花合子，方圆一寸余，中有轻绡，作同心结，坠于卢氏怀中。"

开始出现一些同心结什么的，就是暗示李益，你妻子卢氏跟别人会勾结，下面的更狠，一次比一次恶毒。门口给你抛相思子、叩头虫、发杀觜之类的，很明显，这是当时的春药，性工具。就是你越恶心的，越往这儿给你，让你难堪，让你气急败坏。第一次给你送来一个美男子，比你长得好看。第二次，给你弄来这些赤裸裸的床笫欢场的玩意儿，刺激你。"生当时愤怒叫吼，声如豺虎"，为什么李益会那么愤怒？这其实

◎心里种下了疑的因，那就指定能看到这个果。

◎其实是小玉临终前的诅咒，每一个字都种到李益心上了。解铃还须系铃人，能够解除李益心魔的人香消玉殒，李益终生也就没有走出那个诅咒。

都是对他作为一个男性所受的羞辱嘛。"引琴撞击其妻，诘令实告。卢氏亦终不自明。"他愤怒、折磨妻子：到底是怎么回事？！李益已经由原来的柔弱变得越来越残暴，其实随着他对妻子的信任感全部被破坏掉，他已经是心理变态了。他妻子一脸懵，她被蒙在鼓里自然说不明白。

"尔后往往暴加捶楚，备诸毒虐"，李益开始家暴，他内心的扭曲已经无法挽回。"卢氏既出，生或侍婢媵妾之属，蹔同枕席，便加妒忌。"伤害的范围也逐渐扩大，休了卢氏后，只要和哪个婢妾稍微亲近一些，李益从此就会对她多有猜忌，甚至已经有女子因此被他杀死了。小玉诅咒的残酷性完全显露出来了，小玉的魂灵会诱引李益对不同的女人下手，甚至会根据这些女子不同的特点，尤其和她自己对比明显的特点诱引李益下手，终于走到了杀人的地步。这些不幸的女子怎么会知道李益身上潜伏着一个复仇的小玉呢？"生尝游广陵，得名姬曰营十一娘者，容态润媚，生甚悦之。每相对坐，尝谓营曰：'我尝于某处得某姬，犯某事，我以某法杀之。'"他现在已经变成了一个精神病、迫害狂，已毫不忌讳公开虐杀别人的经历了，已经完全是深度的心理变态了。"日日陈说，欲令惧己，以肃清闺门。"看，他已经控住不住自己，忍不住要说这些可怕的事，制造恐惧，迫使身边的女子为他守贞洁。或许在他看来，小玉原本是经历过很多男人的，最后其实是希望在他这儿停留的，结果又怎样？所以他得出结论，所有的女性都不会在自己这里停留，都靠不住，他已经完全失去了对所有女性的信任，已经变成了厌女症变态狂。"出则以浴斛覆营于床，周回封署，归必详视，然后乃开。"他外出就把营十一娘扣在一只大澡盆里，回来总要反复检视，看有没有被动过的痕迹，这已经是虐待了。随身还总是带着一把短剑，经常对侍婢们说："此信州葛溪铁，唯断作罪过头！"就是你

◎卢氏真是可怜。也说明一段感情处理不当，真的会伤及许多无辜的人。

◎看不见的量子纠缠。下面说的那个名姬叫"营十一娘"，会不会让李益联想到"鲍十一娘"？这名号也是惹他不快的原因？

◎真是太恐怖了！当年那个真诚善良的书生，就这样变成嗜血的变态狂？不知道真实的史实是什么，但是作为小说这样设计，是不是道德训诫的意味太过了？

们有错我就杀你们,他已经成杀人狂魔了。"大凡生所见妇人,
辄加猜忌,至于三娶,率皆如初焉。"李益共结过三次婚,但
都跟第一次婚姻一样,陷入到无休止的猜忌之中。两个原因,
一个就是小玉的鬼魂在暗暗起作用,另外一个就是他的心魔。
或者从现代心理学的常识来说,是他的心理变态导致的一系
列乖张疯狂的行为。传奇写到这儿,令人不胜唏嘘,李益从
当初的单纯、多情、温柔、懦弱已经一步步变成了变态的残
暴者了。

　　怎么看待这个结果?需要说明一下,这是传奇,历史上
的李益实际上活了八十多岁,蒋防写这篇传奇的时候,李益
仍然在世。这个传奇和真实的史实究竟是怎么一种关系,我
也不知道,现实生活中李益估计有猜忌妻子的事,至于后面
这些可怕的事,就不晓得有没有了。也许有专家去研究这一
情况。我们只能说,在唐传奇《霍小玉传》里,李益这个人
从纯情到残暴的过程,还是挺真实可信的。他因爱生愧、生怨、
生恨,最后心理变态、跌入残忍的深渊,这个人是个立体的
典型人物。其实人类恋爱的日常状态并不是生死相许这种非
常态的情况,人类的恋爱状态经过一段激情的时光大多会转
进成醇厚体贴的状态,如果不幸分手,经过伤别离的时段后
当然可以寻找新的美好的感情。凡是严令从一而终,唯有咱
们俩才有最美好的爱情的想法大多是害人不浅的,认真说起
来这是基督教文明的教化和信条,确实也是文明压抑的结果。
如果我们能承认这一点,就不必有那么过分的道德负罪感,
人本来就应该有第二段美好情感的权利,这才是文明的主张。

◎看到了能量流转变化的轨迹,黑色阴影越来越大,直至把他完全吞没。

◎我认同这种说法。所谓缘聚缘散,恋爱是内在自我成长主导下的一次因缘际会,随着内在的生命发生变化,当一方成长较快而另一方的表现与之不匹配时,这段感情就可以结束了,双方可以再去寻找新的适合自己的感情。

多余的话

　　我们这一章的主旨是"厘尔女士",逐字逐句地讲完《霍

小玉传》全文后，心情很不平静，一时难以平复。李益的心灵轨迹我们在前文勾画过了，现在还想多说几句霍小玉。都晓得渣男很坏，霍小玉不幸碰见了，也是命数，这是不少人真实的想法。

的确，霍小玉首先是无辜的，对霍小玉这样一个单纯、深情、激烈、决绝的女孩，我们当然是无比心疼的。但我们也想指出，霍小玉可不是我们学习的榜样。她在情感上不够成熟，没有足够的理性，缺乏一双慧眼去看透纷扰的人间，去真正理解自己，也真正理解李益。其实，我们在日常生活里也会看到类似的情形，虽然不如李益和霍小玉的故事那样激烈，不然我们怎么会经常谈论"渣男"这个话题呢？年轻的女子如何识别渣男、告别渣男，其实是个挑战，要知道，每一个渣男对面，极有可能不止一个哭泣的当代霍小玉。

◎真是的，新一代女子还是会把自己困在感情里。

对霍小玉，我们首先很想肯定她的"痴情"。她那么青春、美丽、调皮、勇敢，李益对她可谓一见钟情。她对感情也是一往情深，这是人生而为人最最宝贵的东西。汤显祖说："情不知所起，一往而深。生者可以死，死可以生。"（《牡丹亭》）痴情的女子惹人怜，也值得敬重。有人说，女人是感情的动物。黑格尔也说："爱情在女子身上特别显得最美，因为女子把全部的精神生活与现实生活都集中在爱情里和推广成为爱情，她只有在爱情里才找到生命的支持力。"（《美学》）可是，就是这最美的地方，也是最容易出问题的。我们不仅仅生活在情感的世界里，我们同时生活在具体的现实世界里，因此无论对女性还是对男性来说，都需要用自觉的理性来把握自己的情感。

◎有一定道理。但是女性也是多元的，尤其是现代政界中的领袖女性，如希拉里、朴槿惠等都呈现出没有太多感情色彩的政治强人形象。

霍小玉不是没有理性。她在和李益的定情之夜就对这段感情充满不安，她知道自己的身份配不上李益，她也知道李益现在喜欢她是因为她颜值高，一旦她人老色衰，就有可能被抛弃。她还动了心思让李益马上写了一份不会变心的保证书。两年后李益要去地方任职，霍小玉这个时候也进行了一番理性分析。她已经跟李益生活了两年，比较了解他的性格特点了。她知道，作为妈宝男，李益不可能跟自己强势的母亲大人和整个家族去抗争；作为社会人，他也不可能抛开门第观念、放弃锦绣前程。霍小玉在深思熟虑之后提出了方案：要李益再给她八年时间，八年后李益三十岁，而立之年去成家，自己出家，剪断情丝，不再纠缠。这都说明霍小玉是有理性的，可是她的理性还是不够强大。

她明明知道李益是那种易冲动、轻诺的人，为什么还对他的承诺那么认真呢？我觉得，应该是霍小玉渴望摆脱卑贱身份的意识在暗暗作祟。霍小玉人生最大的悲哀，是对自己身份的认识。她嘴上不提，但内心更认同的是"霍王小女"的身份。她的母亲之前是霍王宠爱的歌女，小时候的霍小玉是在爱的包围中长大的。可惜她是庶出，霍王去世后母女被赶出了家族。她是从高门巨族出来的，内心并没有反抗门第的意识，反而很在乎身份，她都不愿意做李益的妾。这样说不是指责她，也不是要她认命非得去做李益的妾，这是历史的悲剧，不能由她承担。我们只是想指出，她内心深层的自卑意识，影响了她的判断。李益对她百般温柔，让她慢慢看不清严峻的现实了，尤其李益信誓旦旦对她说的八月份派人来接她，要正式迎娶她的诺言，满足了她内心真正的期待。她在期待中受尽了精神折磨，最后心理完全失控。

霍小玉的情感特点，尤其她在希望幻灭后的激烈，与她的成长环境分不开。虽然是庶出，但父亲霍王对她十分宠爱，早早就为她的成人礼定制了贵重的紫玉钗。有父母的宠溺，有优越的物质条件，感情上的任性是很自然的。霍小玉对爱情的期待也很高，对钱毫不在乎，"不邀财货，但慕风流"恐

◎还是因为内在不够强大。用学生的话就是：恋爱脑改变了她。

◎在爱的滋养下长大的孩子，获得了足够的心理营养，往往会蔑视世俗我行我素。随心所欲地去爱不是不可以，但不要让这种任性变成伤害。

◎其实不管是在上个世纪还是在眼下当前，都不乏这样的例子。某著名歌手年纪轻轻就患乳腺癌去世，根据我对这个病的了解，推测她应该是在感情上受到了重大创伤，真的令人痛心。

◎我们习惯于将自己的幸福和希望都建立在伴侣、家庭或事业身上。其实幸福是内心感觉，要向内求，要强大内心，关注自己内在的成长。

怕也不仅是媒婆鲍十一娘瞎编的。李益失去联系后，她为打探李益的下落竟然倾家荡产，最后山穷水尽。这个时候，她不愿意用本来有的理性去审视自己与李益的情感，而是放任自己的情感，任由它泛滥，最后把自己也给毁灭了。

我们不少同学都是独生子女，有些也是在比较富裕的条件下长大的，我们反躬自问，自己有没有小玉身上的任性？在小玉的成长过程中，她缺乏为自己真正负责的意识和历练，也缺乏为他人负责的意识和经验，所以碰到一个人生的坎儿，就彻底栽进去了。其实我们身边不乏这样的人，也经常听说演艺界哪个明星情场失意后就一蹶不振，甚至精神都不正常了。这些都提醒我们：真诚的情感、自觉适当的理性、为自己也为他人负责任的意志，都是我们需要的，不可偏废，否则会出问题。这无论对男生还是女生来说，都是非常重要的。唠叨了这么多，我多希望年轻的朋友认真读读《霍小玉传》，在自己面对爱情时，能做到深情、自信、独立、幸福。

本章的主旨是"修辞立诚"，语出《易经》，"修辞立诚，所以居业也"。刘勰《文心雕龙》讨论"祝盟"时也说："凡群言发华，而降神务实，修辞立诚，在于无愧。"可见，无论是"立业"，还是说话、办事，诚信为本，才能好好说话。说话的确重要，现在也有很多教人说话、演讲、说服他人的书，如《即兴演讲》《TED 演讲的秘密》之类的，还有人迷恋《鬼谷子》《素书》等典籍里的微言大义，多领略古今各路高人的智慧和技巧自然是好的，但还是以"修辞立诚"为底色最好。

　　本章想讨论三个话题，其一是说服的智慧和技巧，其二是公共领域的容忍和自由，其三是正直与友情的关系。选文三篇。用荀卿的《非相》篇的几段节录文字来讨论第一个问题，等下重点细读这篇；用胡适的《容忍与自由》来谈论第二个话题，诸多国文教材都选了这篇文章，可见英雄所见略同。《世说新语》有"雅量"篇，辑录的是魏晋名士的宽宏

◎这是个表达输出的时代，每个人都是移动的信号发射塔，向世界输出什么，修辞立诚是很重要的提醒。

气量。他们处变不惊，举止旷达，见喜不喜，遇事不改常态，永远一副宽容、平和、若无其事的样子。怎样理解他们的那种"雅量"呢？在这些魏晋名士身上，分明就有着"容忍"与"自由"的另一种组合，这和胡适讲的"容忍与自由"不完全一样，但也有相通的地方，可以对照阅读。第三个话题则围绕着金性尧先生的精彩随笔《政见与友情》来谈，他以韩愈与柳宗元的故事生动地诠释了士人的政见或有差异，而友情得以维系的真正秘密、枢纽是做人的正直，这话说得实在精准到位。"和而不同"是中国文化的优秀传统，只是在现实生活里多有不尽如意处。鲁迅有《论辩的灵魂》一文，列举了种种论辩中的"鬼画符"；朱自清的《话中有鬼》也讨论了为何我们常常"鬼话连篇"；王鼎钧的《讲理》一书是专门写给学生的；近来徐贲先生关于公共领域内如何对话、发言有不少著述，如《明亮的对话》等，这些都可找来一阅。

下面就来细读荀子的《非相》篇，只是节录的几段，说透意思即可。几段表述虽然不长，但很有意味。荀子我们就不做介绍了，笼统地说，他可以算是儒家里的右派。特别是对照来看，如果说偏理想主义、意志主义、偏爱人性本善的孟子是儒家的左派，荀子就比较冷静一点，更具现实感，眼光也比较透辟。

◎本章主旨的思维导图出来了。AI再厉害，能做到这样的纵横捭阖吗？

◎一个儒家的老师，教出两个法家的高徒——李斯和韩非。

开口前先明白难度

荀子的《非相》篇选文前，我们的"阅读建议"是这样说的：
以下不长的段落里，荀子从心境、谋略、技法等方面对谈说、说服之事做了精到的分析。这种中国式的修辞与论辩术的确充满了智慧。当然，掺杂了身份、权势与控制意图等因素之后，谈说之术与自由交流沦为歧途，这也是我们阅读时应加以注意的。

　　我把荀子的经验当作中性的智慧，但对这些智慧有可能往机诈的沼泽里陷落却是高度警惕的。所以，以下的细读也请留意这个提醒。

　　"凡说之难，以至高遇至卑，以至治接至乱。"这是荀子特意设定的情境，很有针对性。荀子面对的对象肯定是当时的精英，就是那些治理天下的人和未来可能治理天下的人。所以他是对管理者说的这段话，这个前提大家需要知道。游说的核心困难，在于"以至高遇至卑"，就是你站在高处，但是你遇到的要说服的对象却是位置比较卑微的，他可能并没有很高的见识，也没有那么大的视野，甚至也没有那么大的能力。这是一个客观的事实。我想，荀子这里说的高处更多应该指的是知识、智慧的高处而不是现实社会地位的高处，毕竟对于知识分子来说，这种情况更常见。你有所谓的知识，你脑子里可能有一个关于治理天下的理想的状态和规划，可是你现在面对的却是一个乱七八糟的世界。在荀子看来，你得先承认游说只能在这个前提下完成，你不能从其他的情形来讨论游说问题。能看到这一点并且做了强调，可见荀子是很清醒的。有人会说，这跟我们现在的情况很不一样，现在我们要说服别人，基本上是在平等的情况下进行的，荀子说的是一个具有古典社会特征的说服行为。也不尽然，现代社会也未必没有类似荀子所说的这种情况，上下级之间，客户与经销商之间，甚至普通的人际交往中，也存在着位差、视差的问题。"未可直至也"，你不可以直接去强行地说服。这是一个很有意思的、结论性的提醒，得谨记，直接说不行，那就应该曲折地、有技巧地去操作喽。曲折的时候就得面对两种情况，或者说会有两个困难，或者叫两个问题。第一个问题就是"远举则病缪"，你援引说服他人的知识资源，如果

◎这究竟是兼济天下的情怀，还是抵挡不了帝王师的诱惑？

◎同频才能共振，游说前先看双方各自处于什么样的频率波段，先调到一个频道再说。

◎网络时代，连一家人的沟通都有这个问题。

第七章 修辞立诚

是时间过于久远了，与当下的生活有一点距离的话，那么别人就会说听上去很荒谬，这么古老的事和我有什么关系？扯得太远了，不是很接地气。可是反过来，第二个问题是"近世则病俑"，如果你举的是很靠近他们的例子，你用熟知的身边故事、事例来说服的话，他们又会觉得你也没啥新意，说的事他们也都知道，你知道的好像也没有超出他们太多，没啥高度，好像也不是很高明。所以说游说的困难就是这两个。

◎我们国文老师上课似乎也存在这个问题。

看看高手怎么做

"善者于是间也"，当然高手能够解决这两个难题，能够做到"远举而不缪，近世而不俑"。我们中国人很喜欢这样讲话，既要继承又要发展，既要速度也要质量，要有点也要有面，呵呵，都是这个思维。不要小瞧这个看似矛盾的说法，它的确有其道理。中国的文章、艺术都渗透了这种思维，你看书法讲沉着痛快、讲老辣妩媚、讲苍润，这些技法和风格每个看上去都是自相矛盾的，其实都是高手才能显现的手笔，所以这很难。要怎么做呢？

◎因为高手知道阴阳是对立共生的呀。

"与时迁徙，与世偃仰"，时间上要同频、共振，与时俱进，还要有空间的共振意识，不要脱离了具体环境。当读到这句理论性的原则时，你会不会感觉荀子这个要求说得也太理论化了，这不是废话吗？如果荀子只有这种水平，光会说这样的话，虽然我们觉得都很正确，但是不会太击中我们的内心。下面他说了一个比较实在的处理技巧。事实上此时你已经拥有了处理这件事情的理论，这个理论就是要"远举而不缪，近世而不俑"，时间、空间都要共振，这都是原则问题。但是你要落到实处，这个实处就是，在你做事的时候，得首先确定"缓急嬴绌"，哪个是最需要的？哪个是可以稍微缓一点的？哪个是你得屈身做妥协的，哪个是你不可以放弃的原则？这个是很实际的，这是对事情本身轻重缓急的安排。

◎层次清晰，也可操作，很实用。

下面这一句就是对自己心性的要求了。自己面对这个说服他人情况的时候，切记"俯然若渠匽櫽栝之于己也"。"俯然"，就是要俯下身去。"渠匽"，堤坝。"櫽栝"是校正木头的工具，很明显，这是一个类比，就是用规则、规矩来约束自己。一方面要梳理出"缓急赢绌"，就是按照事情本身的重要性来做个排序，这是对事情；另一方面要对做事的这个人进行心性的磨砺，要俯下身子，用一些规则来约束自己，使自己进入到规则之中。这两点很切实也很深刻。我们现在很多人喜欢讨论如何做个 leader（领袖），其实最重要的能力就是这两点：评估重要性、根据重要性建立规则。即根据重要性排序制定出事情运行的规则，使得乱七八糟的事情进入有规则的轨道。用我们现在的话来讲，就是在各行各业制定标准的人，制定标准的公司，制定标准的国家才是比较有实力的。说服，是一样的道理。荀子前面说的就是这个意思。

◎会做领导的，就是自己制定规则让下属累死，不会做领导的，被自己的亲力亲为累死。

"曲得所谓焉"，就是你想要的东西，只有通过种种曲折的方式才能得到。那么在整个迂回的过程中，也不能直接说服别人、直接命令别人。如何做的过程里，有没有风险呢？肯定是有的，那最大的风险是什么呢？需要怎么做才能预防这种风险呢？下面这一句话讲得非常好："然而不折伤"。

因为你是精英，是高于至卑者的，你还有理想，有很高的视野和能力，想治理得很好，但是你面对的对象未必是理想的，你不能直接主张、命令，你得曲折迂回，你得约束自己。如此委屈自己对你会不会有影响？肯定会有影响的。所以折伤就是两类情况：一类就是你说服、经营，你不要折伤别人，不要折伤事情本身；另一类就是你在做事情的时候，你是天使在人间嘛，你也不要伤害到自己。如果你伤害了自己，你

◎感觉像是在说你自己，心有戚戚焉。

这个理想也一定实现不了，而且说不定会产生很多的怨恨。所以"不折伤"这一点是对着"府然"的。荀子讲得很清楚，你在"府然"的时候，你是为了做事，你不能伤害了自己的原则。如果你"府然"是为了做成事，结果却伤害到你做人的原则，那实际上这个事情就已经变质了，而且你被伤害的心一定会反弹，会整个摧毁你本人的心灵和你真心想做的事情。所以，"然而不折伤"这句话是非常值得体味的。我们再从整体上看这段话。一开始他只是讲"远举则病缪，近世则病备"，我们不觉得他有什么高明的，这种原则正确的话、理论的话，好像谁都会讲。对不对？接下来他讲事情要进轨道，做事的人要让规则来约束自己，通过建立规则的路径来达成自己的目标。最后他还能够想到在整个过程里不伤害人的心理。这段内容虽然很短，却是一个考虑得非常周全的表述。经过前面这个分析，他下面就有一个结论，做事的君子，游说别人的君子，他的行事特征就直接显露出来了，这就是："故君子之度己则以绳，接人则用抴。"

◎我的理解是，"府然"就是要打成一片，"不折伤"是要爱惜自己的羽毛，这样真的很难。

君子度己以绳，接人用抴

"故君子之度己则以绳，接人则用抴。"度己以绳，也就是遵守规矩，你要用绳墨规矩来约束自己。但是你交结别人的时候，你面对的是整个要治理的世界，里面有着各色人等，就不能像对自己一样要求严格了，所以得"接人用抴"。"抴"就是划船的船桨，引申为"导引"之意，你就得根据别人的需求、别人的喜好来，不能用自己的原则了，这就叫"度己则以绳，接人则用抴"。

◎精准对接，好比usb的各种接口。

接下来荀子讲了为什么要这样做。原因就是内外有别。"度己以绳，故足以为天下法则矣。"你自己用规则来约束自己，才能作为天下的法则、作为榜样立得住，这是儒家非常好的地方，自己活成榜样。孔夫子说："何以报德？以直报怨，以德报德。"（《论语》）最好的当然是以德报德，最不可持续的肯定是以德报怨，虽然看上去很高尚，但正如《道德经》质疑的那样，"和大怨，必有余怨，焉可以为善？"最中道的选择就是"以直报怨"，保持自己"直"的标准和恒定性，成为"天下法则"，才能被人信服。如果你是精英，你成为榜样，你要站到更高的位置，有更开阔的视野，更强的能力来做事，你就要成为天下的法则。

"接人用抴，故能宽容，因众（求）以成天下之大事矣。"对别人要宽容，因为人和人太不一样了。为什么非得这样做呢？因为你确实有求于别人。你自己再优秀，也做不了天下的事情，你还是要依靠群众，但是群众就是形形色色的。有的活色生香，有的木讷一些，是很不一样的。所以这两句话，用儒家的表述其实就是修己安人，前面修己，然后面对形形色色的群众，导引、尊重他们。所以这个意识到现在还是挺有现实意义的。这样做的话，"君子贤而能容罢，知而能容愚，博而能容浅，粹而能容杂"。你很贤德，但是你也能容纳能力不够的人；你很聪明，但是你也能容纳没那么聪明的人；你很博学，但是你也能容纳比较浅薄的人；你做人很纯粹，但是你也能容纳身上的有很杂东西的人。社会是五色杂陈的，不是黑白两色的，你得能容纳丰富复杂的东西，"夫是之谓兼术"。"兼术"这个词其实就是兼容之术。这个是中国特有的智慧，特别有现实意义。

"诗曰：'徐方既同，天子之功。'此之谓也。"最后荀子引了《诗经》里一个小国徐方的良好治理做了例证。徐方就是一个小国，为什么能治理得这么好？因为讲兼术，天子容纳徐方的一切，这是天子的功劳。

◎荀子强调"安人"的前提是"修己"，现代管理学更多讲的是"安人"，其实"修己"是更重要的功夫，当自己更宽容更强大，外在的关系也就更和谐、更顺畅。

◎这个很了不起，它是站在一个更高的视野，看到彼此是一个整体，在动态的演绎中达到一种平衡。

是不是只要用荀子推崇的这"兼术"就一定会成功呢？我想肯定是不够的。就拿荀子举的例子来说，徐方这个小国治理得好，肯定徐方的天子是比较讲究"度己则以绳，接人则用抴"的，这一点得肯定，但天子本身也是有力量的，没有这背后的力量，恐怕他想光从道理上说服国民，也不一定行。所以说，说服不完全是智慧和修养的事，它也是要讲实力的。这一点相信现实的荀子也是会同意的。

◎当然，一显一隐，前台和后台的关系。

谈说之术的古今同异

下面讲的是《非相》篇里的"谈说之术"："矜庄以莅之，端诚以处之，坚强以持之，分别以喻之，譬称以明之，欣驩芬芗以送之，宝之珍之，贵之神之。"这是要进入说话具体术的层次了，就是要动用多个维度的方法来搞定说服、沟通了。面对别人的时候，你最好是矜持庄重的，端庄诚实地和别人交结。你还得是诚实的，坚持不懈的。说话要委婉，然后常用比喻，使话讲明白。接下来，"欣驩芬芗以送之"，一团和气地把自己的想法送给别人，这些都是对说话语态、说话方式的一个个具体的分解了。"如是则说常无不受"，这样肯定效果好，这其实有一点"成功学的暗示"，你这样做的话就会成功。事实上会好一些，但也不完全是这样。"虽不说人，人莫不贵。"伸手不打笑脸人，人家不一定喜欢你，但是人家会尊重你。"夫是之谓为能贵其所贵"，就是人家能珍视你所珍视的。下面引了一句话："传曰：'唯君子为能贵其所贵。'此之谓也。"就是你修行到一定程度的时候，才能做到这些。

◎这段话也是有很多层次的。首先是态度，矜庄、诚恳、坚持，这都是有内在逻辑性的。其次讲到手段，接着又讲了情感的融入、自信等要素，满满的都是干货。

以上荀子《非相》篇的这两段文字，第一层其实就是精英做事的曲折，第二层就是"府然"的语言形态。大概就这样。现在我要补充一点，就是我们在社会生活里面需要说服他人时，如果我们有很强的"至高与至卑""至治至乱"的心态，这是很不好的。我们要学另外一个心态，我还是举前面"说说《国文课》中的序言、篇章和选文"里参考的广告文案来说吧，这个文案是：

减肥并不容易。

对抗电脑的是你。

这很容易。

这一定会发生。

向（　）致敬。

◎此处又译为：面对电脑的是你。

一个商业广告其实就是一场说服活动。消费者和商家是平等的，可以自由地决定要不要接受商家的服务、产品。商家不可以有"至高"的心态，而要保持真诚为别人服务的心态，这才是现代社会平等服务的心态，这其实也应该是我们现代社会沟通、说服的常态。跟别人交流，想说服别人，第一句话很重要。第一句话说不好别人就不给你更多机会了。第一句话起码不能让别人讨厌、对抗。这则文案的第一句就选择了大家会产生共情的句子"减肥并不容易"。我们说话的理想状态，开头最好就能激发同理心，让对方产生共情。第二句话"对抗电脑的是你"，则指出了问题，老是坐在电脑前面，减肥当然不容易了。第三句很重要，指出问题之后，不是马上就直接提供解决问题的方案，这一点有点像荀子所说的"曲得所谓焉"了。这则文案的第三句"这很容易"给人信心，给人希望，我们的表达中经常缺少这个。第四句是带给别人希望之后紧跟着的承诺、论证和说服，以期建立起对自己的信任，这则文案第四句的表述"这一定会发生"，语气是坚定的，多像荀子说的"坚强以持之"。第五句话则提供了解决方案，"欣骥芬芗以送之"。

◎看看现在愈演愈烈的标题党现象。

第七章 修辞立诚

◎第二句的译文改动后，这一模式里的"问题"这一关键词要考虑改为"现实"或"需求"？不过，问题即现实，需求也是基于问题的需求，内在是一致的。

◎这个例子分析得太好了。其实我们语文教学需要好好学习一下，怎样在第一节课成功地营销课程。当然这也需要老师转变思维，放下"传道授业解惑"的清高姿态，"俯然""不折伤"。

◎这个例子也好呀。你怎么啥都看呀。对了，那天你说的网易严选的那个"要消费不要消费主义"的文案，也可以这样分析下，它先共情、再批判、后论证自己价值观的做法也很厉害。

这则文案从第一句到第五句，遵循了"共情—问题—希望—信任—方案"的心灵逻辑，这是现代人提供产品、提供服务、说服别人的心理逻辑。和荀子古典时期作为精英治理天下、治理某个地方的逻辑是不一样的。但是也有相同的地方，文案的第一句到第四句就是"曲得所谓焉"的做法。荀子已经注意到，做事有两个层次，第一个是事情本身的环境因素，还有一个就是说服者的心灵问题，当然他那里是心灵"不折伤"的问题。你看这个文案的这五句，其实也有心灵"不折伤"、更好地服务他人的问题。还是应该按照人们心灵需求的内在逻辑来说服别人，这个文案透露的"共情—问题—希望—信任—方案"这个逻辑就值得参考，和荀子的说服思想也可以多做对比。

可以再举个例子。互联网平台淘宝最新版的 Slogan（口号）是"太好逛了吧"，诉诸于惊喜的线上消费感受。我留意到淘宝前后出现过四次 Slogan 的更迭，分别是"淘你喜欢""淘我喜欢""淘到你说好"及最新版的"太好逛了吧"。一个 Slogan 其实就是一次说服的精心设计，可以看出商家内在的"谈说之术"。可以对这四个 Slogan 略作分析如下："淘你喜欢"的语气是传统的商家对消费者的语气，客气但有距离感；"淘我喜欢"调整为凸显消费者的需求、趣味、自主性，商家形象隐藏起来了，这个 Slogan 已经想到要和消费者共情了；"淘到你说好"，凸显消费者对消费行为的结果性评价——"说好"，但句子里的"你"又回到了"淘你喜欢"的"你"，从凸显消费者的自主性上看，又从"淘我喜欢"的"我"这里后退了，说服的味道又浓了。这说明，这一版的表述还是没能做到，既凸显消费者的自主性又能表达消费者美好的消费感受（共情），而且细品起来，"说好"这个表述也不是消费过程中的美好体验，而更接近于对消费结果的总体评价。消费过程中的感受、体验和消费结束后的总体评价相比，当然前者在感受的生动性、生成性、强度等各方面都要更好。这说明，淘宝需要进化、迭代新的 Slogan，需要进一步评估、定位在整个消费过程中哪些环节、哪些美好感受才是它最看重和想表达的。新的 Slogan "太好逛了吧"表明，消费过程中自由的、流转的、闲适的心理感受及体验才是它试图凸显的。淘宝官方选择了"逛"（"好逛"）这个词语来表达，这是大众熟悉也能容纳许多心理感受的，很有动态感的词语。"太好逛了吧"这个新的表述总体上是适当的。需要进一步推敲的是这个"太"字，"太"字有加强情绪的好处，但第一个字用"太"字也有不足之处，主要问题是：人们从日常感受一下子触及比较有强度的表达，是有一定的心理反应阻隔的，"太好逛了吧"的"太"成了矛盾之所在，它显得刻意了。它确实能加强后面的"好逛"，但它在第一个字的位置又阻碍了人们顺畅地接纳、溜进这种"好逛"的感受，"太"字成了双刃剑，所以"太好逛了吧"还不够流转自如，还不够亲切。可以尝试做个小小的改进，例如"也太好逛了吧"。把"也"字放在前面，弱化"太"字引发的微妙的突兀感、刻意感，使其与日常生活的连接更顺滑、更柔和自然。

　　以上两个案例的分析表明，我们现在学习中国传统典籍的智慧，需要和这些新的写作实践互相参照，古典的文化资源和现代的问题相互激发，可以让我们有意外的惊喜和收获，也可以使我们的学习更深入。

◎ 我看这句是说透秘密了。

◎ 淘宝公司看到的话，这个"也"字就免费送给他们吧。

第八章 谈言微中

　　这一章的主旨是"谈言微中",其实是谈"幽默"的,"生活"这一模块怎么能没有幽默呢? "谈言微中"这四个字来自《史记·滑稽列传》:"谈言微中,亦可以解纷。"滑稽列传的"滑稽"这里读"gǔjī","滑稽"原意只是一种流酒器,后来引申到言辞上,取言辞圆转流利的意思,再后来就用来指诙谐幽默了。我好像在朱东润先生的书里看到过这样一则事例,当年他给学生上课的时候,刚好是讲《滑稽列传》,他就将滑稽念成"huájī"了,结果被老派的某教授好好嘲笑了一回,说他根本不会读古书,连滑稽(gǔjī)都读错。当然我们现在按约定俗成的习惯,一般还是念作滑(huá)稽,要是被老派的教授听了恐怕也是要大摇其头的。

◎老派的教授需要与时俱进,不要着相啊。

　　其实很多人批评过中国文化缺少幽默精神,其中最有名的大概是鲁迅,他说:"中国向来不大有幽默。只是滑稽是有的,但这和幽默还隔着一大段。"(《"滑稽"例解》)鲁迅对幽默的标准是高的,也是内在的，他对日本人曾译"幽默"（humor）为"有情滑稽"是比较认可的，他要在幽默里看到"有情"的内容。其实他对滑稽的要求也是比较高的，在他看来，"中国之自以为滑稽文章者，也还是油滑，轻薄，猥亵之谈，和真的滑稽有别"。大概他心目中"真的滑稽"更贴近"滑稽"这个词的古义，只是言辞圆转流利，不要被乱七八糟的东西污染了。认真说起来，不能说鲁迅说的没道理，只是他太较真了，于是连他的朋友幽默大师林语堂都觉得，迅翁你这样较真就太不幽默了。

这一章我们只选了两篇文章：钱锺书的《说笑》和王小波的《一只特立独行的猪》。读书人都很熟悉钱锺书的风格，涉笔成趣，旁征博引，幽默诙谐，且是饱读诗书的文人的幽默。在钱锺书这里，你可以处处看到书海泛舟时他智力上的卓越和性情上的诙谐，他层出不穷的妙喻，跨语种的广博知识，精深的艺术见解，惹人艳羡。我觉得钱锺书的幽默，更多体现的是智力过剩，那是非常聪慧的人散发出的气质，即使相对浅近的散文集《写在人生边上》也是这种风格。钱先生这样的文章非常好玩，读起来会获得一波又一波智慧的激发，简直是饕餮盛宴，让人体会到做个读书人的无上乐趣，在钱先生的穿针引线下，全世界的各种大聪明都在川流不息地向你打招呼，让你应接不暇。钱锺书的这篇《说笑》是探讨笑的秘密的，文章里讲到柏格森的一本书《笑论》，这本书也是研究滑稽的运作机制的，它的核心观点是，生命与生命的某种机械状态之间的矛盾，就是笑的源头。通俗地说，生命本来是流动的，它一旦僵化、呈机械状，就显得可笑了。德国有个社会学家西美尔讲的意思差不多，他说现代文化有着内在的冲突，就是作为文化根源的生命和生命的文化形态的矛盾。这话通俗地说就是，本来文化都是活泼泼的生命创造的，有血有肉的，但很多现代文化成了各种漂浮的碎片，已经和

◎感觉钱先生的大脑是自带搜索系统的维基百科，输入"幽默"二字，哗啦哗啦出来一大堆东西。我看资料说钱锺书先生超强的记忆力也得益于当年在牛津大学读书时背的一摞摞的卡片。

◎西美尔的这句话可真不好理解啊。

产生它的原初生命感受、创造力不相干了，结果，有生命感觉的和无生命感觉的混杂在一起，就很芜杂可笑了，可这就是现代文化真实的生态。的确，我们人类累积的文化碎片太多了。

◎大多失去了与生命本源的连接。

另外一篇选文是王小波的《一只特立独行的猪》，这篇文章现在已是大名鼎鼎，不劳多介绍了。关于王小波的各路评论、回忆文章也是越来越丰富，这里就不赘述了。王小波当年从所谓文坛外走来，他的笔法百无禁忌，非常洒脱和自由。1998 年，朱学勤在《1998：自由主义学理的言说》一文里说了三个人，思想家选了顾准，史学家选了陈寅恪，作家选了王小波，说他们代表了一个传统。我不停地读到令人会心一笑的文章，最近就看了张晓舟收录在《死城漫游指南》一书里谈王小波的文章《王二不二》，辛辣、动情又幽默，王小波这一路的文脉很宝贵，希望它在"二"和"不二"之间辗转腾挪，自由轻快，常"二"常青。

◎对王小波的横空出世，文学批评界一开始是失语的。当时批评家的知识结构比较单一，惯用的招式例如"反映论""再现论"什么的在王小波的作品里根本套不上。

现在我们就尝试着直面这"头"著名的《一只特立独行的猪》了。

两种幽默

如果我们把幽默分为两种类型，一种是钱锺书先生这样智力过剩、非常聪明睿智的。另外一种我觉得就是这篇《一只特立独行的猪》所体现的，那就是，智力根本不够处理遭遇的困境，没招儿，只好自嘲了，这是黑色幽默。基本的表现就是自嘲，搞不定困境也只能嘲笑自己了。这和钱先生在《说笑》一文里说的"减少人生的严重性，决不把自己看得严重"，"反躬自笑"的幽默还不一样，钱先生的幽默底色是亮丽、有趣、优雅的，这个底色是杂乱、难堪、黑色的。就像《一只特立独

◎各用了三个词，很到位。

第八章 谈言微中

行的猪》里面那个情景，知青领导要王小波杀掉这只特立独行的猪，他是杀还是不杀？其实是没得选的，就像人们经常碰到的两难选择，妈妈和女（男）朋友同时掉到水里，先救谁？搞怪的、做道德测试的人大概很喜欢用这种人们无法选择的假设情境，这还不同于鱼和熊掌不可兼得的那种选择，实际上是无从选择。在这种假的二元选择的困境里，人其实是被剥夺了自由选择的权利。而人之为人，最大的价值莫过于自由选择的权利了。真相是其实根本没得选，这就是黑色的真相，有时这黑色里还透着荒诞，想想约瑟夫·海勒的小说《第二十二条军规》就知道了。凡是荒诞的事大概都有一个黑色的真相。这黑色的真相和艺术也脱不了干系。尼采写的《悲剧的诞生》，就认为这世界的底色就是酒神那骚动不安的痛苦真相，为了让人不至于直面过于血腥黑色的真相，日神出来把痛苦的真相装扮成了人们可以用眼睛看到的温柔形象，这样日神、酒神互相渗透、掩映，悲剧就诞生了。我们中国的艺术也不乏这种类似的表现。张若虚的《春江花月夜》看上去迷离澄明，其实底色也是思妇的心伤愁怨，只能用良辰美景的流转去稀释、用美好的祝愿去安慰，结果是愁绪稀释、弥漫成别样的风景了，就像尼采笔下日神干的塑型工作一样。有人说，人生的真相其实就是黑色幽默的"黑色"。当你面临二元选择而且是没得选的时候，又能怎么办？就说面对女（男）朋友和妈妈同时掉到水里的情况吧，可以有几种选择？看上去可以有几种，比如第一种是先救妈妈，因为是血缘亲人，但被放弃的女（男）朋友肯定不高兴。第二种是先救女朋友，不要老妈了。人家又会说你这人关键时候不要老妈，肯定不是人！有的人就说了，我两个都救。但又会遭人说这是吹牛，搞不好是个虚伪的家伙，呵呵。我们中国人还有一种很神奇的回答，就是：具体问题具体分析，到时候看情况吧。这其实是非常有智慧的答案，相当于钱锺书先生那样的

◎对多数人来说就是这样。生命本自具足，只是生而为人，这种能量就被封印了。

◎这种回答你我都再熟悉不过了。

第一种幽默，形式上看似回答了，还提供了一个煞有其事的处理原则，其实啥也没回答，空转了一会儿避免了尴尬。没幽默感、煞风景的人会指控，你这是在回避问题，说得真对，不回避问题你说又能怎么办？真是搞笑！

猪"范儿"与人"格"

王小波的《一只特立独行的猪》已成经典文本，其中幽默、欢快的笔调多引人注意。还需留意的是，何以能生成这一语态的生存真相？何以选择幽默而非庄重语态的智慧？这其中蕴含着何种启示？《一只特立独行的猪》勾勒出一个"自由的自然性生存"的猪，它反抗失去自由的动物性生存，这正是知青们的生存真相。猪展示出的那种自然性的对自由的执拗、对规训的反抗使得这一暗黑的生存底色出现了斑驳的光与影。作者以笑隐泪，有意不让语言往黑色的深渊里走，正是黑色幽默的做法。

◎需要把握住一个度，否则易流于油滑，走向另一端去。

《一只特立独行的猪》这篇文章首先是很好看的，它有一个形象。这也给我们一个提醒，就是我们讲道理或者讲什么，不如拿出一个形象，也许是个语言 logo，也许是一个画面的 logo，总之形象更利于传播，也更利于跟别人交流。《一只特立独行的猪》初读令人忍俊不禁，坦率、拟人的笔法是一大原因，人与猪行为选择的对照也是一大原因，更在于它以拟人的方式勾勒了一个具有特定"性格"乃至猪"范儿"的形象——一只特立独行的猪，它蕴含的内在的力量值得留意。

◎是的。特别是在今天这样一个视觉时代，logo 太重要了。

文章开宗明义，"插队的时候，我喂过猪，也放过牛。假如没有人来管，这两种动物也完全知道该怎样生活"。通过这句话作者已悄悄埋下了本篇文章的底层认知：经验、常识告诉我们，每类生物，依据天性，各有各的精彩，不劳外在

◎是不是一个有趣的人，只要几句话就能看出来。以前读这些文字都是一眼扫过去的，因为太好读了嘛。现在重读，更能体会到王小波的幽默背后的一本正经，一种智者的审视，也更理解他说他自己是个严肃作家这句话的意味。

◎感觉王小波更多的是借猪说事，猪不是他关注的主体，概念才是。

的控制。"它们会自由自在地闲逛，饥则食渴则饮，春天来临时还要谈谈爱情。"这是以"闲逛"凸显自由，同时对动物食色性也表示理所当然的尊重。

拿动物说人事，中外不乏经典。中国文学经典《西游记》中的孙悟空、猪八戒，《聊斋志异》中的各种狐妖，林林总总，均深入人心。一般民众对于"猪"的刻板印象，恐怕就与《西游记》里"猪八戒"的形象有关。以动物来说人，更是中外现代文学越发强劲的传统，《白鲸》《我是猫》《动物庄园》等可谓明证。神性消弭，人的感性和理性同步膨胀，人的动物性也在膨胀，以动物的眼光审视人间冷暖，《我是猫》取这样的视角；将人降低到动物的层次进行审视，乔治·奥威尔的《动物庄园》是这样，残酷而真实。当然，将动物性努力提升为人性乃至神性的努力也在进行，《白鲸》就是这样。《一只特立独行的猪》一文，细究起来也不是单纯以动物的眼光审视人间冷暖，它并没有把知青的世界归为动物的世界，毕竟知青的生活里有很多非动物性的因素；它也不是将人（知青）降低到动物的层次进行审视；也难说是将动物性努力提升为人性乃至神性。这篇文章并没有将生活的常识、经验进行高度变形的要求，相反，它倒是很贴近一般读者的生活经验。这篇文章真正击中人心的地方在哪里呢？

文章设定的逻辑是，猪们本来自由自在地活着，这可谓猪的自然性生存状态。可是"人来了以后，给它们的生活做出了安排：每一头牛和每一口猪的生活都有了主题"。这个主题对牛和猪来讲很悲惨，"前者的主题是干活，后者的主题是长肉"，于是，猪的"生活层次很低，完全乏善可陈"，这是将猪们的生存从自由的自然性生存降低到了失去自由的动物性生存了。失去自由的动物性生存，正是知青们的生存真相。这种低层次的生存真相在中国文化里不乏反省，《庄子·天下》

中说："以事为常，以衣食为主，蕃息畜藏，老弱孤寡为意，皆有以养，民之理也。"这里的"民之理"，其实就是最低层次的生存真相，老百姓蓄养生息，能繁衍、活下去而已，余华的作品《活着》聚焦的也是这一层次的生存真相。《一只特立独行的猪》一文提及的古希腊斯巴达使男人成为亡命战士，使女人成为生育机器，前者像斗鸡，后者像母猪的情况；熟悉商鞅变法的会有似曾相识之感，秦国百姓，要么是战士，要么是农民，战士负责打仗，农民负责种粮，其他人只是一无是处的蛀虫。知青们的生活真相大抵如此，且习以为常了。"我不认为这有什么可抱怨的，因为我当时的生活也不见得丰富了多少，除了八个样板戏，也没有什么消遣。"偏偏"一只特立独行的猪"，因其"特立独行的派头儿"，"活得潇洒"的劲头，将人原本应该有的自由的自然性生存的意识唤醒了，猪开始有了某种"格"，人的"格"又在哪里呢？

这其实是"人格"意识觉醒的显现。

"自由的自然性生存的意识"还不能称之为完整的"人格"，但却是"人格"意识觉醒的前提。"自由的自然性生存的意识"还只能是动物性的自由，原始、芜杂、任意，但有了自由就有机会把动物性提升为人性乃至更高的神性，而没有了自由，不仅动物性不能得到提升，人性也会往动物性倒退。《一只特立独行的猪》一文可以在动物与人间自在转换的原因即在于此，两者的差距已经很小了。

◎此生来到这个地球，肯定不是为了天天搬砖能混口饭吃。

◎我理解，动物性、人性、神性同时存在，不同情境下有不同的体现，但是它们一直同在。

幽默与黑色

王小波的文章，在俏皮、戏谑、反讽的笔调背后，其实有着沉重的悲剧意识。

"对生活做种种设置是人特有的品性。不光是设置动物，也设置自己。我们知道，在古希腊有个斯巴达，那里的生活被设置得了无生趣，其目的就是要使男人成为亡命战士，使女人成为生育机器，前者像些斗鸡，后者像些母猪。这两类动物是很特别的，但我以为，它们肯定不喜欢自己的生活。但不喜欢又能怎么样？人也好，动物也罢，都很难改变自己的命运。"

◎用当下流行的表达就是：真实的力量被封印了。

这段话的最后一句道出了人与动物的生存困境，说得让人有点沮丧：不喜欢又能怎么样？苦难无可逃遁，命运悲剧无可改变。这是对人类生存真相相当黑色的看法，这种黑色意识其实就是悲剧的重要内核，所谓"命运"，就是首先得承认这一生存真相，当然，人类的伟大在于承认并非臣服，人类恰恰在反抗这种真相时获得了尊严和文明。无论希腊悲剧还是中国神话，悲剧的唯一主题就是反抗命运。悲剧的精神之所以能冲撞人的心灵，是因为它展示了美好、自然的东西会被摧毁，是因为它直面生存真相最残酷的底色，那是吞噬一切的黑色。但是人们会不顾一切地反抗，精卫填海是反抗命运，夸父逐日也是反抗。所有的悲剧艺术都是为了服务于反抗人的命运。古希腊的悲剧是在酒神节上演的，中国的演出也会在"社稷"前面进行。这些演出，不仅是演给人看的，也是演给命运之神看的。西方人更偏爱舞台与人生的距离感，舞台上越冲突、激烈、残酷，人们在剧场的非常态故事里越能得到净化，回到现实后越会虔诚、文明。中国人更倾向于现实人生和舞台的同构，人生如戏，戏如人生嘛。扯远了，赶紧回来。

◎中国道家说"我命由我不由天"，可惜，真正懂这句话的人不多。不过那是另外一个外在于中国艺术的独立体系。

《一只特立独行的猪》一文，已触碰到了知青们生存的真相，在日常生活的规训、单调后面其实是吞噬一切自由、尊严的黑色。幸亏一只特立独行的猪，展示出那种自然性的对自由的执拗、对规训的反抗才使得这一暗黑的底色出现了斑驳的光与影，这是自由的影影绰绰。

"从名分上说，它是肉猪，但长得又黑又瘦，两眼炯炯有光。这家伙像山羊一样敏捷，一米高的猪栏一跳就过；它还能跳上猪圈的房顶，这一点又像是猫——所以它总是到处游逛，根本就不在圈里待着。"这猪突破规训秩序的束缚，游逛得自由自在，知青在它身上找到了自由感。人天性就喜欢自由，看看小朋友喜欢孙悟空、喜羊羊（"喜羊羊"就是孙悟空的当代变体），羡慕他们四六不顾、有本事、敢于抗争的劲头就知道了。"所有喂过猪的知青都把它当宠儿来对待。"对猪的呵护其实是对自由感的呵护。知青用细米糠熬的粥来喂它。"等它吃够了以后，才把糠兑到野草里喂别的猪。其他猪看了嫉妒，一起嚷起来。这时候整个猪场一片鬼哭狼嚎，但我和它都不在乎。"猪的世界也会产生生存竞争、分化，这也说明自然性、动物性其实本身并不可靠，它还需要更高的提升。这里知青和猪的不在乎也是自然性的，也需要提升。需要在更多的层次上解决自由和秩序的矛盾。

"总而言之，所有喂过猪的知青都喜欢它，喜欢它特立独行的派头儿，还说它活得潇洒。但老乡们就不这么浪漫，他们说，这猪不正经。"老乡对这只特立独行的猪的评价是从秩序的稳定性着眼的，"不正经"，不遵守秩序，干扰秩序运行，对组织、结构、秩序的破坏是不能容忍的。"我对它则不止是喜欢——我尊敬它，常常不顾自己虚长十几岁这一现实，把它叫做'猪兄'。"一个普通的知青，首先关心的并不是秩序，秩序带给他的恰恰是生命的压抑感，他首先关心的是自己生命的自由感，这也是有着充分的自然性、动物性依据的。

自由与秩序、自然性与社会性的矛盾已经显现。"后来，猪兄学会了汽笛叫，这个本领给它招来了麻烦。""领导上因此开了一个会，把它定成了破坏春耕的坏分子，要对它采取专政手段——会议的精神我已经知道了，但我不为它担忧——因为

◎根据蔡志忠漫画制作的视频，一开始就有这样一句话：庄子认为，人世的生活是无生命的秩序，而他所追求的是有生命的无秩序。自由和秩序，都是服务于个体鲜活的生命力的。

◎就算没有干扰秩序的运行，仅凭拒绝整齐划一、坚持与众不同这一点，领导也不能接受，他们的理想社会，是"一个人像一块砖砌在大礼堂的墙里，是谁也动不得的"。

第八章 谈言微中

假如专政是指绳索和杀猪刀的话，那是一点门都没有的。以前的领导也不是没试过，一百人也逮不住它。狗也没用：猪兄跑起来像颗鱼雷，能把狗撞出一丈开外。谁知这回是动了真格的，指导员带了二十几个人，手拿五四式手枪；副指导员带了十几人，手持看青的火枪，分两路在猪场外的空地上兜捕它。这就使我陷入了内心的矛盾：按我和它的交情，我该舞起两把杀猪刀冲出去，和它并肩战斗，但我又觉得这样做太过惊世骇俗——它毕竟是只猪啊；还有一个理由，我不敢对抗领导，我怀疑这才是问题之所在。总之，我在一边看着。"

这是全篇最紧要的一段话，已经没有了前文的悠闲、洒脱。矛盾陡然升级，两种选择，无可逃避，帮还是不帮。那个黑色的真相底色直接凸显了出来，面对两难处境必须做出选择。如果帮忙，自己可能被连累；如果不帮忙，没有力量站出来，猪可能被打死。无论哪一种结局，已经没有了幽默，只有黑色。《一只特立独行的猪》是以黑色幽默的自嘲回应这一选择的困境的。好在猪很镇定，而且很有力量和智慧，它最后自己跑出去了，潇洒之极。猪以镇定和力量消除了人选择的尴尬，冲淡了人内心的矛盾。之后在甘蔗地里再见到它时它已经长出了獠牙，就是它动物性的一面，它的提防性、攻击性都增强了。整个世界都这么残酷地对待它，它的攻击性肯定要增强，当然还认识"我"，但是已经不容"我"走近了。它对知青也开始警惕了，因为你们毕竟在关键时候没帮它，靠不住。"这种冷淡使我痛心，但我也赞成它对心怀叵测的人保持距离。"这里的痛心和赞成多令人感慨。"我不敢对抗领导，我怀疑这才是问题之所在。总之，我在一边看着。"这句里有坦诚、自嘲，也有冷意，当然其实也可以通向羞愧、凉薄，但作者没有，他以笑隐泪，以无情掩映深情，他有意不让语言往黑色的深渊里走，这大概正是黑色幽默的做法。

◎把一头猪和破坏春耕、专政、指导员等这些政治意味的词语放在一起，极富戏谑感。王小波、王朔都喜欢这样，好多北京人说话也都有这种幽默，但其中也有不一样，有的是贫嘴，有的是幽默。

◎这只猪应该多想想知青用细米糠熬粥喂它的情形。人性往往是只记仇不感恩，原来猪性也一样啊。

日常与怀念

《一只特立独行的猪》最后一段说：

"我已经四十岁了，除了这只猪，还没见过谁敢于如此无视对生活的设置。相反，我倒见过很多想要设置别人生活的人，还有对被设置的生活安之若素的人。因为这个缘故，我一直怀念这只特立独行的猪。"

作者自陈四十岁时才发现，"如此无视对生活的设置"、深陷绝境的那只猪，其实是个特例，猪面对的绝境是极端状态而非多数、日常的状态。"怀念"又是什么呢？

"怀念"是日常生活里一处隐蔽的心灵暗门，它可以曲径通幽地将人引向黑色的深渊，那深渊里漂浮上来的种种冷意、不祥都令人生畏，不愿意再多看一眼。作者自己曾像"猪兄"那样深陷绝境，但又缺乏它那种镇静和力量，其结果可想而知，所以不愿去想，更不愿置身其境地体验。日常语言经验里的黑色幽默，慢慢会变为在词语、修辞上的幽默膨胀，有意无意地回避那令人不安的黑色，毕竟悲剧、绝境、两难选择，这些困境势必置人于难堪、惊恐和无力。幽默失去了深层的东西——悲剧意识，就成了纯修辞学的玩意儿，或者单纯的笑话，变成了滑行在语词上的游戏，鲁迅一针见血地指出，这是滑稽，而非幽默。滑稽是语词上的俏皮，幽默则隐藏着秘密。

幽默里埋藏着一口暗井，怀念是它的井盖。人们更喜欢围绕"井盖"回忆、交谈、欢乐乃至节庆，而非掀开、进入。各种关于《一只特立独行的猪》的讨论恐怕大抵如是。当然本文如此论断，并非指责之意。钱锺书说："真正的幽默是能反躬自笑的。"的确如此，自嘲稍一严肃就变成了自省，自省节制一些、放松一些就变成了自嘲。黑色幽默是笑与泪的渗

◎ 结束语的一个词"怀念"，竟有这么多的意味，厉害！

◎ 不是人人都有力量去面对这个黑色。勇敢地揭露日军侵华暴行、写下《南京暴行：被遗忘的大屠杀》的张纯如女士，不就是被这种黑色给吞噬了吗？

透，是光影与黑色的掩映。按尼采的想法，艺术的秘密，恰恰是酒神精神和日神精神的融合，虽然代表生存真相的是酒神，但离了日神的光与影，又怎能显现出生存的真相呢？我记得台湾有一个作家说过，纸质书是不会消失的，他给出的理由是，阅读分为两种，白天的阅读和夜晚的阅读。白天的阅读偏功能性、获取信息式的，夜晚的阅读偏回归自我、精神生活，两种都是生活必须的，各有其功能和边界。

◎这个作家是张大春吗？我读到这里，第一感觉是张大春。

王小波很喜欢引用罗素在《幸福之路》中的一句话："参差多态，乃是幸福的本源。""参差多态"，才是日常的正常状态。王小波的黑色幽默的基调是豁达、包容、明朗的，这正是日常状态的语态。他的作品，以黑色为底色，但不刻意把黑色做主色，这是尊重日常生活的智慧。庄子有言："以天下为沉浊，不可与庄语。"即使整体的生存境况是"天下沉浊"，也不一定非得使用"庄语"。恰恰相反，正因为"天下沉浊"，反而要使用非"庄语"，这是黑色幽默的辩证法。

《庄子·寓言》里有言："寓言十九，重言十七，卮言日出，和以天倪。"在他看来，表述世界至少有三种方式。寓言式的，故事、形象才是第一选择。卮言式的也好，这日常的，看似破碎、无序、随机的表达，但其实也可以隐藏天机。重言式的，直接揭露真相的庄重的话，当然也是好的。但庄子也觉得，"以天下为沉浊，不可与庄语"，世界沉浊不可以用重言，要使用寓言、卮言说话。庄子对世界的理解是值得学习的，他一方面独与天地精神往来，但另外一方面，他也知道只有用寓言、卮言才可以"与世俗处"，知道生活其实是一个很现实的世界，更愿意接纳的是寓言、卮言。日常的缝隙，其实随处可以通往幽深之所在。

◎是的，大道无处不在，庄子《知北游》篇中不是说过嘛，大道在蝼蚁，在稊稗，在瓦甓，在屎溺……

王小波的写作，小说是他的寓言，杂文是他的卮言，他的重言，则散布在寓言和卮言里。就《一只特立独行的猪》

一文来说，"我一直怀念这只特立独行的猪"，有他自己的寓言，更有被读者津津乐道的重言，如"对生活做种种设置是人特有的品性"等，而更多的是日常语态的卮言。这高度贴合日常生活的语态，坦诚、亲切，却又处处借着"怀念"的契机，可迅疾直通幽暗之处。这其中的曲折和启示，还真值得细细体会。

恐惧与智慧

写《一只特立独行的猪》时王小波四十岁了，按中国人的习惯，四十不惑，刚好是人生智慧的节点，是得明白很多事了。我现在都超四十岁了，还有很多困惑。我读王小波，经常想到两个词：恐惧和智慧。这会儿想起一个简单的测试，测试一下各位的智慧。问：两个小朋友分一个橙子，会有多少种分法？大部分人的第一反应就是平分呗，或者一个小朋友去分，另外一个小朋友先拿，总之保证公平。公平是人们的第一直觉，这挺好，大家都是受过教育的人嘛。可是其实还有一种更有效率的分法，那就是谁更有力量谁拿走。这听上去有些野蛮，不讲文明。可是野蛮是不是也意味着确实有力量呢？

现实社会大概分三个部分：政治、经济、文化。政治领域不能回避权力，没有权力争夺和分配就没有政治嘛，权力的争夺和分配是政治的原则；经济领域不能回避利益，谋求利益最大化是经济领域的原则；我们国文教师所在的教育文化领域，就不能大讲权力、利益了，情感和知识的交流才是文化领域的原则。文化领域的原则当然是更文明的，但长期待在这个领域，也会影响我们的感受和判断，不自觉地对政治、经济领域的原则比较有隔膜甚至排斥，不愿承认政治、

◎好像王小波说过，他的天生气质就是跟黑色幽默很搭的。王小波以自由知识分子思想启蒙的立场，加上"京油子"的腔调，就是独树一帜的黑色幽默。

◎是的，时间长了就与政治社会割裂开了，住在自己的圈子里、越来越厚的茧房里。唉！

第八章 谈言微中

◎韩非子说："上古竞于道德，中世逐于智谋，当今争于气力"，其实三者在社会的不同领域同时存在着。

经济确实有它的内在规律，这是需要自我提醒的。当然，仅有权力的争夺与分配、利益的最大化，整个社会是无法走出弱肉强食的自然状态的，还需要文化、文明的衍化。就以两个小朋友分橙子的测试为例，如果完全按照谁力量大谁拿走的原则，其实是不可持续的。你这次力量大，下一次未必就是你力量大。你在这里力量大，在其他地方未必力量大。你会陷入永无休止的生存斗争中，失去安全和稳定。所以，一个社会要想安全、稳定，需要文明的维度，需要停止暴力、学会妥协、学会长久地考虑问题，需要学会建立可预期的秩序。一旦引入文明的原则，智慧之花就可以无限多地开放了。比如两个小朋友商量，这次一个小朋友拿走整个橙子，但承诺下一次分橙子时自己就不要了；或者自己愿意拿出两块最心爱的糖果来补偿另一个什么都没得到的小朋友；当然也可以按照公平的原则一人一半。总之，方法可以无限多。我怀疑，人们的第一反应常是公平、平等，其实是与恐惧和缺乏智慧有关。

《中庸》里提出了"三达德"：智仁勇——智慧、仁义、勇敢。"智仁勇"来自《论语》的"知者不惑，仁者不忧，勇者不惧"。留意这里的排序：首先是智慧，其次是仁义，最后是勇敢。我觉得这个排序应该会得到王小波的认可，因为他也是把智慧放在第一位的。按照他更看重智慧的思路，两个小朋友分一个橙子的第一原则也应是智慧上的协商，而不是形式上的公平，或者力量上的勇敢。再举个例子。我们组个团队去采访别人，可队友提问不当把采访对象惹恼了，此时该怎么处理呢？第一种是直接批评自己队友"你怎么能这样问"，很"勇敢"；第二种是赶紧给被采访者道歉——"对不起"，主动承担责任——"都是我的错，是我没把某个信息告诉我的队友，所以导致了误会"云云，很"仁义"；可不可以有第三种更智慧的处理呢？"我感觉到当我的队友谈到××问题的时候，您的情绪不是很好，方不方便说下其中的原因？"先共情，表示意识到了别人情绪的变化，再把它转换为下一个可延续的话题，尝试探究对方有情绪的原因。这一招如何？就说到这儿吧。

◎这个需要有一点心理学的基础，否则智慧不够，反而把事情搞砸。

生命

第九章 民胞物与

本章的主旨是"民胞物与"，自这一章全书也从"生活"模块来到了"生命"模块。生命教育是一切教育的核心，国文教学也不例外。该如何理解生命呢？"生生之谓易"，永远生长才是生命的真意。但生命的生长也需要营养、需要机缘、需要磨砺、需要自觉。我们在这一模块设置了四个主题，分别是"民胞物与""魏晋风度""纵横江湖""生死攸关"。四个主题的考虑是："民胞物与"一章重述中华民族最重要的几家思想流派对"生命"的核心看法；"魏晋风度"则阐述中古时期中国最飞扬的生命形态；"纵横江湖"讨论庙堂之外，江湖儿女的纯粹皎然、忠肝义胆；"生死攸关"则回到生命教育的落脚点——出生入死的关切和尊严。

"民胞物与"来自北宋大儒张载的《西铭》，"民吾同胞，物吾与也"。这一章要讲中华民族最重要的几家思想流派对生命的核心看法，这个话题实在太大，只好挂一漏万。好在我们无时无刻不在这些

◎都关乎中华文化最内核的部分。

思想传统的浸润中，此处也不必太过紧张。我用穆旦的诗歌《春》给本章做了个题记，选这首诗是因为我特别看重它的最后一句："光，影，声，色，都已经赤裸，痛苦着，等待伸入新的组合。"我觉得这大概是中国当代文化的真实形态。所谓光、影、声、色不仅包括当代科技、流行时尚文化的内容，也包括中国传统文化资源。现代语境下，传统文化资源也不免被转换成各种光、影、声、色，"都已经赤裸，痛苦着，等待伸入新的组合"。在这种日渐驳杂的文化生态里，如何尊重、亲近、汲取中国优秀传统文化资源，了解、确认各个思想流派的核心价值，实现创造性的转换，激发活力、创造力，的确是国文教师的使命，也是挑战。

　　本章选了四篇文章。第一篇是张载的《西铭》。张载是理学大师，一般人都会知道他的横渠四句："为天地立心，为生民立命，为往圣继绝学，为万世开太平。"为什么选这一篇呢？《西铭》这篇短章句句有出处，是儒家核心价值观，包括宇宙观、生命观、社会观的浓缩、凝结版，有点像个儒家哲学的小型原子弹，体积虽小、当量巨大。总体上，《西铭》里儒家的生命意识，是在天地宇宙运行的自然秩序里混然中处又存心养性，厚德厚生又乐天顺事。

　　第二篇出自王阳明著名的《传习录》一书，是该书里讲"知行合一"的专章，它主张生命的"知"和"行"的高度统一。这个"知"有两层意思，就是一般的"知"和王阳明那里的真知——良知。第一个"知"，就是一般认识，比方说孙中山也讲知行关系，他主张的是"知难行易"，认知世界是不容易的，也是没有穷尽的，所以叫"知难"，但这不能影响行动。他要革命嘛，重要的是得先动起来。他这里的"知"就是一般的"认知"。王阳明这里的"知"实际上不是这个意思，或者说不仅仅是这个意思，他主张的"知"是"良知"，真正的

◎不仅中国文化如此，百年未有之大变局，整个世界都在重构。

◎大师就是大师，看这四句话的格局和气度，每个士人都能找到自己安身立命的所在。

知，知与行是一体的，理性和意志高度合一，不是分离的。"知行合一"这个精神对更强调动手能力、工匠精神的职业类高校的同学有着特殊意义。

第三篇是庄周的《濠梁之辩》，这篇虽然很短，却生动体现了中国文化传统里两种传统影响、偏爱的生命状态和思维方式。第一种很明显就是偏道家那种审美主义的生命状态，追求人与自然的统一、和谐和移情。第二种就是名家高手惠施冷酷到底、偏逻辑主义的思维方式，他就像个永不停歇的逻辑机器，除了逻辑啥都不管。《濠梁之辩》就是这两种极端对立的思维方式的交锋。

第四篇《坐禅》，是禅宗六祖惠能大师的经典《坛经》中的一章，是专门讲坐禅的。《坛经》是佛教中国化开出的智慧之花——禅宗的重要经典，提供了活泼又逐渐精深的修行学问。现在有不少人自觉关心自己生命的安顿，日常生活里也比较讲究生活品位，会去做瑜伽，做禅修，有时候又做得过了头，讲究刻意了点。实际上稍微看过《坛经》的人都知道，惠能大师是讲"随方解缚"的，就是引导修行人从各种自设的形相、桎梏中解脱，这篇《坐禅》就有这个味道。佛经开篇常有"如是我闻"的字眼。眼睛常以自己为中心不免显得自大，倾听则需首先以他者为中心，不自觉间便多了一份虔敬。所以，书可读，更要听，佛经更是如此。读完这篇《坐禅》，不妨再听听诵读。

以上四篇文章，已涵盖中国文化的儒释道三家，篇幅虽短，却可以思接千载、心游万仞，思想激荡的力量是巨大的。希望这些学习、讨论会对同学们有所刺激。下面我们细读前三篇，至于《坐禅》一篇的妙用，在随方解缚，不在义理纠葛，更多是在修行中证悟，加之我佛学智识所限，这里就不词费又滔滔了。

◎关于"知行合一"，各种解释太多了，我觉得理解这四个字还得跳出文字，用心来悟。

◎确实，物质丰盛后，越来越多的人开始关注自己生命内在的自由和丰盛，用时髦的说法就是注重生命意识维度的提升。在这方面，东方的思想和智慧能够给人提供很多帮助，我们可以借此重新认识这些古老的经典。

《西铭》的逻辑结构和圣贤的崇高使命

先看第一篇《西铭》。其实这篇文章本来就是张载写给学生的一篇"铭"（申明鉴戒的文体），原来的名字叫《订顽》。"顽"，轻视、戏弄。"订顽"就是整饬、订正学生轻视、戏弄的态度，教育他们，诚心正意方能好好读书。《西铭》的句子大都出自儒家最经典的典故和表述，所以可以想见，张载的学生读《西铭》，肯定是正襟危坐、一丝不苟、内心蓄满诚意的，现在我们读这些典籍，虽然已不是家法严格、学养深厚的讲经了，但起码也不可轻忽吧。

乾坤父母，民胞物与

"乾称父，坤称母"，乾坤父母，乾坤（天地）与亲子亲情高度一致。我记得钱穆有一个说法，可惜出处不记得了，大意就是中国文化的主流只能是儒家，理由很简单，就是你能上来就给幼小的孩子讲法家那套法术势吗？那么冷冰冰的权力关系肯定是成人世界的把戏。同样的道理，能给孩子一上来就讲道家吗？也不行。在钱穆看来，所有文化生长的起点只能是亲子之情，而儒家就是从这一点开始的，钱先生这一点讲的很有道理。"予兹藐焉"，在天地运行中的我是很弱小的，"乃混然中处"，这是从宇宙论开始推导的价值观生成方式，一个人应该怎么立身行世，先说宇宙观。西方的基督教也讨论人在宇宙中的位置，但把宇宙变成了神显现的时空，他们叫自然神学，是天地人神四维。我们中国，自周文化以后，就是天地人三维，讲人间的事先从天开始，要说明这一点可以举很多例子。例如太史公司马迁讲他的史学使命的三句话——"究天人之际，通古今之变，成一家之言"，就是从

◎宇宙观——世界观——人生观

探究天人之际开始的。通俗的《千字文》作为中国历史的浓缩教育版，开头就是"天地玄黄，宇宙洪荒。日月盈昃，辰宿列张"，这是我们的传统。《周易》说"观乎天文，以察时变；观乎人文，以化成天下"，人文接续天文，这是深刻的天人合一的精神。接下来这两句也就好理解了，"天地之塞，吾其体；天地之帅，吾其性"。天地之间阴阳二气充塞其中，那就是我的"体"（本体）；以天地为"帅"，遵循天地，这成就了我的"性"（本性）。这里的"体""性"都是宋明理学的核心概念。

◎可不可以理解为，我们每个生命都是由充盈在宇宙天地间的能量构成的？爱因斯坦告诉我们，物质也是能量的一种形式。

天文决定着人文，人文得学习天文，既然天地万物是一体的，那么人和天地之间万物的关系、人和人之间的关系肯定都是一体的，这就叫"民吾同胞，物吾与也"，老百姓就是我的同胞，万物是我的同类。人与父母、人与天地万物来自于同一个源头，我们知道这个源头就是张载说的"气"，所以我们都是一体的，人和整个世界是统一的。下面是"大君者，吾父母宗子；其大臣，宗子之家相也"。人与天地万物一体的意识通贯到了家国层面，这个下降极为关键，从宇宙论到了政治论、社会论，这个思想对中国政治社会结构的影响是规定性的。国家的君王和家族的嫡长子是一样的，君王就是我们所有人作为一个大家族（国家）的嫡长子，而嫡长子就是我们小国家（家族）里的君王，同样的逻辑，大臣就是我们大家庭（国家）的家相。钱穆先生曾考证过，封建时代家国不分在官员的称呼上就有明显的体现。例如我们熟悉的"宰相"，其实是由原来贵族家的私官"宰"（宰杀祭祀牲牛的官）和出外辅佐君王的"相"（副官）合二为一的结果，其他官名如汉代的九卿——太常（给祖先上贡物的又称"奉常"）、光禄勋（门房头）、卫尉（带兵的门卫头）、太仆（车夫）、廷尉（法务）、大鸿胪（传达官）、宗正（同姓事务官）、大司农（公务经济官）、少府（内部经济官），其实原来都是贵族家的家务官。（《中国历代政治得失》）历史

◎是的，次第分明。

◎我第一次读到这里的时候感到很意外，原来如此。

第九章 民胞物与

实情如此，逻辑才显得很通顺，既然人与天地万物的秩序就是统一的，那在社会政治秩序层面当然也应该是统一的。其实这种类比西方人也有，比方新教徒讲职业道德时就说新教徒完成地上的职业是一种 calling(天职)，人完成社会性的职业怎么会是天职呢？这是因为人与人之间的社会关系得模仿人与上帝的关系，既然人与上帝的关系是天职，那人与人之间的关系之一，人的职业行为也是在完成服务上帝的天职，大概就是这个逻辑。

从宇宙万物到君国再到家族的逻辑贯通了，接下来就是家族内部和家族之间了。

"尊高年，所以长其长；慈孤弱，所以幼其幼"，很明显是在家族内部、家族之间同样要尊重长辈，保护弱者。以上，从宇宙到家族内外逐渐下降又通贯的逻辑形成了完美的结构。结构已定，接下来就是体现、维持这种结构的人了，这就是"圣贤"。"圣其合德，贤其秀也"，圣贤在"德"（组织德性）和"秀"（卓越智慧）两方面堪称完美，他们是体现天地家国一体的杰出精英，他们对这个结构里还不完美、不完善的地方负有责任，这就是他们的崇高使命。所以，"凡天下疲癃残疾、惸独鳏寡，皆吾兄弟之颠连而无告者也"，对于圣贤来说，天下那些疲癃 (lóng）残疾、惸 (qióng) 独鳏寡的人都是自己的兄弟，他们困顿苦难又无可诉告就是自己的耻辱，必须出手拯救他们，这是圣贤的底线。

底线画毕，接下来，就要对圣贤的日常职责、品性修养、人情交往、安生立业、生死安顿等方面做全方位的高标准要求了。

◎"圣"和"贤"还是有挺大差别的，在我心中，"圣"超越了现实世界，与天地之德相合，"贤"是三维世界中出类拔萃、智慧卓越的人。

圣贤的使命与职责

"于时保之，子之翼也；乐且不忧，纯乎孝者也。"朱熹认为此句是专讲如何事亲的（《西铭解》）。其实我更倾向于把"于时保之，子之翼也"和上一句连在一起。我的理由是，"于时保之，子之翼也"源自《诗经》的"畏天之威，于时保之"，原意是因敬畏天威所以提供合乎时机的护翼（庇护）。《西铭》里，"于时保之，子之翼也"一句保留了"于时保之"，用"子之翼也"替换了"畏天之威"。根据我前文的解读，"凡天下疲癃残疾、惸独鳏寡，皆吾兄弟之颠连而无告者也"之前的内容，已经在严密地论证，"圣贤"体现的那个结构的源头和内在生成逻辑，其实就是自宇宙开始的"天威"，所以，此处不需要再重复提敬畏"天威"了。把"畏天之威"换成"子之翼也"，恰恰是在凸显圣贤的现实责任："子之翼也"，意思是你要为那些不幸的兄弟提供护翼。"于时保之，子之翼也"的意思就是，要在适当的时机保护这些不幸的兄弟，这是你作为圣贤的责任，因为你就是他们的护翼者。

◎我注六经，六经注我。

把"于时保之，子之翼也"的位置调整后，接下来的文字就比较通顺了。《西铭》第一部分讲儒家天地家国一体的结构，是从乾坤父母（天地双亲）开始的。第二部分进入圣贤知行合一的践履。按照儒家的传统，如上文钱穆先生指出的那样，圣贤行止修为的这个启动点，应该也必须从亲子关系上着眼，这就是孝道。果不其然，第二部分的第一句是："乐且不忧，纯乎孝者也。""乐"是儒家推崇的心灵状态，更阳光，有跃动感，李泽厚说儒家是乐感文化，这是对的；"渊"是道家偏爱的心灵状态，"渊兮似万物之宗"，更沉静，波澜不惊、深藏不露。儒道两家，恰如阴阳。有人很简单地批判儒家的"乐"，甚至流于简单粗暴的指责，让人难以心服，儒家从亲

◎读书不求甚解的人，看到这里，会作何想？

◎想到了《论语》中的一个经典场景："暮春者，春服既成，冠者五六人，童子六七人，浴乎沂，风乎舞雩，咏而归。"很喜欢这种从容自在、怡然自得的生命状态。

第九章 民胞物与

子关系入手，不离温情、推崇欢悦，这种源自家庭情境的特殊"乐"感，其实是它最宝贵的价值。"乐且不忧，纯乎孝者也"，家里最纯粹的"孝"，一定是充盈着家庭特有的"乐"感的，这才是"我爱我家"的秘密。需要批判的是儒家在历史衍化中各种假大空的变形，其实这些东西从骨子里恰恰是和儒家的"乐"感格格不入的。圣贤的修行，从"乐而不忧"的"纯孝"开始，这是儒家的智慧。起点和美好讲过了，接下来就是警惕、批判那些不堪的东西了。

　　"违曰悖德，害仁曰贼，济恶者不才"，这是三类最主要的恶行。"违曰悖德"是指，"违背"自己的使命、职责是对家国这个结构、这个共同体的"悖德"。需要解释一下，这里的"德"不是现在我们熟悉的私人德行，而是"德"字的原义。我偶然看到杨鹏在他的公众号"掌上国学院"讲过这个"德"字的造字本义（《"德"字的造字本义是什么？》），他梳理了"德"字的各种字形的变迁，主张"德"字右上的"直"的象形原义为"种子发芽向上、禾苗生长"，整个"德"字其实就是"生、生产"，他引《道德经》"治人事天，莫若啬。夫唯啬，是谓早服。早服谓之重积德"为证，"治理人民，侍奉上天，没有比稼穑更重要的。唯有稼穑重要，所以及早耕田种地。及早耕田种地，可称为重视积'德'"。这里的"德"的原义就很具体了，就是"粮种发芽、从事生产以养育生命"，《说文解字》说："德，升也。"这个"升"字，本指新谷生长成熟之义，还保留着与粮食生产有关的信息。我认可杨鹏先生的考证和分析，把"德"的本义理解为"粮种发芽、从事生产以养育生命"。回到《西铭》，不难看出，这"德"是公共性的、很具体、很切实的职责，"粮种发芽、从事生产以养育生命"的"德"，不正是家国一体结构中圣贤的切实职责和使命吗？"违曰悖德"就是指，圣贤违背了这个职责和使命。

◎我还看过一种解释："道"是指从空中俯瞰人的位置，是天体运行的学问；"德"，是人以第一视角在地面的观察。这两个字都有"目"，也有次第的关系，我喜欢这个解释。

"害仁曰贼，济恶者不才"，"贼"比现在的"偷"的程度严重，在古代是"侵犯""侵害"的意思。从放弃职责的"悖德"逐渐堕落到更不堪的"害仁"，以至于"济恶"，原本被寄予厚望的圣贤一步步沦落，终于成为"不才"之人，彻底走向了自己的反面。这是非常庄重严肃的提醒，即使是圣贤，不注意时时修行也有可能落此下场。所以，重要的是"其践行，惟肖者也"。"肖"是肖似，引申为模仿、跟随之意，就是处处模仿、谨记、谨遵乾坤父母家国一体结构，唯有这样行事的人（"惟肖者"）才能真正地"践行"自己的职责和使命。

◎是啊，谁能保证自己时时清明呢？修行是一生的主业。

"乐且不忧，纯乎孝者也"是正说，"违曰悖德，害仁曰贼，济恶者不才"是反说，一正一反，对比鲜明，先理想后践行，修行逻辑严密。落脚点在"其践行，惟肖者也"，践行就是圣贤把自己的职责、使命实践出来，实践过程中处处不忘"肖"，深刻自觉自己要从乾坤父母家国一体的结构这一先在的事实里获取智慧和力量、完成自己的职责和使命，用西方人的讲法就是要道成肉身。

◎内在有清晰的结构意识，就能处处看见逻辑关系。

以上，圣贤修行的起点、原则，最理想状态和最可怕的堕落已提醒完毕，接下来就是次第交代各个层次的修行事务了。

圣贤修行次第

"知化则善述其事，穷神则善继其志。"首先还是从乾坤衍化的高处讲起，圣贤只有知晓参透整个天地运行的"化"，才能经由对此"化"的"肖"，在自己的日常生活中娴熟妥当地陈述、安排各种事务，对乾坤父母家国一体这一结构"神意"的凝视、穷究，则使圣贤更好地把其内化成自己的"志"，这还是讲圣贤与整个乾坤宇宙的同构关系。这是不断回旋的主旋律，也确有必要这样，这毕竟是《西铭》里的黄钟大吕。

"不愧屋漏为无忝，存心养性为匪懈。"从这句开始由理入史，《西铭》追溯儒家历史上那些可谓榜样的经典的时刻、高贵的举止、艰难然而高尚的选择，当然还有伟大的人物和他们的事迹，每句都有出处。注意汲取历史智慧是儒家的宝贵传统，孔夫子的名言"我欲载之空言，不如见之于行事之深切著明也"深入人心。从《西铭》的整体论述来看，它前半段更侧重于空间上的乾坤家国同构，也是从"不愧屋漏为无忝，存心养性为匪懈"这句开始，就进入古今时空的对照、激发、互渗、交融了。就这一句来说，"不愧屋漏为无忝"是源于《诗经》的"相在尔室，尚不愧于屋漏"的慎独时刻，"屋漏"是屋子里西北角的隐蔽之处，即使待在这种地方都不忘自己行为举止的德性，可见"存心养性为匪懈"的程度，"屋漏"是空间上没有任何死角的提醒，"匪懈"是时间上始终如一的提醒。

◎屋漏，房间西北角，上面开天窗，有光漏射进来，古人在此设立神龛，供奉祖先牌位。修德养性，贯通天地，不能给祖先丢脸。

"恶旨酒，崇伯子之顾养；育英才，颍封人之锡类。"这是两则如何对抗自然人性以提升修养的典故。"恶旨酒，崇伯子之顾养"，是夏禹（崇伯鲧之子）厌弃美酒以养性的故事。"育英才，颍封人之锡类"来自《郑伯克段于鄢》，是颍考叔以自己的孝心感动极有城府和恨意的郑庄公与已经翻脸的母亲重修于好的典故。这两则故事的共同之处就在于如何处理德性和自然人性的关系，《西铭》的选择当然是前者。我们现代人习惯轻视、质疑，乃至调侃、嘲弄这种选择，这种态度其实就是《西铭》原名《订顽》的"顽"的态度。我自己也有，所以认真地读读《西铭》，对自己也是个提醒。

"不弛劳而厎豫，舜其功也；无所逃而待烹，申生其恭也。"这两则故事和上文夏禹、颍考叔与郑庄公的故事相比，就更极端了。《西铭》要把对抗自然人性以提升修养的难度增加，把人拉到极端情境。"不弛劳而厎豫，舜其功也"，是说舜事亲的典故。这个典故的核心是，舜的亲人实在恶劣，他的瞎眼又偏心的父亲（瞽叟）、恶毒的后母和兄弟（象）不止一次地想弄死他，一点小失误就惩罚虐待他。在这种情况下，舜依然恭顺地侍奉着他们，没有一点懈怠，不辞辛苦，内心没有变态还很"乐"。舜的至孝太惹眼了，以至于都传到了尧帝那里，使他成了尧帝接班人的候选者。为什么像舜这样的至孝之人能成为尧帝的接班人呢？德性和治理不是一回事吧？这是我们现代人的疑惑。有这个疑惑的原因可能，一是不大相信舜能做到如此至孝，怀疑这个传说的真实性，尤其是对他始终如一又能做到心"乐"感到难以置信；二是不大能体会到，舜在如此恶劣、险象环生的家庭环境里辗转腾挪需要多么高超的智慧——审慎、隐忍、机敏，这种危险之境需要他对各种危机、转机等各种时机的高度敏感和应对。所以说，舜事亲的典故的确是个不太亲切的极端情境。"无所逃而待烹，申生其恭也"又是另一种极端情境，申生作为晋献公的儿子，得知父亲要杀自己，没有逃跑，恭敬地跪而就死。这则典故更是给人一种冷酷窒息的不适感。两则典故，都充满着杀机，而且还都是亲子关系，儒家全部思想的起手处就在这里，可以说这是对儒家思想、价值观最严重的挑战。关于这两则故事的争论，尤其是对舜事亲故事的争论从来就没停止过。《西铭》给出的结论是："体其受而归全者，参乎！"这是引主张孝道的曾参的思想，身体发肤受之于父母，以保全身体归之于父母这一自然性的原则来应对了。我相信大部分现代人对这个抽象的回应不会满意，这个自然性的原则不足以处理那两个极端情境，甚至不少人对这样的儒家会产生反感，这大概就是所谓"理学气"。吐槽了《西铭》此处的过于不近人情之后，我也要说一下，其实人类的各个文明里，面对刚才那

◎像不像是天地考官出的考题？

◎心若无有恐惧无有挂碍，就能做到事来则应事去不留。

◎切中肯綮。

第九章 民胞物与

两种极端情形的思想反应、宗教反应、哲学反应等，都不会真正令人满意，想想《约伯记》，想想《俄狄浦斯王》，就明白了。这些反应不管如何千差万别，都没有把热爱生命当作第一律令。我在这一章的"习问"里提出的第一个问题就是：《西铭》将宇宙看作大家族，主张人应乐天顺命。您是否认同这一思想？中国古代神话里亦有不屈服于天地，"以乳为目，以脐为口，操干戚以舞"的刑天那样的形象。这两种传统是否矛盾呢？可以尝试谈谈您的看法。为什么设置这样的问题呢？原因是，现代语境里，我们给同学讲中国的典籍文献、思想传统时，恐怕不能尽是信徒的心态，而应该是对话者、思考者、汲取者、转换者乃至批判者。不是说选文是张载的《西铭》，就得一味匍匐在它的威严里。这不是心智健全的行为，老实说也不是对传统典籍真正的尊重。这个态度大概散布在这本小书的各个角落，还请读者诸君谅之。

◎是的，这点很重要，对传统经典文本进行思辨性阅读，是《国文课》一以贯之的主张。

有意思的是，两个极端情境之后，《西铭》又说了个"伯奇"的故事："勇于从而顺令者，伯奇也。"伯奇的故事，和舜类似，后母偏心他同父异母的弟弟，在伯奇父亲西周大夫尹吉甫那里进谗言，结果本来"勇于从而顺令"的伯奇还是被赶出了家门。伯奇的故事结尾既不像舜那样历经磨难皆大欢喜，也不像申生那样窒息冷酷，他被赶出家门倒是个生活的常态。《西铭》在讲过舜事亲、申生就死之后，再举伯奇的故事，刚好是三种情形，最后伯奇的故事又更日常些，这是要回到日常生活了吗？

◎有没有可能是根据人物和事件的知名度来排列的？

"富贵福泽，将厚吾之生也；贫贱忧戚，庸玉女于成也。"还真是回到日常生活了，这就亲切多了，也很真诚。日常生活无非两类，或者富贵福泽，或者贫贱忧戚，圣贤也生活在这不同的具体环境里，上天或厚待或锻炼他，但不管怎样，他还是得时刻不忘自己对乾坤家国的职责和使命，一直到自己的肉身生命告别之时。

最后，"存，吾顺事；没，吾宁也"。肉身活着的时候圣贤顺从乾坤家国的事理，肉身湮没生命告别的时候，因为完成了自己的职责和使命所以会归于安宁。这是儒家有尊严且很感人的出生入死。这种对待生与死、对待如何活着的生命态度，是值得含泪礼赞的。《西铭》一般被认为是张载本人的代表作，它的最后这句话令我很感动。中国历代的大儒，一代一代地传承，他们完成了各自的职责和使命，确实有很感人的担当精神，也有着强大的感召、鼓舞力量，这是我们这个民族，我们所在的乾坤家国应该薪火相传的不灭火种。

◎我从这里也感受到了道家顺其自然的意味，就是庄子说的"生而不悦，死而不祸"。

《传习录》"知行合一"的立言宗旨

"知行合一"是王阳明（王守仁）中年的时候提出的一个命题。关于王阳明我们不用说太多了，"阳明心学"的大名如雷贯耳，各种关于他的故事、学说、八卦太多了。他一生的学问，简单地说就是，一生学问三变。他年轻的时候流连于词章之学，用我们现代的语言来讲就是喜欢文学，比较偏感性一些。中年以后开始出入佛、道两家，他觉得词章之学毕竟比较感性，还进不了精深的思想领域，于是进入了佛、道，尤其是佛学思想，不少人说王阳明心学的底子其实是佛家的，至少是深受佛学影响的，这个说法也不是没有道理。他晚年的时候又提出了"致良知"的思想。如果让我简单地概括一下他的思想变迁的话，他的一生就是由两个字走向了三个字，即从"良知"走向了"致良知"。很明显，多了一个"致"字，说明晚年他更强调主体的主动性、意志作用了。这也是日本明治维新开启社会现代化时为什么会借径王阳明思想的深层原因，毕竟"穷则思变"时各种历史、现实条件都不够充分，

◎大概是文学给不了他想要的终极答案。我以为人到中年后不接触佛道思想是很遗憾的。

◎高！

第九章 民胞物与

◎ 自由意志是灵魂的根本。

◎ 物极必反，极地求生更能激发出内在的力量。

这个时候最需要发挥主体的主动性了，人的主体意志的强度、韧度显得头等重要。王阳明对生命的领悟也是在他最困厄的时候激发出来的，这就是著名的"龙场悟道"。当时他被困贵州龙场，九死一生，外在环境恶劣至极，什么都靠不住了，只能靠自己，所以，他悟出的就是"圣人之道，吾性自足，向之求理于事物者误也"。这是生命自性的自觉，影响深远。按王阳明自己的说法，他的思想精髓可以用四句话说透，即他的"四句教"："无善无恶心之体，有善有恶意之动，知善知恶是良知，为善去恶是格物。"这四句话结构谨严，含义丰富，可以慢慢琢磨。现在我们学习他关于"知行合一"的思想。

徐爱的困惑：知行如何合一

"知行合一"的思想大概是王阳明在三十七岁时提出来的，收在《传习录》中，这个题目是我加的。《传习录》现在是很流行当然也很重要的一本书。这篇谈论"知行合一"的文章，对职业类院校的同学来说，应该会显出更加特别的意义，因为我们是更强调不空谈，要动手做事的。这一篇主要讲的是，王阳明的学生思索老师"知行合一"思想时出现了疑问，有困惑，然后请求他来指导，于是师生一起讨论，王阳明也做了阐释这么一个过程。这个学生叫徐爱，确实很善于思考，关于他本人还有一个说法，说他就是王阳明的"颜回"。颜回是孔子学生里非常具有信徒气质的一位，你想想孔夫子对他的评价"一箪食，一瓢饮，在陋巷，人不堪其忧，回也不改其乐"，是不是有点信徒气质，而且很沉静？徐爱也是这种类型的人。徐爱思索了老师的讲学内容，愿意向老师提出问题，我们看王阳明是如何回答的，也考虑一下王阳明的回答是否能说服你？我不觉得他一定能说服我们的同学，

◎ 教学相长，一个好的老师需要一个好的学生来成就，感觉徐爱就是为成就王阳明而来。

这也不要紧，问题就是拿来讨论的。

"爱因未会先生'知行合一'之训，与宗贤、惟贤往复辩论，未能决，以问于先生。"徐爱同学因为未能领会先生关于"知行合一"的训示，先跟他的同学宗贤、惟贤（这些人以后都做了很重要的官员）反复辩论，就是说他们同学之间已经辩论了很多，应该是已经触及了一些思考上、理论上的困惑、漏洞了。我们可以想见，王阳明的这些高徒，他们讨论"知"与"行"的时候，面对老师说的"合一"，第一直觉反应会是什么？是不是怎么"合一"呢？平常看到的情况恐怕更多的是知易行难，要么是知难行易，总之，"知"与"行"恰恰是分离的，怎么会合一呢？当然他们在"知"与"行"是否合一这个辩题上，估计也追溯到中国传统里关于"知"与"行"的各种传统、各种论述了。孔夫子《论语》开篇有："学而时习之，不亦说乎？"这句话中"习"的原意，近来杨逢彬在《论语新注新译》里考证，是"复习"，不是"实习"的意思，不过在后人的理解里，"习"恐怕已经泛化了，有了"实习"甚至"实践"的意思了。"学而时习之"也从"学习然后在适当的时候复习"这个很具体的学习技巧慢慢泛化成"学习然后在适当的时候实践"了，这已经接近"知行合一"的思想了。能否把王阳明的"知行合一"追溯到《论语》"学而时习之，不亦说乎"，这是个严肃的学术问题，我没做过系统的研究，不敢下断语。不过，有时思想就是在这种误读中曲折展开、前进的。孔夫子的一句话，后来衍生成了一个思想脉络，这个也很正常。西方人也说，整个西方哲学都是柏拉图的一串注脚，也是这个意思。总之，徐爱和宗贤、惟贤往复辩论，估计也是旁涉很多，分歧也不小，但是就是不能解决自己的疑惑，"未能决"，就是不能决断，只好来找老师请教了。现在我们看老师王阳明能不能真正解决徐爱的疑惑。

◎没有这个知识储备真不一定能想得到。关于"知""行"，现代人最熟悉的可能就是"知行合一"了。

◎对知行合一的理解落在知识上就跑偏了，怪不得他们的老师那么着急。

老师找到了罪魁祸首

"先生曰：'试举看。'"你先讲下看看，王阳明先要了解一下徐爱的疑惑之处，让问题呈现出来。这里的"举"，细究起来也有两个意思：一个就是"提出"，提出问题来，这是偏纯理论性的思考；另一个就是"举出"，举出事例来，这是偏经验性的事实、现象、例证。徐爱是举出了例子："如今人尽有知得父当孝、兄当弟者，却不能孝、不能弟。"徐爱从身边显见的经验性的事实出发，说如今我们身边的人、社会上的人，谁都知道对爸爸妈妈要孝顺，但是确实有不孝顺的，也有对兄长不悌的，怎么解释这种现象呢？这是他的疑惑。当代这种现象一点也不少。估计徐爱的心里是这么想的：这不很明显了吗？事实和老师你说的"知行合一"不一致呀。这不已经证明"便是知与行分明是两件"了吗？虽说老师主张"知行合一"，可事实就是有明知道但就是不做的人呀，这还怎么讲知行合一呢？其实徐爱的观察和列举的事实是很尖锐也是很有力量的。因为人不完全是理性动物，还是个情感动物，意志动物。除了理性的认知，行动还要有情感的内驱力，还要有持续坚持的决心和意志，这就是康德说的"知、情、意"，光从理性上、道理上知道应该怎样做，不一定真行动，脑、心、手不一定一致，而且经常是不一致的。

我们看王阳明是怎么回应的："此已被私欲隔断，不是知行的本体了。"这句话很重要，阳明老师已经给徐爱同学列举的经验性事实做了定性，且找出了罪魁祸首，那就是"私欲"。"此已被私欲隔断"，私欲是产生徐爱所说的那种现象的原因，这已经不是知行的原本的样子（本体）了。由于"私欲"这个变量出现，知行的本体产生了变异。这是很严密的逻辑，提醒我们如何思维。从道理上讲，人们尽知要对父母孝对兄

◎是的，当代还有一些更骇人的弑母案。2015年发生的北大学子弑母，2020年又有山东花季少女杀害律师母亲的新闻……

◎高手就是一针见血，一眼就看到问题的根本所在。

弟悌，但是社会现象又不完全这样，中间这个逻辑是怎么建立的？王阳明马上用"私欲"这个原因、这个变量把现象和本体联系起来了，逻辑链条就是：知行的本体—私欲干扰—对父母不孝对兄弟不悌的现象，不要小瞧能主动提出"变量"的做法，这其实是很厉害的思维方式。我在前面曾假设过两个小朋友分一个橙子的情境，问怎么分？有多少种分法？大部分同学第一直觉会选择平等、公平的办法，这种思维看似公平，其实是没能引入新的变量。要想有更多的分法，必须引入第三者变量，就像王阳明在这里引入一个新的变量"私欲"一样。两个小朋友分一个橙子，如果引入"时间"这个变量，这次你拿走，可是下一次再分的时候，你要给我双倍，这不就是银行的秘密吗？这个思维就是引入了变量，有第三个因素，困局才能盘活。很奇怪，人们受到攻击的时候、甩锅推卸责任的时候，倒是本能地会找个替罪羊，解决问题的时候反而想不到引入第三者变量了，这是一个思维方式的问题，同学们可以多琢磨下。回到正题。王阳明回答徐爱的问题时，第一个考虑是找出原因，下面他就开始陈说自己的一番道理了。

◎很有启发，就是不知道怎么引入变量，这显然不是个技术活。

"行"吸纳了"知"，还有"知"吗？

"未有知而不行者。知而不行，只是未知。"他先建立起一个原则、一个定律，这个定律就是"未有知而不行者"，没有这样的事，这就是个定律。康德说："在这个世界上，有两样东西值得我们仰望终生：一是我们头顶上璀璨的星空，二是人们心中高尚的道德律。"（《实践理性批判》）这些思想家就是给人间找定律的。王阳明这个定律是从否定的角度来讲的，在这个原则的映照下，如果出现了知而不行的现象，结

◎经你这样一分析，才知道是个三段论。我感觉，你的阅读是一个主动的动态过程，再沉寂的文字都能被你的思维给调动得异常活跃！

论是非常清晰的，那就是："知而不行，只是未知。"这两句话实际上是个三段论，大前提、定律是"未有知而不行者"，现在出现了"知"却不"行"的现象，结论只能是：这不是真实的。这是很严密的，至少形式上是很严密的。

"圣贤教人知行，正是安复那本体"，圣贤教我们知行是要回归知行的本体，按照本体来，按照定律来，"不是著你只恁的便罢"，而不是你说的那样，这是诉诸权威的论证方式了。"故《大学》指个真知行与人看"，他开始引用《大学》里的经典表述来做佐证："如好好色，如恶恶臭"，第一个"好"是动词，好色，就像你喜好好看的容颜和你讨厌恶臭的味道，是一样的道理。"见好色属知，好好色属行"，你见到那"好色"的时候，你已经知道是好的，"不是见了后又立个心去好"，就是心是统一的、一体的。"闻恶臭属知，恶恶臭属行，只闻那恶臭时已自恶了，不是闻了后别立个心去恶。"这里王阳明举了两个例子，现在我们得耐着性子分析一下。这两个例子是两种感觉，第一个是视觉，第二个是嗅觉。其实人的五官是很不一样的，可以参照西美尔的一篇文章《感觉社会学》（《时尚的哲学》），它对眼睛、鼻子、耳朵的人类学特征、各种微妙都做过精彩的辨识，我觉得对我们理解王阳明这儿的表述挺有帮助。比方说眼睛，眼睛是很奇妙的，眼睛这个器官跟其他器官是不一样的。只要两人眼神一相交马上两个人的很多直觉就建立起联系了，甚至可以达到惊人的深度，要不然就不会有一见钟情了。但是其他感官不是这样的，耳朵就不是这样的，到不了这么个深度。王阳明举的这两个例子，恰恰就是视觉和嗅觉，是便于他解释知行合一的，这里面有着感觉和理性的融合。假如他举的是听觉或触觉，那就未必是这样。当然，这只是我们作为现代人的感受，不管如何，他举的这两个例子确实是很有说服力的。

◎眼睛是心灵的窗户，孟子说：存乎人者，莫良于眸子；黑格尔说灵魂集中在眼睛里。五官中唯一通神的应该就是眼睛了。

"如鼻塞人虽见恶臭在前，鼻中不曾闻得，便亦不甚恶，亦只是不曾知臭。"虽然眼睛见到了恶臭的东西，但不觉得恶臭讨厌，也只是不"知"而已。这个例子说明，其实特定的感官都是不可靠的，"知"也不能建立在感官的感受上。"就如称某人知孝、某人知弟，必是其人已曾行孝、行弟，方可称他知孝、知弟；不成只是晓得说些孝、弟的话，便可称为知孝、弟。"同样，我们说某人知孝、知悌，肯定是他行动上已经做出来了，我们是从外在的行为来判断他的。如果说上一句"恶臭"的例子是为了说明"知"不能等同于感官的感受；这句话就是为了说明，"知"是通过"行"才能被检视的，"知"是离不开"行"的。这个倒是跟现代人格的确认很相类，我们是通过某个人外在公共领域的行为、话语来判断这个人的，而不是通过揣测这个人的内心想法、感受来做判断的。我们看待一个人，不能只凭他晓得说些这样的话便称他对人孝悌。他说的那些话要落实到行动，才"可称为知孝、弟"。看起来，王阳明是以"行"吸纳了"知"，至少是更信任"行"而不是"话"，因为"话"和"知"又隔了一层。

◎嗯，但内心才是最真实最精微的。

下面他又举了一个例子，"又如知痛，必已自痛了方知痛"，他举的是疼痛的例子。刚才他举对"恶臭"的视觉和"嗅觉"的例子，得出的结论是"知"不等于"感受"，这回他举"痛觉"又想说明什么呢？这回他又强调"知"和自己的感受有关了。可见，各种感受的确是不同的。这个很有意思，我们对世界的判断，的确还是得从我们的身体感受出发，可那几个感官的确又很不同。"知"与不同感受的关系是不一样的，王阳明似乎没有意识到这个问题。他在这里提出的"自痛了方知痛"的问题还可以转换为"一个人怎么能够体验到别人的痛"。亚当·斯密的《道德情操论》一开始就讲道德的前提是同情之心。通过同情，就是通过自己的身体感受想象

◎眼耳鼻舌身意，六根六识如何参与了我们生命实相的创造，佛家有精妙的阐述。

和别人的关系，王阳明没有明确讲到这一点，他讲的知行是盯着一个人的。如果要进入公共领域的话，那就牵涉到一个人的痛和别人的痛的关系，就得靠亚当·斯密说的同情心了。这里有个问题，就是自己的知和行，又如何分得开？其实就是徐爱提的那个疑问（经验上知行是分开的，怎么合在一起）的反面。王阳明此时用上述两类感觉来论证知行是分不开的，举的例子也是我们日常的经验，可以说经验上尚可，但不够有深度，也没有真正回答徐爱的问题。我们作为一个现代读书人，肯定希望得到更具逻辑性的分析。当然，这就是纯粹哲学性的分析了。王阳明思想里的"良知"，在康德那里对应的是先验理性，或者超验理性，当然也有一些区别，这些曲折我们就不进行讨论了。

"立言宗旨"才是最重要的

"知行如何分得开？此便是知行的本体，不曾有私意隔断的。"如果没有私意隔断的话，这一点在我们感性的世界，在我们的日常世界都是很清晰的：知行是一体的。"圣人教人必要是如此，方可谓之知；不然，只是不曾知。此却是何等紧切著实的工夫！"圣人教我们要往合一的路上走，这是最紧要的,是需要努力的工夫的。"如今苦苦定要说知行做两个，是甚么意？某要说做一个，是甚么意？若不知立言宗旨，只管说一个两个,亦有甚用！"现在徐爱同学你们总是把"知行"看作两个分开的东西，总是偏向其中一个，是什么意思呢？如果不知道老师为什么讲"知行合一"的"立言宗旨"，不明白老师的苦心，只是在语言的世界里说来说去，净整词，也没什么用处。要体会"圣人教人"、老师立言的宗旨,这才是"何等紧切著实的工夫"，在语言的世界里强说有什么意思？要超

◎想到了钱锺书的小故事：如果你吃到一个鸡蛋，觉得好吃，你又何必去认识下蛋的母鸡呢？头脑的算力和心的算力，哪个更大？

◎想到战国时期名家的"鸡三足""马有卵"等命题了。

越语言，要体会那个工夫。王阳明说到这里似乎动怒了。他不愿意在语言乃至逻辑层次上纠缠，他强调的是"立言宗旨"。这种倾向也是我们的一个传统。《道德经》开篇就讲"道可道，非常道；名可名，非常名"，对语言乃至逻辑并不信任，那些只是立宗旨的方便法门。现在王阳明要告诉徐爱，更重要的是要考虑"立言宗旨"，体贴领会宗旨需要"紧切著实的工夫"，而不是纠结词语，不要驻停在这个层次，要去实践，要去体悟。你看他对学生的教育、他的期许，他认为知行合一不是概念的分辨，不是逻辑，而是对"立言宗旨"的领悟和践行。他着急的是学生的反应，他们太喜欢语言分析了。该怎样理解王阳明对徐爱的这些批评呢？站在王阳明的关切上看，批评的极是。站在徐爱的立场上看，其实此刻他并没有在逻辑分析上被说服，但他愿意接受老师的指引，尽量理解老师的关切和思路。站在我们今人的立场上看，我们领略了中国重要的思想家对"立言宗旨"和"逻辑分析"的真实态度，体谅他的优先关切，也警惕他在逻辑分析上的不够彻底。

◎就像《指月录》书名蕴含的道理一样，有人问月亮在哪里，回答的人必须借助手指着天空，别人才能看见。现在徐爱只盯着指月的手去研究，老师当然着急了。

"爱曰：'古人说知行做两个，亦是要人见个分晓，一行做知的工夫，一行做行的工夫，即工夫始有下落。'"这是老师训话后徐爱的反应。他还是个老实又有点固执的好学生，老师着急，说你老是停留在这些语言层面有啥用，要紧的是对立言宗旨的体贴功夫。学生就说，可是古人不也说的是知与行两个概念吗，这样设定两个概念也是要人区分得更清楚吧。老师你要我下功夫的话，我就分别在知和行两方面都下功夫吧，这样下功夫不刚好也有着落处了吗？你能想象此时的徐爱是何种心情吗？是不是也委屈？他在尽量往老师指引的方向去，但是也不盲从，还保留着自己的思索惯性。我觉得，他骨子里还是没被老师说服。

◎两套认知体系在打架，徒增内耗。

徐爱的反应引来王阳明的一声断喝。"先生曰：'此却失

第九章 民胞物与

了古人宗旨也！'"王阳明说，你这么理解根本不对呀，你失去古人宗旨了！先下断语，简直迎头棒喝，接着说理由，其实主要是自己如此立言的苦衷。你看王阳明脾气一定好不到哪里去，是不是？就像孔夫子脾气也不好一样，一着急就说"朽木不可雕也，粪土之墙不可圬也！"那样的狠话，不就是聪明伶俐可是有点调皮有点懒的学生宰予大白天睡个觉吗？！孔夫子一定没有他的学生颜回沉静，王阳明也一定没有学生徐爱沉静，我们读书就能看出来，呵呵。棒喝之后还是得耐着性子做解释，老师王阳明也不容易。"某尝说"，我曾经跟你们说过，"知是行的主意，行是知的工夫；知是行之始，行是知之成"，这句话是有水平的。这几句就像套圆圈一样，把"知"和"行"的互渗、辩证关系呈现了出来。阳明老师不是不会做逻辑分析，不是不会做辩证分析，只是有更紧要的关切罢了。徐爱希望把问题，把一对概念拆解得非常清晰，可是这是一个生命本身的律动，怎么拆？徐爱习惯的分析方式，其实是形而上学的、概念分析的，老师王阳明关切的，是想超越这个层面，进入生命辩证法的。我们这章的主旨就是生命，生命就是这样的，对生命的整体领悟仅靠概念分析是不够的，你要领会的话，你就得更有整体的意识，说知，肯定行也已经存在了，因为这两个本来就是生命的一体两面嘛。

"古人所以既说一个知，又说一个行者，只为世间有一种人，懵懵懂懂地任意去做，全不解思惟省察，也只是个冥行妄作，所以必说个知，方才行得是"。古人之所以把"知行"分开说，是因为真理是要下降到普通老百姓那里的，只能迁就老百姓偏至的特点。就像《道德经》的第一句就告诉你的，"道可道，非常道"。我要说的"道"，你在语言的世界里是捉不到的，但是我也没办法，我只能通过语言来传递。佛教里

◎这个功夫真高！

◎律动的生命，知行交互演绎。

◎是的，一体两面，如影随形。

讲方便法门，也是这个意思。世间有一类人，就是"懵懵懂懂地任意去做，全不解思惟省察，也只是个冥行妄作"，他们根本不思考，也不懂反省，所以就得跟他们这些人多讲"知"，好让他们有好的方向，不瞎作为。"又有一种人，茫茫荡荡悬空去思索，全不肯著实躬行，也只是个揣摸影响，所以必说一个行，方才知得真"。对这一类只瞎想不行动的人，就得跟他们多讲"行"，好让他们知道啥是真问题——行动中的问题才是真问题。就是有这两类人，一类是低头赶路，但不抬头看天；另一类是光瞎想，抬头看天，但是不低头赶路。对两类人说不同的话，"此是古人不得已补偏救弊的说话"，这是古人不得已的做法，要讲给不同类型的人听，就得说不同的话，强调的东西各有不同。这种"补偏救弊的说话"，中外都有特别多的经验。庄子的重言、寓言、卮言就是如此。再举一例，丹麦的神学家克尔凯郭尔用三个笔名绘三幅笔墨：写追逐感性的时候，比方说写专门追逐女性、追逐感性生命的唐璜的时候，他用一个笔名；但是要进入理性思考，写哲学著作的时候，他就换一个笔名；最后要表达宗教信仰时，他又用另一个笔名。其实王阳明也类似，他早年流连词章之学，过的就是感性生活嘛；后面出入佛、道，转识成智，开始进入思想领域；到最后关切立言宗旨，"致良知"出来了，也是三个阶段。只是王阳明的归宿是"致良知"，克尔凯郭尔最后是要成为一个基督徒，但是他们两个求索过程的次第上升的结构完全是一致的，他们都是有丰富的情思，有强烈的立言宗旨，有强悍的意志，能对不同的人说不同话的高手。

"若见得这个意时，即一言而足。今人却就将知行分作两件去做，以为必先知了，然后能行。我如今且去讲习讨论做知的工夫，待知得真了，方去做行的工夫；故遂终身不行，亦遂终身不知。"王阳明已经彻底给徐爱交底了。你要明白

◎连我都听懂了，徐同学要是还不清楚就要挨板子喽！

◎有意思，我不写作，但心里往外冒话的时候也会这样，普通话、广东话、家乡话，三十多年没怎么讲过家乡话了，有时突然就蹦出一句地道的家乡话。

◎这个对照很有意思。

第九章 民胞物与

◎悟道者就要存真去伪，正本清源。无奈劣币驱逐良币。

◎你是怎么看待知行合一的？我理解知行合一是具体的修心之法。王阳明说"心即理""心外无物"，这个不是悬空的，需要在具体的事上去磨炼。比如说，我看到有公共场合有欺负弱小的事件发生，可是我犹豫，不敢前去制止，这就没有做到知行合一。通过这件事我要观照到自己的内心，认识到"勇"就是我的必修课，在这方面提升了，以后碰到类似的事情就会不假思索，"如好好色，如恶恶臭"那样自然。所有的事情都能做到知行合一，那就算修练到家了。

我真正的立言宗旨的话，知行合一的意思就说清楚了。当下的人因其各自的偏至，非得把知行分作两件事，还以为得先知才能再行动。怀着这种心思的那些人只是口头上讲讲、做做知的样子，还宣称我先得到真正的知，等行动的时机到了方才去做行动的功夫，其结果是就这样拖着一辈子都不行动，也因此一辈子都不会得到真知。"此不是小病痛，其来已非一日矣。"这句话是要害之处，是王阳明立言宗旨的问题意识所在，是大关节。"其来已非一日"，意思是长久以来，甚至你可以理解为亘古以来人们就是喜欢只要嘴皮子却不行动。"此不是小病痛"，这话说得也很重，但也可见王阳明的脾气秉性。他真是对这个大毛病深恶痛绝。"某今说个知行合一，正是对病的药。"我知道你们习惯于知行两截的想法，这种思考问题的方式已不是一天两天了，我现在就是要解决这个问题。况且，"又不是某凿空杜撰，知行本体原是如此"。即使从理论上讲，也不是我凭空杜撰的，知行本身在本体上也是一体的，我是按照事情本身的样子主张的。大思想家必须这样，是按照事情本身的样子陈述的，有点现象学"回到事实本身"的味道。"今若知得宗旨时，即说两个亦不妨，亦只是一个；若不会宗旨，便说一个，亦济得甚事？只是闲说话。"重要的是对我立言宗旨的领悟，像《道德经》里说的"言有君，事有宗"。领悟了我的立言宗旨，你用分析的方法说知行是两个概念、两个方面是没有问题的。当然，这两个概念在更高意义上还是一个。若是你不能领悟我的立言宗旨，也讨巧强装着说知行合一，也没用，只是说闲话罢了！

《濠梁之辩》里的两种生命态度

濠梁之辩大概是中国文化史上最经典的辩论了。辩手是庄子和他的好友惠子，过程如下：

庄子与惠子游于濠梁之上。庄子曰："鲦鱼出游从容，是鱼之乐也。"惠子曰："子非鱼，安知鱼之乐？"庄子曰："子非我，安知我不知鱼之乐？"惠子曰："我非子，固不知子矣；子固非鱼也，子之不知鱼之乐，全矣！"庄子曰："请循其本。子曰'汝安知鱼乐'云者，既已知吾知之而问我。我知之濠上也。"

庄子和他的好朋友惠子在濠水的桥上闲游。庄子置身大自然中不禁心旷神怡，看着桥下流动的濠水，游动的鲦鱼，不由地发出一声由衷的感慨："鲦鱼游得那么从容，这就是鱼的快乐呀。"很明显，庄子是对大自然充满审美感受的人，有很强的移情能力，所以他能从鲦鱼游得从容的姿态里，感受到它是很快乐的。庄子这个感受，和《西铭》里张载的"民胞物与"是相通的。这样说有点儒道互补的意味了。扯远一点，尧舜禹被追认为儒家，尧舜之前的黄帝是道家，道家是要顾着后面的儒家的，好的儒家是要追溯到道家的，想想司马迁和他爸爸司马谈一个主儒一个主道的转进就知道了，这是真正深刻的中国儒道互补的文化基因。"东鲁春风吾与点，南华秋水我知鱼"，所以说它们是相通的也是有道理的。可惜庄子的好友，其实也是他的老对手惠子不是这样的人，他听到庄子的深情感慨，不仅没共情，还怼了他一句："你又不是鱼，你怎么知道它很快乐？"惠子就是这种冷冷的，只信逻辑，很扫兴的游伴，但这种人又很有力量，毕竟他是用逻辑怼人的嘛。他就是个逻辑机器。

庄子正陶醉在对鲦鱼出游从容、快乐的共情里，被惠子这么一怼，肯定心情大受影响，他的第一个反应其实也是大

◎静心的人，能从自然界的一花一草中看到许多奥妙，即所谓"一花一世界"。

◎是的。宋代王重阳有一首诗：儒门释户道相通，三教从来一祖风。

◎这个词用得太形象了！

多数人的第一反应，那就是反唇相讥："你又不是我，你怎么知道我不知道鱼很快乐。"这个反唇相讥并不想启动辩论，只是情绪不爽、有点烦的直接反应，怼回去而已，情绪反应的成分更多一些。当然，回怼也是怼，还是无意间接续了惠子质疑的思维。

逻辑机器惠子可不管庄子的情绪，他可是铁了心要辩论的，还用上了退一步海阔天空、类比推理等辩论技巧。惠子说："好吧，我承认你说的，我不是你，确实我也不知道你心里怎么想的，不知道你知不知道鱼很快乐。可是同样的道理，你肯定也不是鱼，你也不知道鱼快不快乐，但是你刚才说鱼很快乐，还是你错了。"说完他还说了一个词"全矣"，意思是，他分析的已经很全面了，这个问题可以结束了。你看他多得意。

◎极其自信的表现，认为自己在逻辑上无懈可击。

惠子这个得意劲儿逼得庄子必须认真面对他这个老对手了。光烦他，光有情绪反应不行，还得真和他辩论，在逻辑上战胜他。你看，人生就是这样，被动下场，也得全力以赴。庄子的反击是："请循其本"。

老实说，很多人看到"请循其本"会不明所以，有点懵，庄子在说啥？什么是"本"，为什么要求（"请"）惠子"循其本"？庄子这里所说的"本"，可以理解为惠子和他对话的前提、根本。两人对话的前提、根本是什么呢？当然是得先承认，咱俩是可以对话的，你是知道我说话的意思的，要不然两人就无从对话了。我们和外星人怎么对话呢？都听不懂对方的语言肯定是不能对话的。庄子为什么先请惠子回到这个根本呢？是因为，在前面的辩论里惠子悄悄地否定了这个前提、根本，就是刚才他说的"我非子，固不知子矣"（我不是你，所以不知道你这事是肯定的）。那么，惠子是怎样得出这个结论的呢？其实是狡猾地利用了庄子的情绪反应。开头庄子深

◎道家《清静经》里有一句：降本流末，而生万物。我认为这个"本"是道之本，庄子提醒惠子要回到本源。

情款款地发出鱼很快乐的感慨时，惠子怼他你又不是鱼，你怎么知道鱼很快乐？庄子的第一反应主要是情绪反应，没有刻意在逻辑上用心，他回怼说，你又不是我，怎么知道我不知道鱼快不快乐？庄子的这句话不是一句深思熟虑的话，可被敏锐的惠子迅疾利用了。惠子顺势说，好吧，我承认，我不是你，所以不知道你心里怎么想的，这事是个肯定事实。惠子据此事实，通过类比，再次怼庄子说，同样你也不是鱼，所以，以此类推，你肯定也不知道鱼快不快乐。在整个惠子的辩论里，他顺势说的这句"我非子，固不知子矣"，成为他怼庄子的重要根据。但其实，这个根据是有问题的。庄子现在就是要请惠子回到两人对话的根本，破除这个"我非子，固不知子矣"，因为，很明显，只要能对话，就必须先承认，"我非子，然知子矣"，而不是"我非子，固不知子矣"。

庄子先着力破除惠子攻击自己的潜台词。庄子的论证是"'汝安知鱼乐'云者，既已知吾知之而问我"。当惠子你张嘴质疑我怎么知道鱼很快乐云云的时候，你已经知道我知道了，因为这是我们俩可以对话的前提。你要是不知道的话，我们俩就无从对话，你连质疑都不会发出来。你现在既然质疑我了，就说明你已经知道我知道了。因为这是前提、根本。可你还故意装着说你不知道我，不遵循那个"本"，还用这个假的事实作为根据来攻击我，我现在揭穿你了吧。所以还是我是对的你是错的。

"请循其本"，这是庄子的反击绝招，也是为人处世不可迈过的底线，像惠子那样明知此本却不遵循，装着不晓得还理直气壮的做派，其实并不少见。莫言在诺贝尔奖颁奖典礼上演讲时最后讲了三个故事，其中第二个故事是批评自己的，其实就是个惠子式的"不循其本"的故事：

三十多年前，我还在部队工作。有一天晚上，我在办公

◎着力？我感觉庄子一直在逗惠子。

◎其实，欺骗自己是最可悲的。对自己真实，真实就有希望，真实就有力量。

室看书，有一位老长官推门进来，看了一眼我对面的位置，自言自语道："噢，没有人？"我随即站起来，高声说："难道我不是人吗？"那位老长官被我顶得面红耳赤，尴尬而退。为此事，我洋洋得意了许久，以为自己是个英勇的斗士，但事过多年后，我却为此深感内疚。(《讲故事的人》)

庄子"请循其本"的分析方式，或许可以用现代论辩逻辑的"图尔敏论证"来帮助理解,图尔敏论证里很重要的攻击、辩论方式就是去挖对方提供的理由得以成立的"中介保证"，其实就是审视它的"潜台词"是否有道。举个简单的例子，"恋爱脑"的逻辑是"他对我好，所以他是好人"。这个主张、逻辑的"中介保证"(潜台词)是"对我好的,就一定是好人"，很明显，这个潜台词是不被承认的。庄子要求惠子"循其本"，就是看到他的潜台词是不可靠的。

庄子用以上的逻辑搞定惠子后，想必也是心情大悦。他又恢复到他那多情的审美感觉了，很潇洒地说："我知之濠上也。"

这则辩论能不能继续下去呢？其实也是可以的。比方说，惠子可以反驳，人与人之间和人与动物之间，可以完全等同吗？庄子还得接招。我们就不替他们俩往下想了。各位可以留意，此文里庄子和惠子分明代表着面对生命的两种态度：审美主义的和逻辑主义的。没有前者，不移情、不感动多无趣呀；不面对后者那种咄咄逼人的挑战，又没有力量。所以，情与理，还是平衡些好。

◎惠子的逻辑简单直接，庄子的逻辑是隐性的。

◎你的解读很有意思，有些人认为庄子最后一句是狡辩。

◎你永远叫不醒一个装睡的人，如果惠子掉在这个坑里不肯出来，庄子大概也不会去接招了。

◎庄子也有多面性,《庄子齐物论》："毛嫱丽姬，人之所美也；鱼见之深入，鸟见之高飞，麋鹿见之决骤，四者孰知天下之正色哉？"同样是审美的眼光，但是与庄子在濠梁之辩中采用的逻辑不同。

第十章 魏晋风度

这一章领略"魏晋风度"。如果我们把先秦诸子百家的原创性思想看作是中国文化的第一个高峰，魏晋风度应该是中国文化的第二个高峰，可谓"山川相缪、郁乎苍苍"。我们选了三则材料：第一则是比较激烈的嵇康的《与山巨源绝交书》，这是一篇奇文，嵇康要绝交的山涛非但不是他的敌人，反而是他最可托付家事的好兄弟，一个选择正直激烈的死，一个选择忍辱负重的生。陈寅恪的学生徐高阮做过一篇《山涛论》，细致讲了山涛在晋武帝治下复杂的权力场里对文人故旧的精心照顾，大名士王戎赞誉他为"璞玉浑金"。嵇康确实很激烈，他不苟活、"纵意所如"的性情，又高又帅的形象，被腰斩时洛阳城三千士子落泪的场景让人感慨嘘唏、难以释怀。第二则是刘伶的《酒德颂》，礼赞酒德，认真说起来也有点激烈，不是"我用沉默告诉你我醉了酒"的深情款款，而是非常坦率任性、戏谑张扬，因为他要越名教而任自然。刘伶本人个子不高，但他气场

◎这句话让我脑海中浮现出双生火焰的画面感。死生一体，都是彼此的另一个自己。

◎嵇康有多帅？《世说新语》里说见过他的人都感叹他的风度翩翩——"萧萧肃肃，爽朗清举"；山涛说他醉倒的时候"傀俄若玉山之将崩"；木心先生说他是最具阳刚气的男子……今天流行颜值这个词，我觉得说潘安、宋玉颜值高可以，但是嵇康肯定不能只用颜值来概括，他的风度只能靠读者自己的想象了。

◎可能都不到一米六。

很大，放浪形骸，酒不离身，关于他喝酒的故事很多。刘伶出行都是携壶酒，边喝边逛，后面还跟着一个随从，随从总是扛着一把铁锹，意思是说哪天喝酒喝死了，把他就地埋了算了。我曾陪来访的学者到某美术馆看画，偶遇一幅以竹林七贤为主题的画作，这位画家大概缺乏对竹林七贤的详细了解，他把刘伶画得很高很伟岸，跟嵇康差不多了。他大概以为能写《酒德颂》的刘伶应该也是高大威猛的，其实恰恰相反，刘伶个子不高也异常潇洒。第三则材料就是著名的《世说新语》中的几则故事。讲中国人的生命意识，少不了"魏晋风度"。讲"魏晋风度"，更少不了《世说新语》，那可是鲁迅认定的"名士教科书"（《中国小说史略》），魏晋时代最耀眼的时尚杂志，一代又一代文人的枕边书、心头好。

魏晋风度实在是中国文化、中国艺术中非常重要的部分，极富活力和风采。晚清以来文人对魏晋风度表现出浓郁的兴趣，他们感同身受、心有戚戚，一波波的顾念、亲近、认同，章太炎更是称誉魏晋文章"守己有度，伐人有序，和理在中，孚尹旁达，可以为百世师矣"（《国故论衡》）。魏晋风度迷人，可怎样传神地讲给现在更亲近"有一点释怀，有一点彷徨"一类情绪的同学，使它不要像一阵呼呼刮过的大风，而像一个永在的奇迹，吸引同学"听闻远方有你，动身跋涉千里"，我们国文教师还得努力想招儿，像我忍不住把当下流行音乐和魏晋风度做对照也算是个尝试，都是时尚嘛。这章讨论的话题设置了两个，第一个是"魏晋风度与知人论世"，想请同学们知道些魏晋风度背后的人与事，到那个历史的脉络里感受下，最好"真的难以忘记，关于你的消息"。当然这对同学们来说可能会有点难度，所以我们的落脚点还是回到生命教育上，重点体会"生命的张扬与隐忍"，这也是第二个讨论话题。魏晋风度里有很张扬的一面，但它的底色可能还是很隐

◎粤剧艺术家马师曾个子也不高，他的弟子们看到他在舞台上的气度，都奇怪瘦小的师父怎么能爆发出那么大的能量。

◎好好好，给你点赞。国文教师要脱下孔夫子的长袍，尝试把自己变成国潮，嘿嘿。

◎看来最近听了不少流行歌曲哟。

忍的，一对奇妙的矛盾。关于魏晋风度，最著名的文章就是鲁迅先生的《魏晋风度及文章与药及酒之关系》了，讲那个矛盾是最透辟的。宗白华先生的《论〈世说新语〉与晋人的美》也是我爱看的。这两篇文章，可以说是国文教师授课时快速了解魏晋风度相关资源的便捷指引。鲁迅的这篇更深刻些，它更偏知人论世，宗白华的文章的重点是体贴晋人的美，更引人啧啧称奇，时而艳羡不已，时而心旷神怡，当然两篇文章也有很多可以沟通的地方。

魏晋风度，用鲁迅的话就是几个关键词。第一个是"清峻"，第二个是"通脱"，第三个是"华丽"，第四个就是"壮大"。很多人并不很注意鲁迅为什么用"清峻"打头。鲁迅讲曹操治理天下靠的还是严刑峻法，严刑峻法影响到文章就是清峻，这实际上是魏晋风度的一个底子，这是鲁迅的眼光，有点阴沉，但清醒。鲁迅在《魏晋风度及文章与药及酒之关系》这篇文章的开始说魏晋是一个"重要的时代"；宗白华在《论〈世说新语〉与晋人的美》这篇文章中开篇讲魏晋南北朝是极黑暗的时代，是"中国政治上最混乱、社会上最痛苦的时代"，"然而却是精神史上极自由、极解放、最富于智慧、最浓于热情的一个时代。因此也就是最富有艺术精神的一个时代"。魏晋风度就是这样浓烈有张力。对晋人的美，宗先生用的词是"简约""玄澹"，把这两个词和鲁迅的那四个词对照一下就会发现，热力已经下降，秀雅之气在增加了。把这六个词放在一起，魏晋风度就是：清峻、通脱、华丽、壮大、简约、玄澹。"清峻"其实就是文章上的严刑峻法、杀伐之气。"通脱"就是横通，脱俗。通脱来自于魏晋时期不再固守传统礼仪制度，重德更重才，甚至重才不重德。各路势力会网罗各种人才，愿意接纳各种思想，所以在这个时期，佛教才有机会大规模传入，并且跟中国文化深度融合。当然文化多元、

◎我越来越能理解这种对立共生的关系，就像淤泥与莲花，平衡法则处处都有。

◎痛苦的礼物是生命的觉醒，活出自己最可贵。

◎通过这八个字，好似看到时空能量交互流转动态演绎的过程，一段历史气态化了。

◎"气"是一种能量。从"文气"的角度研究作家的性格、身体状态等和作品的关系，挺有意思的。你写的东西文气较盛，源于你内在有充沛的能量。

◎国文老师就要有这样的意识，一切现象都能与生命规律相关联。

◎这让我想起佛家说的"成、住、坏、空"，大到宇宙、小到一个生命体或是一种现象、一段关系，都可以从这个发展逻辑来看。

资源杂乱的时候，丰沛性、生动性就起来了，所以第三个阶段一定是"华丽"，就是以曹植、曹丕为代表的在文章上、做派上的华丽。生命本身丰富多彩的形态就叫"华丽"，华丽肯定要往内外空间维度上扩展，所以第四个阶段是"壮大"，鲁迅说的这四个词是有内在逻辑的。当然他也讲了，为什么会发展到"壮大"呢？这跟曹丕提倡"文以气为主"（《典论》）有关，以气为主实际上是要接通自然，这下能量就大了，所以一定是会"壮大"的。后面往陶渊明那里走的时候时代气氛变了。东晋就开始变得刻意、虚矫,更等而下之的就是作假、虚伪。魏晋风度也像个生命体，生命体开始的时候自己有内在的力量，会成长，在各种桎梏中奋力上升，这时有清峻之气，还很朴实。之后它慢慢地越来越有力量了，也学会了有雅量，什么都能容纳，这时就会通脱些。有力量、懂通脱，自己越发内蕴丰富，修于内而行于外，外在礼仪等方面的华丽就自然地讲究了。华丽就是生命走到高处的绽放。物极必反，生命的装饰和生命本身也开始出现裂痕、分离，内外的不协调一点点地增多，生命本身就开始驳杂以至于变异了。魏晋风度，如果我们把它当作一个生命体来理解的话，它也经历了从萌生到青春勃发，到丰富成熟，再到衰落的过程。魏晋玄学代表着成熟、深刻的一面。当时由于佛教义理传入，士人以道家思想接引、融合佛学义理，理论色彩越来越强，一时谈玄成为时尚，而一旦进入玄学，真诚和虚伪相杂，慢慢到东晋作伪的程度就越来越重了。再到后面一切绚烂归于平淡，陶渊明出来把这一切都结束了。我记得晚清民初梁启超也曾用生命体的变异来说社会思潮的变化，基本上也是这样几个阶段。一个生命体的萌发、生长、衰落，大致也确实是这样一个过程，当它来到更高阶段时，意味着需要新的更生。

下面我们细说下刘伶的《酒德颂》和《世说新语》的故

事。嵇康《与山巨源绝交书》是那么的嬉笑怒骂、酣畅淋漓，曾是我青春期里最喜欢的文章，这次故意略过去并非由于形格势禁，只是很奇怪，此时自己好像还没有做好再次句读它的准备，这大概就是人到中年"致青春"时的忐忑，不愿见嵇康"他不羁的脸像天色渐晚"，只好留待时日再勇敢面对了。

《酒德颂》里"纵意所如"的大人先生和他的敌人

"有大人先生者，以天地为一朝，万期为须臾。""大人""先生"都是顶好的词。《周易》里有，"夫大人者，与天地合其德，与日月合其明，与四时合其序，与鬼神合其吉凶。""先生"则是对自己的老师或对德高望重之人发自内心敬重时的敬称，并以弟子或"私淑弟子"自居。读研究生时，我有位同门一做学术讨论就是这么郑重称呼我们老师的，第一次听还觉得怪怪的，后来就习惯了。《酒德颂》一开篇，"大人""先生"连在一起，口气大极了，而且这"大人先生"明示暗指的其实就是刘伶自己，这可真自信、可爱。刘伶是自信，不是胡说瞎讲，他给出了做"大人先生"的标准：首先就是"以天地为一朝，万期为须臾"，当下吸纳一切的时空意识。前面我们在读张载《西铭》一文时已讨论过儒家的价值观先从宇宙讲起的习惯，"四方上下曰宇，古往今来曰宙"，刘伶这里也不例外，先讲的这两条正是宇宙意识，当然，一股子白驹过隙、及时行乐的洒脱感。接下来，就是对"大人先生者"行止的写意了：

日月为扃牖，八荒为庭衢。行无辙迹，居无室庐。幕天席地，纵意所如。止则操卮执觚，动则挈榼提壶。唯酒是务，焉知其余？

"日月为扃牖，八荒为庭衢"，日月只不过是门窗，八荒不过是庭院里的道路。"行无辙迹，居无室庐"，走动起来没

◎漫长的告别是青春盛宴。错过嵇康有点遗憾，毕竟他是"C位"啊！所谓"三国耗尽英雄气，两晋尽是鼠辈出"，嵇康是三国英雄气的余风。

◎想起初中读书时我给爷爷寄信，信封上收信人名字后面括弧里写的就是"大人"，跟家里长辈学的，自己并不知道什么意思。

◎维度很高的感觉，在高维俯瞰这个世界。

◎好一个"幕天席地"！个体的生命与天地宇宙融合在一起，完全超越了人间的、世俗的视野。

有固定的车辙、路线、轨迹，居住起来也没有什么居室、房舍、住所，就是"幕天席地，纵意所如"。以天为幕，以地为席，放纵自己的意志，想去哪里就去哪里，就是人法地、地法天、天法自然，随性的徜徉在自然中。"纵意所如"是魏晋风度非常重要，甚至可以说是最重要的心性特征，用我们现在的话来讲，就是极度的自由意志，试图冲决一切樊篱的心灵渴望。"止则操卮执觚，动则挈榼提壶"，这是要把纵意所如的心境引到喝酒上去喽，以天地为背景，自己愿意上哪儿就上哪儿，车马、住宿都不讲究，但不管走动还是停下来，唯一不变的就是忙乎着喝酒。"唯酒是务，焉知其余？"这位大人先生，只钟情于酒这一件事，不知道人间还有其他的东西，这叫"喝酒"主义。这样的行为一定会遭到正统价值观的抵制、攻击乃至打压。

讲到这里扯远一点。其实人间任何东西，痴情、专注、追求到极点，追求者愿意以命相搏的时候，都会展现出可怕的摧毁性力量，艺术之神乃至各种神，包括刘伶的酒神，迷人也残酷，对追求者既体贴又苛严。想想小说《红楼梦》《呼啸山庄》《铸剑》，昆曲《牡丹亭》，唐传奇《霍小玉传》，电影《香水》等就会发现，艺术的秘密或许就在于，它把人类珍惜的某一个价值，例如纯真、青春、爱情、友谊、正直、正义、真诚、创造、忠诚、信任、虔诚等的其中一个挑出来推向极境，严苛地测试它，使喜欢追求它的人（类人）历经曲折、承受折磨乃至成为献祭者，就是要以这些追求者、献祭者的悲喜、牺牲证明它的宝贵，也证明它不可被慢待的可怕力量。魏晋风度有着浓郁的艺术范儿，大抵也可作如是观。

◎是的，层层魔考过关，最后拿到最最宝贵的礼物。我真的很羡慕那些能够置心一处的人。

刘伶颂的这个"酒德"到底是什么？酒是一个很神奇的东西。喝酒的状态是，酒杯一端，人就与自己的日常社会理性分离了，渐次亲近，惟恍惟惚，最后皈依的酒神其实就是自己的植物神经。这么说足令爱酒之士扫兴、愤怒。其实中外这么想的人也不少，尼采写的《悲剧的诞生》也是讲酒神的，核心意思是：酒神就是世界的真相，无常又残酷，需要日神给他打扮打扮才不会把人吓死。刘伶的这个"酒德"，其实就是在酒精的刺激下，求得一个体验上的无限自由。人对自由的向往是天性，但无不在压抑中。实际上沉醉之前人还是有很强的社会理性，我不相信有人喝多了耍酒疯就是完全丧失理性。植物神经的作用可能会使他失去某些片段记忆，失去身体和情绪的部分控制能力，但是在整个过程里不可能没有理性，所以喝酒不该是误事的理由。刘伶估计会对我的这些说法嗤之以鼻，斥之为虚伪的俗见。我们这些俗人哪里晓得酒对人压抑情绪的释放，对人自由感的鼓舞和呵护，尤其是这压抑过于深重的时候，就甭说什么自由和秩序的平衡云云的鬼话了。从某种意义上说，世界各大文明的活力，可以以对酒的容忍程度做个标准，这个我没做过研究，大概香港的丁学良教授最懂，不晓得他是不是有专书讨论过。

回到正题。刘伶《酒德颂》里没有太多艺术形而上学的困惑，他的烦恼主要还是人间的道德分歧。

"有贵介公子、缙绅处士，闻吾风声，议其所以。"高贵耿介的公子、做官的"缙绅"和未做过官的，包括那些有德才隐居不愿做官的，总之，无论庙堂还是江湖的士人，他们听见关于刘伶的风言风语，就议论这家伙为什么要这样做，并一致认为这样子做很不堪，越议论就越愤慨，"乃奋袂攘襟"，胳膊就要挥起来，衣袖就要捋起来，衣襟就要撩起来，很明显是想要上前动手，想收拾这不讲礼法的家伙了。"怒目切齿，陈说礼法，是非锋起。""怒目切齿"可见恨得脸都变形了，"陈说礼法"就是愤怒之极还不忘给刘伶普及下礼制规矩、风俗习惯等等，结果肯定就是"是非锋起"了。怎么

◎相对来说，中国古代对自由的抑制较多，所以酒在传统文学中出现的比例很高。我们现在又流行茶道、香道，可能是现代人较为自由涣散，到一定程度后又需要收敛，喝茶焚香有助于静心凝神。我还是忍不住要说这种鬼话：对生命来说，平衡是王道。

◎哈，脸都变形了，活灵活现。

第十章 魏晋风度

看待贵介公子、缙绅处士的激动和愤恨呢？恐怕既是三观不合，人生观、世界观、价值观严重冲突，也是话语权的争夺、利益的冲突。刘伶这种纵意所如的极度自由、任性，对常规社会道德秩序的冲击无疑如同洪水猛兽，无论庙堂上还是江湖中一言九鼎的人都不会允许它的凸出和泛滥。能揣摸到如此天意、民意的聪明人肯定想主动站队，坚决收拾刘伶之流，附近乡亲肯定也受不了刘伶酒后的乖张和傻相，看这情形识时务者为俊杰，刘伶得认怂了。谁能想到，这刘伶根本就没当回事。

◎我想到当下很多年轻人不结婚、不买房、不生孩子，你认为这样是活通透了，可是社会不允许你通透。

"先生于是方捧罂承槽，衔杯漱醪，奋髯箕踞，枕麹藉糟，无思无虑，其乐陶陶。"我喜欢这句话里"于是"一词过渡的顺滑，仿佛贵介公子、缙绅处士的怒目切齿、礼法陈说成了给刘伶的鼓掌、拥护；我喜欢"方"（将要）字的动感、俏皮，仿佛贵介公子、缙绅处士的聒噪成了催促刘伶进酒的酒令，刘伶听令一下子就进入到了"捧罂承槽，衔杯漱醪，奋髯箕踞，枕麹藉糟，无思无虑，其乐陶陶"的美好状态。"捧罂承槽"，捧着那个酒器去接酒，"衔杯漱醪"，含着杯子去喝那个浊酒，管它好坏都喝。"奋髯箕踞，枕麹藉糟"，"奋髯"就是张开胡子，"箕踞"就是两条腿像簸箕一样叉着坐，管他符不符合礼法。枕着酒麹，垫着酒糟，姿态有点像"葛优躺"，"无思无虑，其乐陶陶"，整个人都活在酒的世界里了，这是何等的迅疾、酣畅和沉醉呀！一般人进酒哪有这狂风暴雨般的劲头儿？一般人喝酒，大体的样子，无非是《红楼梦》里甄士隐第一次请贾雨村喝酒的节奏："先是款斟漫饮，次渐谈至兴浓，不觉飞觥献斝起来。"先是矜持、说客气话讲着礼数，酒倒得也慢，喝两杯也是刻意的随意，不失风度，渐渐地话头渐多，谈话的兴致也高了，人也开始兴奋了，酒也开始甜了，最后不知不觉，大家彻底放松了，也亲热起来了，

◎精微，精妙！

◎想起你说的语言的节奏问题了。前面几句是很具体的动作，画面感很强，画家寥寥数笔就能勾勒出来，但是最后一句精神层面的"其乐陶陶"就很考验功夫了，前面的"写照"最后都要为"传神"服务。

于是酒杯频传，川流不息的感谢、祝贺、敬酒，酒局上的一晌贪欢就这样接近圆满了。这才是普通人的饮酒节奏。哪有像刘伶这般，遭遇"贵介公子、缙绅处士"的挑衅反而仿佛听到酒神召唤一般，"于是方"自顾自地嗨起来了。

"兀然而醉，豁尔而醒。"这位大人先生就是那么自由自在地任性，迷迷糊糊地就喝醉了，可突然他又醒了。留意此句，落脚点突转到了"醒"字上。若你觉得这就只是个贪杯的酒鬼，那你就大错特错了。

"静听不闻雷霆之声，熟视不见太山之形。不觉寒暑之切肌，利欲之感情。"想进入"静听"的时候自然界的外在声响哪怕雷声也不会打扰到他，想专注地看的话即使高大的泰山在眼前他也看不见，因为他有想静听的东西、想凝视的东西。寒暑气温变化对皮肤的触觉影响他已经感觉不到，利益欲求对人情绪的触发他已经觉察不出。听觉、视觉、触觉、情感上的波动都已经不能影响他了。这个恐怕很多人不太能够理解，其实这就是道家讲的"收束心猿意马""无撄人心"。鲁迅批评这种"无撄人心"的做法，他自己希望诗人要做的事是"撄人心"。我讲一点个人经验，确实有这样"无撄人心"的人，他看什么都不动心。我的叔叔大概就是这样的，他对自己的生死都不动心。快去世之前，朋友亲人去看他，他说："我知道我快死了，你们回吧，没事。"他把自己当成纯然的自然生命，他把自己自然化了，所以无所谓，不动情。我觉得刘伶恐怕还不是这样，他喝酒的种种乖张说明他还是有热烈的一面，他不是真的全冷。

"俯观万物，扰扰焉，如江汉之载浮萍。"此句是

◎程式化的酒局，多是意不在酒。

◎这位大人先生的状态让我想起庄子在《齐物论》里写的那位南郭子綦先生，"南郭子綦隐机而坐，仰天而嘘，荅焉似丧其偶"。这是一种忘我的境界，去除分别的意识，与天地进行深度连接。我觉得这也是参禅打坐、瑜伽等修行所追求的境界。

◎生命临终能够放下对死亡的恐惧，放下对六亲眷属的挂念，这是一种很大的福分啊！所谓人心灭处道心生，我向往这种"不动情"。

居高临下地看世界，冷冷地看，看到的当然是扰攘、流逝和渺小。最后，"二豪侍侧焉，如螟蛉之与蜾蠃"，充满戏谑、辛辣的反击，张牙舞爪的贵介公子、缙绅处士，你们陪侍在我左右，在我眼里，你们这两类人无非就像那个蜾蠃和螟蛉一样——蜾蠃把自己的卵寄生在螟蛉体内，卵虫孵化出来就会吃掉螟蛉，一方是残忍、狡诈，另一方是逢迎、愚蠢。刘伶这句话骂得太毒辣了。可你仔细品，一起欺负大人先生刘伶的贵介公子和缙绅处士的关系，不正是如此吗？还有比这更狠毒也最入骨的反击吗？

《酒德颂》以大人先生纵意所如的自信、可爱开始，以辛辣、狠毒的反击结束，一热一冷，真是"兀然而醉，豁尔而醒"呀。

◎这里有庄子的味儿。

◎此处"合"得很妙！

◎好记性！查阅了一下，正是出自《傅雷家书》，傅雷于1954年12月27日写给在波兰学习的傅聪："《世说新语》大可一读。日本人几百年来都把它当做枕中秘宝。我常常缅怀两晋六朝的文采风流，认为是中国文化的一个高峰。"

◎"一种风流吾最爱，六朝人物晚唐诗"，这个很流行的诗句的作者就是一个日本人，大沼枕山。

《世说新语》的名士风流道不尽

下面把《世说新语》的三则短章略说一下。鲁迅说，《世说新语》可称得上是"名士教科书"，"记言则玄远冷隽，记行则高简瑰奇"。傅雷说它就是一本魏晋南北朝的时尚杂志，儿子傅聪出国留学的时候，傅雷就给他带了两本书，一本是《世说新语》，还有一本是沈德潜的《古诗源》。不记得哪位学人曾经说过，应该就是《傅雷家书》里说的，《世说新语》是日本人放在枕边的时尚杂志。当时看到这个说法的时候我觉得奇怪，为什么是日本人？不管怎么说，我个人觉得把《世说新语》定位为时尚杂志是很准确的。

《世说新语》有三十六个栏目，分上中下三卷，上卷先放的是社会的主流价值，"德行""政事""言语""文学"，孔门四科，很正式。中卷开始讲人性，比较正面的类型，像"方正""雅量""豪爽"这些，一共十三种。下卷就讲很复杂甚至灰暗的人性，例如"轻诋""忿狷""惑溺""仇隙"听听这些词就知道有多灰暗了，这类一共二十三种。有点遗憾的是，看上去正面的没有反面的多。这也给了我们一个启发，我们如果做一个时尚杂志，要开三十六个栏目其实也不是很容易的，可以借鉴《世说新语》的做法。这里也提醒下，对职业类高校的同学来讲，三十六门中有两门可以特别留意，这就是下卷的"术解""巧艺"。

《世说新语》里记载了很多好玩的事，在宗白华先生的文章里也列举了很多，这些名士真的有艺术范儿。这个阶段的中国艺术全是顶级的。绘画有顾恺之，书法有王羲之，讲诗论有钟嵘，更系统性的刘勰的《文心雕龙》也可以算到里面。中国艺术顶级的理论和作品都是这个时段出现的，从理论到实践都是富矿。鲁迅说《世说新语》是"名士教科书"，我理解的名士无非就是言行的典范，其实现在做时尚杂志的时候，恐怕也必须按照这个规律来。明星讲话的时候，不能讲太多，"玄远冷隽"。行为呢？最好"高简瑰奇"，否则他会失去神秘感，其实这两个方面就是宗白华先生说的简约、玄澹。当然，现在视觉时代的明星也不一样了，失却了本雅明说的"灵韵"。《世说新语》大概就是中国中古的"灵韵"奇书了。

《世说新语》的这三则故事的节录看似散漫，实则还是有一个内在的线索。第一个故事"伧僧旧义"是讲世事变化中修行人如何权变又如何持守德行。第二个故事"雪夜访戴"是讲生命的自适状态，行动和感受合一，一切服务于自我的适意。第一个故事是面对现实的，第二个故事是一种理想状态。第三个故事，"黄公酒垆"是讲历史沧桑变幻带给生命巨大的空虚感。《国文课》"习问"里说"这三则故事各有意旨"。第一则是生命的尊严，第二则是生命的自适，第三则讲生命的沧桑感、空虚感；三则故事都契合"生命"这一模块的主题。

◎每个时代流行的文化都不一样，五四时期是胡适、陈独秀等新文化名流，今天是财经专家和娱乐明星。魏晋名士是当时社会的宠儿，很多人也向往成为那样的人，《世说新语》可以看作名士速成宝典。

◎不仔细琢磨，还不知道这三则故事的安排，是基于这样一种生命状态的内在的逻辑，编者用心啊！

第十章 魏晋风度

第一则"伧僧旧义"，这是陈寅恪先生特别喜欢的，他讲过很多次。"愍度道人始欲过江，与一伧道人为侣。"愍度道人（支愍度）是晋代很知名的一位高僧，他创立了"心无宗"，为般若学派六家七宗的一宗。他当初打算过江南避乱时，与一个北方的和尚结伴，两人一起要过江。"谋曰：'用旧义往江东恐不办得食。'便共立'心无义'。"他们商量说，我们从北方往江东（即"江南"）去，如果还按照原来《波若经》的教义开讲，恐怕没饭吃，要活不下去。为什么他们评估波若旧义从北方到南方就不行了？魏晋南北朝时南北差异的讨论挺多，如《世说新语》的"文学第四"就曾记载：

褚季野语孙安国云："北人学问，渊综广博。"孙答曰："南人学问，清通简要。"支道林闻之，曰："圣贤固所忘言。自中人以还，北人看书，如显处视月；南人学问，如牖中窥日。"

这是东晋的三位名士在讨论南北学人的差异，其中有一位是高僧支道林。总之，当时的人很喜欢揣摩南北的差异，其实现在也差不多，当时北方人可能更硬气、爽直，南方更灵动、柔和，两者有差异。当然这里不能一概而论，尤其现在，北方的太极拳倒不如南拳迅疾刚猛，而现在的南拳继承的反倒是原本中原武术的传统。愍度道人说，我们从北方往江东去，可能生存会有问题。于是他们两人商量，共同创立了"心无义"的讲法。愍度道人的"心无宗"，核心意识是只要心中无物，不管身外的世界是空还是不空了。至于"心无义"，从这则故事后面的内容看，这里的"义"不是指"心无宗"的"心中无物"的"义"

◎这个比喻好！哪种更有味道呢？

◎想起我上学的时候老师举的关于思春女子的例子："老女不嫁，踏地呼天"，这是北朝民歌里的，在南朝乐府里就是"南风知我意，吹梦到西洲。"哈哈，这画风也太不一样了。

◎这个不懂。徐皓峰那本《逝去的武林》里说的"形意拳"是发源于中原的。

（义理），而是人的"心中要有义"的"义"，"义"指的是正义、道德。他们评估以前的讲法在江东可能没市场，为了生存，他们创立了一个跟原来学说刚好相反的讲法，这完全是权宜之计。"既而此道人不成渡，愍度果讲义积年。"结果那个北方和尚没有渡江，愍度自己在江东讲了几年的"心无义"。"后有伧人来，先道人寄语云：'为我致意愍度，无义那可立？治此计，权救饥尔，无为遂负如来也！'"后来有另外一个和尚要到江东来，之前曾经跟愍度一起谋划的那个和尚就让此人捎话给愍度："人怎么可能无义呢？人是必须有义才能立身的。我们当初定'心无义'，只不过是为了暂且活下去。我们身为佛门弟子是要传如来的真佛法的，生存只是权宜之计，可是你已经站得住脚了，为什么还这样？你不要辜负了如来佛祖！"

　　"伧僧旧义"里的"义"是儒家的义还是佛家的义呢？佛家的义恰恰是对儒家义的否定，这些隐藏的矛盾我们就不纠结了，这个故事也不是真的讨论《波若经》讲法的。它只是告诉我们，每个人都生存在特定的时空，有时候需要做一些妥协、变动，这个不要紧，但是你不能忘记自己原先是从哪里来的，尤其警惕，假话说多了自己都被感动、说服了，仿佛变成真话。"伧僧旧义"把"心无义"讲法的动机直接说成了"得食"，也够赤裸的。有一句话很有意思，"吾闻中国之君子，明乎礼仪而陋于知人心"，这话出自《庄子》，鲁迅在写《魏晋风度及文章与药及酒之关系》的时候，还把这个记错了。从"伧僧旧义"这个故事来看，"中国之君子，明乎礼仪而陋于知人心"还算好的，要是他们"明乎礼仪"而且也并不"陋于知人心"，反而他们很会利用人心、礼仪来谋食、谋权且不知反省，以至于越来越不讲礼仪廉耻了，就像这故事的愍度道人那样，大概已经算是钱理群先生讲的"精致的利己主义者"了。这才是最悲哀的。

　　第二则"雪夜访戴"是大家比较熟悉的：

◎现在也强调这个，说明凡人不容易做到，得时时反省。

◎犀利！看资料讲愍度道人的"心无义"很是红火，当时的佛教界花费好多力气才肃清这个流派的影响。现今像愍度这样迎合市场和受众的大咖也不少，谁要正本清源就是动了人家的奶酪。

王子猷居山阴，夜大雪，眠觉，开室，命酌酒，四望皎然。因起彷徨，咏左思《招隐诗》，忽忆戴安道。时戴在剡，即便夜乘小船就之。经宿方至，造门不前而返。人问其故，王曰："吾本乘兴而行，兴尽而返，何必见戴？"

这则故事富有节奏，读起来很流利，那种纵意所如的潇洒劲头一读就感受到了。外面一片白雪皑皑，王子猷命仆人给他酌酒。"四望皎然。因起彷徨"，一看白茫茫一片，世界真干净，他的彷徨、孤独感起来了。世间万物、眼前一切还原为纯白色的时候，一个人的孤独感就涌出了，南方的朋友可能要少一些这种感触。可以想想夜色对人的影响。夜晚笼罩一切的黑色和这里大雪覆盖一切的白色对人情绪的影响其实是相通的。《诗经》有一篇《君子于役》：

君子于役，不知其期。曷至哉？鸡栖于埘，日之夕矣，羊牛下来。君子于役，如之何勿思！

君子于役，不日不月。曷其有佸？鸡栖于桀，日之夕矣，羊牛下括。君子于役，苟无饥渴？

时间是"日之夕矣"，暮色四合，逐渐走入黑夜，牛羊、家鸡都安顿好了，思念远行服役丈夫的女子一放下手上的活儿，眼前没着没落，只能被无边的黑夜包围了，她的孤独、彷徨、思念也就开始了。下雨或者下雪的时候，总之整个世界被笼罩的时候，眼睛被外部的世界阻隔了，人就只好无可回避地看到自己的内心了。现在流行的瑜伽、站桩、修行是不是也有这样的心理作用？眼睛一闭，众生、天地都见不到了，现在得见自

◎就我自己的感受来说，在北方冬季的时候，孤独感更强，相应地对生活的感受会更加腻细敏感。可能是因为外在的万物沉寂，使得自己能够沉潜下来面对生命的内在。而在南方，高温天气使人焦躁，很多时候都是一滑而过，缺少在北方的那种比较深刻和丰富的体验。

◎可是我觉得现在的人不容易感受到黑暗，城市里到处是24小时便利店，甚至有的城市的地铁都是24小时运营的。好像都在驱除你的孤独感。

己了。有个台湾作家说，他对纸质书一点都不担心，他觉得纸质书的阅读是夜晚的阅读，电子书是白天的阅读，他这个讲法很好。

又扯远了，回到王子猷的"雪夜访戴"。本来是晚上，但却是超级亮的晚上，这可以叫作"夜的白"，王子猷开始咏叹，然后就想起朋友戴安道。戴安道是个隐居不仕的高人，当时居住在剡县。心之所向，行之所至，有念头他就马上动身前往，经过整整一夜才到。他"因起彷徨"，内心涌动情感，马上付诸行动。现在很多人也有很多的感慨，内心纠结，可是仍然不行动，生命的意识和生命的行动是脱节的，感而不发，感而不动。王子猷这个人是合一的，你可以说他太任性或者怎么样，但他确实是合一的，他追求这个。对他来讲，内心的自足、自得才是最重要的，他要见朋友这事本身其实并不重要。这是魏晋风度里的重要面向，非常自我，看重我和我自己的关系，在《世说新语》里面有不少这样的情形，着实让人羡慕。我上研究生时有位教电影的老师，他现在已经位高权重，有个冬天的晚上他来给我们上课，窗外面白雪皑皑的，他进门看我们在教室里呆头呆脑地等他来上课，就批评我们这帮家伙一点艺术气质也没有，可怎么学文学、电影，外面的雪这么美，也不到外面走走，多读几本死书有什么用。他平常是很优雅、亲切的人，那天他有点激动，可那是我上过的课里印象很深刻，也很美好的一次。

第三则"黄公酒垆"是竹林七贤里王戎的故事。竹林七贤已经风流云散，好朋友都不在了，王戎现在的身份是尚书令，当然是级别很高的军事官员。"著公服，乘轺车，经黄公酒垆下过。"轺车是很轻便的，不是那种很繁琐的官车。他乘车经过黄公酒垆的时候，回头对后面车上的人说，当年我和嵇康、阮籍在这个酒楼里面畅饮。"竹林之游，亦预其末"，

◎这个作家又一次出现了，要把他的名字写出来。查了下，来自台湾的出版人、作家郝明义，写过《工作DNA》，译过《如何阅读一本书》，他的说法："数字书与纸质书的关系，就像白天与黑夜。"

◎也和他当下的状态有关，他已经睡了一觉，又温了酒喝，"情动于中而形于言，言之不足故嗟叹之，嗟叹之不足故永歌之"，咏叹还不过瘾，就动身行动了。

◎能量就是这样内耗掉了，念头和行动，谁也降伏不了谁。

◎真好，希望国文课堂上多一些让学生日后深情回味的时刻。

第十章 魏晋风度

王戎是是竹林七贤里年纪最小的，年纪最小其实观察最有优势。我常觉得艺术的心灵机制是高度同构于儿童心理的，艺术家引导人们睁着眼看未知的世界，就像孩子探索未知的世界一样。王戎用年龄最小的眼光来看这群老哥的，现在他也年长了，嵇康已经被司马昭腰斩了，阮籍也死了，他自己被时势捆绑束缚着。

◎很有道理，还没从这个角度想过。年龄偏小，自我意识还没那么强烈，好奇，且松弛。

"今日视此虽近，邈若山河！"黄公酒垆我看着很近，但是邈若山河，巨大的沧桑之感溢于言表。顾城的诗《远与近》里有："你一会儿看我，一会儿看云。我觉得你看我时很远，你看云时很近。"王戎和顾城，都很理解"远与近"。"邈若山河"，"邈"本意是距离、空间的远，也因距离的远引申出渺茫、模糊不清的意思，这就不仅是空间的事了，同时也是时间、记忆的状态了。所以，"邈若山河"，明面上是随着王戎的视野望去，远远的，远方的山河因而显得邈远了，其实是内心的感受、记忆也正向着"烟波微茫信难求"的状态去了。往好处想，世事变迁，生活还得继续，这逐渐沉淀的隐痛，毕竟不那么激烈难熬了。把对某个时刻、时机的痛感弥漫成绵延的空间，把痛苦的尖锐性转变成忧伤的情绪波动，稀释它，接纳它，这是一种中国古典主义艺术的处理方式。这一则选自《世说新语》三十六门中的第十七门"伤逝"，是"感伤逝者、哀念亡人"的，主要是讲失去亲人和朋友这样的情形，中国历史上的"伤逝"之作大都有这个特点。我们很少有像陈子昂"念天地之悠悠，独怆然而涕下"那样，只对准一个人，只对准一个瞬间，让孤独更孤独的。我记得西川有个很有意思的说法，他说中国古代小说里面，很少有孤独的人，小说发生的情节都是在饭馆、茶馆里，都是扰攘的环境。《水浒传》里的林冲算是少有的孤独的人。成为孤独的人也不是林冲主动要的，他原本也服务朝廷，后面只是因为被追杀，妻子被

◎说得真好啊。从中窥见我们民族心理有种"渐老渐熟，乃造平淡"的淡然。从另一个角度看，也是我们的灵魂不够勇敢吧。

夺走，完全没有活路，天地人间都与他为敌，他才感到孤独的。这是传统古典主义的情况。现代人不是很害怕尖锐的伤痛，现代主义就是很强调孤独的、个体的、尖锐的东西。"黄公酒垆"的故事，现代作家会怎么写呢？做这样的"故事新编"是个挑战。鲁迅的《故事新编》、日本中岛敦的《山月记》、法国尤瑟纳尔的《东方故事集》是我印象最深刻的。我最近看一位叫赵松的作家重述古代故事的小说集《隐》，他以现代人的感受，很细致、饶有意味地贴着原故事触发的情绪和情境进行描写，细节上很见曲折和功夫，但整体上你会感到一股冷意乃至死亡的气息。这或许就是现代小说艺术的独特气息吧。

◎感觉现代人的"故事新编"，作家的第二自我——所谓隐含作者，会忍不住越过人物进行表达，会让人有出戏的感觉。

第十一章 纵横江湖

本章的主旨是"纵横江湖"。"江湖"是中国人很喜欢说的一个词，江湖意识渗透在我们社会生活的方方面面。同学毕业几年后再见面常说的一句话是：混得怎么样？"混"，很明显就是江湖术语。在我们的小说、影视作品中，武侠、江湖是老百姓喜闻乐见的题材。到底什么是江湖？金庸在《笑傲江湖》里说："只要有人的地方就有恩怨，有恩怨就会有江湖，人就是江湖。"这可说到顶了，也成了一句深刻的大白话，因为一切当然都是人的问题。我想对于江湖中人，"江湖"大体是四件事：生计、忠义、武功、谋略。这四件事约略对应朱子安排的文人读"四书"的内在依据：《大学》的规模、《论语》的根本、《孟子》的发越、《中庸》的微妙。江湖的规模，取决于庙堂有意或不得已允许、接纳江湖存在的限度，在这个空间里江湖人可以有自己的生计，所以江湖的确自有天地。江湖与庙堂既对立又有千丝万缕的联系，常是贵族子弟落难时的收容、暂居之所，也常是不满庙堂的反抗力量联络、聚集

◎看到这四个字，不由想起电影《纵横四海》的画面，那真是港片的经典之作！难忘枪林弹雨中的兄弟义气，通天大盗的儿女情长，还有自由潇洒的派头，真是很好地展示了新一代江湖侠客的魅力。

◎人就是江湖，江湖在人心。

之地，加之内部竞争激烈，所以江湖也异常险恶。江湖的根本，其实和庙堂一样，也得讲忠义，《水浒传》里宋江甚至把梁山的"聚义堂"都改成了"忠义堂"。"处江湖之远则忧其君"才是根本，所谓"侠之大者，为国为家"也是一样的意思。江湖更离不了武功，这属于专业技能，也是江湖中人不惧风云、行走江湖、与同行竞争的本钱。当然，武功琢磨多了，由技入道，臻于佳境时，又会对江湖生起厌倦，所以真正的高手往往选择退出江湖或隐于江湖，生动演绎了"道者反之动"的精髓。最后是谋略，"纵横江湖"的"纵横"，和《鬼谷子》的"纵横捭阖"也脱不了关系，抵巇飞钳、揣摩权谋、运筹帷幄、事密而成等是江湖做局的常态。《琅琊榜》里的梅长苏、《遥远的救世主》里的丁元英，都是鬼谷子的传人，都是各自江湖里纵横捭阖的高手。

为了使同学们深入了解"江湖"，这一章选了三篇文章：司马迁的《史记·刺客列传》、李白的《侠客行》以及鲁迅的《非攻》。这三篇文章，特别是《史记·刺客列传》和《非攻》的气质和金庸、梁羽生、古龙甚至更早一点的平江不肖生的武侠小说气质不完全一样，它们更质直、古朴一些，这种质朴的古意你还可以在我国电影《双旗镇刀客》、日本电影《座头市》里看到。李白的《侠客行》更有浪漫气息，民国以降新的武侠小说的气质与它更亲近一些。

有三个可讨论的话题。第一个话题是"忠诚与江湖气"。所谓江湖道义，核心是"忠"和"义"。"忠"是对上，"义"是对左右手足。其实任何组织，都有忠与义的制度要求、道德要求，组织越是严密越这样。最严密的组织莫过于军队，所以《诗经·秦风·无衣》里的军歌是讲忠与义讲得最好的：

岂曰无衣？与子同袍。王于兴师，修我戈矛，与子同仇！

岂曰无衣？与子同泽。王于兴师，修我矛戟，与子偕作！

◎厉害啦，一介文人，以笔为剑，直入江湖密坛！

◎电视剧《天道》改编自《遥远的救世主》，据说财经界人士无人不知"丁元英"。

◎都很经典。

岂曰无衣？与子同裳。王于兴师，修我甲兵，与子偕行！

王要兴师我就行动，与左右手足同生共死，军歌是最能体现组织中人的忠与义的。像军队的战场一样，江湖也险恶，情况瞬息万变。江湖里的组织经常有力有不逮的情况，这个时候就全靠江湖中人的自觉了，所以，江湖组织对江湖儿女在忠义上的要求同样很高。短暂脱离了组织仍能坚持忠与义的，古代人物里莫过于关公了。桃园结义后，他追随刘备，后来虽被曹操百般挽留，但他"身在曹营心在汉"，最后毅然过五关斩六将找到大哥刘备的故事路人皆知，所以江湖人有敬关公的传统，这其实是忠义的自我教育。

第二个话题是"文人和侠客"。"千古文人侠客梦"，李白是杰出代表。他的五言古诗《侠客行》里有对侠客的倾慕，有对扶危济难的向往。游侠飒爽的英姿、豪纵慷慨的气质，包括他们的服饰穿搭，都是李白心仪的，当然还有他们刀口上使气、血腥激烈之后又能沉静归隐的行为，更是李白心向往之的。李白还具体叹服了战国时曾"窃符救赵夺晋鄙军"的侯嬴、朱亥二壮士，他们重然诺，尚意气，不愧为"千秋二壮士"。《侠客行》表现了一派少年豪情与侠义精神，当然也有对只能当个书生抄抄写写的不屑。文人和侠客的关系到底是怎样的？侠义精神和江湖气在中国文化、中国社会为什么这么盛行？大概是因为中国社会至今充满了江湖气，包括金庸那一波武侠小说家的作品都曾受到海内外读者的欢迎。前些年有个很火爆的电视剧《亮剑》，里面的八路军独立团团长李云龙也很受欢迎。他身上既勇武、霸气且长于决断，也机智、敢冒险又胆大心细，讨价还价那是从不吃亏，心眼贼多，总之有很强的江湖气、水浒气。他的搭档赵刚政委本来是文人，是大学生从军。两人在合作过程中既磕磕绊绊，也逐渐融合，李云龙变得更善文斗，赵政委的枪法变得一流。

◎最近，美国一名现役军人布什内尔为反对以色列对巴勒斯坦的战争，在以色列驻美大使馆前自焚。我觉得这也是"忠"的一种体现：不能违背组织，又不愿违背良知，是朱熹所说的"尽己之谓忠"。

◎互相学习这个很有意思。骑士小说《堂吉诃德》也这样，想实现骑士梦想的堂吉诃德和本来很世俗的桑丘潘沙都在对方身上学到了自己缺少的东西，生活的智慧和对理想的执着。《堂吉诃德》算西班牙的侠客梦吧。

◎我觉得还是文人在现实世界里太无力了，有学者说文人的侠客梦体现了一种被拯救的心理。经过历代文人充分渲染后的江湖世界，虽然只能幻想一下，但也能给现实世界中的人注入一股强大的生命能量。

◎自媒体时代，这些湮没的传统有更多渠道得以浮出历史地表，例如我关注到某墨先生的视频号，激烈地为墨学打 call，同时毫不掩饰对儒学的贬抑。

◎游侠和游民，可以相互转换的，就看内在的心性在哪里了。

现在我们不知道更年轻的一代对武侠作品的接受程度，他们怎么看这些现象？怎么看待千古文人侠客梦？当然现在更新一代的同学，他们更喜欢看的也许是玄幻，玄幻跟我们这一代看的侠客江湖还不完全一样，可能有更丰富的形态，这个得请教同学了。

第三个话题是"游侠与游民"。鲁迅《非攻》里写的墨子，接通的是中国历史上曾经非常重要的游侠传统。墨家子弟组成了组织严密的"巨子集团"，他们不依赖官府，只是利用自己的各类专业知识尤其是军事技术方面的专业知识，扶危济困对抗强权，谋求社会的和平；他们是工匠，是工程师，也是志愿者，更是和平主义者，迫不得已的时候还是为和平奔走的说客、战士，总之他们是行动派。他们的高贵来自于为天下和平奔走的无私无畏。现代社会的志愿者文化，多来自西方的传教士传统，其实可以多了解墨家的传统，这也是我们选择鲁迅《非攻》这篇小说的原因。墨家充满理想主义，纪律严格，在中国历史上曾经最为耀眼，以至出现"天下显学非儒即墨"的情况，但后面这一传统湮没成伏流了。与墨家的这路贵族式的游侠精神刚好相反，中国历史上还有另一大传统，就是游民。这是失去土地、游走于社会秩序边缘也游走在社会主流道德边缘的一些人。他们身处残酷的生存竞争之中，渴望突然"发迹变泰"、一改生存危机；他们经历坎坷、见多识广，也易于朝令夕改，流里流气。他们如社会的流沙，漂泊不定，但若被有心人利用的话也可能聚沙成塔、刮起风暴，成为左右历史的重要力量。可以说，"游侠和游民"构成了中国社会的两极，王学泰的《游民文化与中国社会》是专门研究这个问题的，有很多精彩的分析，可以参考。

下面我们重点读第一篇《史记·刺客列传》。

士为知己者死，正如女为悦己者容

《史记·刺客列传》一共写了五个刺客，我们选择的是第三位刺客豫让的故事。其实最著名的应该是最后一个刺客荆轲的故事，《史记·刺客列传》一共五千多字，荆轲刺秦的故事就占了三千多字，其他的比较简明，也各有特色。最成功的是"曹沫"，他在外交会盟场所劫持齐桓公，逼迫他退回侵占鲁国的土地；最影响历史进程的是"专诸"，他以生命为代价协助吴国公子光成功夺取王位，使之成为振兴吴国的吴王阖闾；最激烈的是"聂政"，他替对自己有礼遇之恩的濮阳严仲子刺杀韩相侠累，难以脱身时为不连累严仲子选择毁容剖腹；最具深度的当然是荆轲，这是因为荆轲的"沉深好书"和他的隐忍功夫最好。五个刺客的故事都非常精彩，我们为什么会选择豫让呢？在细读的过程中会说明理由，现在进入作品本身。

◎唉，要不清代史评家吴见思评论"刺客是天壤间第一种激烈人"呢。

豫让是晋国的武士，曾经在范氏和中行氏这两位晋国的实权人物那里做事。范氏和中行氏是当时晋国的上卿，有很大的家族势力，和智氏、赵氏、韩氏、魏氏共同执掌晋国的政治，这也是当年晋文公的六卿。各位也都知道，只有这些大家族才能养得起门客。豫让在范氏和中行氏那里"无所知名"，没有什么名气。"去而事智伯"，"去"就是离开，到智伯（智瑶）那里做家臣。范氏和中行氏是不怎么看重豫让的，但是智伯就非常"尊宠之"，尊宠就是既尊敬又宠爱。智伯是当时晋国的一个大军阀，他有多厉害呢，厉害到智伯一个人可以控制着韩、赵、魏三家。智伯这个人厉害是厉害，但有个致命的问题，司马光《资治通鉴》里说他"才胜德"。他曾经有一个很夸张的动作，他让赵氏的赵襄子喝酒，人家不喝，他就把酒倒到人家脸上，赵襄子都不敢吭声，可见他的势力

◎从不为人识到备受尊宠，从潜龙勿用一下子就到飞龙在天，也不好吧，接下来就是亢龙有悔了。

第十一章 纵横江湖

◎我在查阅相关历史资料的时候，发现赵韩两家的门客都发挥了很重要的作用。豫让也是智伯家的门客，春秋战国时期，门客和主人之间很多都有着很深的情感。

◎智伯用今天的话来评价就是：不作不死，No zuo no die。

◎我看过秦晖先生的文章，说当时的恩主和门客有依附关系，产生了那个时代所谓的侠客伦理，就是你对我有恩，我就要报答，所谓知遇和报恩之间的伦理很发达。秦先生认为这种伦理只能建立在熟人社会，《史记·刺客列传》里的几位刺客，聂政、豫让、专诸乃至荆轲，都是为报恩主知遇而刺国家显贵。

很大。"及智伯伐赵襄子"，这是指智伯进攻赵国讨伐赵襄子，他胁迫韩氏和魏氏和他一起把晋阳城围上，引汾水灌城，要水淹赵国。赵襄子急得没办法，在最危难的关头派出他的使臣从被围的城池里偷偷跑出来，找到韩国的韩康子和魏国的魏桓子，说"若赵氏亡，韩、魏亦不保矣！"意思就是你看我快撑不住了，如果智伯把我灭了，下一个就是你。你们再想想智伯平常都是怎么对待你们的，一语击中要害，把人家都说哭了。最后韩康子和魏桓子临阵倒戈，和赵襄子一起把智伯给灭了。"赵襄子与韩、魏合谋灭智伯，灭智伯之后而三分其地。"因为智伯对赵襄子的攻伐特别激烈，并且羞辱过赵襄子，所以赵襄子很恨智伯，把他的头割下来以后，"漆其头以为饮器"，饮器就是喝酒的器皿。在智伯的军队、智伯的势力都被摧毁后，大家都作鸟兽散。豫让作为智伯的门客，也遁逃山中，但是大家都逃遁的时候，他开始说话了：嗟乎！"士为知己者死，女为悦己者容。"豫让发了一个感叹，说的这两句话太有名了，不过单独拿出来，我估计很多人不会想到这是一个刺客说的。在豫让这里，士为知己者死，就像女孩子为悦己者打扮一样的自然，这个类比恐怕现在很多人看来并不一定就那么"自然"。现代人与豫让代表的武士的价值观已经很有隔膜了。豫让这样的价值观，其实是当时的一种贵族精神，重然诺、重礼数，当然也重身份，武士是这样，君主也是这样，被后人骂作"蠢猪式的仁义"的春秋霸主宋襄公就是这样，甚至在楚汉相争中失败的项羽身上也有这种精神，现代人未必理解和认同，倒是经常抨击他们。"今智伯知我，我必为报仇而死，以报智伯，则吾魂魄不愧矣！"智伯尊重我，我必为报仇而死。你看豫让还不仅仅是报仇，他是以死的意志来报答智伯，这样自己的魂魄就不羞愧了，死而无憾。这是豫让作为一个门客的做人原则，他下了这么大的决心，表明了志向。以现代人的视角来看这个庄重志向，我想可能有一些比较调皮的同学看到这里会觉得有点滑稽，大家很难进入那个庄重的情境，更习惯于以反讽的态度来面对这个情境。比方说，如果让周星驰来演这个片段，即使庄重的形式演出的也是豫让的荒诞，这家伙怎么可能这么傻，拿自己的命去为主人复仇。我们倾向于把它看成一个笑话。但司马迁对豫让的这种精神是熟悉的，所以他的笔下，不是戏谑的，而是庄重的。

最倒霉也最忠诚的刺客，没有之一

豫让开始行动了，"乃变名姓为刑人，入宫涂厕"。刑人就是苦役之人，豫让假冒成刑人，进入赵襄子的宫中修厕所。当然他作为刺客，身上携带着匕首，想近身刺杀赵襄子。下面的描写很有趣，"赵襄子如厕，心动"，赵襄子一进入洗手间就"心动"，有的版本写的是"心悸"，我们选文里写的是"心动"。赵襄子马上就"执问涂厕之刑人"，就是豫让。这里显得有点滑稽，也让我有一个想法，就是豫让似乎是《刺客列传》五个刺客中最倒霉的一个。赵襄子刚一如厕心里就有感应，把他给抓了。他也很坦然，就对赵襄子说"欲为智伯报仇"，我就是要为智伯报仇。左右的卫士当然"欲诛之"，赵襄子现在说话了，他说，他是个忠义之人，"吾谨避之耳"，我还是小心点避开吧，这个决定是不是很怪异？下面要说理由了。"且智伯亡无后"，而且智伯死掉以后也没有后人，其实就是智伯的势力已经没有危害了，这些人已经都被灭了。"而其臣欲为报仇，此天下之贤人也。"智伯也没什么后人，就算有人为他报仇，也得不到什么利益了，可是现在他有个家臣竟然要为他报仇，说明这是一个天下一等一的贤人。仔细品，赵

◎其实人对危险是有直觉的。现代人的这种感受可能有点迟钝甚至退化了，常常看不到来自身心的提醒和警告。

◎这番话会让部分零零后惊掉下巴。格局就是不一样，怪不得能做国家领袖呢。

襄子的价值观，和豫让的是不是很一致？其实他们共享了共同的价值观。这个才有意思。前些年张艺谋拍电影《英雄》，李连杰扮演刺客无名，陈道明扮演秦始皇，秦始皇认为最理解他的是刺杀他的刺客。其实《史记·刺客列传》里讲得很清楚，赵襄子和豫让共享一个价值观，能理解豫让，当然结果就是把他释放了。我这样类比不是说张艺谋和司马迁的价值观是一致的，《英雄》很明显有《史记·刺客列传》里荆轲刺秦的影子，司马迁是站在刺客荆轲立场上的，张艺谋是站在秦王立场上的，这是不一样的，甚至可以说刚好相反。就豫让的故事来讲，司马迁也是站在豫让的立场上的，而不是站在赵襄子立场上的。只是，赵襄子熟悉、认同豫让的选择，这也是事实。其实此时赵襄子还不如直接诛杀豫让算了，因为他这一释放，豫让反而更遭罪了。

　　"居顷之"，没过多长时间，豫让又"漆身为厉"，厉就是"癞"，恶疮发炎，就是毁容、破坏自己的身体。"吞炭为哑"，就是吞炭改变他的声音，让声音嘶哑。"使形状不可知。行乞于市"，装作乞丐，到什么地步呢？他的妻子都不认识他了。《史记》有时候也很好玩，有些叙述的缝隙，刚说妻子都不认识他了，往下又说"行见其友，其友识之"。可见豫让见夫人还没有见朋友多，有一点滑稽。所以我看这篇文章的时候，就老是想起周星驰的喜剧感来，这大概也是因为我骨子里和同学一样，也是个现代人，第一直觉常不够庄重。朋友说："汝非豫让邪？"豫让很强势地说："我是也。"当然朋友就很感动，抹着眼泪说：以你的才华去投靠赵襄子，你先假装接近他，你做人这么好，赵襄子一定会接近你。然后"乃为所欲，顾不易邪！"你就做你想做的事，难道不是更

◎赵襄子怎么能预料到后来发生的事情呢？

◎我觉得也正常。好像费孝通先生说过西方人是以家庭为中心的情感活动，中国传统家庭是"绵续性的事业社群，"它的主轴是在父子之间，在婆媳之间，是纵的，不是横的。夫妻成了配轴"。这样，一个丈夫可能和他的家族兄弟或朋友更熟悉而不是妻子。在我老家，拜年的时候都不是以小家庭为单位进行，而是整个家族同辈的男子和女眷分别到长辈那里去，一个家庭就分成几拨人行动。

容易吗？"何乃残身苦形，欲以求报襄子，不亦难乎！"你为什么要把自己搞得那么惨，用这种方式在赵襄子那里报仇呢？这不是很难吗？你为什么做这样的选择呢？你完全可以用欺诈的方式。

豫让说："既已委质臣事人，而求杀之"。我当个臣子，委身投靠别人，心里却又想杀他，这个不行。我要是像朋友你说的那样去杀赵襄子的话，这是"怀二心以事其君也"，不符合我的价值观，我不愿意这样做。"且吾所为者极难耳"，我知道我做的事情很难，"然所以为此者，将以愧天下后世之为人臣怀二心以事其君者也"。我为什么要这样做呢？因为这样自己将无愧天下后世之人，自己也将作为一个标杆，使那些怀着二心侍奉君主的人心生愧意，因为作为武士，不能怀着二心去侍奉君主。这是又一次表明他的价值观。这个价值观很正。正得让我们现在的人觉得有点傻，没有一点机变、权变，极其忠诚。忠诚不仅是对欣赏自己的智伯，而且也以同样的标准对待自己要刺杀的赵襄子。那么在豫让眼里，赵襄子是一个什么形象？其实他不是很在乎赵襄子具体是什么形象，赵襄子是智伯的仇人，即使赵襄子欣赏他，他还是要报仇，这个想法很简单。他其实没有看到赵襄子这个人，他只看到了赵襄子这个角色，因为他跟智伯有情感联系，跟赵襄子没有情感联系。不过尽管豫让只是把赵襄子看作一个角色，他还是坚持对赵襄子也要公平。他作为一个"士"去侍奉别人的时候，就要坚持"士"的道德，这个道德标准的底线不可以突破，要不然他不可以成为一个"士"。《史记·刺客列传》反映了我们中国古代一段时期"士"的道德标准，就是这样质直又强悍的标准。

◎豫让所处的时代是春秋与战国交接之际，像他朋友的这种想法在当时应该也是很普遍的吧？"人心惟危，道心惟微"，经过几百年的打打杀杀，虚伪欺诈横行于世，为求成功不择手段。豫让确实有春秋时期那种贵族的精神。

◎豫让恪守的是"士"这个群体的职业道德。士需要依附士卿贵族，这让他们必须将忠诚放在首位。

◎因为他和智伯已经建立了一种拟亲缘的依附关系，不是今天的雇佣关系。

第一激烈的豫子，立意皎然

过了一段时间，赵襄子从家里出来的时候，豫让就在赵襄子要经过的一座桥下埋伏着。赵襄子一到桥上，他的马就惊了，跳了起来，赵襄子就说下面肯定是豫让。我们现代人看到这个内容是不是觉得有点离奇、好玩、搞笑？派人一问，真的就是豫让。于是赵襄子就数落豫让了，因为他也有点生气了。他说你不是以前也侍奉过范氏和中行氏吗，这些人都是被你后面侍奉的智伯给灭掉了，可你不为前两者报仇，反而去侍奉杀害他们的智伯。现在智伯已经死了，你为什么单独要为他报仇呢？你为什么不给你前面跟过的主子报仇呢？豫让再一次说明了他做事的理由。他说我侍奉范氏和中行氏的时候，他们以"众人遇我"，他们对待我，就像对待普通人一样，我也像普通人一样对他们。但是智伯以"国士"对待我，现在我要以国士的标准报答他。讲到这里，豫让的人生观、价值观，已经通过三次表达很清楚地呈现了。

赵襄子"喟然叹息而泣"，非常感慨地叹息，而且都掉了眼泪，说"豫子！""子"是对中国古代男子的敬称，赵襄子在这里尊称豫让为"子"，表明对豫子的尊重和赞扬，豫子，你真是好样的。"名既成矣"，你已经获得好的名声了。我做人也是有原则的，我上一次已经放了你，"寡人赦子亦已足矣"，我也做得够了。"子其自为计"，你自己弄成这样只能自己想办法了，"寡人不复释子"，反正这一次我不能再放你了。于是就派兵把豫让给围了。豫让最后一次表达了自己："臣闻明主不掩人之美，而忠臣有死名之义。"我听说圣明的君主不会掩盖别人的美德，我作为一个忠臣，有这个义，我死也要获得一个忠勇的名声。上次您已经释放我了，"天下莫不称君之贤"，大家都称赞您的贤德。今天我肯定是要被你杀

◎不仅主人第六感发达，连马都一样，厉害。现在的编剧恐怕不敢写这样的剧情，感觉太不真实了。

◎我想，对于豫让这样一根筋的人，菩萨见了说不定都要给他几根金刚杵。试想一下现代社会有人行刺国家政要被抓，会是什么结果？

掉的，"然愿请君之衣而击之焉，以致报仇之意"，你能不能让我刺一下你的衣服，以表达我报仇之意？你看这个要求是不是也很有周星驰电影的画面感？但是他说得很庄重。"则虽死不恨"，即使我死，我也不会恨你的。"非所敢望也"，我不敢期望你能做到这一点，"敢布腹心！"，但是我要表达一下、展露一下我的忠心和我内心的想法。当然，赵襄子也是很大气的人，他派手下把自己的衣服拿给豫让。豫让拔剑"三跃而击之"，说我可以下去报答智伯了，于是"伏剑自杀"。死的时候，整个赵国的志士"闻之，皆涕泣"，都哭了。

豫让这个故事，我们现在很难那么庄重严肃地体会，作为一个现代人，难免想跳出来看豫让的行为，因为我们总觉得这样不值当，所以就有一些荒诞感。《刺客列传》被人说成是《史记》里面第一激烈文字，确实非常激烈，可是我们的学生包括老师自己为什么会忍不住地感到荒诞？大概这是时代变化、古今之变导致的。但是司马迁本身没有我们现在这种觉得很可笑的感觉，在写完这五个刺客的故事后，他有一段话："自曹沫至荆轲五人，此其义或成或不成"，就是有的刺客任务完成，有的没完成，"然其立意皎然，不欺其志，名垂后世，岂妄也哉！"他们的立意是非常清楚的，也没有欺骗自己的志向，他们都忠于了自己的人生价值。所以最后司马迁说这不是虚妄的，就是说我们现在看到的那些可笑、虚妄的那个部分，他并不觉得，这段话表明了司马迁正面肯定刺客的思想倾向。当然，对于这五个刺客可以稍微补充一下，最精彩的也是大部分人都知道的是荆轲，荆轲与前四个刺客有什么区别呢？《史记》里说他有个特点，"为人沉深好书"，这是个喜欢读书的刺客，和前四个刺客是不太一样的。顺便说一下，刚才我们说到关公，关公为什么是"武圣人"呢？实际上他们三兄弟加一起都打不过吕布，为什么不说吕布是

◎感觉这个豫让就是固执地活在自己的世界里。他这一剑一剑刺下去，虽然是刺在衣服上，但看着也瘆得慌，如同刺在人心上一样。这样的人在现实中恐怕也不好相处。

武圣人呢？武圣人也有一个道德的标准，其实就是忠义。关公有一个形象，经常会被拿出来说，就是夜读《春秋》。关公是文武双全。《春秋》，按照一些学者的说法，尤其是公羊学派的说法，这是关于中国政治秘密的一本书，所以关公能够夜读《春秋》，他非同一般人。就像荆轲，他为人"沉深好书"，就跟其他刺客不一样。当然这五个刺客的故事都很精彩，我们没有太多时间讲那几个刺客。比方说聂政，他的故事更惨烈，从某种意义上来讲，比豫让的还要惨烈。

我们顺便再说一下，《国文课》的相关知识拓展里提到了根据《刺客列传》改编的电影作品，比方刚才说到的《英雄》。《英雄》这部电影出来以后，它的价值观就被人批评。你仔细看一下，《英雄》的价值观和《刺客列传》的价值观到底一致不一致？《英雄》里面最后万箭齐发，为了天下一统，要牺牲掉最理解秦王的刺客的命，万箭齐发那个镜头最后给的是一个没有肉身的空间。为什么不把那个万箭齐发之后的血淋淋的肉身给大家看呢？《英雄》为了天下一统，刺客最后放弃刺杀君王，包括张曼玉演的那个女人的眼泪都不重要，重要的就是天下一统的历史理性。这种价值观，是不是《刺客列传》中司马迁的价值观呢？我个人认为它不是的。恰恰相反，司马迁是站在弱势的一方，他表扬刺客的立意，表扬刺客忠于自己的价值观，他没有突出天下一统的历史理性——为了天下一统一定就要摧毁所有的一切，所有一切都要牺牲在这个历史理性的下面，这不

◎聂政行刺后自杀，为了不连累他的姐姐，把自己的脸都划成了一坨肉泥。可是他的姐姐却毅然前去认尸，然后在尸体旁自刎，就是为了让世人都能够知道她弟弟的事迹。确实激烈。

◎《英雄》是中国比较早的视觉大片，观众可以不去考虑故事情节，仅靠色彩和画面的视觉冲击，就能在电影院坐很长时间。其实那些年的春晚也是一样，多注重形式，舞台美轮美奂，内容空洞无物。

是司马迁的价值观。所以围绕着《英雄》有很多的争议，大家有兴趣可以去多参考一些材料。

. . . .

游侠变质，游民兴起

最后说一下鲁迅的小说《非攻》，为什么选这一篇？其实鲁迅还有一篇更具侠客精神也更激烈的作品《铸剑》，徐克导演还拍过同名电影，音乐家王西麟先生还为这部电影作曲即《铸剑二章》，其中第一乐章是《黑衣人歌》，第二乐章是《三头釜中舞》，精彩极了。尤其《黑衣人歌》是王西麟七十多岁的时候亲自唱的，歌词就是鲁迅小说原文里那首奇特的歌，同学们可以找来听听，十分震撼。我们选《非攻》而舍弃《铸剑》的原因是，《铸剑》里的激烈、刚直是对《史记·刺客列传》的一脉相承，故事是新编的，但侠客精神是血脉相通的，《非攻》则代表着"纵横江湖"的又一重要传统，这个传统有介绍给同学的必要。

大多数同学对墨子应该不是很熟悉，个别学校很推崇墨家传统但究竟是如何理解墨家精神的，不得而知，搞不好又变成了律令、知识。墨家曾经和儒家一起被称为显学，当然被孟子激烈地攻击过，他说墨家主张平等，那就是无父无君，无父无子。孟子很气愤，怎么能这样？你怎么能不承认社会的等级秩序？所以他发出激烈的批评。怎样理解墨子？这是个很复杂的问题，尤其考虑到墨家的传统在中国古代其实也湮没了一千年，个中原因我们就不细说了。很简约地说一下我心

◎陈凯歌的电影《荆轲刺秦王》也是类似的处理。电影里荆轲出现在秦朝宫廷的形象是很特别的，张丰毅扮演的荆轲穿着红色的衣服，讲话带方言口音，在李雪健演的秦王面前装傻，有点像小丑的感觉，一定程度上颠覆了荆轲一直以来那种正义凛然的形象。而且，秦王嬴政最后对荆轲说了一段话："你为什么要杀我？你知道我要做什么吗？我要建一个大的国家，秦国和六国，眼睛看得到的和看不到的地方，都成了一个国家……"这里强调的也是秦王统一天下的正当性，荆轲反倒成为逆历史车轮而行的人。这两部电影都是在两千年新世纪前后出现的，对荆轲和秦王的关系的处理，不难看出，它和当下中国所处的时代背景和世界格局有着某种程度的呼应。

◎孟子说"爱有差等"是基于熟人社会的小共同体，这个社会非常强调等级秩序。墨子超越了时代，着眼于一个更大的命运共同体，当时的人未必能理解吧。

目中的墨子。他这个人有一些精湛的手艺，敏于各种事理的钻研，可以说是手艺人的杰出代表。当然也很精通军事技术——军事技术也是手艺的一种，曾通过给公输般演示军事布阵和军事发明，成功阻止了楚国攻打宋国，鲁迅小说《非攻》就是讲这个故事的。从社会属性上来讲，墨子不过是一介平民，他不像儒家那样要进入官府——儒家的读书人想做事的话还是要依靠政府的力量。墨子始终维持着一个平民的身份，是一个和平主义者，自己拉起队伍，并想靠自己的力量维护世界的和平。要使自己的队伍有战斗力，队伍的纪律就必须严格。所以，要求进入墨子群体的人，大部分的收入是要上交给集体的，自己只留很少的一部分。墨子这个组织的头就叫巨子（钜子），他们做了很多工作，匡扶社会正义，维护社会和平。做一个也许不是很恰当的对比，他们像不像现在的志愿者（volunteer）？他们有专业技术，各有一技之长，不依靠官府，不依附于任何政治组织，只靠自己的力量，既包括知识的力量，也包括他们作为有着严密纪律的组织的力量以及奉献精神，来维护世界和平，赴汤蹈火也在所不惜。他们呈现的是这样一种特殊的精神。这个意思我记得王富仁也讲过，具体出处我一时记不得了，大概在《中国文化的守夜人：鲁迅》那本书里。《庄子·天下》篇讲的第一个传统就是墨子这个传统，当然他也批评墨子：作为一个个体墨子是很让人尊敬的，可是以墨子这个办法来拯救世界是不现实的。我们反过来说，这不正是他们的可贵之处吗？依靠自己的力量，在国家、社会出现危难的时候自己来做事。现在社会上已经出现了志愿者群体，有些人放弃自己很优渥的生活待遇，去做服务社会底层群体的工作，这种坚毅卓绝、自苦利他的精神，其实就是墨子的精神。

　　鲁迅写《非攻》这篇小说，他表扬了墨子的意志、勇气、

◎ 墨家的人有自己的黑科技，又有自己的军事集团，不需要依附官府。

◎ 估计同学们对墨子所知甚少。在我接受的教育中，墨家思想都是用"非攻""兼爱"这些关键词很笼统地概述一下就完了。你多次说到高职院校学子的精神源头是禹墨精神，确实，这种精益求精的技术理性和无私奉献的大爱精神，应该是高职教育的"二柄"。

◎ 墨子和屈原一样，对人性的认识都过于理想化了。

国文课絮语

智慧，这是他心仪、尊敬的传统。很有趣的是，他没有因为认为墨子非常高尚，就把他塑造得非常高大上和完美，反而写了很多墨子在现实生活中到处碰壁的尴尬。即使他刚刚阻止了一场战争，之后，在他进入城门的时候，受到保护的那个国家的人对他也不怎么客气。墨子这一类人，拿自己的身家性命努力奉献社会，但是并不意味着这个世界就一定会像很多人想象的那样，以同等的回报来对待自己。这其实给我们一个很大的启发，尤其现在我们很多同学开始做一些社会服务和社会贡献的工作，自己非常努力地服务社会的时候，同时也要面对一个现实，就是有时候社会给我们的反馈未必理想，在这种情况下你还要不要继续做？墨子他不是不知道这些，但是他还是努力地做，对自己要求很严格。努力做事，但对社会的期待不要过高，要从做事本身寻找可持续的力量，这就是我们选这篇小说的原因，因为这也是一种游侠的传统。关于江湖游侠，大部分都是电视工业塑造的那种打打杀杀甚至卿卿我我的那种形象，事实上还有一类是像墨子这样的游侠，他也是一种宝贵的传统。

这一章我们有一个讨论话题是"游侠和游民"。游侠和游民有什么区别呢？游侠是侠客，游民常常是基于生存的原因，脱离了原有的社会生活秩序，就像余华的小说《活着》描写的一样，活着才是他们的第一道德。或者说他们已经把儒家和社会主流的道德价值都抛到脑后了，因为没有办法，在残酷的生存面前这些都失去了力量。但是游侠不一样，他们更有力量，比如墨子这样的，技术和生存能力都很强，同时价值观非常坚定的人。而游民经常会被别人利用。大家看楚汉相争，刘邦与项羽打仗的时候，不是谁都有资格进入项羽的部队的，如果没有贵族的身份，或者他认可的修行的话，你是没有可能加入他的军队的。但是刘邦的军队基本上大量

◎其实自愿者发自内心地服务他人时，会得到相应的正能量的回馈。我听过北京十方缘老人心灵呵护中心负责人的讲座，他说有一次去养老院找朋友，无意中陪了一个老人一会儿，回家后内心觉得很温暖很舒服，随着陪伴时间的增加，他感到自己越来越受益，后来就成立了老人心灵呵护中心。圣经上说，施比受有福，佛经也鼓励"布施"，不是仅仅从奉献的角度来说的。

使用的是游民。他给游民饭吃，把他们瞬间变成了队伍。当然他们的战斗力肯定不如项羽的队伍，但是刘邦他不在乎，他打的是消耗战，刘邦的一百个兵不一定打得过项羽的一支小分队，但是项羽的兵牺牲掉一个就损失了一个有生力量。刘邦不管那么多，随时补充更多游民到他的部队里。这种战争其实也是贵族和游民两种力量的对抗，所以刘邦最终打败项羽，其实是中国历史上一个很重要的事件。从我们在这一章里选的《史记·刺客列传》，你可以清楚地看到什么是贵族精神。但是从刘邦打败项羽可以看出，实际上中国社会里那个贵族的精神，包括墨子，包括《刺客列传》里面显示的那种我们现在可能会觉得有点滑稽（鲁迅《非攻》里面也写到了这种滑稽），但实际上是贵族的精神，在刘邦对项羽的战争里面其实都开始湮没了。汉朝开始进入一个新的历史时期，墨家的游侠传统逐渐湮没了。鲁迅的那篇小文《流民的变迁》可参考。鲁迅说得很简单，流民从哪里来？墨家的精神原本是拯救天下苍生的，但是如果这些人也开始变质了，放弃了对社会正义的维护，而只是维护自己非常狭隘的私人利益，甚至小集团利益，那就是黑帮、黑社会的做派了，他们就从"游侠"变成了另外一个词：流民。游侠变质，游民兴起，这是理解中国社会某些方面的很重要的线索。刚才我推荐的王学泰先生的《游民文化与中国社会》一书，对这个问题的梳理最为清楚。

◎还真没从这个角度来看过楚汉争霸，深刻。

◎感觉社会集体意识的流变，就是《道德经》里讲的"失道而后德，失德而后仁，失仁而后义，失义而后礼"。反者道之动，到某个节点会发生逆转，人类终究会集体醒来。

第十二章 生死攸关

    这一章的主旨是"生死攸关"，需要给这一板块（"生命"）做个收束了。生命意识里极重要的就是如何看待死亡，关于这个问题大略有几个思索的方向：宗教的、人文的、科学的。宗教的给人以救赎，也要求人虔诚；人文的给人以慰藉，也引导人适然；科学的给人以确切，也要求人冷静。在生与死的关系上，既有"未知生，焉知死"的人生智慧，也有"向死而生"的先行规划，生与死掩映着，互相给对方以规定，不同代际的生命又组成了绵延相续的生命链条，这正是"生生之谓易"的真意。

    这一章有两篇选文：李清照的《〈金石录〉后序》和史铁生的《病隙碎笔》（节录）。当时为什么这样选呢？先说李清照的这一篇，看起来它是女性的、古典的，西南联大的国文课本里选了它，西南联大当年的一些大学生，后来成为著名的学者，这些文化人、科学家在回忆里都谈到他们当年读李清照《〈金石录〉后序》的一些特别动人的情感、感受。这个很好理解，因为他们当年就身处国破家亡的境

◎说得好！一阴一阳之谓道，生死是一体的两面。

◎我在汪曾祺先生的回忆文章《西南联大中文系》里看到过，汪先生甚至说李清照这篇散文"对联大文风是有影响的。"

遇。我们现在仍然选择这一篇，一则是对西南联大国文课的一个继承；另外也是基于一个看法，那就是，中国人的情感一般都是比较隐忍的，甚至影响到中国艺术的特点。我们在前面也讲过，《春江花月夜》的底子是很浓郁的思念之情，那个思念的底色其实是很凄凉的，《春江花月夜》这首诗是靠时空的转换，尤其是空间的弥散，把人的情感稀释了、提升了。这是中国艺术表达、中国文化的一个很大的特点。《春江花月夜》是借景言情的，李清照这篇《〈金石录〉后序》则是睹物思人的，有很多地方也是很隐忍的，阅读中若能体会到这一点，就会发觉越隐忍越令人心痛。

◎我个人很喜欢这种中国式的情感表达。《菜根谭》里有一句：冷眼观人，冷耳听语，冷情当感，冷心思理。冷情当感，好多人就是入戏太深了，在自我营造的幻相里要死要活，唉！我是不是太冷了？还好心口是有温度的。

　　李清照写这篇《〈金石录〉后序》时五十二岁，面临着国仇与家恨，个人经历了诸种不堪，与她心心相印的丈夫赵明诚已逝去。这两个人不是一般的夫妇关系，他们是在文化和精神上高度和谐的贵族伉俪，有着非同一般的修养和趣味。稍微了解中国传统收藏史、文化史的人都知道，赵明诚的这本《金石录》和欧阳修的《集古录》是中国古物、收藏、金石学研究非常重要的两本书。赵明诚写《金石录》，是受到欧阳修《集古录》的启发。从某种意义上来讲，赵明诚的《金石录》比欧阳修编的《集古录》还好，至少有一点做得更好，就是他是完全按照时间顺序来编的，脉络更清晰。李清照写这篇后序的时候，赵明诚已经去世六载。因为靖康之耻，国破家亡，她过着颠沛流离的生活。她后面有一次改嫁，遇人不淑，很快又离婚，她跟赵明诚共同收藏的东西也大都丢失了，所以回忆往事难免有伤逝之感。在《世说新语》的三十六门中，第十七门就是"伤逝"，里面记载了一个故事。王戎的儿子去世，他把孩子抱到自己怀里，非常伤心。他有一个朋友叫山简，去看望他的时候说："孩抱中物，何至于此！"就是说你为什么那么伤心，不就是个婴儿吗？王戎就

◎"流水落花春去也，天上人间"，李清照的生命剧本，前半段尽情演绎，后半段悲情追忆……

说了那段很有名的话："圣人忘情，最下不及情；情之所钟，正在我辈。"世界上的人就三类，圣人是不会动情的，或许是他们的修养太高了，最下等的人也谈不上有感情，难就难在我们这种人，"情之所钟，正在我辈"。我们是卡在中间的人，既不是圣人，又不是麻木的人，从情感上来讲，这真是一个很准确的定位，我们这些读书的、教书的就是不能忘情的人。这是讲情感，实际上这个可以延伸出来说，就像我们教语文课的人，我们不是那些大专家，那些大专家都研究他们关注的精深问题去了；我们也不是不动情、没有知识的人，我们就是教语文，就是"情之所钟，正在我辈"，我们就是这样，就卡在中间。面对李清照，这位出身于有着高度文化修养的家庭，提出"词别是一家"，对世界、情感、社会等都有非常细微的感受和敏捷反应的人，阅读时很难不动情。

◎这正是生而为人最可贵的地方。人生于世最主要的还是基于情感的各种体验。

写后序举重若轻，列前典曲折陈情

"右《金石录》三十卷者何？"看过赵明诚《金石录》的都知道，赵明诚在《金石录》所有的篇章里面起笔就是右……所以这篇一开始也是。"赵侯德父所著书也。取上自三代，下迄五季，钟、鼎、甗、鬲、盘、彝、尊、敦之款识，丰碑大碣、显人晦士之事迹，凡见于金石刻者二千卷，皆是正伪谬，去取褒贬；上足以合圣人之道，下足以订史氏之失者皆载之，皆载之，可谓多矣。"李清照这个一一列举的节奏，其实是很冷静、很沉静的，但气势又很开阔，举重若轻。赵明诚自己也给《金石录》写了序言，很短，又谦虚又自信，可以跟这篇文章的风格做一个对照。你看李清照说"上足以……下足以""皆载之""可谓多矣"这种话，这些断言都有一锤定音的味道，她知道这本书的分量，你能感觉

◎中国人自古接受"满招损，谦受益"的文化教诲，自谦是一种习惯了，很多时候都不能当真或者要反过来看的。

第十二章 生死攸关

到在她沉静叙述下的力量，她知道这本书的价值和意义。

"呜呼！自王涯、元载之祸，书画与胡椒无异；长舆、元凯之病，钱癖与传癖何殊？名虽不同，其惑一也。"这一句用了很多典故。王涯是唐代人，酷爱收藏，甘露之变时被杀，家产被抄没，收藏的书画都毁了。元载是唐代宗时宰相，喜欢聚敛财物，后来抄没他的家产时，发现仅是胡椒就有八百石。长舆是晋人和峤的字，其家产丰厚但本性悭吝，人讥之为有钱癖。元凯是晋人杜预的字，其酷好《左传》，著有《春秋经传集解》。《晋书·杜预传》中记载，杜预常说王济有马癖，峤有钱癖，晋武帝便问杜预："卿有何癖？"杜预回答说："臣有《左传》癖。"李清照举这些典故、例子，是因为她看到的是和自己的遭际类似的情形。这也是典故的意义，典故对不懂原委的人是陌生的知识，对熟悉的人是内蕴复杂的滋味。李清照用这些典故讲了两个方面，就是她人生遭际的两个方面，一个是所处的外在政治、社会的混乱，一个就是她自己收藏的癖好。她的写作，其实是没有一句闲笔的，这两个刚好就是她和赵明诚的境遇。所以她说"名虽不同，其惑一也"。就是说我们有溺于收藏这样的癖好，这种话好像有点反省的意思，其实不是，是那种有很多感喟的话。实际上她一生都没有放弃这种趣味，而且是用生命在保护这个趣味，尤其她和赵明诚是基于这些收藏的趣味在一起度过了最美好的时光，现在这些仅剩的收藏成果跟她的生命在一起，也跟她的记忆和创伤在一起了。她这么说在字面上越像反省自己，也就越让人心疼，这不是她的错。我们以前聊过，一个编剧，如果要塑造一个苦难中的人，可能有两种做法。一种就是说她会跟苦难共振，她自己也变得越来越沉重，举重若重，我们会知道她很深刻。还有一种做法，她本来就是一个很单纯的人，在苦难的世界里走过一遭后却更单纯了，她会让你更

◎ 这个需要慢读来仔细体会。

◎ 说得好！

◎ 很多人都有收藏的癖好，是不是源自内在的匮乏？

心疼，这人间凉薄太对不住这纯真之人了。此处，李清照以反省的笔触来撩动这些情绪的时候，我们会更心疼她。

处忧患而志不屈，求适意反取惨果

"余建中辛巳，始归赵氏。时先君作礼部员外郎，丞相时作吏部侍郎，侯年二十一，在太学作学生。"李清照在宋徽宗建中靖国元年嫁到赵明诚家。事实上李清照的爸爸和她的公公在政治、权力结构中的位置是不一致的，这里就不展开了。赵明诚当时 21 岁，在太学做学生。"赵、李族寒，素贫俭。"这是说，他们两家都不是那种大富大贵之家，是很有文化的家族，真正传下来的是这种读书的传统。"每朔望谒告，出，质衣，取半千钱，步入相国寺，市碑文果实。归，相对展玩咀嚼，自谓葛天氏之民也。"农历每月初一叫朔，十五叫望，一个月两次告假。"质衣"其实是很朴素的说法，把衣服典当出去。取钱，跑到相国寺去买碑文和一点吃的东西。回到家里一边把玩古物，一边吃买来的果实，自称是葛天氏之民。"后二年，出仕宦，便有饭蔬衣練，穷遐方绝域，尽天下古文奇字之志。"过了两年赵明诚做官了，有一点衣食之后，"穷遐方绝域"，这句很重要，意思就是其他的爱好都舍去了，也不跟别人跑来跑去，只留这一个爱好了：尽天下古文奇字之志。用现在的术语来说，这是一个志业了。"日就月将，渐益堆积。"慢慢累积得越来越多。"丞相居政府，亲旧或在馆阁"，这很明显是说他们累积文物的渠道，当然要有强大的社会背景。她的公公是做官

◎确实有很复杂的意味。美国汉学家宇文所安在他的著作《追忆》里面详细解读了李清照的这篇文章，他说这篇文章暗流涌动。当然他也是基于个人的感受来谈的，虽然我不同意他的一些说法，但确实佩服他能够捕捉到许多不易被察觉的信息。

◎李清照和赵明诚恰好在那个最合适的时间遇上了，早一点或晚一点都不行，这段姻缘是命中注定的。

◎也是买买买，可是和今天的小青年谈恋爱多不一样啊！新婚最初的日子里，那种单纯美好的快乐，现在回忆起来真让人感慨。

◎这个爱好很烧钱。

的，亲戚在文化部门，他们就发动亲戚朋友来帮忙收集。"多有亡诗、逸史，鲁壁、汲冢所未见之书，遂力传写，浸觉有味，不能自已。"慢慢地浸进去，不能自已。"后或见古今名人书画、三代奇器，亦复脱衣市易。"脱衣市易当然是夸张的说法，指的是穷尽自己的所有来购买，古时候有收藏癖的人都这样。崇宁间，有人拿着徐熙的《牡丹图》求钱二十万，徐熙是唐代的大画家，画牡丹最出名。"当时虽贵家子弟，求二十万钱，岂易得耶？"钱筹不到，没办法又把画还给人家了，"夫妇相向惋怅者数日"。当时的惋怅现在成了最温暖的回忆。

◎哇！他们也太有眼福了吧！每一件文物都是历史的代码，他们一次次地涵咏诗文，摩挲书画和器物，一次次地叩响了通向历史深处的时间之门。

◎求之不得的惋怅，和得而复失的伤痛，都是关乎得与失的体验。

"后屏居乡里十年，仰取俯拾，衣食有余。"实情就是，在政治上赵明诚跟着爸爸倒霉了，只好回到乡下老家，但是这个时候他更自由了。"仰取俯拾，衣食有余"，他们毕竟是贵族，"连守两郡"，把他做官的俸禄全都"以事铅椠"。铅椠就是文物，主要是书籍的一个雅称。"每获一书，即同共校勘"，拿到一本书就两人共同看，叫"整集签题"。"得书、画、彝、鼎，亦摩玩舒卷，指摘疵病，夜尽一烛为率。"你看这个叙述的节奏，就是以前我们讲的"一二三"：摩玩舒卷，指摘疵病，夜尽一烛为率。这个节奏非常沉静稳当，读起来能感觉到这是具有高度文化修养的人写出来的句子。"故能纸札精致，字画完整，冠诸收书家。"又是一个一二三！这句是对他们整个生活的概括。下面有一个细节，这个细节总是被后人津津乐道。"余性偶强记，每饭罢，坐归来堂烹茶，指堆积书史，言某事在某书、某卷、第几页、第几行，以中否角胜负，为饮茶先后。中即举杯大笑，至茶倾覆怀中，反不得饮而起。"这是一个既日常又雅致、有着高度文化修养的人才会有的细节，生动也非常感人。原来他们是这样一种生活的状态，凡是看过一遍这个细节的人，应该都会很难忘记。刚才说的"摩玩舒卷，指摘疵病"还是一个视觉形象，"纸

◎同频才能共振，也得是具有高度文化修养的人才能读出如此丰富的"一二三"！

札精致，字画完整，冠诸收书家"，也在说他们确实很有自信，但是这些都还没有足够的情境感，现在有了这个细节就全有了。我们国文教学可能也有这个问题，毕竟很感性的东西才会很动人。这也提醒我们国文教师，可能在生动的细节这方面要多累积一些资源。读前面几句的时候，我们特别能感受到他们的优雅。"中即举杯大笑，至茶倾覆怀中，反不得饮而起。"这句话，读时会由衷感受到他们两人真是无比开心，是精神上自由的畅快。下面这句话就非常让人感慨了："甘心老是乡矣"心里是非常愿意就这样过一辈子的，不需要再到政治中心、权力中心，就这样也是很好的。这其实是李清照理想的生活状态。这个理想的生活状态是什么？不仅仅是刚才我们看到这个场景的优雅开怀，它真正的意思是："虽处忧患困穷，而志不屈。"李清照是非常让人敬佩的一个女性，她对生命的不同层次、不同形态都有微妙细腻的感受，但是她最后把它归结为"处忧患困穷，而志不屈"。因为收书、藏书就是他们的"志"。从这一段文字，我们可以真切感受到李清照的情绪，她对自己过往这一段生活的看法，当然她最后表达的看法里有没有她后面生活的经验？当然是有的。这个底色是混杂的，此时动笔写作的她，心境是伤痛，是创伤，既有对生死离别的记忆，也有对夫妻一场如此美好的感动，虽然这么多深沉的情绪汇总在一起，但李清照的笔端多么从容有致。在这个情境下，她怎么呈现她和赵明诚当年这些美好生活的日常状态？她把这些有点有面地呈现给了我们，尤其是他们处于穷乡僻壤的那十年之间的生活状态，在她的文字里有一个很好的倒影，而且是各个层次，各个色彩的，这一段写得是真好。

刚才说到了他们的欢乐，但是藏书本身带来的困扰，她也不回避。"收书既成，归来堂起书库，大橱簿甲乙，置书册。"

◎清代的纳兰性德还写了词句"赌书消得泼茶香，当时只道是寻常"，表示对李清照夫妇的羡慕。

◎尽管当时二人琴瑟和鸣，但回忆总是会为往日的生活镀上一层玫瑰色彩。

◎忧患困穷中更需要把生命寄托在某种"志"上来汲取力量。记得张充和先生在回忆文章里写到，她的姐夫沈从文在抗战时期对古玩颇有些痴迷，因为自己很穷，每次都忽悠充和女士买回来，然后自己欣赏把玩。

◎刘勰的"隐"与"秀"，在这篇文章有很高级的展现。

第十二章 生死攸关

◎本来是夫妻共同的事业，现在赵明诚俨然成了主人。宇文所安说从这里开始叙述的主语从"我们"变成了"我"，他从中读出二人感情的罅隙。

◎赵明诚沉溺其中看不到这一点，"人为物累，心为形役"，而李清照更注重内心的自适。

这才是真正的书痴深情又真实的话。大意就是建了一个书库，书柜分类登记，来放置书册，因为书太多了。"如要讲读，即请钥上簿，关出卷帙。"要把书拿出来读还得登记，就像图书馆一样。他们很爱惜书，"或少损污，必惩责揩完涂改"，谁把书籍损坏或弄脏了一点，就要责令此位把它擦除改正。"不复向时之坦夷也"，不再像以前那样随意自由了。因为藏书太多，又有管理的责任，现在藏书的事业，又反过来给他们造成了困扰，带来了压力。下面这一句，"是欲求适意而反取憀栗"，这是关于一个书痴、一个藏书人是否达到一定境界的经典表述，"欲求适意反取憀栗"这八个字就把是不是真书痴区分出来了。欲求适意，读书是求适意的，像庄周梦蝶那样进入梦乡，进入书的世界里，它本来是适意；反取憀栗，害怕以至于身体都颤抖了，可见患得患失之感多强烈。这就是爱上任何一件事的时候心态的变化，幸福的困扰。这八个字是他们藏书心态极好的概括。国内有很多人专注于写书话，我看书话的秘密也就是这八个字，这一句"是欲求适意而反取憀栗"可以说把各路收藏人的微妙心理都说出来了。

"余性不耐，始谋食去重肉，衣去重采。"李清照说自己没有耐心，常有点烦躁，也许这是很自谦的说法。我没有做过专门的研究，不知道李清照在文字内外的世界里是不是确实有点着急，可能有时会，像《如梦令·昨夜雨疏风骤》里责怪"卷帘人""知否，知否？应是绿肥红瘦"时就是有点急了。她在后面倒是说赵明诚性格比较急一点。自己头上没有明珠、翡翠的装饰，自己屋里也没有涂金、刺绣的家具，什么都没有，他们放弃了一般人的声色犬马，没有去买偏物质性、消费性的东西，把钱全部用来买书了。李清照和赵明诚他们两个可以说已到达琴瑟和鸣的境界了，但即使这样，在两人的相处中李清照还是有自我的。她的文章为什么那么感人？因为一切都是那么真实，在渗透着如此深重的对赵明诚的思念、痛心的文章里，她也不回避二人的不同。她在家庭生活中的自我，她和赵明诚之间读书上的差异，她都会很坦诚地告诉你。什么是生命？真实才是生命最重要的部分，一切虚伪的东西都会伤害生命。为什么她会这样呢？她给自己做了一个小辩解："自来家传《周易》《左氏传》。"这两本书是李家家传的，向来比较受重视。虽然中国古代文化典籍里有很多重要的书，但有不少学者认为，《周易》和《春秋》这两本书是最重要的。《周易》是形而上学方面最高级别的一本书，《春秋》是政治哲学方面的最高圣典，李清照他们家的《左氏传》就是《春秋》的一支。解释《春秋》最好的有三家：《左传》《谷梁传》和《公羊传》。他们家传的是《左传》，所以这两本书被他们家收藏得最多。"于是几案罗列，枕席枕藉，意会心谋，目往神授，乐在声色狗马之上。"因为家传的书很多，这里她用了一个很具体的表述，"几案罗列，枕席枕藉"，心态用了八个字，叫"意会心谋，目往神授"，说这个带来的欢乐在"声色狗马之上"。这一段文字有细节有心态，还有她拿自己和社会一般的声色犬马的比较，什么都有了。这一段和上一段实在是一个收藏者的真实精神世界，表述太精彩了。

◎因为她的真实，反而让她和赵明诚琴瑟和鸣的形象永远留在了人们心中。世上哪有真正的神仙眷侣呢？我们熟悉的一些文坛伉俪，其实也未必是那么回事，太多人为名所累。李清照就是不一般！

四面边声连角起，两处相隔永别离

"至靖康丙午岁，侯守淄川，闻金人犯京师，四顾茫然"。靖康之乱开始了。淄川就是现在的淄博。北宋的京师是开封，开封离淄博不是很远，大兵压境，四顾茫然。现在他们的收藏开始成为负担。"盈箱溢箧，且恋恋，且怅怅，知其必不为己物矣。"李清照传播最广的大概是"人比黄花瘦""凄凄惨惨戚戚"这些诗句，这里的恋恋、怅怅也是叠音字，像女性哆哆的声音。

◎李清照夫妇的快乐是在愉悦心神这个层面的，就好像喜欢古典音乐的人，他从中得到的快乐和我们听流行歌曲的快乐，不会在一个层次上。

◎好特别的感受！同样一句话，在你这里就是活的，有声有色。

第十二章 生死攸关

这里这些叠音字却是形容赵明诚的，形容他的这些"必不为己物也"的感慨。

建炎丁未春三月的时候，太夫人已经到南方，之后就去世了。局势紧张，藏物不能都转移到南方。于是，"先去书之重大印本者，又去画之多幅者，又去古器之无款识者。后又去书之监本者，画之平常者，器之重大者。凡屡减去，尚载书十五车"。其实这些都是他们的最爱，但是在危难面前就只能把它们等级化了，先去掉什么再去掉什么。我们开个玩笑，有点像女朋友和妈妈都掉水里先去救谁一样，当然这都是很残酷的。这些藏物每一个都是有心血、有情感在里面的，但是他们没有办法，只能精简。就这样，把挑选过的书籍、器物装了十五车，运到东海，雇了好几艘船渡过淮河，又渡过长江，到达建康。"青州故地尚锁书册什物，用屋十余间，期明年春再具舟载之。"他们毕竟是贵族，收藏了那么多的文物书籍，想着明年春天再运走。结果，"十二月，金人陷青州，凡所谓十余屋者，已皆为煨烬矣"。你看这个表述，陈述之后不再发议论，越不发议论，越会让你觉得她是痛到一定程度说不出来什么了。这是这篇文章很重要的一个特征，她有时是痛到没法说话，有时是有很多话想说也得从容地说，像刚才那两段，是她生命的欢欣的部分，我们看到的她欢欣的部分实际上是她很理性地整理过了的。

"建炎戊申秋九月"，接下来这一段叙说他们一路颠沛的过程，说得非常简约。赵明诚九月到建康做官，次年三月罢官上芜湖、当涂，后来又去了赣江一带，五月份又跑到池阳。这时皇帝有旨任命他为湖州知州，需上殿朝见。于是他把家暂时安置在池阳，一个人去见皇上谢恩。"六月十三日，始负担，舍舟坐岸上，葛衣岸巾，精神如虎，目光烂烂射人，望舟中告别。"此句给了赵明诚一个重重的特写，实际上是赵

◎ 就像过去家里孩子多，逃亡时父母不能都带着，只能忍痛留下几个。

◎ 不能再多写一个字了，不着一字，尽在其中。

明诚最后跟李清照告别时的精神形象。文章是叙述和描写的双重奏，叙述是骨头似的东西，描写则是定格精神世界。前面颠沛流离的过程非常简约地叙述完了，现在就给一个画面，这个画面中最重要的是赵明诚的人格。这个时候赵明诚是"葛衣岸巾"，葛就是葛麻，夏天的衣服；岸巾就是掀起头巾，露出前额。一般说到岸巾的时候是很潇洒、很有英武之气的。这是她的丈夫，有着跟她一样高度的文化修养，在危难的时候，她的丈夫不是个窝囊蛋，而是英气逼人："精神如虎，目光烂烂射人，望舟中告别。"她的丈夫在最后告别时的这种气质和神情风貌，显示了他全部的人格。因为这时候赵明诚就是要担负起他作为一个官员的责任，前去抗金。"余意甚恶"，李清照作为一个女人的直觉就觉得特别不好，然后呼喊道："如传闻城中缓急，奈何？"李清照这个人，她有高度的文化修养，有很沉稳、识大体的一面，当然她也很敏感，与丈夫告别时，就问了一句："如果城里沦陷，那我们怎么办？""戟手遥应曰"，戟手就是伸出食指和中指指人，戟是兵器，戟手透露出勇武之状。刚才说的葛衣岸巾、精神如虎，这里又是戟手遥应，这其实都是她丈夫在她心目中留下的形象。如果说以前他们是两个有高度文化修养的人在一起相濡以沫的话，现在危难面前丈夫又是这样的形象。李清照为什么特别思念赵明诚？也是因为作为一个人来讲，在李清照心里，赵明诚实在是太优秀了。"从众。必不得已，先去辎重，次衣被，次书册卷轴，次古器。"从众，就是说你就跟着大家跑。这个语气说明赵明诚也不犹豫，很有决断性。然后接下来交代得非常细，李清照提出来的问题那么尖锐，她丈夫也不回避："实在万不得已，先丢掉包裹箱笼，其次丢掉衣服被褥，再次丢掉书册卷轴，最后丢掉古董。"你看危机关头这就是在他心目中哪个更重要的排序。下面特别交代了一下："独所谓宗器者，

◎叙述和描写的双重奏，AI会怎么呈现？"目光烂烂射人"，AI制作会不会让赵明诚像奥特曼那样两眼放光？

◎赵明诚此前在南京任职时，地方发生叛乱，他弃城逃走，被朝廷革职。这次是重新被召回复职。

◎这里，我的困惑和宇文所安是一样的：世道混乱，这个问题不应该是夫妻俩早在家里就商量过的吗？

◎是啊，这个时候还能对收藏品条理清晰地分出等级次序，可是丝毫没有对妻子的不舍和担心。

可自负抱，与身俱存亡，勿忘之。"有学者解释，宗器为宗庙祭器和礼乐之器，按我的直觉应该是他们家族的宗器。为什么这样想呢？因为李清照前面写道："自来家传《周易》《左氏传》。"她还是很强调家族的传统，那么现在等于是一个呼应，赵明诚讲到了保护赵家宗器的问题。严格来说宗器这个概念本身就是天子的，大宗、小宗，但是这个词泛化了以后，它可以指每一家的宗器。

◎我觉得还是指他们收藏的那些金石中的宗器，赵明诚把这些看得和生命一样重要。赵家不止赵明诚一个儿子吧？家族祭祀的器具，也未必在他这一房。

◎急火攻心，苦寒药又伤心，火与冰，冷热夹击，那颗心怎堪承受！

◎内在保持清明，外在敏锐行动。真正的女性楷模应该是这样的。

赵明诚交代完就策马而去了。一路上不停地奔波，冒着炎暑，感染成疾。七月底，有信到家，说是病倒了。"余惊怛，念侯性素急，奈何。"李清照又惊又怕，因为关心都是从细节开始的。她对丈夫很了解，他这么着急去抗金，然后生病了，而他性子比较急，肯定想要快点好，就会服一些下火的凉药。她马上就意识到这可能会很危险，于是"解舟下，一日夜行三百里"。你看李清照此时着急的劲儿，行动的迅速，夫妻相知才能做到这样。到达以后，发现赵明诚果然服了大量的柴胡、黄芩等凉药，疟疾加上痢疾，不久他便病入膏肓了。李清照的预感和判断，直觉和理性都是很厉害的。"余悲泣，仓皇不忍问后事。"她也马上意识到最亲爱的人要走了，所以很多事情都不忍心去问。到八月十八日那天，"遂不起"。前面所有时间的表述都很简约，这个是写得最具体的，这一天对李清照来说肯定是刻骨铭心的一天，最后赵明诚要取笔做交代，"绝笔而终"。很明显，赵明诚在最后说不出话来或者感到自己快不行的时候，是想给李清照留一点东西的，然而还是绝笔而终了。

下面这句话特别感人："殊无分香卖履之意。"这是用曹操的典故。曹操快死的时候，对他的妃子们做出安排，说可以把香分给诸位夫人，各房的人无事做，可以学着制作带子、鞋子卖，这样能够自己顾上自己。这个典故一般用来表示一个人临死前对妻儿的留恋和关爱之情。怎么理解李清照在这里这样写呢？好像是有一点嗔怪赵明诚：你也不管我的生计了。另外一个就是这个"殊"字：一点都没有。赵明诚和李清照是情感上的知音，他们没有说过这些事，但是现在赵明诚离开以后，生计、生存才是李清照最难堪的。就像一个天使在人间一样，她面临着要不要分香、要不要卖履的现实生存问题。所以这句话让人特别感慨。你可以理解成李清照是很骄傲的：我的夫君就是这样的，一点都没有这些世俗的担忧。也可以反过来理解成：他怎么不挂念我，怎么一点都不关心我今后的生活。两种理解都可以，中国文化的微妙就是这样。也许在李清照的内心里是第二层意思，也许就是说不清楚的，就像我们有时候用某些词，其实就是无法固定，或者不想固定自己流动的情感，中国的文章特别适合表达这样的状态。如果你看到李清照后面的颠沛流离，你就会往抱怨那方面多想。如果把这篇文章分成前、后两部分的话，这一句话是整个文章的分界点。他们夫妇两个以前那么相知，在一起那么欢乐的时光，那么雅致的收藏书籍的故事，到这里告一段落了。

◎从这个"殊"字看，到底还是意难平啊。

◎我觉得这是李清照的春秋笔法。她用了分香卖履这个典故，连曹操这样的枭雄都会安排好妻妾的生活，而赵明诚在生命的最后关头，对自己没有任何交代，内心五味杂陈。

颠沛流离烽火中，各种心酸各种泪

"葬毕，余无所之。"安葬了丈夫后，自己不知道去哪里，这句很短很直接，其实是非常沉痛的话，可是写得又很普通，实情就是这样。天下之大，自己失去了伴侣以后无依无靠。下面看似宕开一笔，开始说当时的国家形势，但也可以理解，此刻真正切实影响李清照的就是当时的大形势。"朝廷已分遣六宫，又传江当禁渡。时犹有书二万卷，金石刻二千卷，器皿、茵褥可待百客，他长物称是。"皇上把后宫的嫔妃全部分散出

第十二章 生死攸关

去，又听说长江就要禁渡，往南边跑的路即将被禁。当时李清照家里还有书二万卷，金石刻二千卷。所有的器皿、被褥，可以招待一百个客人的，其他物品，数量与此相当。还有这么多东西怎么办？自己又生病，只有喘息之气，时势越来越紧，一天比一天迫切。考虑到赵明诚有一个妹婿"任兵部侍郎，从卫在洪州"，"从卫"就是担任皇上的侍从、警卫，"洪州"就是现在的江西南昌，就投靠人家了。先派自己手下两位故人，先行护送行李，往那去投奔。谁知到十二月的时候，金人又攻下南昌，于是"遂尽委弃"，全部财产就这样都丧失了。"所谓连舻渡江之书，又散为云烟矣。""矣"就是终结，语气词，李清照在想很沉痛事情的时候，全是用"……矣"。

◎这么看，先走的那位反而是有福的。

◎声声矣，声声叹！

"独余少轻小卷轴书帖，写本李、杜、韩、柳集，《世说》、《盐铁论》，汉、唐石刻副本数十轴，三代鼎鼐十数事，南唐写本书数箧，偶病中把玩，搬在卧内者，岿然独存。"这个细节蛮有意思。以前我们说过，《傅雷家书》里面说《世说新语》是日本人的枕边书，看来它也是李清照的枕边书。而且很有意思的是，李清照这位女性，在颠沛流离中她放在床头、枕在身边把玩的到底都是些什么书？是李白、杜甫、韩愈、柳宗元的诗文集，是《世说新语》，是《盐铁论》，是南唐写本，是汉、唐石刻，是三代鼎、鼐。这个文化的分量不是我们想象中的一个柔弱的女词人的感觉。尤其还有《盐铁论》，我们后面会细读它的第一章，这是讨论国家大事的，她的精神境界的深度、广度，我们认识得还不够。

◎是的。她一开始也写政论文章的。千古就只有一个李清照。

"上江既不可往，又虏势叵测"，"虏"就是金国。长江上游不能去，敌人的动态又难以预料，"有弟远，任敕局删定官"，李清照的弟弟李远这个时候在当官，就去投奔他。原来是想投奔赵明诚的妹婿，现在则是投奔自己的弟弟。"到台，台守已遁。之剡，出陆，又弃衣被，走黄岩，雇舟入海，奔行朝。时驻跸章安。从御舟海道之温，又之越。庚戌十二月，放散百官，遂之衢。绍兴辛亥春三月，复赴越。壬子，又赴杭。"赶到台州，台州太守已经逃走了。回头到剡县，就是绍兴的山阴，又丢掉衣被急奔黄岩，雇船入海，追随临时的朝廷。这时高宗皇帝正驻跸在台州的章安镇。于是跟随御舟从海道往温州，又往越州。十二月，皇上把百官都分散出去，你看百官都没办法护卫政权。李清照就到了衢州。春天三月的时候，再次往越州。第二年，又到杭州。又一次颠沛流离，这是第二次了。

在这么困苦的时候，又出现了幺蛾子。赵明诚病重时，有一个张飞卿学士，带着玉壶来看望他，随即携去，其实那不是高贵的玉做的，只是用一块形状似玉的石头雕成的。"不知何人传道，遂妄言有'颁金'之语"，"颁金"就是给别人好处，它不像赠送，而是上级对下级，这"颁金之语"的意思就是，有人传我们拿着贵重的东西私通敌国，想要秘密地投奔金国。"余大惶怖"，非常惶恐、恐惧，不敢多说话，也不敢"遂已"，也不敢就这样算了。"遂尽将家中所有铜器等物，欲赴外廷投进"，把家里所有的青铜器等古物全部拿出来，赶紧献给朝廷。"到越，已移幸四明，不敢留家中，并写本书寄剡。"赶到越州，皇上已驾幸四明。不敢把东西留在身边，连写本书也一起寄放在剡县。写本是手抄的书。后来官军搜捕叛逃的士兵时把它取去，听说全部归入前李将军家中。这些东西，在乱世里那都是谁有枪杆谁说了算。所谓"岿然独存"的东西，无疑又去掉十分之五六了。现在唯有书画、砚墨五六簏，不舍得放在其他地方，整天就放在卧榻下，随手拿来看看。在会稽的时候，借居到当地人钟氏的家里，"忽一夕，穴壁负五簏去。"冷不防一天夜里，有人挖壁洞偷了五筐去。一共就五六筐，都快给偷没了。就在这种颠沛流离中，李清照倍受欺负，悲恸不已。

◎李清照对赵明诚是真爱，无论怎么颠沛流离怎么困难都没有放弃。当然金石也是二人共同生活的见证，他们没有自己的孩子，金石就相当于他们的孩子。

◎没有经历过乱世的人，体会不出这一段文字包含的艰辛。

◎乱世就是一面照妖镜，平时各种伪装的妖魔鬼怪都原形毕露。

但是李清照是有英气的："重立赏收赎。后二日，邻人钟复皓出十八轴求赏，故知其盗不远矣。"这不是一般的女子，她连偷窃自己的这个人的名字都写下来。邻人钟复皓，我就是要把你钉到我文字的耻辱柱上，李清照确实有英气。只是想了很多办法，那些被偷的东西再也没有被拿出来过，后来才知道被福建转运判官吴说贱价买去了。所谓"岿然独存"的东西，这时已去掉十分之七八。"所有一二残零不成部帙书册，三数种平平书帖，犹爱惜如护头目，何愚也耶。"帙，就是有书套，一般都是布做的书套。整个书册很完善的已经不足三种。平平常常的书帖，原先都看不上的，现在像保护自己的头、目一样爱惜它，多么愚蠢呀！说自己好蠢，是怪自己太在乎这些东西了。

◎古人评论说：易安倜傥，有丈夫气。别忘了李清照可是山东人呐。

阅此书如见故人，忆往事思念成殇

◎文言文特别能把人带到这种感伤的氛围中。

"今日忽阅此书，如见故人"。读此文，如果你对李清照前面的情绪和遭遇很投入的话，读到这里你会读不下去。前文全部铺垫完了之后说，现在又看到了《金石录》这部书，这部书就是赵明诚和她全部的记忆，不能再用像形容赵明诚告别时的那种精神特写来描述了，所以隐匿起情感，做琐细的怀念："因忆侯在东莱静治堂，装卷初就，芸签缥带，束十卷作一帙。"芸签缥带，芸草做的书签，淡青色的带子。装好十卷为一帙。下面又开始进入生活的场景："每日晚吏散，辄校勘二卷，跋题一卷。此二千卷，有题跋者五百二卷耳。"题跋的工作应该是两人一起完成的。就写了这一个场景后，马上又转成现在她当下的场景："今手泽如新，而墓木已拱，悲夫！"情绪的转换至此，又已经无法说话，只好以"悲夫"作结了，下面举了两个例子，都是家破人亡的。

◎回忆赵明诚在静治堂整理书卷的画面，映衬着李清照此时的孤寂。想起台湾诗人痖弦在妻子去世后给朋友的信中写的话："内人走了，留下寂静，可怕的寂静。原来死亡的定义，就是寂静！"

"昔萧绎江陵陷没，不惜国亡而毁裂书画。"这是很极端的典故。梁元帝萧绎太爱书画，在他亡国的时候，他痛惜的不是他国家的灭亡，而是不想让他拥有的书画被别人得到，就把它全烧了。"杨广江都倾覆，不悲身死而复取图书。"隋炀帝杨广在都城被人攻破的时候，不以身死为可悲，而是把敌人拿去的图书重新夺回来，一本本全部毁掉。这是两个极端的例子，人性的执着难道能够超越生死吗？例子虽然极端，但实际上他们都属于人间一种畸形的爱。下面就开始解释了，越解释就会让你越心疼："或者天意以余菲薄，不足以享此尤物耶？抑亦死者有知，犹斤斤爱惜，不肯留在人间耶？何得之艰而失之易也！"是不是因为我李清照资质菲薄，怕我承受不住，不足以享受这些好东西呢？还是明诚你地下有知，你像萧绎、杨广一样还爱着你的那些东西，你不想让它们陪伴我，要把它们带走？要不然为什么得来非常艰难而失去又是如此容易！这些揣测犹疑、自言自语的絮语，实在令人泪目，人的情感到不能自持的程度时就是会这样，絮絮叨叨的，好像自己做错了事，天要惩罚自己。

"余自少陆机作赋之二年，至过蘧瑗知非之两岁。"这两句又是体现李清照高度文化修养的说话方式——用典。陆机二十岁作《文赋》，自己在比他小两岁，十八岁的时候嫁到赵家；蘧瑗行年五十而知四十九岁之非，如今自己已比他大两岁，五十二岁了。在这三十四年之间，忧患得失，何其多啊！当李清照引陆机、蘧瑗

◎看得出来你真的很喜欢李清照，"心疼"一词出现的频率很高。

◎总要给自己一个解释吧。每个人应对悲伤的表达方式各不相同。李清照在丈夫去世后，一个人颠沛流离，还活到了70多岁，说明她能够与悲伤共处，也说明她童年的优渥生活给了她充足的心理营养，使她受益一生。

◎李清照的一生，"少历繁华，中经丧乱，晚境凄凉"。我在备课的时候，在网上找到一张她的画像看了很久。画像上是三十一岁时的李清照，额头很大，光洁饱满，说明幼年幸福。下巴尖小，与额头的比例不太和谐，按照面相学的说法就意味着晚境不佳。当然我这是纯属八卦。每个人来到世上都有自己的生命课题要完成，在得失中参悟生命，也许就是李清照的议题。

第十二章 生死攸关

作为自己参照的时候，她也在提醒我们她的身位。现在我们可以确认，她是一点也不逊于陆机、蘧瑗的多情之人、卓越之士。在最后要结束文章的时候，她找到自我宽慰："然有有必有无，有聚必有散，乃理之常"。这是人间的常理，自己做收藏，肯定也是这样。"人亡弓，人得之，又胡足道？"有人失去就会有人得到，有什么值得去说道的呢？有无相生，是道家的思想。其实我们中国人面对苦难的时候，经常用道家的道理来宽慰自己。天道如此，又何必计较得失呢？"所以区区记其终始者，亦欲为后世好古博雅者之戒云。"自己以区区之心记述夫君这本书的始末，也想为后世好古博雅之士留下一点鉴戒。在最后告别的时候，李清照又恢复了举重若轻的笔触，一如本文开篇那样，真是令人叹服！

史铁生的十则《病隙碎笔》

史铁生的《病隙碎笔》，我们节录了十则。史铁生就不需要多做介绍了，他的《我与地坛》一文已成国民阅读篇章。因为肉身的残疾，而且长期承受各种病痛，史铁生的思考与肉身直接相关，这是不少更想在技巧、修辞、观念上搏出位的写手难以匹敌的。作为一个作家，史铁生把日常状态里"生与死"的主题，很真诚清晰地表达出来了。对于不同于日常状态的极端状态，也就是他提到的《约伯记》里的那种状态，史铁生的思索也是可贵的。《病隙碎笔》主要是讲日常状态下他是怎么看待生和死的？我们依次讨论下这十则随笔。

◎人生于世，生死之外无大事。"生与死"是每个人的必修课。

是谁写下这人间剧本

第一则他说了一个主题，这个主题叫"命运"。我们知道无论是中国还是西方，比方说中国的《山海经》，西方的古希腊悲剧，其实它们唯一的主题，就是"命运"。反抗命运就是悲剧的力量，像《山海经》里的精卫填海、夸父逐日等，就是要反抗自己的命运。古希腊的悲剧也是这样，索福克勒斯的《俄狄浦斯王》就是反抗命运的，可以说"命运"是悲剧的唯一主题。当然近代以后，无论是中国还是西方，谈到悲剧的时候，它的主题就从"命运"进入到"性格"了，"性格"导致的悲剧故事更多一些。比方说莎士比亚作品里面的悲剧形态，他的四大悲剧更多是因为人的不同性格导致的。这个就不展开说了。

　　史铁生的思考是："所谓命运，就是说，这一出'人间戏剧'需要各种各样的角色，你只能是其中之一，不可以随意调换。"这个角色并不一定是我们自己乐见的。有一句话叫"戏如人生，人生如戏"。他说有剧本就会有矛盾，就会有人间的冲突。怎么理解"人间戏剧"？怎么理解"戏如人生，人生如戏"呢？如果离开了命运恐怕是理解不清楚的。人的命运其实很简单。什么叫命运？命运就是我们每个人作为肉身都会完，这是所有人相同的命。古希腊的作品、神话在讲到人的时候，会加一个定语，那就是"必死的人"。中国文化里也有这个意识，承认人的有限，主张人法地，地法天，天法道，道法自然，人需要在更大的宇宙自然秩序中得到理解。当然，古希腊是人神混杂的，神具有人一样的人性。中国的神与人的关系也有着非常复杂的面向，但总体上，神比人更有力量、更自由，但同样逃脱不掉命运的控制，可以说命运之神才是最大的神，人神关系归结到最后还是人与命运的关系。史铁生说："写剧本的时候明白，之后常常糊涂，常会说：'我怎么这么倒霉！'其实谁也有'我怎么这么走运'的时候，只是这样的时候不嫌多，所以也忘得快。但是，若非'我怎么这么'和'我

◎这个转变让人更多地思考命运与自我的关系，命运是我们自己谱写的生命乐章，而非外在强行加于的。

◎命运是人生剧本的剧情设置，演员纵然有再大的本事，也得依循剧情主线来发挥。

◎投胎之前自己的灵魂都很清楚，此生为何而来，为了超越财富、克服情感等等。但一旦进入肉身，后天的东西遮住了先天的自性光明，就会糊涂。

第十二章 生死攸关

怎么那么'，我就是我了吗？我就是我。我是一种限制。"我们从史铁生的语言表述里可以看到，他在思考这些问题的时候，有很多是来自于自己日常生活里的感受，但是也能看到他已经不完全是在中国传统文化的资源里思索了，很明显是有包括基督教在内的一些资源的滋润。我们现在教国文，得承认，中国现代文化对其他文明已经有更具深度和广度的汲取，这种交融已经是全球性的，从人类其他文明的各个方面汲取力量已是常态。在史铁生这里很明显可以看到基督教的影响，当然佛学的影响也有。这种汲取我们并不排斥，而且我们要持开放的态度。费孝通先生提出的"各美其美，美人之美，美美与共，天下大同"才是正途。领会中国文章尤其现代文章的品质、特点，也应该持更开放的心态。在中外文明的对照中更能看清本民族的文化底蕴，顶级翻译家的文字本身就是最好的国文，这一点我们是要说句惭愧的，我们编辑《国文课》时这方面做得还不够。史铁生汲取了更开阔的知识资源，尤其是他对基督信仰的思索，从他的文字里可以看出，对他的生命感悟是有提升的，这是第一则。

◎是的，只需把心敞开，充分感受不同能量的交互，拓宽认知边界，才能更清晰地看见彼此。

我轻轻地走，正如我轻轻地来

第二则里，他把身体比作一架飞机："要是两条腿（起落架）和两个肾（发动机）一起失灵，这故障不能算小，料必机长就会走出来，请大家留些遗言。""躺在'透析室'的病床上，看鲜红的血在'透析器'里汩汩地走——从我的身体里出来，再回到我的身体里去，那时，我常仿佛听见飞机在天上挣扎的声音，猜想上帝的剧本里这一幕是如何编排。"躺在透析室里看到机器的作用，机器和肉身的连接很有意味。用机器这样一个冷冰冰的形象做一个引头，引出第三段关于墓志铭这

◎作者以一种旁观者的姿态，对自己的生命进行深刻的观照。

么沉重的话题。可是在下一段，却把这个沉重的墓志铭引向了一个很轻柔的东西，他借用徐志摩的《再别康桥》的一句诗："我轻轻地走，正如我轻轻地来"。雅斯贝尔斯在《时代的精神状况》里面就提到现在社会变得越来越像个机器，我们的身体在本质上，如果作为一个生物体来评估的话，其实就像个机器。史铁生选择面对这个事实，甚至是面对我们这个像机器一样的社会。生命有很残酷的机器性的一面，但是史铁生选择的生命态度是"轻轻地走，轻轻地来"。当然，他说徐志摩先生也许原先不是这个意思，他把它借用来表达对生死的态度，看上去是很淡然的。在第一则，他说承认自己的有限，"我是一种限制"。我轻轻地走，甚至可以不用一块硬硬的石头做见证，生命应该归于很轻柔的状态。我们知道他的日常的生命状态实际上是伤痛，是身体本身对人的折磨，但是他选择的生命态度恰恰是轻柔的。

◎这个借用很好！洞悉了生命本质的人，才会有这份轻逸的潇洒。

◎很高级的灵魂，让人肃然起敬。

　　从意志上来讲，作家史铁生本身是一个非常坚强的人。但是我想提醒的是，什么叫真正的坚强？如果没有了那种柔和的，像史铁生说的"轻轻地走，轻轻地来"这种非常柔和的生命的态度，甚至说话时带有的这种近似呢喃的语气，没有这些轻柔的东西，其实不能算是真正的强大。对人的精神的强大，我们一般总会使用一个比方，像肉身一般强悍。《史记·留侯世家》里面讲张良是那么胸有大志，那么沉稳，那么能隐忍，可是长得却像一位女性一样轻柔。这是个蛮有意思的现象，就连司马迁都说张良长得"不称其志"。但是中国人也有一个说法，说男人女相女人男相、北人南相南人北相会比较好，就是要融合。史铁生内心很强大，其实内心真正强大的人，他应该是有温柔的一面的，因为他能够接受自己是一种限制，他能接受生命里面极端的情况。他肉身残疾，他能接受它，也能放下它。我们常说一句话，人无非就是拿

◎也可以看作阴阳的平衡，这是中国传统文化中最根本的东西。

◎这是作家修了几十年功课的思考。史铁生先生在20多岁就高位截瘫，面对突如其来的灾难，每个人都会问个"为什么"，但是答案各不相同。史铁生对生命的观照和沉思是相当深刻的。

得起，放得下。拿得起，就是接受自己，像史铁生这样接受肉身的残疾和伤痛。放得下，其实就是轻轻地走。关于肉身对人精神的折磨这个话题，其实能够选择几种方式来解决呢？要么就是痛苦地承受，要么就是激烈地对抗，但是无论你怎么对抗，肉身的疼痛就在那里。那还有第三种，大概就是史铁生这里主张的"轻轻地走，轻轻地来"。

用疼痛感悟生命

第三则，"有一回记者问到我的职业，我说是生病"。作者讲到自己日常的职业状态，这是他幽默地自我调侃，自嘲。黑色幽默就是，我知道人生底色是黑色的，可是还是有个如何面对这个底色，怎么跟自己相处的问题。"我有时想过，可否据此也去做一回演讲，把今生的惩罚与前生的恶迹一样样对照着摆给——比如说，正在腐败着的官吏们去做警告？但想想也就作罢，料必他们也是无动于衷。"我们常常是抽象地谈伤痛，但是伤痛其实是非常个体的，只能自己承担，别人取代不了自己。恐怕也不能有太高的奢望去让别人真正地理解自己，毕竟痛是在自己身上。

◎喜欢作家的幽默。国文课堂也需要幽默。

第四则，"生病也是生活体验之一种，甚或算得一项别开生面的游历"。我们知道现在大家都喜欢各种游历，推崇丰富的体验嘛，即使懒懒的读书人也喜欢在自己书房里游历。我记得好像是叶灵凤说过，他所谓的游历就是在书房里的游历。现在史铁生说的游历，是一种病痛的游历。他说但凡游历总有酬报，他的领悟是："生病的经验是一步步懂得满足"，"其实每时每刻我们都是幸运的，因为任何灾难的前面都可能再加一个'更'字"。这个不是简单的心灵鸡汤，他列举了很多他自己被各种病痛折磨的感受，发烧、咳嗽、褥疮、尿毒症

◎生命求真之旅的游历。

等等。当一个在伤痛里面的人表现得更谦卑，你会很心疼他。

第五则，"坐上轮椅那年，大夫们总担心我的视神经会不会也随之作乱，隔三差五推我去眼科检查，并不声张，事后才告诉我已经逃过了怎样的凶险。"这些我们都很常见，大夫当着患者的面有时选择不说出全部的真相，担心患者承受不住。下面他开始进入一个比较有意思的反省："当有人劝我去佛堂烧炷高香，求佛不断送来好运，或许能还给我各项健康时，我总犹豫。"当然他不是不愿意去朝拜，他对佛法也很敬畏。但是他想说什么呢？他想说的是，自己可以在台上很虔诚地朝拜，但是该怎么看待自己对所拜之神的要求呢？从第五则开始，史铁生谈得越来越深入。"为求实惠去烧香磕头念颂词，总让人摆脱不掉阿谀、行贿的感觉。""行贿"这个词用得很重，的确是存在着这样一种逻辑，信仰成了利益交换。我自己有一个观点，汲取其他文明的精神时，无论宗教、哲学、神学，得留意这些资源源头的创始人的生命状态，越贴近他原初的生命状态越能接近他的精神，否则易变形，差之毫厘，谬以千里。例如佛家创始人释迦牟尼，他是释迦族的王子，作为一个王子，他在金钱、美女等日常生活方面得到了过分的满足，我们称之为餍足，过分的满足产生了精神痛苦，促使他觉悟、明觉，所以他放弃这一切。他原初的生命状态是决心放弃而不是索取。如果我们以匮乏、祈求利益的生命状态来到寺庙拜佛，来到佛前的那一刻，这种精神状态在骨子里是索取性的，就像史铁生说的，是阿谀和行贿。阿谀是表面的，行贿才是实情。这种佛前索取的状态和佛家创始人本身因放弃而解脱的选择是刚好相反的，这又如何能打动佛呢？

◎有几人会想到这一层呢？众生深信佛菩萨慈悲，有求皆应。

◎是的，回到源头才会清晰明了。后面的演绎五花八门，甚至自相矛盾，误入歧途。

◎佛菩萨关心的是生命的觉悟，而世人所求恰恰是"反其道而行之"。

苦难之于肉身

接下来史铁生就讲了约伯的故事,《旧约》里约伯的故事、亚伯拉罕献以撒的故事,是两个最惊心动魄的故事。亚伯拉罕献以撒的故事可能更荒谬,约伯的故事因有一个过程更好理解一些。这个故事大致的内容为:约伯是当地很有名望的一个人,生活得很好、很幸福,有很多的牛羊,很虔诚地敬神。魔鬼撒旦就对上帝说,他是得到了很多好处才这么虔诚地信你,如果你把好处拿走,他就不那么信你了。于是上帝同意撒旦做测试。先拿走约伯的财富,约伯依然虔诚;又拿走他的亲人,他依然虔诚。上帝就对撒旦说,你看他还是虔诚。撒旦说,拿动的还是别人,现在就要动约伯本人了。其实就是动他的肉身,让他身上长疮,让他时时刻刻面对自己肉身的痛。这个时候约伯的反应是什么呢?于是约伯经历了各种肉身的痛,难以承受的边界出现,虔诚里开始生出委屈、辩解乃至质问。

◎貌似撒旦比上帝更了解人性。

有人说,《约伯记》其实就是现代主义的寓言。你能看到的关于现代的表述、现代的反抗、现代的质问、现代的辩护,所有的一切《约伯记》里都有。约伯到最后确实是动摇了,因为他太痛了。《约伯记》的故事实际上在不停地变形、重述,举个例子,比如萨特的话剧《死无葬身之地》,其实就是《约伯记》的一个变形。那里面五名法国游击队队员在牢房里面对敌人的严刑拷打,肉身之痛的极限与信仰的笃定产生了矛盾,这是典型的约伯的命题。史铁生自己的长篇小说《务虚笔记》里也有过关于叛徒的讨论,和一般讲的道德义愤、谴责不一样,他的思考很有哲理的深度。他提了一个问题:如果是自己,是不是也会叛变?我们一般对叛徒有那么激烈的道德指责,是不是在掩盖一个事实,那就是,实际

◎我又想到那位自焚的美国军人布什内尔了,大火在他的身体上燃烧,他的意识最终停在了哪里?对和平的呼唤?还是肉身的疼痛?

上我们都不大想面对，肉身难以承受酷刑的情况下该如何选择的难题。这是史铁生在《务虚笔记》里认真思索的话题，其实也是个《约伯记》的问题，就是以肉体之痛去测试信仰的虔诚。北岛有一首诗《结局或开始——献给遇罗克》，"我／站在这里／代替另一个被杀害的人"，也是这个问题。你站在那个位置的时候，谁也不能代替，因为你的肉身是没得选的，你就是时时刻刻在感到痛。史铁生引《约伯记》的问题，说明在精神和肉身最尖锐的对立中，肉身因难以承受会动摇、质疑自己的信仰。

我们都知道现代社会张扬感性、张扬情感，用我的说法是感性和理性联手把神性给删除掉了。最典型的状态，就是巴黎时装走秀那种场景：T 型台上绚烂的灯光、绚烂的色彩，总之满是绚烂的感性，旁边坐着高度理性计算的各路经理人，在评估这种风格的衣服能不能畅销，从而实现利益最大化。他们用脑子比较、计算着，做商业的考虑，这就是计算理性。走秀的模特身形是高度形式化的，脸上的表情是冷峻的，走路也是高度形式化的猫步，总之，模特也是高度形式化、理性化的存在，不可以干扰各路经理人的评估和计算。感性和理性联手把神性删除掉，不讨论意义，不传递情感，只有声、光、电的感官刺激和高度理性的计算，T 型台的时装走秀是最摩登的事，其实这个场景里的内在结构，正是现代社会的底色和秘密。这个现代的秘密和《约伯记》是何关系呢？

约伯的问题是肉身、感性会激烈地反抗信仰，反抗理性，因为肉身能承受的痛苦是有边界的，精神上的虔诚、理性应该最终以肉身承受痛苦的边界为边界，就是这个问题。类似的问题还有生死的主题，死实际上得以生的边界为边界。加缪有一个很著名的观点：真正严肃的哲学问题只有一个，那

◎看到影视剧里敌人对革命者严刑拷打，我一般都会跳过去看，连看几眼都没有勇气，就别说亲历了。

◎我记得好像木心先生在《文学回忆录》里说过这个问题，他认为在哲学的怀疑论的帮助下，日益发达的科技理性完成了祛魅的工作，将感性解放了出来。

◎这个表述很有意思，看懂了 T 型台的隐喻。

第十二章 生死攸关

◎要回答这个问题很难。生命究竟从何而来？科学、宗教、哲学都没有给我们一个确切的解释。如果按照科学的说法，生命是精子和卵子的结合，为何试管婴儿的成功率这么低？现代人不大承认生命的神性，甚至出现类似自杀秀的事件，对生命缺乏基本的敬畏。

就是人为什么不自杀的问题，实际上也是尖锐的生与死的问题。《约伯记》是一个极端的思想、宗教实验，其实是无解的。我们儒家的传统是孔子说的"未知生，焉知死"，它对死的态度用现象学的说法就是"悬设"，对怪、力、乱、神的想法就是"祭神如神在"，不直接做知识、理性的讨论但保留敬意，使神成为意向性的存在，作为人们希望的意向，我觉得这其实是一个很有智慧的选择。

苦难、信心和精神的三角关系

"约伯的信心前面没有福乐做引诱"，这个非常重要，他的现状是肉身和信仰直接的冲撞，中间没有第三者。我们都知道，当两个东西冲突的时候，解决的办法就是引入第三者。我们前面讲过，两个小朋友分一个橙子，怎么分？你要是强调公正，那就平等地来。比如，一个人先切，另外一个人先拿。你可以想到很多充满智慧的方法。如果你引入第三者，那就盘活了，可以有无限种分法。比方说一个小朋友先拿，另外一个小朋友这次不拿了，以后先拿的小朋友就给他更多的回报。其实这就是时间的逻辑，银行的逻辑。但是如果没有第三者，像约伯现在面临的情况，精神和肉体，没有福乐作为第三者来支撑，就是直接的冲撞，该怎么办？肉身不停地刺激你，净是苦难、伤痛。最极端的情况是，真正的信心会凸显出来，伤痛和精神唯一的连接就是信心，中间没有福乐，中间没有其他的连接。当然不断的苦难会使约伯的信心动摇。一边是很痛很痛的肉身，一边是自己虔诚的信仰，中间就靠一个信心来连接，可见这个信心要承受多大的撕扯。所以约伯质问上帝，作为一个虔诚的信者，为什么要遭受如此深重的苦难？上帝不给他这个福乐。约伯周边的人用各种理由来指责约伯，他们看上去都是理性主义者。他们可以讲很多很多约伯应该如何如何的话，但是他们没有面对一个事实，这个事实就是真的很痛，分分秒秒的痛。人的肉身本质决定了会痛，旁边嘲笑、批评、谴责约伯的朋友们，按照史铁生的说法就是，他们不懂得苦难的意义。苦难不是抽象的，苦难是此时此刻一秒一秒的。但是上帝把他伟大的创造指给约伯看，意思是这是你要接受的全部。史铁生说，约伯于是醒悟。

其实约伯未必全部醒悟了。因为肉身和精神之间用信心来勾连，一个肉身的痛，一个信心，一个精神。当然信仰在基督教里叫上帝，其实是没有终极的醒悟的，就像史铁生所说："不断的苦难才是不断地需要信心的原因，这是信心的原则，不可稍有更动。"如果这个肉身没有这么痛，他未必会惊醒，他未必会寻找精神。如果他不需要寻找精神，他就不需要寻找到肉身和精神中间的那个叫信心的东西。当然，如果你引入其他的东西，比方说福乐，那就会把刚才我们说的肉身、信心和信仰这三个东西，变成四个东西，变成五个东西，所以这个结构就破碎掉了，行贿的逻辑就会出来，就出现了西方中世纪教会发行的赎罪券。很多人一想到要有信仰、要做修行时经常也是索取的心态。严格地说这不是修道、修行。什么是道？基督教里讲四个字：道成肉身。耶稣是道成肉身。基督教的三位一体里必须有个肉身。这个很有意思，耶稣作为一个肉体陪伴着同样具有肉体的人走一遭，是因为所有的信仰者要面对一个事实，就是我们人是肉身的人。《道德经》里也讲："吾所以有大患者，为吾有身，及吾无身，吾有何患？"如果我没有这个肉身，我就没有什么大患了，所以他会强调全身保命，"贵大患若身"。所以一切信仰，如果不是直接面对肉身的信仰，就不是真的信仰。信仰得接受肉身的考验，肉身会给信仰一定的界限，当然同时信仰也会给肉身划界。

◎有一句话叫"未经他人苦，莫劝他人善"，说的就是要站在当事人角度多去感受去理解，而不是一味地道德劝诫。

◎有一本书叫《千面英雄》，学者约瑟夫·坎贝尔将西方神话中典型的英雄历程总结为"英雄之旅"，象征着人类精神蜕变之路上的主要历程。每个人都是走在路上的英雄，心灵会不断地进阶。当跨越一个阈限后，就会有下一个历险在召唤，有一段漫长的考验之路。不断的苦难，证明你一直在觉醒的路上不停地进阶。

◎在道家看来，不借助肉身，道是无法修成的。

第十二章 生死攸关

我记得作家王安忆说过什么叫真情，什么叫精神。她强调说没有经过肉身的情感不是真正的情感，她讲的这个是对的。连接肉身和信仰的是信心。有一个词叫体验，其实就把这三者间的关系讲清楚了。体验就是用身体去验证。在用身体验证的时候，身体里面留下的东西就叫信心，这是用西方的术语说的，用中国的术语来说，就是"志于道"。人们必须知道，在《约伯记》的情境里就三个东西，肉身、信仰和连接它们的信心，没有福乐，没有其他东西，别想寻找第四个东西掺和进来。所以既没有适合的福乐，也不会给你行贿一样的光荣。光荣其实也是很世俗性的东西。在没有光荣的路上，信心可要放弃？以苦难去做福乐的投资，以圣洁去迎接世俗的荣耀，都不是上帝对约伯的期待，也不是真正的虔诚的布道的信心。这就要把求信仰立住，坚持它的疼痛感，让那个行贿的逻辑走开。因为行贿的逻辑，正如孔夫子说的："放于利而行，多怨。"让利益作为行动原则的话，就会招致更多的怨恨，人们会怨恨信仰，怨恨上帝，怨恨自然，甚至怨恨自己身边真正最亲最爱的人。

◎ 这一部分好深刻！信仰是超越世俗生活的，韩非的法家思想建立在人性自利的基础上，一旦碰到有信仰的人，奖赏惩罚的那一套就无法奏效了。

该如何看待宇宙

第七则，讲人与宇宙的关系。中国文化讲天人合一，这个"合一"当然有很多种形态，比方说董仲舒讲"天人相副"，就是说人是天的副本，说人体有 365 块骨头是和一年的 365 天高度统一的，他寻找了各种理由去证明人和天的相应关系。但是史铁生强调的是，天地作为一个整体，和我们每个人的关系。这其实还是在讨论，我作为一个角色和整个宇宙作为一个整体的关系。我们怎么看待自己的角色？很多人通过冥想练习来思索这个问题。冥想练习，大概是两个路子，一个

◎ 我想到苏菲派诗人鲁米的名言："你不是大海里的一滴水，你是一滴水里的整个海洋。"

是从小到大，一个是从大到小。实际上看待世界的方式的确就是两种，由大到小地看会看到人的谦卑，我们就是宇宙当中的一个尘埃而已。由小到大地看会看到人的命运和人的尊严，悲剧就是人去反抗这个庞大的命运。当然，理想状态叫"小大由之"，这是《论语》里的智慧，庄子也喜欢。像鲁迅这样的人看待世界是由小看大的，因为他要强调此时此刻你是怎么样的，要把你生命的这个形态固定住。其实基督教的瞬间意识主张，人整个生命最有价值的就是此时此刻的瞬间，瞬间就是整个世界，这也是从小看大。我们的道家思想更喜欢从大到小地看，看到人如江汉之浮萍，这是比较偏灰色的理解。更谦卑的理解就是人是整体中的人，就是前面史铁生说的"我是一种限制"。

第八则，"世界是一个整体，人是它一部分"，延续了上一则的思索。所以人的困境永远是，每个角色都是戏剧的一部分，我们作为一个角色，不可以被单独提出来宠爱。当然，上帝能不能插手人间，上帝能不能创造一个自己搬不起来的世界，这些讨论是西方神意论证的时候一些很经典的话题。史铁生引它过来，我相信史铁生的着眼点不是做神学的思索，因为它还是对生命的思索。对宗教的思索可以分两类，一类就是神义论的，一类就是人义论的。神义论认为，上帝是不可以质疑的，因为它是信仰。如果你用理性来讨论，那理性是会杀死信仰的。像巴别塔的故事，人类联合起来兴建希望能通往天堂的高塔，为了阻止人类的计划，上帝让人类说不同的语言，使人类相互之间不能沟通。语言的本质是理性，你用理性讨论神学问题一定会杀死神性。

我们可以把对世界的理解分成神性、理性和感性，《蒙娜丽莎的微笑》这幅画为什么这么神秘？如果说蒙娜丽莎是一个圣母像，她头上的光晕却并不突出，也就是说神性的一

◎宇宙是全息的，一个瞬间含有生命时轮的所有信息，就像一块破碎的镜片也能照出太阳一样。

◎我理解，道家是让人看到人是宇宙整体中的人。道家提倡无为和顺其自然，更多是希望我们能够认识到一统宇宙的大道，去掉头脑中自以为是的东西。

◎不是杀死，是触及不到。

第十二章 生死攸关

面不突出。她也不是很严肃，所以她的理性也不是很突出。她的感性，她微微翘起来的嘴角也没有那么夸张，可是这三个东西她都有，很完美的融合，所以她是最神秘的。这大概是中世纪向现代社会转型时期才会出现的作品，进入现代社会后，可就不是这样了，感性、理性越来越突出，感性、理性联手把神性干掉，理性和感性也会打架，它们一打架，感性就不承认理性的秩序，于是后现代的东西就来了，人就破碎了。现在有很多人，尤其是知识分子，更喜欢19世纪的文学、19世纪的艺术，不喜欢20世纪以后更破碎的文化，19世纪的艺术是偏深度的艺术，它集中全部的传统文化资源、生命资源来对抗"上帝死了"之后传统精神秩序陨落的现实。这不是西方独有的问题，在中国也有同样的问题，从《红楼梦》就可以看出。《红楼梦》里一僧一道带着一块玉来到人间，这僧和道进入的是代表儒家的贾家，其实这就是中国人精神的三个支柱——儒释道，这三个文化资源都在坍塌，只剩下一块无用的石头，它至情至性，只剩下了情感，可不可以补天，补中国人精神之天？《红楼梦》是比较悲观的，文化资源腐化了，只剩下纯真的情感。这个思路是不是就是明代李贽写《童心说》的思路？童心说就是绝假纯真，最初一念之本心。只有童心，只有纯真的情感，能不能支撑精神秩序的重生？这是中国人的精神重建问题。这是我们现在谈中华优秀传统文化创造性转换的深层根由。中国人经历过一定的历史阶段，尤其是那种很伤痛的历史阶段之后，第一步会回返童心说。像20世纪80年代初期，汪曾祺的《大淖记事》《受戒》，其实都是这个思路。在中国文化里，

◎这个解释很好。

◎可见保持微妙平衡是多么重要。

◎当下属于易经文化中"九紫离"的时代，离为火，剥落僵化的认知，升腾新的意识和希望，精神世界的重生正在进行中。

我们总是试图回归童心，包括我们个人也是，伤痛过后我们会怀念童年多么美好，因为童年纯真，没有被社会生活污染，就想回返到这个时期。但其实更重要的是生命的创造，得使中华民族的文化资源变得有灵性，也有血肉感，当然也更有创造力、生命力。

精神世界的内在结构

第九则，谈信仰的敌人：撒旦。撒旦会使用一切手段来歪曲信仰，有人说撒旦就是上帝的另外一个嘴脸。从某种意义上来讲，没有撒旦也不会有上帝。中国古人说有无相生，一下就告诉了我们其中的奥秘。"撒旦不愧是魔鬼，惯于歪曲信仰的意义。"撒旦启用的逻辑，其实就是一个行贿的逻辑。撒旦对上帝说，约伯之所以敬畏你，是因为你赐福于他，他才会不诅咒你，他才会虔诚地信仰你。约伯拒绝了这个行贿的逻辑，但是他又开始进入另外一个危险，像约伯这样忍受着肉身的痛苦，去对抗那个行贿的逻辑，他必须面临另一个危险："约伯，你之所以遭受苦难，料必是你得罪过上帝。"就是你现在的状态一定是有原因的，史铁生的直觉是，约伯面临着这种看似理性的因果推理的陷阱。这个危险就是因果关系，因果关系是什么？因果关系就是理性嘛。在信仰的面前，约伯会有几个敌人。第一个就是肉身，常用世俗的利益做交换，满足自己的欲望，但这还是个"浅"的敌人，更深的是什么？利益交换成立的前提，或者说埋藏更深的，是计算的本质，是理性。"浅"的敌人你躲过去了，更深的东西就浮现出来了。这个因果关系的逻辑就是：约伯你之所以遭受苦难，肯定是你得罪过上帝。你看，这其实是一个形式上的因果关系。"这话比魔鬼还可怕，约伯开始觉到委屈，开始

◎其实是对生命本质状态的一种回归。老子说"复归于婴"，孩子是用心灵连接世界的，他们坦诚地感知并回应着这个世界。我们开始也是通过心灵与人交往，慢慢就变成了头脑的算计，失去了纯真的情感。

◎是的，阴阳一体，光明与黑暗同在。

◎这是杀人诛心了。

◎这不也是佛教的逻辑吗？前世是因。今世是果。

埋怨上帝的不公正了。"怎么理解这句话？恐怕约伯也很难反驳这个逻辑。因为只要你启用因果关系，凡事总是有原因的，约伯受苦怎么能没有原因呢。因果理性当然是极其重要的，但不能是唯一的，因为人们还有情感，还有信仰。情、意志、理性应该是三位一体的。如果你过分凸显理性，理性恰恰会走到自己的反面。约伯其实就是在理性的逼迫下，开始埋怨上帝的不公的。从理性上看，也确实没有其他的解释了，就是自己得罪了上帝。我很喜欢的作家卡夫卡有一句名言：一支枪在等待着一只鸟。就是这支枪是一定要打出去的，理性是一定会按这个逻辑演绎出去的，它要找个替罪羊。如果按照这个理性的逻辑的话，约伯一定要找到一个原因，这个原因肯定是自己的错。约伯和上帝之间要么以信心连接，要么以理性连接，可是理性连接就会导致这个结果。这个是他自己都反抗不了的，理性的确埋得比较深。

◎一个笼子在寻找一只鸟？

当然，史铁生说："这样的埋怨我们也熟悉。"因为我们也会像约伯一样顿生怨愤：我没有主观上的、意志上的动机去冒犯上帝，可是这个理性的推演的结果却是肯定得罪了上帝、冒犯了上帝。这就是作为人的困难了。史铁生说："背运的时候谁都可能埋怨命运的不公平，但是生活，正如上帝指给约伯看到的那样，从来就布设了凶险，不因为谁的虔敬就给谁特别的优惠。"在我们（作为一个肉身的人）、上帝和连接两者的信心之中，没有其他的东西，只有这三个。不要想着其他的东西会介入进来，这个是精神的结构，是一个封闭的结构。我以前说过，诗歌的内在结构就是这个结构。"所谓伊人，在水一方"，你和你心仪的人（伊人）建立的是一个封闭的关系，你呼唤她，她应答你。人们老是以为诗歌就是"啊！……"，其实这个"啊"就是呼唤心仪的对象，希望得到她的应答，这里的呼唤和应答只是两者之间封闭的关系，

◎千千万万个生命剧本彼此交织，牵一发动全身，上帝不会擅自更改剧本。

跟其他世俗的世界无关。诗歌为什么要有节奏感？其实就是为了创造一个内在的韵律，用音乐的乐感来包围文字的世界，音乐是文字的边界嘛，这样方便打造一个封闭的心理空间。在这个空间里不仅有自己，还有自己心仪的对象，还有彼此呼唤和应答的连接，彼此情感的震荡，但是这个震荡是永远的，两者永远不可能融合在一起。比方我们会说，人总也走不到上帝那里。再比方说，顾城的诗句，"你看我时很远，你看云时很近"，这是典型的诗歌中呼唤者和应答者的关系。呼唤者跟心仪的对象，就是这样既远又近的关系，这其实也是我们作为一个肉身与信仰对象的真实关系。如果你想把外面的东西引进来，就会把这种纯净的封闭的心理空间打破，就不再是信仰的结构，不再是诗歌的结构了。我们常说爱情是神圣的，爱情神圣的原因是：人们把对信仰对象的呼唤、应答关系复制到了人间，现实男女之间建立的心理空间是高度类似于人与信仰对象（神、上帝、天等）组成的结构。诗歌、爱情、信仰的结构是一致的。

◎你的分析自洽无碍，我还在你的体系外观望。

◎好深刻。似乎当下的爱情与信仰无关，与拜金、炫富、刺激消费有关。《非诚勿扰》《我们约会吧》等相亲类节目，将爱情变成了最大的娱乐。

双手合十，许人间圆善祥和

第十则，"可是上帝终于还是把约伯失去的一切还给了约伯，终于还是赐福给了那个屡遭厄运的老人，这又怎么说？"实际上中国人同样讲道德、讲真善美，而且认为最好是三者融合，牟宗三先生就提出了"圆善"，追求一种美善合一的理想境界。当然真善美中，善其实是独立的，它也可能得到好处，也可能没有福报。但是最好是圆善，圆善相当于现在说的赐福，约伯作为一个义人、一个好人应该得到福报。其实这是世俗社会对一个普通人的人性美好的回报，但是这个不能取代刚才我们说的那些尖锐的、封闭的、肉身和信仰的关系，

◎看到"圆善"我真的心生欢喜啊，频率切换了，能量不同了，呵呵。

◎明白，这是不同的次第。

这是不可以的。但是作为社会中的普通人，我们可以期望圆善，最好是真善美的统一，但现实经常是善无法做到同真与美的统一，圆善只能是理想的状态。所以史铁生再次强调："关键在于，那不是信心之前的许诺，不是信心的回扣，那是苦难极处不可以消失的希望呵！"但是，我们也不能对人太苛刻了，在极其苦难的时候，比方说他觉得自己可以有一些人间烟火，更世俗的期望，这没什么可指责的。当然那只是普通人自己的期许与希望，这个希望可能是卑微的，可能是世俗的。"上帝不许诺光荣与福乐，但上帝保佑你的希望。"它只是一个希望，就是意向性的东西，不是上帝许诺的光荣与福乐。

◎说得真好。经历的种种苦难都是淬炼，淬炼是为了成金，不给这个希望是不行的。

"人不可以逃避苦难，亦不可以放弃希望。"只要肉身在就有苦难，苦难和肉身是一体的，因为肉身是你无法选的。但是因为有神在，连接着肉身，所以神的另外一个名字就是希望。这也是《新约》和《旧约》相比不一样的东西。《旧约》中的上帝更像一个正义之神，他的惩罚和威力是第一位的。所以犹太教里面很强调律法精神，律法立约立法，但是《新约》里面就凸显了希望和爱。"恰是在这样的意义上，上帝存在。命运并不受贿，但希望与你同在。"其实要说起来，上帝的秘密就是爱，或者叫希望。命运怎么可能接受你的贿赂呢？永远和你在一起的是希望，你是无法改变自己有肉身这一事实的，肉身和信仰之间还是那个封闭的关系，都改变不了。"这才是信仰的真意，是信者的路。"信者的路，让我想起《诗经》里的《蒹葭》："蒹葭苍苍，白露为霜。所谓伊人，在水一方。溯洄从之，道阻且长。"这诗一共有三段，关于道路有：道阻且长，道阻且跻，道阻且右。"道阻且长"，就是漫长的时间的折磨；"道阻且跻"，"跻"是一层一层的意思，从低处到高处走得越来越高，你来到了这个境界，但是上面还有更高

◎感觉这也是一条回归生命本源的道路。

的层次；"道阻且右"，就是那道路弯曲又艰险；所以"道阻且长""道阻且跻"，一个是时间一个是空间，这两者的融合，时空两个维度的煎熬，最后是"右"。从下往上走追求伊人，就是道阻且长、道阻且跻、道阻且右这三种路，这就是信者的路。所以我说《蒹葭》作为爱情诗理解是可以的，作为追慕贤人的信仰之诗也是可以的，因为爱情和信仰一样都是神圣的，它内在的机制和信仰高度统一。基督教本身就有以爱情类比信仰的传统，比利时有位神学家就写过一本《精神的婚恋》，我国伟大诗人屈原开启的，在政治忠诚与香草美人之间做类比的做法也不遑多让。

◎这么一分析，还真是这么一回事！

　　信者的路就是这样，从下往上走，"溯洄从之"，得到的就只是这走过的路。但是"溯游从之"，若是想轻松地从上往下走，就只能是"宛在水中央"。宛如就是仿佛，你和上帝的距离，你和心仪的对象之间的距离，永远是"宛如"的，没有亲近的连接，也就没有真实的体验。信者的追求，不能是从上往下走，只能是从下往上走，虽然道阻且长，道阻且跻，道阻且右，但唯有如此，信者才能获得生命的所有尊严，路得靠自己走出来，这就是信者的路。

◎本章有深度。有没有读懂不重要，重要的是，通过这篇文章的学习，我们知道面向生命的内在的重要性。当我们面对苦难痛苦的时候，要懂得对自己的生命内在进行观照和反省，而不是一味地从外在寻找原因。当然思考需要借助一定的思想资源，这也是国文课的旨归。

第十二章 生死攸关

生机

第十三章 传神写照

　　本章的主题是"传神写照"。自本章起进入全书第四个板块："生机"。这一版块讨论三个主题：传神写照——中国艺术，神降明出——中国思想，惠此中国——中国文明。三个主题都如此宏大，想深入讨论非堆集更多的文史材料所能奏效，重要的是，绘事后素，须以合宜的选文、精准的眼力，方能"切问而近思"。《国文课》选文的遴选，难度也在这。每一篇如若没有入选的内在理由，各选文之间如若不能构成多重对话的视野，则这主题的讨论势必大打折扣。在每一个主题下，哪些最为重要的典籍不可或缺，哪些典籍的难易程度更为适合，哪些又是更方便与同学共振、讨论的切入点，所谓经典性、合宜性与话题性兼顾，的确颇费心思。

◎这份用心，可谓殚精竭虑啊！

　　本章的"传神写照"，乃是东晋大画家顾恺之的说法："顾长康画人，或数年不点目精（睛）。人问其故，顾曰：'四体妍蚩，本无关于妙处，传神写照，正在阿堵中。'"（《世说新语·巧艺》）以"传神写照"总括中国艺术的特点，还算得体。

◎艺术可传递神圣的源头智慧，因而艺术总是富有神秘气息。

本章有三篇选文。第一篇，刘勰《文心雕龙》的《隐秀》篇，入选理由是：首先，讨论中国艺术的特点，各种艺术门类繁多，书法、绘画、骈文、金石、雕刻等，只好以简驭繁，先选择"体大思精"的理论作品，《文心雕龙》作为中国第一部系统性的文艺理论论著，不可或缺。其次，《文心雕龙》的内容又极为广博，就得从中选择更方便与同学共振、讨论的，我以为《隐秀》篇是合宜的。当然不是唯一合宜的，《文心雕龙》涉及文体、创作、批评、载道等诸多方面，《隐秀》篇偏创作，提出的原则、列举的案例都很实用。更重要的是，《隐秀》篇讨论的"隐"与"秀"，依然是理解当下艺术、生活乃至为人的重要标准。"隐"是文章内在的意蕴和余波，"秀"则是独拔、脱颖而出的聚焦点。就一部高超的艺术作品而言，"隐"以复沓、深奥的旨趣取胜，逗引人细加揣摩和体味；"秀"则多借助明丽、俊朗的意象生成自己的独特魅力，令人流连忘返，也容易辨识，二者缺一不可。为文、为人恐怕均有"隐秀"的问题，尤其现在传媒发达，处处皆秀场，"秀"意十足，隐秀之间有些失衡，各种原因耐人寻味。如此情境下，我们的国文教学，恐怕更多还是得提供偏"隐"方向的资源。当然，隐和秀，看似矛盾，实则相辅相成，为文、传习时同样需要文采和智慧。还可以把隐和秀看作人生处世的两个原则。这样着眼的话，为文、为人实则是二而一的关系，艺术的奥妙实则也是生活的秘密。如此读书、教书，岂不是会更具趣味？

第二篇，老舍的《傅报石先生的画》，入选理由是：首先，老舍非专业画家，却有几篇讨论画作的小品，《傅报石先生的画》这一篇就是其中之一。老舍也谦称自己对国画"外行"，但他从自己的感受出发道出了在他看来中国画继承与发展中最核心的问题——笔力。他推崇顾恺之《列女图》铁线描的笔力，他专注于中国画的线条之美，以此对几位现代著名画

◎选文也是一门艺术。

◎确实。流量为王，众声喧哗。

◎点穴精准。这个问题现在更加突出。

家如徐悲鸿、关山月、林风眠、赵望云、丰子恺等画作的优点与不足做出了恐怕得算是十分精到的点评，给人以很多启发，尤其是示范了普通人如何以自己的通识去看画。中国书法文化里有关于"笔力"的大量思考，例如孙过庭的《书谱》。但我们没有选择专业的书法理论著述，而选择了老舍。原因是，老舍的这篇短文似乎颇有些能激发人思考的力量。我们以为，艺术的传神写照既依赖专业技法的训练，也需要某种更具超越性的眼光，这种超越性的眼光的养成需要横通的自觉，这也正是包括国文课在内的通识教育的价值，不必担心自己是非专业人士，触类旁通也是学习的好方法。其次，老舍的思考，是在中西绘画艺术互为参照中进行的，这也是我们现代中国各类艺术、文化、思想所处的基本语境，我们只有更开放地借鉴、汲取异域的长处，才能更激发出我们自身的创造力，推动我们民族文化的更生。老舍的这篇小品，提供了良好的示范。

◎有时候，专业人士过于拘囿于专业视角，或者顾及同行的评价等，不够敞开。

◎是啊，现在一些人把文化自信狭隘化了。

　　第三篇，周汝昌的《〈红楼〉文化有"三纲"》。红学研究博大精深，更重要的是，《红楼梦》显示出对中华文化做整体性审视的气度，它以对中华艺术的谙熟、亲近，批判中国社会的现实，是艺术反抗社会的典范，是讨论中华艺术时不可缺席的。但《红楼梦》体量大，呈现于国文课并非易事，即使直接节录最见作者构思意图的第一回，但其明示、暗示都需结合后续回目内容方能交代清楚，至于整个《红楼梦》，留在专书研讨课、选修课或许更适合。寻找篇幅合适、又能"传神写照"说透其精义的短篇就成了棘手任务。所幸有周汝昌的《〈红楼〉文化有"三纲"》一文。周先生是红学大家，他的思考有自家的体贴，绵密而深邃，多有启发。《〈红楼〉文化有"三纲"》一文篇幅不长，却能提纲挈领地以玉、红、情三字说透《红楼梦》因何可称中华"文化小说"的伟著。另外，

◎提纲挈领，纲举目张。国文课的第一课，也要用这样的思路给学生做一个思维导图的概览。

第十三章 传神写照

周先生的文字也很温润蕴藉，有着絮絮而谈的亲切感，便于阅读。

紧贴三篇选文，有三个讨论话题：其一，隐与秀的辩证；其二，艺术的共通性；其三，中华文化的神韵。

三篇选文，老舍的《傅报石先生的画》和周汝昌的《〈红楼〉文化有"三纲"》异常清晰透辟，个中精彩无需多做梳理，下面就《文心雕龙》的《隐秀》篇的诵读及几处文理做些简约的提示。

韵律与诵读

《隐秀》篇是以韵文写成的，音韵谐和、节奏跌宕，且整体上铿锵有力，完美体现出融细腻和强悍于一体的特征，诵读起来更有味道。中国文章，以韵文、骈文写就，原本就是强大传统，韩愈发动古文运动前更是如此，只需看看《文选》就知道了，它的入选原则就是"事出于沉思，义归乎翰藻"，很讲究声律。《论语》里有"质胜文则野，文胜质则史，文质彬彬，然后君子"的表述，《隐秀》篇诵读起来马上就会感受到文质彬彬的气质，这其实是一种理想的人格。认真说起来，以大画家顾恺之的"传神写照"总括中国艺术的特质，更贴近书画等视觉艺术、空间艺术，对音乐、文章这些节奏性、韵律性的时间艺术还是不够，尤其对中国艺术的韵律感的强调还是不够。其实，顾恺之本人《列女图》里为后世高度推崇的铁线描的技法，恰好正是笔力与韵律的完美融合，"传神写照"不能没有韵律。启功讲书法的结构要三松三紧，左紧右松，上紧下松，内紧外松，也是在说要有韵律。

◎《文选》读起来有难度，文选烂秀才半嘛。听人说过，富贵人家早早请高人教孩子读《文选》，小康人家请人教孩子读《古文观止》，穷人家孩子只能读"三百千千"（三字经、百家姓、千字文、千家诗），更穷的根本就没机会读书了。真是选啥书读也有鄙视链啊。后来我在潮州看到饶宗颐号"选堂"，大概明白了，估计他们家作为当时潮汕地区的首富，从小读的就应该是《文选》了。

我们也晓得，当代大学生对古典典籍的接受，更多是知识上的被动记忆，他们深受流行时尚、媒体文化的影响，难以突破古典典籍的文字外壳进入其情思现场，对其中的韵律感更是有隔膜。以诵读的形式导引他们进入，不失为一种好的做法。事实上，国文课的教学，吟诵本就应该是很重要的内容，中国传统蒙学里儿童吟诵的传统是很丰富的，可惜进入大学后吟诵的做法已不尽理想。毕竟，以声音接纳世界和以文字接纳世界还是有微妙且深刻的差异的，声音更易激发情绪、动作，文字则偏向沉静、秩序。文字激烈之处人们不禁诵读出来，这正是声音对文字束缚的挣脱。国文课又名语文课，对这个"语"的理解，对"语"与"文"关系的理解，还需要多留心。下面以艾青的那首著名诗歌《我爱这土地》的诵读为例，多说几句如何细腻地引导同学进入"语"与"文"激荡的情境。

◎声音的感染力穿透力让文字活泛了。

《我爱这土地》

艾青

标题："我爱这土地"

请同学们评估、揣摩：这是诗的标题，若是没有看到后面的诗歌内容，只是第一次看到"我爱这土地"，自己会以何种语态、语气念出这五个字，会不会更冷静、平静些？还是愿意高亢、激昂地念出来？五个字之间的间隔、停顿是一样的还是会有变化？重音会放在哪个字上？还是五个字全是重音？在深度阅读整首诗后，再来感受、评估自己又会以何种语气念出这五个字。

◎《毛诗序》："情动于中而形于言，言之不足故嗟叹之，嗟叹之不足故咏歌之，咏歌之不足，不知手之舞之，足之蹈之也。"这说的是写诗，读诗又何尝不是如此呢？嗟叹、咏歌即是节奏、语调的变化，手舞、足蹈即为肢体语言。

假如我是一只鸟，

请同学们感受：第一句的"假如"一词怎么念出口，

◎化身为鸟是一种带有方向性和目的性的假设。李商隐有诗云："蓬山此去无多路，青鸟殷勤为探看。"青鸟可高飞、迅逝、俯察，打破时空限制。此处诗人用意略同，只不过情绪更为热烈，不是遣青鸟为使，而是化身羽类使者，似更迫切。

自己的选择是更愿意激烈一些还是更愿意隐忍平静一些？"假如"一词和"我是一只鸟"之间的间隔是长一点还是短一点？两者之间是更连绵连贯一些还是有距离感一些？"假如"一词内部，"假"与"如"之间，两个字的音之间更紧密些还是有些距离？声音的轻重是前面轻一点后面重一点还是前面重一点后面轻一点？设想一下如下的处理方式："假如"一词里有艰难、挣扎的感觉，采用"假如"这一愿望并不容易达成的语气，这两个字的奋力说出会使我们朗诵者迅速浸染、积聚起情感的热力，仿佛瞬间有了血性。同样地，"我是一只鸟"一句，"我"是热烈的还是隐忍的？"一只鸟"是轻盈的还是沉重的？如果我们这样尝试：选择说出"假如"的语气是奋力、挣扎的，选择把说出"我是一只鸟"的语气保持在清醒、隐忍的感受上，使这一句的情感状态从前到后呈现出，从开始的激烈过渡到沉实，体现出一种热烈与冷静的变奏。这样朗诵的感受如何？请同学们感受、体会、尝试，这样朗诵是合宜的吗？请同学们寻找自己的切身感受、直觉，判断、选择自己愿意朗诵的方式。

◎ 这句以"歌唱"结句，"唱"的韵母在全诗所有句尾字中开口度最大，最为响亮。

我也应该用嘶哑的喉咙歌唱：

请同学们体会：这句是不是需要我们朗诵时更勇敢一些？更有强悍的意志一些？因为"我也应该"分明是一种自我律令的意志。"嘶哑的喉咙"，"嘶哑"应该是何种语气？是创伤的无力感还是虽有创伤、有撕裂之痛但却要决绝的开口？"歌唱"又该以何种语气说出？热烈、欢乐的还是坚韧、低沉的抑或是既热烈又坚韧的？"歌唱"二字是迅疾的还是舒缓的？我们希望我们的"歌唱"是弥散在空气中还是希望它有方向、有穿透力？

这被暴风雨所打击着的土地，

请同学们体会：这句是激烈的还是沉静的？语速是激烈

的快还是迟缓的慢？"这被暴风雨所打击着的"是否应该有语速的变化？"这被暴风雨"的语速应该就像暴风雨那样的激烈、无情，"打击着的"，同学们愿意同样以激烈的语气呈现，还是迅速降低它的速度，仿佛让我们一遍又一遍看到被反复打击、慢动作打击的可悲的痛苦的土地？至于最后的"土地"一词，同学们是更愿意以不忍心的语气快速把它说过去，还是一字一句的仿佛在和她一起受苦似的把它揪心地念出来？朗诵到这里，我们和同学们一起，已经进入到这字字句句铸成的情感的洪流里，每一字的快慢、轻重、强弱都对应着我们内心的强悍、柔软、闪躲、痛苦和悲伤。这是需要坦露自己真实的感受才能真正进入的情感世界，这当然也是我们作为一个无比热爱我们祖国，愿意刻骨铭心感受她的苦难、屈辱和创伤的中国人、一代又一代的中国人都应该接受的情感洗礼。

这永远汹涌着我们的悲愤的河流，

请同学们继续真诚地感受，请勇敢，再勇敢一些。这句"这永远汹涌着"的"汹涌"是激荡的、不安的，要冲决一切的；我们的情感不能仅仅停留在悲伤里，暴风雨对我们祖国土地的抽打当然是痛苦的，但暴风雨本身的无情、它的力道、它的永无止息也激发着我们自身的血性、我们的力道，我们也得激烈起来，汹涌起来，有血性起来。我们祖国的大江大河一样，就是我们祖国的血管，我们的悲伤要愤怒起来、血脉膨胀起来，要让我们祖国的河流激荡起来、汹涌起来。

这无止息地吹刮着的激怒的风，

请同学们继续，如果说"永远汹涌着我们的悲愤的河流"是我们眼睛里看到的，那么在我们的耳朵里、整个身体置身其中的空间感受里，就是弥漫着的，又充满力道的"这无止息地吹刮着的激怒的风"，至此，我们整个人被笼罩在这激烈的、"无止息地吹刮着"的、疼痛的风里，刀割一样的痛，但

◎ 这里有三个以"这"开头的句子，分别写到了土地、河流和风，土地是静态的，河流和风是动态的。动态的河流是凝聚的、有方向的，风是散布的、无所不在的。

◎ "吹"与"刮"有意义上的区别，《说文解字》释"吹"："嘘也。从口从欠。"欠的本义即出气。"刮"的部首为立刀旁，《说文解字》释为"掊杷"，为收麦的器具，后引申为刮风之"刮"。从字源上看，"刮"显然比"吹"更有力度。杜甫《前苦寒行》："冻埋蛟龙南浦缩，寒刮肌肤北风利。"此处的"刮"即不能用"吹"代替。"吹刮"分作二字是因为节奏，论意义当以"刮"为主。

若不如此的痛彻心扉，又怎能匹配我们祖国的土地、河流所遭受到的踩蹋和屈辱。不正是因为我们中华儿女还不够强悍、还不够舍生忘死地为她牺牲才导致她如此屈辱不堪吗？这不停的刀刮不是哪怕还有一点点尊严、还有一点点要脸的中华儿女活该领受的击打吗？在同学们的朗诵里，你是愿意轻快地赶紧念完躲闪这份击打，还是流着屈辱但也骄傲的眼泪把它一点一点地接受下来？不要哽咽、不要泣不成声，我们得更坚强些，得配得起祖国母亲遭受的屈辱，再坚强些，坚强地把它念完，一定念完。

和那来自林间的无比温柔的黎明……

◎这是高飞的鸟儿看到的第四幅画面。前三个画面已经沿着"打击""悲愤""激怒"的路径形成了特定的情绪方向，如果不出意外，第四句也应该顺着这个方向走。然而，这里出现了转折，这一转折对读者是意外，对诗人又何尝不是意外呢？这个意外里含有愣怔、惊喜、欢悦……

向已经坚强地念完上一句的同学致敬，你已经在刚才短暂的语流里接受了作为一个中国人最深沉、最痛苦也最骄傲的洗礼。不如此你将无法使自己的灵魂归于平静，你将无法真正坦然接受这土地上的一切美好，因为你没有为她做过牺牲，哪怕在精神世界里。现在，接受过洗礼的你，将会获得和她的一切美好、安宁休戚与共的自由。你的心灵将会平静，但这平静又是极为敏感的，它有着充盈的生命激情，只是此刻它与最爱的祖国融为一体，静静地迎接它的黎明。同学们愿意把连接激烈和美好的"和"字念得快一些，还是慢一些？黎明的到来使你迫不及待？还是你更愿意把激烈、苦痛的精神洗礼再挽留、延续得更长一些？这要听各自的内心，不管怎样，"来自林间的无比温柔的黎明"正在向我们次第展开，林间生命的绿色，无比温柔的感动、体贴，黎明的欣喜，这一切，相信同学们都不愿那么快地把它展开，正像诗人用"……"告诉我们的那样，他也多想把这次第展开的过程变得更慢一些呀！这是我们作为中华女儿最幸福的时刻，无限的幸福、感动、内心的生长都只能凝聚在这"……"里了。这延续一直持续下去该多好啊！

——然后我死了，

经历过精神的洗礼，品尝过生命的丰盈、幸福的同学们，大概才能从理性上愿意接受：命运本身是残酷的，无论我们多想和我们的祖国永远在一起，但我们有限的生命长度不答应，我们的肉身难以完成此奢望。一个决绝的破折号（——）埋伏在了我们幸福、生动的"……"后面，将我们的生命结束。"然后我死了"，破折号（——）是无情的，但我已不愤怒、委屈、懦弱，"然后"里或许还有些许的"然而"、不甘、不舍，但更多的还是能平静地接纳"我死了"的命运。一切似乎都要在此处归于平静了。

连羽毛也腐烂在土地里面。

仿佛是不经意间，我的思绪还难以全部静止，我竟然还会恋恋不舍，会不自觉地想象自己作为一只鸟的羽毛的归宿，而我只能接受，我身上的一切都要归入我曾经为之痛苦也为之骄傲的土地。想到这里，我原本已经平静的内心不禁又汹涌、又热烈起来了。

为什么我的眼里常含泪水？

我那因为要坚强、要配得起祖国所遭受的屈辱的坚韧啊，此刻，我多想向你请求，请让我也尽情放肆一次，酣畅地流下我的眼泪吧。我知道，你只凝视，你信任我，而我又怎能不匹配你的信任呢？"为什么我的眼里常含泪水？"问我自己，也问我身后每一个兄弟姐妹，"含"是我的定格，是我的宿命，是我和祖国的构图。

因为我对这土地爱得深沉……

我终于要说出内心炽热、汹涌的独白，"因为我对这土地爱得深沉……"这句出口，我无法晓得自己会怎样涕泪横流，我不管了，就是请"……"接纳我所有可能的表情、哭声和一切吧。

◎有了羽毛，鸟才能高飞。这里用一个"连"字，无疑是把羽毛置于骨肉之上，意思是骨肉的腐烂自然不在话下。为什么取羽毛而不取骨肉，自然不是因为羽毛比骨头更难腐烂，可能是因为羽毛代表着自由，也代表着与土地的分离。

◎"含"字有热爱，也有克制。

◎此篇是明代人补全的。黄侃《文心雕龙札记》考证说："自'始正而末奇'，至'朔风动秋草''朔'字，纪氏以《永乐大典》校之，明为伪撰，然于'波起辞间'一节，复云纯任自然，彦和之宗旨，即千古之定论，是仍为伪书所绐也。详此补亡之文，出辞肤浅，无所甄明，且原文明云：思合自逢，非由研虑，即补亡者，亦知不劳妆点，无待裁镕，乃中篇忽厕入驰心、溺思、呕心、煅岁诸语，此之矛盾，令人笑诧，岂以彦和而至于斯？至如用字之庸杂，举证之阔疏，又不足诮也。"虽为明人补全，但也体现了明代人对于文章作法的考量，亦足资参考。

◎黄侃《文心雕龙札记》谓南宋张戒《岁寒堂诗话》引刘勰："情在辞外曰隐，状溢目前曰秀。"并断定为真《隐秀》之文。此语可帮助理解隐秀之义。另，此段"是以""……者……者也""……以……为……"的句式，昭示了段落的内在逻辑结构是因果—定义—判断。

◎嗯，文脉连通着天地大道。

《隐秀》篇的文脉流转

夫心术之动远矣，文情之变深矣，源奥而派生，根盛而颖峻，是以文之英蕤，有秀有隐。隐也者，文外之重旨者也；秀也者，篇中之独拔者也。隐以复意为工，秀以卓绝为巧。斯乃旧章之懿绩，才情之嘉会也。

《隐秀》篇的这个开篇，层次脉络清晰又流转自如，足以成为写文章如何开头、如何设置层次，文脉如何流转的好模板。先是自"心术之动"说起，下降到"文情之变"，使文情根植于心术，接着以"源奥而派生，根盛而颖峻"做形象类比、论证，得出结论"是以文之英蕤，有秀有隐"，这里的落脚点是提出本文主旨"有秀有隐"这一对概念。随即马上对这一对概念的核心内涵做了界定："隐也者，文外之重旨者也；秀也者，篇中之独拔者也。"接着点出隐与秀的功能和标准："隐以复意为工，秀以卓绝为巧。"最后把隐秀这一标准设立起来，以此审视杰出的文章与文人："斯乃旧章之懿绩，才情之嘉会也。"可以留心的是，整个文脉是流转的，但每一处、每一层次又是两两对称的，可以说这是圆与方的变奏，中国文章乃至中国艺术，大体这就是基本范式。

夫隐之为体，义生文外，秘响傍通，伏采潜发，譬爻象之变互体，川渎之韫珠玉也。故互体变爻，而化成四象；珠玉潜水，而澜表方圆。始正而末奇，内明而外润，使玩之者无穷，味之者不厌矣。

　　这段说"隐"。继上一段提出"有秀有隐"这一对概念后，其后两段分别聚焦"隐"与"秀"，先"隐"后"秀"符合常理。千万不可小瞧这个分层表述的小技巧。大多头上一句脚上一句芜杂不知所云的文章，毛病就出在不晓得分层、不晓得次第对核心概念做论述。中国文章，实则是由微观对称的小结构连贯组成整体流转的大写意，没有这些微观的清晰层次，根本就流转不起来，只能是一团乱麻。当然，也存在另一种相反的情况，一些熟悉这些写作范式、套路的老手，下笔即拿腔作调，处处拆分出一对概念，随即煞有其事地做分别论述，最后总而言之收束成文。技术上这些当然不成问题，问题出在拆分出的一对概念其实无实在意义，大可随意更换，且文章的流转、连贯并没有内在的驱动力，是假装流转而已。老实说，我在一本著名的《大学语文》教材的多个篇章导言里看到的就是这个套路，呵呵。刘勰的《文心雕龙》是有真意、真经验的，所以文章才显得既有思想的力量又旖旎多姿。比如这段，"夫隐之为体，义生文外，秘响傍通，伏采潜发"一句，是从三个面相论述"隐之为体"，涉及文外之旨、声音词意的勾连设置、微言大义的埋伏隐匿，都是可以高度技术化，有参考价值的提醒。紧接着对以上论题做形象类比、论证："譬爻象之变互体，川渎之韫珠玉也。"一个是卦象、一个是真景，又成对照。把卦象和真景运动起来，探究其运动当中的启发，于是有了自然的流转："故互体变爻，而化成四象；珠玉潜水，而澜表方圆。"这是不脱离卦象和真景的推衍。有了这些形象性的分析做基础，就可以进一步抽象到纯形式、纯理论上的结论了，这就是"始正而末奇，内明而外润"，而能够逐步提升，最终达成这个凝结的认识后，足以"使玩之者无穷，味之者不厌矣"。整个表述的过程，自问题出发，在不同面向加以审

◎说的正是我啊。

◎现在的生成式语言大模型可能也是按这一套路设计的，使用需慎重。

◎哪本书，我猜，我猜，我猜猜猜，可不能说呀。不过，你的眼力也太毒了。

◎哇，这段分析太赞了，对如何去读《文心雕龙》太有启发了！

◎这段的逻辑先正说，再反说。上面释"隐"的一段则是用因果逻辑。每个段落的行文逻辑由内容驱动，形态各异。

◎此段述隐与秀在文章中的关系，自"夫立意之士"至"奚能喻苦"讲隐秀之不易，与第七段意思有交叉，若能合并似更佳。

视，借用形象做思考，最后剥离出睿智的认知，并仔细把玩它，文脉流转有内在的动力，有情思更有逻辑，所以可信服、有启发。

彼波起辞间，是谓之秀。纤手丽音，宛乎逸态，若远山之浮烟霭，姿女之靓容华。然烟霭天成，不劳于妆点；容华格定，无待于裁熔；深浅而各奇，秾纤而俱妙，若挥之则有余，而揽之则不足矣。

这段说"秀"。有了上段关于"隐"的行文分析，这段就好理解了。基本行文逻辑是一致的，具体而微处因主旨"秀"本身的特点又有所不同。比如开头，"彼波起辞间，是谓之秀"，这是用生动的形象（辞间起波）解释"秀"。和上文"隐"的表述侧重于操作技巧，逐渐提炼出抽象认识不同，关于"秀"，更强调在具体的类比、形象、情境的领悟中习得"秀"多姿多态、自然天成的微妙。

夫立意之士，务欲造奇，每驰心于玄默之表；工辞之人，必欲臻美，恒溺思于佳丽之乡。呕心吐胆，不足语穷；煅岁炼年，奚能喻苦？故能藏颖词间，昏迷于庸目；露锋文外，惊绝乎妙心。使酝藉者蓄隐而意愉，英锐者抱秀而心悦，譬诸裁云制霞，不让乎天工；斫卉刻葩，有同乎神匠矣。若篇中乏隐，等宿儒之无学，或一叩而语穷；句间鲜秀，如巨室之少珍，若百诘而色沮：斯并不足于才思，而亦有愧于文辞矣。

有了上文对"隐"与"秀"的分别论述，现在回到创作者的角度看如何苦心经营，达成"隐秀"。对创作者来说，肯定是想文章中"有隐有秀"的，所以关于创作者的论述就不能再把隐和秀分开了，于是合二为一。这段结束后，下文进入如何借鉴已有创作，隐和秀又分开论述了，这样整个《隐秀》篇就呈现出如下行文脉络：第一段提出"有隐有秀"；第二段作"隐"论；第三段作"秀"论；第四段转进为"隐秀合一"的实践；第五段提供好的"隐"句例子；第六段是好的"秀"句举例；第七段感慨"隐秀"不易，对刻意做"隐与秀"，以至于走上邪路的做法发出警告；第八段则收束结尾。整个行文，隐秀，有分有合，转进自然，内容次第展开，舒卷自如。古代文章不像现代文章有分段，但层次如此清晰，我们做出如上分段很是容易。如果以明清八股文的套路研究下《隐秀》篇的这个行文脉络，也应该是高度契合的。我以为，从具体行文中体会、总结出这些写作的程式，对提高同学的写作能力其实不无裨益。一些国文课教师同仁，对国文课的听说读写训练如何开展一筹莫展，大概是把听说读写和主题阅读作了两截处理。其实，所有技能的习得最好不要脱离具体的阅读，因为，不是从具体沉浸式阅读体会而来的东西，究其根本还是外在的知识，很难融入同学的血脉。知识太多，体悟太少，国文课学习不免不动心，也少有收获。

◎读到此处，视觉上呈现的是像 DNA 链条那样交互盘旋的图案，呵呵。

回到正题。这段话的内涵极为丰富，对创造者的辛劳、甘苦、煎熬、费心、得意、难堪都有细致生动的描摹，前半部分轻盈，后半部分犀利，简直可以成为创造者的座右铭。我们写这本《国文课絮语》，每每在唇齿之间、键盘敲击之时陷入该段文字描摹的各种情形，真是隐秀之下，甘苦自知，尤其末尾这句"若篇中乏隐，等宿儒之无学，或一叩而语穷；句间鲜秀，如巨室之少珍，若百诘而色沮"，实乃提前祭出的写作高标，足令写作者丝毫不敢懈怠。

◎所言极是，当下知识最不重要了，重要的是能从中发现、提取、转换、创造，这个需要国文教师本身就有很高的智慧。努力！

将欲征隐，聊可指篇：古诗之离别，乐府之长城，词怨旨深，而复兼乎比兴；陈思之黄雀，公干之青松，格刚才劲，而并长于讽谕；叔夜之入军，嗣宗之咏怀，境玄思澹，而独得乎优闲；士衡之疏放，彭泽之豪逸，心密语澄，而俱适乎壮采。

◎这属于写作者独享的精神大餐。

◎周振甫《文心雕龙今译》对此处所举的例子提出了质疑："刘勰在《明诗》《时序》《才略》里，不论是专门论诗的，或论历代文学的，或论历代作家的，都没有一个字提到陶渊明，而在补文里却提彭泽，使人感到奇怪；并且把士衡同彭泽并提，更为可疑。陆机在《明诗》等三篇里都提到，陶渊明既同陆机并提，不应在三篇里只字不提。"意思是这些例子应该是明人举的，但这并不影响文章的结构。

◎嗯，跟着祖师来挖宝喽！

这段就是对好的"隐"句的举例了。刘勰真是用心呀，《隐秀》篇讲完理论讲实践，讲完实践又来举具体的例子，仿佛亲自带写作的学徒进入工作坊里，一点点地做具体的指示了。需要留心的是，刘勰这里举例时用的"兼乎""并长于""独得""俱适"这几个词背后掩映的意识。以我的阅读所见，这一点似乎并没有得到应有的注意和发扬。我以为，刘勰在这里所说的这些词语，是在具体操作层面对"隐"的切实指导。"古诗之离别，乐府之长城，词怨旨深，而复兼乎比兴"，是说当主基调是"词怨旨深"时，如何做到"隐"呢？如果只有"词怨旨深"，虽浓郁但不免显得凝滞单调，这个时候，"兼乎比兴"，用比和兴的方式丰富、补充、映照较为沉重、怨深的情绪，如此才能做到"隐以复意为工"；同样地，"陈思之黄雀，公干之青松，格刚才劲，而并长于讽谕"，这是以"讽谕"对冲"格刚才劲"，使其不至显得过于质直；"叔夜之入军，嗣宗之咏怀，境玄思澹，而独得乎优闲"，这是以"悠闲"的舒缓灵动对冲"境玄思澹"的过于冲淡；"士衡之疏放，彭泽之豪逸，心密语澄，而俱适乎壮采"，这是在疏放、豪逸与心密语澄之间调和，成就更丰富的"壮采"。总之，这里的原则就是"隐以复意为工"，补充主色调、丰富主色调，使生命的光彩更丰富。我以为，刘勰此处苦口婆心的指导实在应该多做汲取。那些原本想传达点思想、做些宣传、来点创意结果却流于模式化、假大空的文艺作品，均在"隐以复意为工"这一点上栽了跟头，他们完全不晓得"隐"的妙处，实在令人扼腕叹息，唏嘘又无奈。

如欲辨秀，亦惟摘句："常恐秋节至，凉飙夺炎热"，意凄而词婉，此匹妇之无聊也；"临河濯长缨，念子怅悠悠"，志高而言壮，此丈夫之不遂也；"东西安所之，徘徊以旁皇"，心孤而情惧，此闺房之悲极也；"朔风动秋草，边马有归心"，气寒而事伤，此羁旅之怨曲也。

这段是对好的"秀"句的举例了。和"隐"不同，"秀"重要的是准确、合宜。刘勰此处所举四句，对应匹妇、丈夫、闺房、羁旅四种情形，大体适当，不过以现在的眼光看，似乎"秀"的精彩程度还不够，可见"秀"真的不易。

凡文集胜篇，不盈十一；篇章秀句，裁可百二：并思合而自逢，非研虑之所课也。或有晦塞为深，虽奥非隐，雕削取巧，虽美非秀矣。故自然会妙，譬卉木之耀英华；润色取美，譬缯帛之染朱绿。朱绿染缯，深而繁鲜；英华曜树，浅而炜烨。隐篇所以照文苑，秀句所以侈翰林，盖以此也。

这段第一句感慨隐秀不易。接着发出强烈警告，隐秀不易，可这是荣耀之事，所以总有人刻意为之，挖空心思以至于走上邪路，"晦塞为深，虽奥非隐，雕削取巧，虽美非秀矣"，以晦涩为深刻，这是奥而非隐，以雕削为巧，这是美而非秀，隐秀两端，刘勰都发出了警告，在真正的隐秀与赝品之间也做了清晰的区分。刘勰真是耿直呀！我记得王国维先生还提出过"古雅"的概念，在自然的优美和崇高之外，还给予人为的努力更多的理解。(《古雅之在美学上之位置》)王国维的"古雅"，不正是刘勰这里所说的晦涩为深、雕削取巧的"奥"与"美"吗？刘勰心目中最好的隐秀应是努力后最好自然天成那样的，"自然会妙"，自然与妙道融合。当然，刘勰理性上也并不否定"润色取美"，也承认在现实有缺陷的情况下努力完善自我，也是值得礼赞的："润色取美，譬缯帛之染朱绿。朱绿染缯，深而繁鲜；英华曜树，浅而炜烨。"这大概是他现实的选择吧！作为一个并不著名的国文教师，我倒是喜欢"英华曜树，浅而炜烨"的旨趣，我和我的学生大概都属于很难达至"自然会妙"的一群人，艰苦持续的努力中，偶尔能有"浅而炜烨"的时刻，已经是莫大的喜悦了。

◎此段偏弱，不能与上段"征隐"匹配。究其原因，在于过份追求段落的外在形式。上段举八篇，此段举八句，虽然数量都是八，但容量差距有些过大。

◎心性到了，神思具足，就会有自然的呈现。心性不到，再挖空心思琢磨技术，也是人为的"伪"。

第十三章 传神写照

赞曰：深文隐蔚，余味曲包。辞生互体，有似变爻。言之秀矣，万虑一交。动心惊耳，逸响笙匏。

最后一段，结束的话，若对以上的内容有深入的理解，会发现这个收束的"赞"也不是套话，是很用心的，概括得很精准。"余味曲包"是说"隐以复意为工"，"万虑一交"是说"秀以卓绝为巧"，多精准又生动。

整个《文心雕龙》，处处均是如此的精彩，启人思，令人激动，可惜只能挂一漏万，到此为止了。

第十四章 神降明出

本章的主题是"神降明出","神降明出"出自《庄子》的《天下》篇，想讨论中国原创性的思想，更准确地说是那种结构性的思想格局。这野心属实有点大。为什么想做这个呢？只因为根据我们的观察和体会，除去佛学独特的思维方式外，先秦诸子奠定的中国原创性的思想格局，至今依然对普通中国人有着规定性的影响，只是人们习焉不察罢了。以较经典的篇目的细致阅读为契机，可以对我们同学的思想根柢做一次系统的梳理，促使他们产生些自省的自觉，对社会的认知也会更成熟些，而这是大部分同学尚没有经历的，毕竟接受高等教育一场，这是他们应该得到的机会。

◎你值得拥有，呵呵。

本章有两篇选文，庄子的《天下》篇和桓宽《盐铁论》的《本议》章。《天下》篇涉及中国的思想格局，《盐铁论》的《本议》章涉及两种治理市场、社会的思维方式的对抗，都是大题目。一些同学初接触这些话题时是没有感觉的，这也不怪他们，毕竟这是公共领域内讨论的事，而我们的同学还缺乏意

◎大学教育不能总是根据学生的口味来投喂。

愿和经验。其实，顾炎武的《郡县论》也是个好题目，涉及国家治理中的地方与中央的关系，篇幅所限，我们就只能忍痛割爱了。

下面我们把庄子的《天下》篇和《盐铁论》的《本议》章做些梳理。

《天下》篇的框架与格局

关于《天下》篇，我们的阅读建议是这么写的：

本文可谓中国原初思想格局的文字地图，需反复阅读、思量，方能对不同的思想资源有系统性的把握，从而有助于形成结构性、整体性的思维，来深度把握我们生活的世界。

确实如此，尤其是《天下》篇的第一段，基本上是中国最具结构性、层次性、整体性的思考方式，所以值得细致阅读。我记得张文江有个说法，庄子的《天下》篇、司马谈的《论六家要旨》和荀子的《非十二子》是理解中国古代思想的三把钥匙、三个门径。他本人对《天下》篇细致的解读也是非常可取的，是我近期看到的关于《天下》篇的现代解读里，把玩、体贴、思索比较细密，也比较系统的，所以我用它来做一个参考。我下面的很多想法其实是从他那里得到的一些启发，有的就是他的讲法，这是不敢掠美的，当然，我会在他讲法的基础上加上自己的理解。

天下之治方术者多矣，皆以其有为不可加矣。古之所谓道术者，果恶乎在？曰："无乎不在。"曰："神何由降？明何由出？""圣有所生，王有所成，皆原于一。"不离于宗，谓之天人。不离于精，谓之神人。不离于真，谓之至人。以天为宗，以德为本，以道为门，兆于变化，谓之圣人。以仁为恩，以义为理，以礼为行，以乐为和，薰然慈仁，谓之君子。以法为分，

◎在备课的时候，我才注意到历代学者对《天下》篇都相当重视。但很多人有畏难情绪，真不容易看懂啊！

◎我找来读了，文中有一句：庄子能明白惠施，惠施不能明白庄子。是啊，庄子的意识维度很高，能明白庄子是不容易的。我也看了一些解读《庄子》的书，有些就是以惠施的方式解读的。

以名为表，以参为验，以稽为决，其数一二三四是也，百官以
此相齿；以事为常，以衣食为主，蕃息畜藏，老弱孤寡为意，
皆有以养，民之理也。

　　先留意第一句话的语气。"天下之治方术者多矣"，这种
语气它是要下断言的，真理在握的感觉，有决断也很有力量，
这种文章看和读的感受还不一样，诵读更能体会它的语气。
"皆以其有为不可加矣"，天下号称治方术的人太多了，都宣
称自己已经全部掌握了世界的秘密。"不可加矣"，不可能再
增加新的东西了，所以他们都挺自信。大思想家大多很自信。
当然，思想家理解、解释世界时，的确要有其独特的思想和
语言系统，这是成熟思想家的重要标志，他们的自信也与此
有关，他们以为只有使用他这套系统才能真正理解世界。"古
之所谓道术者，果恶乎在？"所谓追溯至"古"时的道术是
真的存在吗？"古"，就是《尚书·尧典》"曰若稽古"（顺考
古时之理）那样的"古"意，这是把源头看作最高的历史意识。
天下之治方术者，各自宣称自己对战略战术的掌握，已洞悉
世界的秘密，可是这么多人互相矛盾、互相不同，一派诸神
斗争的景象，真有统一的、整体的、最高的道术吗？这是一
个设问。当然，下面是很确定的回答："无乎不在。"这个东
西是有的，且有普遍性。接下来这几句话——"神何由降？
明何由出？""圣有所生，王有所成，皆原于一"，一般不会
把它们放在一起，张文江的解读把它们放在一起了，很有意
思。他的解读大略是这样的："神何由降"，这是神学理解世
界的方式；"明何由出"，明是哲学、智慧，用我们现代的话
说，这是哲学理解世界的方式。需留意的是，"神何由降"与
"明何由出"的方向刚好是相反的，一个下降一个生成，从下
降的眼光看世界更易看到渺小和悲哀，从生成的角度看世界
更能看到生生不息的进取和顽强。"圣有所生"，这是道德理

◎我们都很熟悉这种自信，就好像叔本华说"真理在通过我而说话"。

◎神降，明出，犹如一吸一呼，由外而内，又由内而外。

解世界的方式；"王有所成"，这是政治理解世界的方式。"皆原于一"，这是指它们皆源于一个东西，但是有四个进路：神学的、哲学的、道德的和政治的。我们知道，马克思认为人类理解世界的方式也有四种（理论的、实践的、宗教的、艺术的），可以和这里的四种方式做个对照。《天下》篇此句的四种思维方式又源于"一"，这是思维有结构性、整体性的明显标志。具有整体性、结构性的思维才是真正有力量的思维。我以前在北京拜访作曲家王西麟的时候，他直勾勾地盯着我问："你说，荆轲刺秦的故事里，风萧萧兮易水寒，易水送别的那个时刻，高渐离送别荆轲，送别歌怎么唱？能不能唱够三分钟？"王先生的意思是，高渐离送别荆轲，内心的情感肯定是激烈浓郁的，但我们基于情感的歌唱，如果没有形式、结构的支撑，只有涌动的情绪，也推衍不下去，情感会拥塞，会萎缩，情感的表达走不远。王先生有西方交响乐的背景，他比较强调艺术要有结构的支撑，他对中国音乐偏时间性，结构性存在不足有所批评。这个精深的专业问题我说不出究竟，只好唯唯诺诺。不过从庄子《天下》篇的这句表述来看，中国思想当然是不乏结构性思维的。张文江还注意到,这句话的前半部分"神何由降？明何由出？"里的这个"何由"，何由就是什么路径，这里有一个疑惑的语气。"神何由降？"神是从何处往下降的？"明何由出？"智慧是从哪里生成的？这个句子本身有确凿的内容也有疑惑的地方，可以确定的是肯定有"神降"和"明出"这件事，只是它的路径在哪里，还是模糊的，不确定的，是一种"无中生有"的状态，不能够被经验把握。后半部分"圣有所生，王有所成"，不疑惑了，但"有所"一词又表明：范围是有限的，有局限性。"圣有所生，王有所成"，道德的、政治的思维方式，是有局限性的，它的达成只能是局部的而非整体的，也就是说，

◎是的。特别是处在这个多元价值共存的时代，我们很需要一种整体性思维来统领认识，摒除混乱。

◎我是乐盲，但是我会说，启承转合是一切作品的结构啊。

◎道家认为，生命的形成除了精子卵子之外，还得有神灵入住，这是"神降"。因为有神在内，生命的明达和光辉也由此而生发，这是"明出"。

圣、王之事，必须是经验地、渐进的，甭想毕其功于一役。很明显，这句话里前后这两类思维方式，在理解世界的方式上是很不一样的，甚至是刚好相反的。这是一个总体的"神"与"明"和局部的"圣"与"王"的结构。套用老子《道德经》的说法，"道之为物，惟恍惟惚。惚兮恍兮，其中有象；恍兮惚兮，其中有物；窈兮冥兮，其中有精；其精甚真，其中有信"，"神"与"明"是有整体性的，但其生成的"何由"，又是"惟恍惟惚""惚兮恍兮"的，只能揣摩不可直探；而"圣"和"王"，已进入很确定的具体的道德的世界、政治的世界，"其中有物""其中有精""其中有信"，但同时它也有局限性，"圣有所生，王有所成"，道德的、政治的世界是"有所"的世界，经验的世界。你只能"有所生""有所成"，不能全部、普遍地生，不能全部、普遍地成。这是两类四种最根本的思维方式，它们各有特长也各有边界，互为映照。当然，它们各有边界也说明它们本身还不是最高的道，最高的道得有普遍性，它们都来自于"道"，这就是"皆原于一"。《天下》篇这句话里四条进路归于一的思维构图无比重要。金克木说过，中国思想多一分为三，印度思想更擅长一分为四（《怎样读汉译佛典》），庞朴有《一分为三论》的专书，似乎更坐实了这个结论，从《天下》篇"神何由降？明何由出？""圣有所生，王有所成，皆原于一"来看，一分为四的思维，中国思想也不遑多让。

◎我认为这句话的重点在于"皆原于一"。这个"一"，是《道德经》里"天得一以清，地得一以宁，神得一以灵，谷得一以盈，万物得一以生"的"一"，宇宙源头的"一"。

◎这是很现实的智慧呀，警惕"在地上建人间天堂"那样的乌托邦思想。

◎恕我愚钝，并没有看出所谓的"一分为四"。

从天人到庶民的五级秩序

刚才说的这四句话，是一个总体的结构性的框架，像建一所房子一样，先搭好框架了。《天下》篇接下来讲了五个层次的内容，实际上是五个生存的等级秩序，也可以看作是相应的，五种理解世界的方式，从高到低的理解方式，就是"神何由降"的五个层次，神是不停地下降的。

先看第一层，也是最高的一层，它的表述是："不离于宗，谓之天人；不离于精，谓之神人；不离于真，谓之至人。""不离于宗"，就是跟最高的那个东西在一起。在最高的层次上也是通过三个角度来看的，宗、精、真，对应的是天人、神人和至人。这提醒我们语言的复杂、层次的复杂、分辨的细密，其实意味着思维的缜密。据说爱斯基摩人关于白色就有100多个词语，说明他们对于白色的分辨是多么精细。关于宗、精、真，关于天人、神人和至人，简约地说，"宗"的角度是讲人与天的关系，"精"的角度是讲人与神的关系，而"真"是讲人与真实的关系。这是第一层。

第二层，"以天为宗，以德为本，以道为门，兆于变化，谓之圣人"，留意这个"以……为……"的句式，已经不像第一层那样和最高的东西在一起了，而是以之为旨归、为原本、为法门，去追求、去祈望了。很明显，神已经往下降了。这个层次的圣人最大的特征是"兆于变化"（预知变化），他需要在变化中保持恒定，其实就是保持对最高层次的宗、精、真的记忆和持守。圣人事实上是"天人""神人""至人"这个最高层次和更下面层次的普通人之间的一个中介。再往下降，"神何由降"已降到"以仁为恩"的第三层，这就已经进入现实的、道德的、君子的世界了。第二层的圣人就是站在现实的道德的世界和第一层最高的世界中间的人，所以圣人最大的特征是"兆于变化"，他其实是要通过自己对变化的预见、感知来连接两个世界。这是第二个层次，圣人的层次。

接着往下降，就进入到第三层了，"以仁义为恩，以义为理，以礼为行，以乐为和"，为什么要用这些标准呢？这些标准是为了干吗？其实下面说的"薰然慈仁"的态度揭示了答案。君子遵循这些仁义礼乐的标准，落脚点是以"薰然慈仁"

◎天人、神人、至人，是道家把得道的人分的几个层级，就像佛教里有佛、菩萨、罗汉一样。东晋的葛洪，道家把他视为至人，但是还没有到天人、神人这个高度。

◎圣人和光同尘，天使在人间。西方站在中间的是 hero（英雄），英雄的爸爸或者妈妈其中一方是神仙，另一方是普通人，对照下挺有趣。

的态度，达成自我与整个现实世界的和谐。仁义、恩情、义理、礼乐，这些标准很明显都是着眼于整体的，甚至可以说就是社会性的一些规约、要求。君子是生活在现实道德世界里的道德楷模，他与世界的关系得是"薰然慈仁"、从容和谐的。进入第三层后，君子已不像第二层的圣人那样，还惦记着、持守着第一层里那些最高的价值，他只是在这现实的世界里活出典范，成为人们行为举止、礼仪德行的标杆。

◎如果说第一个层次是"道"的世界，这个层次就是"德"的世界，意识维度下降了。

　　再往下走，就进入到第四层了，道德的世界再往下，就是法家的世界了。在这个世界里，把人还原成了名字，还原成了数字，去除了道德的东西。法家就是这样，它甚至连一点道德的蒸馏水都不愿意留，韩非子把读书人看作是五蠹之一，文武他都很讨厌，说"儒以文乱法，侠以武犯禁"。在他的世界里就是两类人：农民和军人。农民生产，军人打仗。你看这一层的表述："以法为分。""分"其实就是界限。"以名为表"，你有什么"名"，你就应该是什么"表"。"以参为验"，我谁都不相信，决策时互相参验。比如甲和乙说同一件事，我听甲说一说，我再背过身去听乙说一说，我来参照、验证、核准。在法家看来，没有统一的世界，只有相对主义的世界，或者说只有每个人以自己立场构建的自私的世界。"以稽为决"，就是决断的时候要以考察为先、稽查为先。"其数一二三四是也"，这就把整个世界还原成了一个个数字。"百官以此相齿"，做官员的，他们的等级、他们的爵禄、他们的管理，他们的一切都是以此数字业绩来排序的。当然，这很残酷，这是法家的世界。黄仁宇有一个说法，中华帝国的传统治理有一个很大的问题，就是数字化管理水平不够，他认为这是中国不能真正现代化的一个重要原因。其实黄先生考虑治理的方式就是在这个层次考虑的，世界得按数字化模式来管理。我们现在身处数字化技术的旋涡中，更能深刻地理

◎分析得很好。进入到行政官僚体系后，就会很自然地用这一套东西来看待世界。现代社会也一样。

第十四章 神降明出

解，进入到数字社会以后，就是"以法为分，以名为表，以参为验，以稽为决，其数一二三四是也"，所以法家提出来的很多东西，你接触了后会觉得特别现实，简直和现在无缝对接。为什么？其实就是这个层次理解世界的方式，法家强调控制、管理，这正是官员习惯看待世界的方式。

最后一层就是老百姓的层次了。老百姓追求的是什么？"以事为常"，整天都是要做活的。"常"就是常务、常态，"事"就是农事或者工事、各种活儿，每天是不可能不做事的，不做事会没饭吃。所以下面说的是"以衣食为主"，就是吃饱，穿衣，最基础的生存需要。当然还有"蓄息畜藏"，就是生孩子，然后积蓄收藏，为了应对有可能出现的饥荒。为什么？"老弱孤寡为意"，害怕出现老弱孤寡。"皆有以养，民之理也"，在老百姓的世界里，最大的理，其实就是余华那部很著名的小说的名字——"活着"，就是这两个字。吃饭、穿衣、生孩子，然后储备面对灾难的吃的、用的，担心老弱孤寡，这是老百姓的世界。这个世界没有那么高大上，这个世界的要求很卑微。但生活、政治、艺术的吊诡就在于，谁不尊重老百姓这个最低的层次，谁不体谅这个最艰难的世界，谁不凝视这个烟火漫卷的世界，光在面对这个世界时要滑头，刮一阵文学雾、修辞雾，趾高气扬吆喝几声高调的口号，谁就别想触及生活、治理、艺术的真谛。

从整体上看，《天下》篇的这五个层次，从"不离于……"的天人、神人、至人，到"以……为……"的圣人的世界，到"薰然慈仁"的君子的世界，再到"其数一二三四是也"的法家的世界，最后到老百姓的世界，这是个逐渐下降的等级秩序。这种等级秩序也是一种结构性的思维，有点像《蒹葭》里"道阻且跻"。这种看待世界的方式可以给我们不少启发，我们看身边很多事情的时候，不妨用这种秩序思维来做参照。庄

◎这种管理确实高效，但过于冰冷。人与人交往是有温度的呀。

◎是啊！想起阿城的小说《棋王》，棋呆子王一生的母亲对他说：先说吃，再说下棋。但是就像小说结尾写的那句那样："衣食是本，自有人类，就是每日在忙这个。可囿在其中，终于还不太像人。"在《天下》篇里，衣食之谋这个层次是最低的。

子《天下》篇提供的这种系统的理解世界的方式，其价值还需要更自觉的激活。比如，我们看一部电视剧，欣赏一部电影，看一本小说，审视一个人，都可以分辨下其是哪个层次的。《水浒传》的人物主要是哪个层次的？《红楼梦》又是写哪个层次的？不同的作品关心的层次是不一样的。可以说，《天下》篇会帮助我们建构使用系统、秩序的眼光看待中国的意识，这应该有重要的价值。我们给同学讲国文课，有时候需要一些优雅的营养，审美的浸润，有时候也需要有力量的东西，尤其这种可以促进深度认知社会的眼光，我想《天下》篇的第一段就提供了这样的资源。还需要啰嗦一句，这五层等级秩序，从"神何由降"、从上往下看，是神性逐渐式微，德性之光愈见暗淡，生存越来越残酷，但从"明何由出"、从下往上看，则是生命从最匮乏的生存底层向有尊严、有德性的高处顽强生长。你更愿意从哪个方向看呢？

◎确实，这种锻炼对我们认识世界、认知人性都是很有帮助的。但是也要看到其中的复杂性，我认为这几个层次可能在每个人身上都不同程度地存在着。我们要不断地修心养性，朝向生命的最高层次努力。

大同世界不是传说

古之人其备乎！配神明，醇天地，育万物，和天下，泽及百姓，明于本数，系于末度，六通四辟，小大精粗，其运无乎不在。其明而在数度者，旧法、世传之史尚多有之；其在于《诗》《书》《礼》《乐》者，邹鲁之士、搢绅先生多能明之。《诗》以道志，《书》以道事，《礼》以道行，《乐》以道和，《易》以道阴阳，《春秋》以道名分。其数散于天下而设于中国者，百家之学时或称而道之。

按照《天下》篇的理解，原先系统的、整全的理想世界是存在的，当然，"曰若稽古"，它只存在于远古时期，所以此处会说"古之人其备乎"。所谓"古之人"，就是一个理想的状态，这是中国思想的一个特点，当然西方也有雷同的思

◎这样美好的自然状态我相信是有的，在地球漫长的发展历史上，肯定不止我们当前这一种文明形态。

◎从这些方面可以去追溯那个"一"。

路，例如卢梭写的《爱弥儿》也同样设置了人在远古时期的美好自然状态。在远古理想的状态下肯定是"配神明，醇天地，育万物，和天下，泽及百姓"。整个世界是这样覆载的，且"明于本数，系于末度"，就是贯彻了从细节到整体的全部。"六通四辟"，上下四方，春秋四时。"小大精粗，其运无乎不在"，道术无处不在。但是这个理想的世界毕竟是已经失去了，这个世界的遗留在哪里呢？就在经典的文献里。所以往下就是"其明而在数度者，旧法、世传之史尚多有之"，在礼法、法度上还有一些遗迹可寻。具体在哪里呢？就在《诗》《书》《礼》《乐》这些文献里。《诗》主要是讲人的志向，《书》是讲如何做事，《礼》是讲行为的标准，《乐》是讲整个世界的和谐，《易》是讲阴阳，《春秋》是讲政治的名分和责任，等等。"其数散于天下而设于中国者，百家之学时或称而道之。"这里的中国，是指文明程度比较高的所在。原本整全美好的世界消失了，遗迹留在了几部文献里，成为了文明的种子，有点像《道德经》里说的"一生二，二生三"那样，延伸出所谓百家之学了。严格说起来，"文献"一词也得分开看，"文"是典籍，"献"是贤人，只有文字没有人的精神肯定没用，读书也是这样，得看到文字背后的人。钱穆先生有本引导如何读历史书的讲稿——《中国史学名著》，对这一点讲得特别好，可以参考。

天下大乱，贤圣不明，道德不一，天下多得一察焉以自好。譬如耳目鼻口，皆有所明，不能相通。犹百家众技也，皆有所长，时有所用。虽然，不该不遍，一曲之士也。判天地之美，析万物之理，察古人之全。寡能备于天地之美，称神明之容。是故内圣外王之道，暗而不明，郁而不发，天下之人各为其所欲焉以自为方。悲夫，百家往而不反，必不合矣！后世之学者，不幸不见天地之纯，古人之大体，道术将为天下裂。

当然，"配神明，醇天地"才是理想的状态，不理想的现实状态却是"天下大乱，贤圣不明，道德不一"。于是世界分裂了，"天下多得一察焉以自好"，人们会得意地夸耀自己，以为自己掌握了世界的秘密。其实他们已经失去了整体性，就像耳目鼻舌，它们"皆有所明"，都有各自独特的作用，但是不能相通。治道术的百家各自都掌握了一定的技术，也各有所长，这个要承认，"时有所用"，它们在合适的时机也都有各自的用途。但是它们没有普遍性。康德讲道德原则的时候也讲到普遍性，没有普遍性肯定是不行的，这叫"一曲之士"。所以现在要"判天地之美，析万物之理，察古人之全"，因为失去了整体性，很难"备于天地之美，称神明之容"，跟自然世界的连接，跟神、跟精神世界的连接就很难完成了。"是故内圣外王之道"，也就会"暗而不明，郁而不发"，郁结着不能生成新的东西。"天下之人各为其所欲焉以自为方"，因为失去了整体性，只遵循自以为是的准则，自满自大，结果就只能"百家往而不反，必不合矣！""后世之学者，不幸不见天地之纯，古人之大体，道术将为天下裂。"《天下》篇面对的就是一个"道术天下裂"的现实。在这种情况下，出现了各个思想流派，《天下》篇接下来就从墨子开始，到宋钘、尹文，到彭蒙、田骈、慎到，到关尹、老聃，再到庄子，最后到惠子，对这六个思想流派一个一个地进行梳理、点评。先说明一下，《天下》篇的评论是非常辩证的，在肯定某一派的价值的时候，同时也指出它的不足，但是在说人家不足的时候，又会很理解这个不足的原因而不是简单地指责。如果你仔细看庄子对这六个思想流派的点评，我们大致可以说，《天下》篇对人性的理解是一个维度，对世界的理解又是一个维度，还有一个维度是思想家的自我要求。《天下》篇就是用这三个维度来评估一个一个思想家的。下面我们就开始梳理。

◎宇宙是从"一"开始的无限，一定要用整体的、动态的视角去看待万事万物，我们只能认识到真理的某些面向，而在现实中我们却把它看作了全部。

◎课本里没有选录惠子的部分。《天下》篇有些版本里没有惠子这一部分，有人认为惠子的部分是后人补入的。有惠子的话可以说出来理由吗？这有点难。

第十四章 神降明出

有一种生命状态叫"备世之急"

　　不侈于后世，不靡于万物，不晖于数度，以绳墨自矫而备世之急。古之道术有在于是者，墨翟，禽滑釐闻其风而说之。为之大过，已之大循。作为非乐，命之曰节用；生不歌，死无服。墨子泛爱兼利而非斗，其道不怒。又好学而博，不异，不与先王同，毁古之礼乐。

　　黄帝有《咸池》，尧有《大章》，舜有《大韶》，禹有《大夏》，汤有《大濩》，文王有《辟雍》之乐，武王、周公作《武》。古之丧礼，贵贱有仪，上下有等。天子棺椁七重，诸侯五重，大夫三重，士再重。今墨子独生不歌，死不服，桐棺三寸而无椁，以为法式。以此教人，恐不爱人；以此自行，固不爱己。未败墨子道。虽然，歌而非歌，哭而非哭，乐而非乐，是果类乎？其生也勤，其死也薄，其道大觳；使人忧，使人悲，其行难为也，恐其不可以为圣人之道，反天下之心，天下不堪。墨子虽独能任，奈天下何！离于天下，其去王也远矣！

　　《天下》篇列于首位的思想家是墨子。为什么？我琢磨了很久才觉察，与其说墨子是个思想家还不如说他是个行动派，他的思想和他的行动是分不开的，或者说只有在他那样的行动中才会出现那样的思想。讲思想流派从行动派开始，这是个重要的提醒，因为思想若没有行为做底子，很容易沦为空洞的话语、修辞游戏，如烟花和泡沫一般，一时绚烂，去后无痕，徒留一地词语垃圾。当然也可以从墨子与世界的关系这个维度理解为什么把墨子列在首位。墨子对自己要求非常严，对世界的要求也严，对人性的理解更是比较峻急，他是这样的一个角色。我看到秦晖在《共同的底线》那本书里曾经画过一个条形图，表示的意思大致是，理解一个社会或一个组织的管理有几个维度，要么给别人自由，要么给别

◎说得好！国文教师也得时刻给自己提个醒啊。

国文课絮语

人福利，要么自己要权力的同时也担负相应的责任，要么自己不要权力也不承担那么大的责任，总之责任和权力要对等匹配。墨子属于只担责任不要自由、不要福利也没有权力的人，他是个怪人、狠角色。

墨子跟世界的关系很紧张，跟自我也很紧张。墨子之后的宋钘、尹文，他们和世界的关系也很紧张，但是他们自己能主动做到身段柔软，以便和世界相处，只是想在话语上、思想上努力说服人，不再像墨子那样真动手做武力反抗了，这是第二类人。第三类人的代表是彭蒙、田骈、慎到，他们就希望跟世界的关系不要那么紧张，不用那么当真，爱咋的咋的，管不了那么多，随波逐流挺好；可完全没有标准似乎也不是事。第四类人以老子、关尹为代表，还是对世界有个态度，只是这态度是冷冷的，他们注意到了世界本身存在着对立矛盾双方的转化，有无相生、高下相形嘛，所以老子、关尹和世界的关系谈不上紧张，只是冷静观察、顺应世界运行的规律罢了。第五类人以庄子为代表，他沿着老子的思致往下走，他也观察世界运行的规律，他觉得老子那种以二元结构看世界的方式还是太严肃紧张了，理解世界除了庄重的方式（重言），还可以有生动形象的方式（寓言），甚至日常破碎的言语（卮言）里也一样透露着世界的秘密（"卮言日出，和以天倪"）。就这样，庄子把老子以二元结构理解世界的方式变成了三元，更洒脱、更逍遥了。可按这个趋势发展下去，既然可以这么多元地理解世界，世界作为整体也就变得越来越不重要了。一个结论势必就出现了：重要的不是世界的真相，重要的是理解世界的方式、理解世界的角度。于是，第六类人惠子就出现了，他不关心世界的真相（"实"），他热衷的是更智慧、更有技巧地摆弄理解世界的工具——语言和逻辑（"名"）。他与世界的关系谈不上紧张不紧张，他与世

◎呃，这个评价会被墨粉喷吗？他们来不及品味这句话里有褒义。

◎用三个"言"就变成了"三元"？

◎哇！洋洋洒洒，明白晓畅，厉害哟！

◎好像已经把《天下》篇为什么要有惠子的理由说出来了。听上去挺有道理，逻辑是自洽的。认识这么清楚，为什么选文还是没有惠子呢？就是因为字数比较多？肯定有原因，编本书也难按照思想本身的逻辑呀！

◎对这两句的理解不太主流啊。

◎墨子是救火队队长，我敬重这样的人。

界的关系已经转变成了他跟语言的关系，他只是沉浸在语言的逻辑游戏里自娱自乐，话语的膨胀、狂欢、泡沫也就来了。不知不觉间，《天下》篇从行动的、与世界关系紧张的墨子，一步步走到了只关心语言、漠不关心世界的惠子，每一个环节的损益、变化似乎显得也都还算合理，可以理解，但最终结果却与初始大相径庭，这是思想运行本身的变异，这是思想的熵增定律。回头细看每一环节，现实"行动"的逐渐减少才是思想熵增的最重要的原因。从这个意义上，《天下》篇把行动与思想合一，更强调行动的墨子列在首位，不是没有道理的。讲到这里，也就明白鲁迅以小说《非攻》致敬墨子的用心了，他毕竟在年轻时候就提出过诗歌、艺术要"立意在反抗，指归在动作"（《摩罗诗力说》）。《天下》篇里思想演进的内在逻辑也警示我们，脱离了行动的思想，它的虚浮、膨胀、变异，是多么容易发生。浏览当下各类人文学术著述，不难发现，惠子式的话语膨胀、狂欢，顾影自怜一点也不少。

　　墨子"不侈于后世"，对后世没有什么奢求，这一点不同于儒家以现在融汇过去、将来的时机意识。不考虑时间、时机，大概也是墨家这一传统最终湮没的重要原因。"不晖于数度"，墨子在各个维度都没有什么要求，他与世界的关系是：他只想拯救世界的危机，他只对自己有要求，即"绳墨自矫而备世之急"，实际上墨子对应的是世界的紧急状态。德国有个右翼的法政学者施密特，提出政治的根本就是极端状态。极端状态政治的核心是决断，所以他认为法律的创生、秩序的创生的前提是紧急状态，是危机状态。墨子对人的理解，实际上是在世界处于紧急状态时表现出的的人性。我们得从这个角度上理解墨子，这样才能理解为什么他跟世界的关系会那么紧张，为什么他对自己要求那么苛刻，因为他本来就是"备世之急"。这其实也提醒我们，思想的真实起点其实是

"备世之急"的行动，治天下的道术得从"世之急"的境遇里产生，这才是理解世界、历史、人等诸多事项的原初起点。韩非认为的"上古竞于道德，中世逐于智慧，当今争于气力"大概还是有些理想化了。在西方文明那里，基督教的末日意识，霍布斯的自然状态——人与人之间的争斗就像狼群里发生的野蛮的较力，其实就是"世之急也"，文明的底色实际上不是理性的、文明的，而是暴力，是野蛮，是杀戮。《天下》篇从"绳墨自矫而备世之急"的墨子讲起，是有文明演进的内在原因的。"古之道术有在于是者"，像墨子，像后面的宋钘、尹文等，都是某个久远的传统的仰慕者、传道者，这个传统流传到他们这里，他们听闻了就很高兴。这个是提醒我们，其实传统比想象的更加久远，它就在那里，而选择加入、光大这个传统的人，可能从天性上就是亲近这个传统的。现在有一门很有趣的学问叫精神类型学。每一种类型的人，他在精神上是不一样的，大概墨子，还有禽滑釐就是这样喜欢"绳墨自矫而备世之急"的人。同样地，我们也可以把《天下》篇提到的这六个思想流派的代表人物看作是六类精神类型的人。同学们不妨对照自己，看自己更接近哪种精神类型。

　　"为之大过，已之大循"，这是《天下》篇对墨子的评论。墨子对自己的要求，对事业的要求都很过分、很严格、很严肃，但是控制得太严格、太过分、太厉害了。"作为非乐，命之曰节用"，他们建议不需要音乐，因为从节省的角度考虑没有必要。活着的时候不要音乐，死的时候也不要丧服。为什么？因为这些都没有实际用途。"墨子泛爱兼利而非斗"，他追求的是普通人的共同的和平和利益，他抨击斗争、否定战争。"其道不怒"，他不是去激发人的愤怒，他追求的是和平，他的学说也不"怒"，气势不盛。当然他有个长处就是"好学而博"，他希望人与自然之间、人与人之间是"不异"的，是

◎威尔·杜兰特的《世界文明史》中有一段广为流传的文字：文明就像是一条筑有河岸的河流。河流中流淌的鲜血是人们相互残杀、偷窃、争斗的结果，这些通常就是历史学家们所记录的内容。而他们没有注意的是，在河岸上，人们建立家园，相亲相爱，养育子女，歌唱，谱写诗歌，甚至创作雕塑。

◎这好像也是吸引力法则的体现。个体内在的精神气质会去吸引外在相应的一切，进而有所创造。

◎生而为人，只是为了对付生存吗？

第十四章 神降明出

相同的，但是他又"不与先王同"。可我们知道，只要进入政治，它是一定要建立秩序的，而有秩序就有等级，就会有等级秩序的表现形式——礼乐制度。事实上，从中华文明久远的传统来看，黄帝、尧、舜、禹，都有代表各自时期的著名国乐。可墨子反对这些，他主张"毁古之礼乐"。《左传》里说："国之大事，在祀与戎。""戎"就是发动战争。"古之丧礼，贵贱有仪"，这都是在规定上下等级秩序。丧礼的规格，棺椁的等级，天子、诸侯、士大夫是不同的。"今墨子独生不歌，死不服，桐棺三寸而无椁，以为法式。"现在墨子活着的时候不要音乐，死的时候也不要原先传承的服装，棺又很薄，连椁都不要。墨子想把这些作为准则来推行。对墨子的这些主张和行为，《天下》篇下面做了一个评论："以此教人，恐不爱人。"如果要以此来教化别人，这恐怕不是爱别人。"以此自行，固不爱己"，自行肯定也是不尊重自己，不爱惜自己的生命。这是对墨子的批评。当然，下面《天下》篇紧接着说"未败墨子道"，不是想刻意诋毁墨子的道统。这个是《天下》篇经常使用的语气，批评之后，马上又指出来人家的好，这一点是很可取的。"虽然，歌而非歌，哭而非哭，乐而非乐，是果类乎？"不是故意诋毁墨子你的主张，可是也请你考虑一下，人们需要歌唱的时候，你不让歌唱，人们需要发泄情绪想哭一场的时候，你也不让哭，这也太不符合普通人的人性了！因为做人"其生也勤，其死也薄"，活着勤劳，死了薄葬，"其道大觳"，这个道理太苛刻了，一定会使人忧愁，使人悲伤，结果就是"其行难为也"，普通人很难做到，"恐其不可以为圣人之道"，这种做法不能成为圣人的道，因为圣人是在精神世界和人之间"兆于变化"的一类人，墨子你确实遵循了精神的要求，但是你没有深刻地理解现实人性的需要。"反天

◎不光自己这样，还要作为准则推行，这是可怕的。假如墨家拥有至高权力，把他们推崇的这一套强加于人，不管他们的出发点是怎样的利天下，结果一定恐怕是天下危矣。

◎正如易中天说：他许诺的人类幸福，对大多数人来说却是苦哈哈的。人人破衣烂衫，餐餐粗茶淡饭，天天劳动不止，还不准有娱乐活动，这样的日子没人想过。

下之心，天下不堪"，你违反了天下人的心灵需求，所以天下也受不了。这是对墨子的批评。"墨子虽独能任，奈天下何！离于天下，其去王也远矣。"墨子自己可以做到，可是天下做不到，你发动不了天下，结果只能是"去王也远矣"。

救世的苦行者

墨子称道曰："昔禹之湮洪水、决江河而通四夷九州也，名山三百，支川三千，小者无数。禹亲自操橐耜而九杂天下之川。腓无胈，胫无毛；沐甚雨，栉疾风；置万国。禹，大圣也，而形劳天下也如此。"使后世之墨者，多以裘褐为衣，以跂蹻为服，日夜不休，以自苦为极，曰："不能如此，非禹之道也，不足谓墨。"

墨子为什么这样做，这么选择呢？墨子也有自己的偶像，有自己的精神传统，那就是夏禹。墨子说，夏禹遇到洪水泛滥的时候，"决江河而通四夷九州也"。夏禹的作为是，亲自操橐耜跑到天下山川那去做工，以至于小腿肚上都没有毛，被大雨淋着，被疾风吹着，他是这样做事的。这是墨子心仪的偶像，"禹，大圣也，而形劳天下也如此"，是让他感动且愿意效仿的。这个传统就这样传承下来，墨子"裘褐为衣"，穿褐色或者葛麻这种很卑贱的衣服，因为他不讲究穿着。"跂蹻"是很简单的鞋子，"日夜不休，以自苦为极"。墨子还宣称，如果我们做不到这些，那就不是我们追寻的禹的道，就不能称为墨家的人。所以我们会称这个传统叫"禹墨传统"。这里稍微补充一下，墨家有高度严密的组织——巨（钜）子集团，集团里墨家子弟的收入，80% 以上是要捐给集体的，有点原始共产主义的色彩，他们就是这样一类人。

相里勤之弟子五侯之徒，南方之墨者苦获、已齿、邓陵

◎掌上国学院的杨鹏老师认为，墨家宗教取向上类似基督教，方法取向上类似古希腊理性。但在信仰上没到顶，没有达到一神信仰的高度，对内凝聚力和对外扩散力仍然有限。在理性逻辑上，对几何数学没有根本突破，没有达到古希腊毕达哥拉斯、欧几里德的深度。

子之属，俱诵《墨经》，而倍谲不同，相谓别墨。以坚白同异之辩相訾，以觭偶不仵之辞相应，以巨子为圣人，皆愿为之尸，冀得为其后世，至今不决。

　　下面一段介绍了墨子的一些著名的弟子：相里勤以及墨子思想传播到南方后的一些弟子苦获、邓陵子等。当然，他们对墨经的解释也"倍谲不同"。这是没办法的事，任何传统在传承中一定会分化，这么严格的组织、这么强悍的传统、这么高尚的志向，都会起变化。于是"相谓别墨"，就是称别人为"别墨"。鲁迅在《流氓的变迁》这篇名文里说，流氓是从哪来？很残酷，其实就是从墨家。一个弱势的团体在一个陌生的地方紧紧团结，才能保护自己。但是一旦有了力量组成一个组织，组织本身是有它内部规律的，比方说它的等级制，于是它就慢慢变异了，就是现在说的"别墨"问题。他们先以"坚白同异之辩相訾"，他们原本是坚定追求实际行动的，但是到最后，玩起所谓"坚白同异"了，这实际上是名家玩的游戏，其实就是逻辑游戏，一个东西是坚硬的又是白色的，这两个性质到底是怎么组合在一起的？墨家也开始玩这些。你看，他们已经进入到逻辑的世界了，可是一进入逻辑、语言的世界，就离墨家原先追求的那个被视之基业的、非常现实的志趣已经相当远了。当他们以同与异的辩论来互相攻击同道中人，"以觭偶不仵之辞相应"，这就已经完全进入语言、修辞的话语游戏世界了。刚才我讲到《天下》篇六个大的思想流派，从墨子到惠子，到最后都滑入了语言的世界，像惠子那样成了修辞、诡辩的高手。到了最后，正像《三国演义》主题曲即杨慎的《临江仙》写的那样：古今多少事，都付笑谈中。一切都变成了一场笑谈，一次语言的游戏。当然，下面《天下》篇也讲到了墨家的组织化，"以巨子为圣人"，把巨子的头儿称为圣人，"皆愿为之尸"，这是这个传统里很

◎一定会变的，历史上那么多的教派都会分化，万事万物都在变化之中，这就是无常。

◎我看到了能量的生发流转轨迹。任何一种力量无时无刻不在动态演绎中，勿忘初心，适时校准是多么重要啊！

强大的地方。我在讲鲁迅小说《非攻》时，提到当代的志愿者对墨家传统的继承。他们放弃自己优厚的生活环境、生活条件，去服务社会底层的人，历经千辛万苦。我觉得晚清以后墨家的传统的确在逐渐复活，因为我们中华民族又一次遇到了"世之急也"，每到这个时候墨家一定会出来。

墨翟、禽滑釐之意则是，其行则非也。将使后世之墨者，必以自苦腓无胈、胫无毛，相进而已矣。乱之上也，治之下也。虽然，墨子真天下之好也，将求之不得也，虽枯槁不舍也。才士也夫！

《天下》篇对墨子、禽滑釐的总体评价是：肯定他们追求的精神，但是"其行则非也"，不同意他们选择的路径。"将使后世之墨者，必以自苦腓无胈、胫无毛，相进而已矣。"后起的墨家子弟只不过是如此不停地劳作而已，"乱之上也，治之下也"，对社会秩序的扰乱比较厉害，治理天下的功效则是不行的。当然，如果从墨子这个人的品性来看，那他是"真天下之好也"，他是真心爱这个世界。只是他跟这个世界的关系太紧张了。"将求之不得也"，他想追求那个理想的状态，想拯救这个世界，但他并不能做到，用墨家这个方法是拯救不了世界的。"枯槁不舍也"，自己累到枯槁，形容憔悴，依然不愿意放弃对世界的拯救，这是真正的才士，这是对墨子的由衷礼赞。《天下》篇一直在肯定和批评之间辩证地评价墨子，这一点值得肯定，也值得学习。

◎ 很有道理，还没有从这个角度思考过，自媒体时代到来后，我看到一些墨家思想的拥趸者不余遗力地宣扬墨学。

◎ 我仿佛看到了近现代许多革命者的身影。

他们是身段柔软的和平主义者

不累于俗，不饰于物，不苟于人，不忮于众，愿天下之安宁以活民命，人我之养毕足而止，以此白心。古之道术有在于是者，宋钘、尹文闻其风而说之。作为华山之冠以自表，接万物以别宥为始。语心之容，命之日心之行。以聏合欢，以调海内，请欲置之以为主。见侮不辱，救民之斗，禁攻寝兵，救世之战。以此周行天下，上说下教。虽天下不取，强聒而不舍者也，故日上下见厌而强见也。

　　宋钘和尹文，这是第二个思想流派的代表人物。他们不会被外在世俗的东西所累，也不需要外在的物质的东西来装饰，他们对人不像墨子那样苛求，当然也不像墨子那样跟世界的关系那么紧张，跟群众的关系那么紧张。他们"不忮于众"，在跟老百姓的关系上，他们不逆着干，不像墨子那样坚持独树一帜。他们的身段是柔软的，他们的志向和墨家其实是一样的，"愿天下之安宁以活民命，人我之养毕足而止"。实际上你可以把他们看作是柔软的墨家。"古之道术有在于是者，宋钘、尹文闻其风而悦之。"这也是个久远的传统，也是一种"古之道术"，宋钘、尹文听闻更契合他们心意的这个道术，很高兴。他们选择调适自己与世界的关系，"作为华山之冠以自表"，通过制作、戴上"华山之冠"表达自己的志向。"华山之冠"是怎样的呢？华山很陡，但上下均平，"华山之冠"是指那种顶上很平的帽子。现在道家的道冠就有一种是顶上很平的，"华山之冠以自表"是表明以平等的精神对待世界。"接万物以别宥为始"，别宥是抛弃偏见，希望跟世界万事万物和谐地融合在一起。"语心之容"，这个思想流派特别关注、谈论人内心的包容、容受，尝试对人内心的行动做出命名、描摹。这个柔软的墨家，把墨家原本那种直接对抗外在势力的现实行动作用于内心，成了专注内心体验的墨家，内秀的墨家。下面一句很有意思，叫"以聏合欢"，"聏"是调和，是以调和的心态，来使世界变得和谐。"以调海内，请欲置之以为主"，请求大家把这个思想当作是主导的理解世界、看待世界的方式，这真是单纯、美好的愿望，有点像现在的积极心理学。他们很注意内心，自

◎墨家的 AB 面。

◎心即理，每个人内在精微的念头构成了整个世界的实相。

觉使自己柔软，偏爱"弱德之美"。他们也知道世界其实是很坚硬的，但他们已不像墨子那样选择现实的行动，他们选择关注行动者本身的内心，追求"见侮不辱"，外在的欺辱不能激发他们内心的耻辱感了，他们把自己的内心世界和外部世界分隔得很清晰，不为所动。"救民之斗"，这是他们和墨子一样的地方，他们还是想"救民之斗"，也同样致力于"禁攻寝兵"，反对战争，也无可回避地要参与"救世之战"，希望把世界从战争、战乱中拯救出来。只是他们没有了墨家那样直接进行武力行动的决绝意志和力量了。他们选择的行动只是游说、教化，"周行天下，上曰下教"，对上希望说服君王，对下希望教化百姓。当然，他们虽有这么柔软的身段，但奈何缺乏强大的力量做后盾，其现实结果是可想见的悲观："天下不取"。但他们不放弃，"强聒而不舍者也"，他们也像墨家一样有自己的韧性和执着，即使遇到困难、不受待见也坚持"厌而强见"。大家都讨厌他们，他们还能持续以柔软的身段做自己想做的事，这其实是值得钦佩的。前文我把墨家比作志愿者，宋钘和尹文也是一类志愿者。有的志愿者像墨家一样强悍一点，有的志愿者更像宋钘和尹文，做志愿服务的时候，知道自己工作的艰难，所以身段柔软，其实是有韧性的。

　　虽然，其为人太多，其自为太少，曰："请欲固置五升之饭足矣。"先生恐不得饱，弟子虽饥，不忘天下。日夜不休，曰："我必得活哉！"图傲乎救世之士哉！曰："君子不为苛察，不以身假物。"以为无益于天下者，明之不如已也。以禁攻寝兵为外，以情欲寡浅为内，其小大精粗，其行适至是而止。

　　下面《天下》篇对这一思想流派做了评论，说他们"为人太多，自为太少"。其实与墨子想比，他们已经比较关注自我了，起码他们更关注自己的内心感受了，但《天下》篇仍认为他们还是考虑自己太少了，主要是考虑自己的利益太少了。

◎他们是和平主义者，温柔而坚定地推行自己的主张。他们也是唤醒生命的摇铃人，希望民众能够早日从这个世界醒来。

◎我更喜欢这一派，内在清明，红尘纷扰不染其心，有种"开天眼觑红尘"的超脱。同时又能以清净心身体力行地服务社会，感觉他们来地球是打卡的，随时都能去到更高的维度。

因为他们宣称"请欲固置五升之饭足矣",能吃五升饭就够了,自己的索取、需求是固定且不多的。"先生恐不得饱",做先生的恐怕也是吃不饱的。"弟子虽饥",这个流派的弟子,即使饥饿着都不能忘怀天下,也要日夜不休地劳作,坚信"我必得活哉",为了志向自己肯定能活下去、要活下去。他们自我期许要有强大的生存的意志,所以他们真是"图傲乎救世之士哉"。这一段是很感人的,和墨家一样有着傲岸的救世精神。虽然他们这一思想流派的态度是柔软的,但内在的志向依然是坚韧的。他们宣称:"君子不为苛察,不以身假物。"君子不能苛求别人,不能非常苛细地来观察外在世界,也不假借外在的物质性的东西来装饰自己,因为这样对天下没有什么帮助,把这些弄得很好,很鲜亮,不如停下来,这叫"明之不如已也"。

◎还是阴阳能量的交互流转。

◎是的,大火已经在山林烧起来了,这时要赶紧弄水救火,要完全接地气的行动力!

　　总体上,宋钘和尹文这一派,实际上是一个稀释版的墨家,内向化的墨家,是正在变化中的墨家的过渡形态。宋钘、尹文的阴柔内秀和墨子的阳刚质直恰成对照。他们和墨家一样有非常坚韧的一面,但他们又不想跟世界那么坚硬地对立,他们的柔软、内向也潜藏着进一步萎靡、孱弱的危机。《天下》篇最后对这一流派的不足做了论断,核心意思是,在外部世界追求"禁攻寝兵"的时候,他们凸显了内部世界的重要性:"情欲寡浅为内","其小大精粗,其行适至是而止",他们的内部世界,因留意"语心之容"、容纳了"小大精粗",当然还是丰富的,但他们的行动也就到此为止了,毕竟还是不够有力量。这是很客观切实的评价。

嗅不到人间的气息

　　公而不当,易而无私,决然无主,趣物而不两,不顾于虑,不谋于知,于物无择,与之俱往。古之道术有在于是者,彭蒙、田骈、慎到闻其风而说之。齐万物以为首，曰："天能覆之而不能载之，地能载之而不能覆之，大道能包之而不能辩之。"知万物皆有所可，有所不可。故曰："选则不遍，教则不至，道则无遗者矣。"

接下来是第三个思想流派，第三类人了，以彭蒙、田骈、慎到为代表。可以说，从第二个流派到第三个流派，出现了内在精气神的大塌方。在彭蒙、田骈、慎到那里，操心的不再是德性、正义和责任，而是计算、适意、荣光。他们以不行动为行动，抹杀了行动的意义，逃避了行动的责任，还用自己心造的幻影、繁复的理论、精明的措辞为自己的怯于行动做粉饰和辩解，他们是世俗生活里的聪明人，文化生活里的机灵鬼。他们其实看透了墨子、宋钘和尹文的艰难和牺牲，他们在责任面前退却了。他们想活得活色生香，话说得漂亮、机智显示了他们的聪慧，佯装得公正、有修养保住了他们的体面，乐此不疲地争夺各种创意、新词的发明权其实是他们更在乎的，这些事关脸面、尊严和利益。在他们的争奇斗艳之下，文化看起来繁荣起来了，各种理论也越来越迷离难辨了……

"公而不当"，这里"当"指"党"，特殊的人聚集在一起叫"党"，他们追求"公"而不追求特殊。"易而无私"，他们崇尚平易，不激动，不愤怒，不追求有私心的东西。"决然无主"，他们决断的时候不会有个主见，而是随物赋形。这和墨家与墨家的稀释版刚好相反，墨子的过于刚直、宋钘和尹文的略显阴柔其实都是一种显见的缺点，但他们的志向、追求和价值又是和他们的这些缺点息息相关的，这使得他们是血肉真实的人，正在行动的人。现在彭蒙、田骈、慎到宣称他们追求的是没有缺点的、没有偏爱的智慧，他们是一群假装自己没有肉身的人。他们号称"趣物而不两"，他们对事物不会一分为二地、分裂地看了，他们是圆融的。我们知

◎ 很形象！心性的频率出现了较多干扰杂波。

◎ 看到这段话，我想到了李欧梵说的"机动知识分子"这个概念。

◎ 在道的境界，阴阳合一，不会执念于某一面。问题是真的能做到不分别吗？

道基督教看世界其实就是典型的上帝—地狱的一分为二，中国的阴阳也首先是一分为二，而这一派恰恰要的是"趣物而不两"，而且"不顾于虑，不谋于知"，他们不谋划、不谋求知识，他们对世界的理解开始主动收缩。"于物无择"，他们也不刻意地做选择，而是"与之俱往"。彭蒙、田骈、慎到很喜欢这种传统。他们把世界万物看得整齐、齐一，作为理解世界的首要认识，叫"齐万物以为首"，他们拉平了一切。他们宣称，自然的智慧已经告诉我们，天能覆盖一切，但是天不能承载，地能承载一切，但是地不能覆盖，所以天地本身都是有缺陷的，只有那个最高的大道才能包容一切，所以为什么要去分辨呢？他们追求最高的东西，不要分辨，不要用一分为二的眼光来看世界。他们认为万物皆有所可，有所不可，只要一做选择就没有普遍性了，要去实施教化的话，也一定抵达不了真理，因为真正的道是普遍的。所以结论其实就是不必行动。

◎ 想起庄子说的"道在瓦砾，道在屎溺"，这一派给我一种仙风道骨、云淡风轻、飘然世外的感觉，就像得道的高人……

从行动的维度看这一流派是会有如上批评的。当然，思想的演进有其本身的规律。这一流派也并非一无是处，它在具体的现实中追求整体性地看待世界，这是它的价值。盯着一个水滴，从中看到大千世界是一种思维方式；从宇宙回到一个水滴也是一种思维方式。据说冥想有两种方式，有的冥想是经由自己通达整个宇宙，有的则是反其道而行，是从大到小，从宇宙下降到自己。从自己通达整个宇宙，会使人产生提升感，从宇宙下降到自己，会使人更敬畏天地一体，这实际上就是"神何由降"和"明何由出"的不同。但以整体的眼光看世界，有一个潜在的危机，那就是会抹平具体与整体的差异，抹平现实内容各个部分的差异，以至于想取消现实生活中的分别心，而分别心正是人之为人的根柢，也是动身行动的前提。庄子的"庄周梦蝶"寓言里，庄周在梦里，

◎ 我看到这一流派是从"皆源于一"的"一"着眼的。

◎ 不认同这句话。分别心强化了自我意识，但是这个自我是头脑的小我，有分别心挡道，就难以触碰到真正的大道。

栩栩然，自喻适志，很开心，就是因为没有分别，所以不愿意从梦中醒来，被惊醒了也想恍惚一会儿，就是想抹平梦境与现实的分界。彭蒙、田骈、慎到，大概也会想做"庄周梦蝶"那样的美梦。

是故慎到弃知去己而缘不得已，泠汰于物以为道理，曰："知不知，将薄知而后邻伤之者也。"謑髁无任而笑天下之尚贤也，纵脱无行而非天下之大圣。椎拍輐断，与物宛转；舍是与非，苟可以免。不师知虑，不知前后，魏然而已矣。推而后行，曳而后往，若飘风之还，若羽之旋，若磨石之隧，全而无非，动静无过，未尝有罪。是何故？夫无知之物，无建己之患，无用知之累，动静不离于理，是以终身无誉。故曰："至于若无知之物而已，无用贤圣。夫块不失道。"豪桀相与笑之曰："慎到之道，非生人之行而至死人之理。适得怪焉。"

慎到主动放弃理智、放弃自我，理由却是"缘不得已"。仿佛世界就是这样的，自己是不得已，看上去是被动承认这个现实，其实是主观上想在物的世界里，与物相处的时候，听从、放任自己和物融为一体，且心安理得地以之为当然，这真是聪明极了。"知不知，将薄知而后邻伤之者也"，认识自己不知道的东西，强求去知所未知，就会为知所迫而受到损伤，"薄知"的话就不会有伤了。"謑髁无任而笑天下之尚贤也"，"謑髁"是指不正经的样子，謑髁首先从语言开始，终将蔓延到人生态度、价值观，就是骨子里没什么正经，很随便。在謑髁之人看来，那些尚贤的人简直就是个笑话，因为尚贤肯定会持守贤的标准，而"謑髁"是对也不对，没什么标准，谁要严肃坚持某个标准，那就是个笑话。"纵脱无行而非天下之大圣"，纵脱即放纵，纵脱无行的謑髁之人就开始攻击那种道德的理解世界的方式了。按道理说，謑髁之人如果把謑髁贯彻到底的话，不是应该对所有一切理解世界的方

◎ 这是实修是功夫，不是头脑的以为，自欺欺人最可悲。

式，包括道德的、严肃的也同样不上心才对吗？为什么他们会攻击、否定"天下之大圣"呢？可见，謑髁之人的謑髁也是个假面具。"椎拍輐断，与物宛转"，"椎拍輐断"直接的意思就是用椎、輐击打事物，让它没有什么棱角，这样才能"与物宛转"。这句话从字面意义上，从彭蒙、田骈、慎到的逻辑上是，人呀，锻炼得没棱角了也就妥帖了，和世界和解了，与物宛转了。这其实是现在很多鸡汤文的内在逻辑。但这句话本身也表明，与物宛转其实并非人的自然状态，不经历椎拍輐断的磨难，断难达成。人无完人，能做到与物宛转的人，恰恰是经过"椎拍輐断"的。《道德经》说"无为而无不为"。其实"无为"是很难做到的，因为人的本性就是要去"为"的，行动才是人的本色，所以必须经过很强的"椎拍輐断"，你才能"无为"。正如彭蒙、田骈、慎到，必须费劲心思，才能为自己的不行动、不动心、不讲是非找到理由。这也表明，彭蒙、田骈、慎到这一思想流派，其思想形式和思想主旨是分裂的，存在着内在的矛盾，自己反对自己，可以说是墨家精神堕落中的巧言令色，在墨家的行动精神被掏空后必将遭遇反噬，而这恰恰符合《道德经》所谓"道者反之动"的真义。

◎很有道理。就像那些能够看开、放下的人，一定是经历了很多世事才能做到的。

"舍是与非，苟可以免。不师知虑，不知前后，魏然而已矣。"舍弃是非，接纳苟且，就可以免除祸患了。不去师法智慧，不晓得思虑，不去判断、区分前后，"魏然而已矣"。这都是主动放弃标准，因为有标准就会有烦恼。"推而后行，曳而后往，若飘风之还，若羽之旋，若磨石之隧。"推他才会动，拉他才会去，就像羽毛在风中回旋，就像磨石，推它它才转，就是自己不主动行动。如此才能"全而无非，动静无过，未尝有罪"，"全而无非"是不去否定别人，以一个整全的眼光来笼统地看世界，别看得太细，别较真，保全自己，也不否定别人，好相安无事。"动静无过"是动静之间没有过失也没

◎这已经背离大道了。这是另一类"乡愿"。

有祸患，"未尝有罪"，就是没有什么过错，其实说透了无非就是因恐惧所以要全身避害罢了。我觉得这才是彭蒙、田骈、慎到的内心话。下面的话就是为自己的选择做粉饰、加道理了："是何故？夫无知之物，无建己之患，无用知之累，动静不离于理，是以终身无誉。"因为无知就不需要去经营自我，也就没有了智慧的拖累。如果你放弃了自我，那你就不需要私利，没有了私利，动静之间也就不离于事理了，如此最好的结果就是"终身无誉"，因为这样的人简直就像个隐形人，别人不会注意到当然也就不会称赞了。"故曰：'至于若无知之物而已，无用贤圣。夫块不失道。'"结论就是人活得像个没有理智的物，也就根本不必劳烦圣贤什么事了，这就叫"块不失道"，小土块、土坷垃里都蕴含着"道"。这结论，尤其这最后小土块的类比，有点得意，可都把人还原成物了，那还有什么人味呢？莫怪我的以上解读对彭蒙、田骈、慎到多有不信任，老想挑出这一思想流派的毛病，就是《天下》篇本身，恐怕也是这种心思。不然，如下的这句质疑该怎样理解呢？"豪桀相与笑之曰：'慎到之道，非生人之行而至死人之理。适得怪焉。'"《天下》篇借豪桀之士，也就是义气、志向比较大的人嘲笑道，慎到能言善辩说那么多，可听上去都不是活人的行为，更像是死人的理儿。你呀，说来说去不就是刻意搞怪嘛。我觉得最后豪桀之士这一句话，活脱脱把慎到的底儿给戳穿了。别装了，活人就是因为有情感、有理性、有意志才是活人，你全都放弃，这就是个死人，就甭拽什么高深的道行了。此处《天下》篇的批评直接有快意。黑格尔也曾抨击过某些以貌似高深面目出现的理论其实不过是浅显且未经反思的生活经验，彭蒙、田骈、慎到这路的宣称正是这样，当下各路鸡汤文、成功学、心灵按摩术莫不如此。可这路传统也真有市场，芜杂玄虚、名目繁多，也算别样的杂

◎动静不离于理，恰恰是要在红尘中实践出来的，而不是凭口空说的。

◎庄子很幽默！真正得道之人应该是和光同尘，刻意把自己弄得像得道高人，已经远离大道了。

花生树了。

田骈亦然，学于彭蒙，得不教焉。彭蒙之师曰："古之道人，至于莫之是、莫之非而已矣。其风窢然，恶可而言？"常反人，不见观，而不免于魭断。其所谓道非道，而所言之韪，不免于非。彭蒙、田骈、慎到不知道。虽然，概乎皆尝有闻者也。

下面说到，田骈也是这样的，他从彭蒙那里习得这个传统，"得不教焉"，还学到了言传（教）都难以表达其微妙的真功夫，算是得到了真传。彭蒙的师傅是这样告诉彭蒙的：古时真正得道的高人已经修炼到了"莫之是、莫之非"的地步，他们不再做是非判断。"其风窢然"，就像风吹寂静的样子，这种境界没法用语言来形容。彭蒙从他老师身上接受了这种不言之教，现在又把它传给了田骈。佛家的"传灯"和这个有点类似。下面就是《天下》篇对这对师徒的批评了。"常反人，不见观"，很明显这些做法跟平常人的思虑刚好相反，大家也并不称道，结果"不免于魭断"，这些宣称是高深微妙的思想到最后沦落到了魭断的地步，"魭断"就是没有棱角了，当然这路传统追求的就是这样的状态，他们希望自己在真实的现实生活里魭断、没有棱角。"所谓道非道，而所言之韪，不免于非。"《天下》篇很直接地否定了，你们这路宣称的道不是真正的道，这些东西都不对，这个批评是很严厉的，这个流派的传统不是道的传统，这也是我对于这个思想流派的态度。他们实则是刻意为高的智术之士，和古希腊哲人苏格拉底最讨厌的智术师有相似之处，算是有着东方特色的智术师。当然，他们身上也不像希腊的智术师、后续的惠子那样对逻辑世界、语言世界本身还是有兴趣的，他们其实是没什么内在思想的。他们这路思想流派的出现实则是思想演进过程中的匮乏之时、黑洞之地。最后一句"虽然，概乎皆尝有闻者也"，还是对他们客气了一些，不管怎么说，

◎酣畅！字里行间的那股子激烈劲儿，到这一派最为强烈。

你们这些人大概也算是听说过道的吧,这是《天下》篇的恕道,算很厚道了。仔细品,《天下》篇对墨子,宋钘、尹文,彭蒙、田骈、慎到这三路人的态度虽都很辩证、厚道,可骨子里的尊重可真不一样。

思想演进的内在逻辑

彭蒙、田骈、慎到他们这路思想流派其实是墨子那种行动与思想高度合一的传统的严重受挫,思想的演进不可能持续采用无是非、抹平一切的态度,需要重新出发,需要主动地建构。继之而起的老子、关尹提供的就是二元结构的建构,庄子进一步发展成了"重言、寓言、卮言"的三重建构,最后到惠子那,对思想建构工具(名:语言和逻辑)的兴趣取代了对世界(实)本身的兴趣,导致了思想的泡沫化、世界的真相被湮没在了话语的膨胀和狂欢里。思想又一次陷入匮乏之时、黑洞之地,只不过这次是看似丰沛的匮乏、表面繁荣的黑洞。思想需要再一次出发,它还得再次回顾、重拾墨子那种行动与思想高度合一的精神。思想的一个轮回就这样结束了,新的征程、新的轮回又要开始了。新的征程里,每一步都将在更高的层次上重复自墨子到惠子的演进过程。所以,不能期望思想是一劳永逸的,这不是思想的本性和真相,生生不息才是它的生命力。

鉴于我们已经把自老子、关尹到庄子到惠子的思想演进过程的内在逻辑陈述清晰,就不再对《天下》篇中关于他们的具体文字做句读了。《天下》篇的梳理就这样结束,梳理完这篇,自己思维的品质是否有所提高呢?如果以《天下》篇揭示的思想演进的内在规律去观察历史与当下,一定会有不少的收获。稍事休息,我们要进入另一场关于国家治理的激

◎说得好!这一段值得细读。庄子立足中道,睿智点评,有挥斥方遒的感觉。

烈辩论了。

《盐铁论·本议》：定调的辩论不简单

《盐铁论》是西汉桓宽根据著名的"盐铁会议"记录整理撰写的重要史书，书中记述了当时对汉武帝时期的政治、经济、军事、外交、文化政策的一场大辩论，其实是新君上位几年后，想对汉武帝的政策做调整，事关国家大政方针调整，涉及方方面面的利益，当然辩论会很激烈。中国古代典籍里，能这么有现场感的，记录重大政策方针辩论的并不多，所以更显弥足珍贵。全书有六十篇，我们教材选的是第一篇：《本议》。第一篇通常是定调的，所以也是最重要的。我们已经读过的《商君书》里的《更法》是这样，这篇《盐铁论》的《本议》也是这样。我们的阅读建议是这样的：

《盐铁论》里记载的是治理国家的两种策略的直接辩论。这篇《本议》争议双方更是开门见山，火星四溅。建议您阅读时最好有些现场感，仿佛他们就在您面前激烈对峙，不要过快下结论判定谁对谁错，而是先充分观察他们真实的关切，思量他们论述的合理性。

两边的确是在非常激烈地争论，辩论过程中双方都有很多的小心思，各自的意见表述背后有不少不便直言的弯弯道道，很多攻防的小技巧也挺耐琢磨的。阅读时不要轻率仓促地下结论，也不要受刻板印象的影响。比如，"文学"一方一定就是掉书袋引经据典，书呆子只会读书不通国家治理事务，一引古文谈理论、原则就显得迂腐；也不要觉得有官员身份的"大夫"就一定不读书，好像他们只是敏于事慎于言，只说问题不谈主义，理论资源不丰富，加上制定政策时一定有个人私利，政策制定肯定没水平。事实可能跟我们自己以为

◎汉昭帝时期。

的不一样，所以开始读的时候先"悬置"这些成见。下面我们就进入这场辩论。

"惟始元六年，有诏书使丞相、御史与所举贤良、文学语。问民间所疾苦。"这个具体背景是，汉昭帝始元六年（公元前81年），大将军霍光以昭帝名义令丞相田千秋、御史大夫桑弘羊，召集"贤良、文学"六十余人，讨论盐铁官营、酒类专卖等国家治理问题。"贤良、文学"是汉武帝为选拔人才特设的科目，由各郡举荐人才上京考试，被举荐者便叫"贤良、文学"，"贤良"是指品德端正、道德高尚的人；"文学"则指精通儒家经典的人。留意"问民间所疾苦"这个表述，诏书定下的基调是问题导向的，所有参加会议的人都会捕捉到这个重要信息：皇帝有意调整政策。当然，要想调整汉武帝留下的政策哪有那么容易。只举一个细节就知道了，始元六年春天，著名的苏武在匈奴那儿遭受多年的苦难后终于回到了长安，汉昭帝做了妥善安排，还特意下令，让苏武带一份祭品去拜谒汉武帝的陵墓和祠庙，毕竟他是汉武帝派出去的。历史都是有延续性的，加上儒家讲究慎终追远，想调整先人的政策，即使理由充分，也需要谨慎小心。先开个会议一议，尤其把这些"贤良、文学"请来放言而谈，不失为一个好招儿。

"文学"开怼：舍义求利错错错

首先说话的是"文学"一方。我们前面读《商君书·更法》的时候讲过，有时往往那些没有力量的人、没有实质权力的人讲话是比较容易激动的，也可以用这个提醒来观察"文学"一方，当然，请"贤良、文学"来参加会议恐怕也正是看重了他们敢言的特质。比较遗憾的事，《盐铁论》没有记录每次发言者的具体姓名信息，大概记录者和编者桓宽都觉得是谁

◎可是思维是有惯性的，要带着觉知来看。

◎交代这个背景知识很有必要。"盐铁"是中国古代社会关系国计民生的重要物资，汉武帝接受了桑弘羊的建议，实行"盐铁官营"，虽增加了政府的财政收入，但由于管理盐铁的官吏多为盐铁商人，经营不善，不仅产品质量低，而且价格昂贵，导致平民购买不起，造成了所谓"民间疾苦"的局面，激化了社会矛盾。

不重要，意见才重要吧。

　　"窃闻治人之道，防淫佚之原，广道德之端"。开口就"窃闻"，上来先亮明自己接受的治理道统、原则——"治人之道"。先援引传统、理论、原则，这是"文学"一方的思维方式，追溯传统，在传统、原则的指导下，进入具体问题的分析，这不是迂腐，这是为问题的讨论设置了框架、语境、底线，其实是很有力量的。"治人之道，防淫佚之原"，治理人（民众）的道理，以底线思维为先，要先防止人性中那些不好的、行为放荡的、过分放纵的由头、开端。底线道德划定，同时做正向的教化，"广道德之端"，增益德行。《孟子》讲四端，就是发挥、引导人善良天性的端由。"文学"一方开口便成对称举措，一手划定底线，一手增广德性，两个方面有高有低。把德行安排妥当后，接着就直面利益的安排了："抑末利而开仁义，毋示以利。"对利的安排也是两个方面，底线是"毋示以利"，不要正面宣传它，正常安排是，"抑末利而开仁义"，抑制毫末小利益而彰显仁义。在"文学"一方看来，汉帝国最高的统治精英治理天下的时候，义利的等级秩序是第一位的，不能仅是经济、利益的眼光，得以道德的眼光为上。看了这两句话，不少人的第一直觉就是，"文学"一方还是迂腐，这也不奇怪，置身当下工商社会的现代人，经济、利益的计算恐怕已经是我们本能的第一眼光了。其实市场经济本身也未必不是道德经济，一个社会的道德水准、法制环境，会直接影响经济活动的交易成本，义和利的关系比想象的要复杂。"文学"一方要求不能诱导老百姓老是讲利益，这样才能使社会的风气从追逐利益转向道德培育："然后教化可兴，而风俗可移也。""文学"一方是熟读儒家经典的，儒家优先以道德的眼光看社会，处理经济与道德的关系是抑制经济、抑制利益而张扬道德，这就是它的信条。作为辩论的一方，"文学"

◎嗯，学到了一招。

◎孟子的"四端"是指："恻隐之心，仁之端也；羞恶之心，义之端也；辞让之心，礼之端也；是非之心，智之端也。"孟子认为恻隐、羞恶、辞让、是非四种情感是仁义礼智的萌芽，仁义礼智即来自这四种情感，故称四端。

◎在义利关系上，儒家强调先义后利，甚至"舍生而取义"。

◎现代企业理论认为，利润最大化早已不是企业的唯一追求。

是立场清晰的，至于这个立场是否存在着偏执、是否也需要做必要的修正，得通过真正的思想对抗才能显现。这也正是思想需要交流、对话乃至对抗的原因，从这个意义上说，对话体、辩论体的历史文献，或者具有对话精神的历史文献更真实，也更有价值。顺便说一句，民国时期夏丏尊、叶圣陶合著的语文教育经典《文心》，就是以两个中学生的对话、师生之间的对话以及家长与孩子之间的对话为主体展开的，其实现在很需要再写一本贴近当下经验的新《文心》了，有心的同仁不妨一试。

下面，"文学"一方按照德性优先的原则，进入到具体现实问题的讨论。他们特别不满意的制度安排就是盐、铁、酒榷、均输：现在各个郡国有盐、铁的专卖，有酒榷（酒的专卖），有均输。"均输"需要做些解释，这个制度实际是由经济管理方面有权做决策的重要官员桑弘羊提出的，用简单的话来说，均输就是由官方高度控制的一套市场流通系统。起因是，各个郡国每年要向朝廷贡纳物品，要是直接送这些物品的话，由于长途运输、天气等多方面的原因，说不定运到长安城就腐烂了，不如折合成银两，直接在长安城或更近的地方购置。另外，还有一个重要的原因是，各地物价不同，尤其某个土特产在当地是低价的但转卖到其他地方可能就是高价的。于是朝廷想了个招儿，可以先按照当地的市价购买土特产品上交给均输官，均输官把这个资源控制住以后，可能高价出售到其他地区以获取更高的资金，再拿出一部分资金用较低的价格在原产地购买土特产运到长安，这样一倒手就赚了一笔差价。其实，这本是商业流通的常规做法，问题出在，官家垄断了这个流通渠道，这就是均输。实际上均输自桑弘羊提出来以后就没断过，在宋代王安石变法里就出现过。它的核心本质是，市场本身的逻辑是回避不了的，的确

◎ "均输"是汉武帝时期重要的经济政策。这个解释，浅显易懂。

◎是否北宋司马光等人反对王安石变法，主要也是基于这一点？在生产力难以提升的背景下，要使国家富强，恐怕就得"与民争利"。

◎在古代，酒是战略性物资。

商品需要流通，只是流通市场的控制权牢牢控制在官家那里了。所以现在"文学"一方提出来，这些盐、铁、酒榷、均输的制度设计，官方高度垄断资源、垄断市场流通渠道的做法，本质是"与民争利"。这是非常直接也一针见血的批评和指责。我们读到这里可能会有一个疑问，就算古代的盐、铁有必要专卖的话，酒也要专卖？盐是日常流通的，每个老百姓每天都要吃的，属于大宗战略性物资。铁是可以做兵器的，也可以算战略性物资。酒呢？各种粮食、瓜果都能酿酒，也需要专卖？酒也算战略性物资？有垄断的必要吗？我没做过专门了解、研究，前文讲刘伶《酒德颂》时也没意识到这个问题，所以有点不明所以，这个可以后续再了解、讨论。

"文学"一方指责这些制度设计的本质是与民争利，且一定会导致社会道德风俗滑坡、溃败："散敦厚之朴"。官家都去争利了，治理精英在主导社会制度设计的时候，都是从利益出发的，老百姓看在眼里，起而效之，结果"是以百姓就本者寡，趋末者众"。这怪不得老百姓。《论语》说："小人之德草。草上之风，必偃。"老百姓就像草一样，草随风，官家刮什么样的风他就会跟什么风，官家争利、不讲道德，老百姓就有样学样，使社会道德的朴素劲儿丧失，贪婪、卑劣的社会风气就兴起了。社会风气已经是这样的话，文质彬彬的平衡就打破了，"夫文繁则质衰，末盛则本亏"，本末关系颠倒了。

在"文学"一方看来，国家统治的根本，是道德的秩序，现在破坏了它，越去"末修"，民众的欲望会越过分，这就是"民淫"。如果你去修本的话，老百姓可能开始回返朴实，这叫"民悫"（诚朴）。如果老百姓朴实的话，那么他们的欲望会克制，这样他们的财用才显得足够。如果民众的欲望被激发起来，追求奢侈，就会开始出现饥寒。这个道理"文学"

一方没有讲得更细密，为什么民众追求奢侈一定就会出现饥寒？**我们**可以想象，在中国长期的小农经济情况下，物产其实是没有太大增量的。社会的分配一旦出现了问题，富贵之人追求奢侈的生活，大量财富集中在这部分人身上，其他人就会遭遇饥寒。这个大概是我们可以想见的社会现实逻辑。

最后，"文学"一方提出要废除这种高度垄断性的盐、铁、酒榷、均输制度，从道理上来讲，这叫进本退末，这样的话就是要高度重视农业，这样才比较适宜。我们现在不要太早下结论，好像"文学"一方推崇农业是不对的。如果我们稍微联系现实，我们国家每年发布的中央一号文件也是讲农业的，所以，先别下结论，再往下看看。

大夫回击：边境军事防御很烧钱

大夫的回应很有意思。这里的"大夫"是指在官方机关担任职务正在做事的人。"文学"一方是围绕着经济和道德的对峙这一思考格局来发言的，大夫的回应引入了第三者——军事。"匈奴背叛不臣，数为寇暴于边鄙"，边境上的匈奴不臣服，正在发动战争，骚扰侵犯边疆。如果我们做军事防备，势必会"劳中国之士"。古代的"中国"一词，指的是文明高度发达的地区，是文明中央之地。如果不做这个防备，"侵盗不止"，匈奴的侵盗就不会停止，可以想见往下发展下去匈奴会越来越往我们的腹地——中国之地侵袭，这肯定是要防备的。这是大夫表达的第一个层次。第二个层次，"先帝哀边人之久患"，这里的先帝不是指先祖，是指汉武帝，实际上此时汉昭

◎朱门酒肉臭，路有冻死骨。社会整体物资匮乏的情况下，权力等级秩序必然导致少数人占有和享用大量财富。

◎我看过许倬云先生写汉代农业的文章，本来中国的城市经济发展得挺好的，是汉武帝用政治力量干预和毁坏城市的生产机制，使得生产机制全部都落在农村，构成精耕细作的小农经济和农舍小工业。农业和家族结构套在一起，又催生出儒家的孝的伦理……

◎估计大夫从心理上是瞧不上"文学"的，想通过军事问题给对方一个下马威。

帝召集大家问民间疾苦，就是想要改变汉武帝在长期发动对匈奴的战争的状态下做出的许多决策，这些都是大夫知道的。大夫为什么提先帝？其实是要为汉武帝高度军事化的决策做辩护。中国古人以孝为先，先帝定的规则，你很难去正面反驳的，宋代有祖宗之法，汉代也有这个问题。我们听话听音，听大夫说话的时候，得考虑下他为什么会这样讲。他突出边境军事问题，现在就是这个严峻的情况，如果不打算让匈奴侵盗不止，就必须做准备。这是先帝定的，定的时候他是这样考虑的——"哀边人之久患"，边境上的人民久遭祸患，"苦为虏所系获"，老是被匈奴捕获，所以先帝才不得已"修障塞，饬烽燧"，开始做的都是防御性的举措："屯戍以备之"，屯兵以做防备。可是也要承认边疆"用度不足"，要准备打仗，军费开支要用钱，用钱又不想惊扰整个社会，那就只能兴盐、铁，设酒榷，置均输，这样才能"蓄货长财"，能积蓄军事用的货物，能使国库增加收入。用我们现在的话来讲就是，通过专卖制度，中央积聚财力，才能够"以佐助边费"。这是没有办法的事，不是说谁想做这些垄断性的制度设计，这些制度设计是基于现实军事用度的需要。现在这个军事压力还在，"今议者欲罢之"，如果现在你们讨论说要把这些制度废除，那对我们国家来讲，对内在经济上会影响我们的府库之藏，国库会空虚；对外在军事上就缺乏"执备之用"，缺防务资金。下面大夫说了一句话，他其实是很会修辞的，也懂得以情动人。他说，内府缺钱，外面军备支撑不上，那不就是"使备塞乘城之士饥寒于边"？那些辛苦的军人难道要在边地饥寒交迫吗？"将何以赡之？"我请问，国家将拿什么赡养他们，这样能对得起他们吗？大夫的回应分了几个层次。先告诉你是怎样一个情况，垄断制度设计的源头、动机是什么，先帝是怎样考虑的。这个制度你想把它废除掉，可没有那么容易，最后从国

◎又学了一招，嘿嘿。

◎汉武帝以前，在与匈奴的关系上，西汉政府是被动的，汉高祖刘邦曾被匈奴围困在平城白登山七天七夜，差点做了俘虏，最后是贿赂了匈奴的阏氏，才得以脱险。所以汉初对匈奴实行"和亲"政策，除把汉室公主嫁给匈奴单于以外，每年还要送去大量的丝绸、粮食等。这对于西汉来说，无疑是屈辱的。即便如此，匈奴还是会不断地扰边。所以汉武帝才会发动对匈奴的大规模战争。

家的需要，从执行军事任务的边疆战士的立场来申说，给对方以巨大的压力。最后得出结论："罢之，不便也。"态度坚决、明确。整个申说过程，大夫陈述制度设计原委，诉诸先帝权威，也会借边疆战士和民众煽情，对"文学"一方的指控不直接接招，也不严辞攻击对方，结论说得也很客气，一出手就知道是高手。

"文学"：王者行仁政，无敌于天下

"文学"一方不可能轻易被说服，辩论的第一回合双方只是各自立论而已。刚才"文学"一方是在道德与经济二元对立的认知框架内发言，人家大夫没理这个茬，玩的是"你打你的，我打我的"这一智慧。"文学"一方也不气馁，他的回应是，好吧，你要讲军事，我就跟你讲军事。只是，他还是要把军事也纳入到自己的思想框架里讨论，这叫以我为主。我们在阅读双方表述的时候可以留意这些辩论上的小技巧，还真有点好玩，国文课课堂上也常组织辩论活动，同学们不妨多学几招。"文学"一方延续他的思维惯性，先引传统、原则，再说事。这次引的是孔夫子，"子曰：'有国有家者，不患贫而患不均，不患寡而患不安。'"这句实际上是讲什么呢？刚才讲的是利益与道德，现在他讲的是国家治理的平等、平均，又建立了一对概念：贫与均。"贫"的本质是利益匮乏，"均"则是道德的，所以，贫与均的对照还是开始讲的利益与道德二元结构的变体。你可以理解成这就是"文学"一方稳定的思维模式，也可以理解成他也的确稳当，以我为主嘛，得这么稳当。总之，有这个思维结构、这个原则，势必导出相应的结论：治理天下的时候，平等是第一位的，是道德的，所以，"故天子不言多少，诸侯不言利害，大夫不言得丧"，国家各

◎嗯，只要有心，处处都是宝藏，关键是有没有挖掘的意识。

个层级的官员都不能从利益的角度考虑国家治理的问题。那国家面临的问题该怎么办呢？还得从道德建设上着眼。这就是："畜仁义以风之，广德行以怀之，是以近者亲附而远者悦服。""风之"就是教化，"怀之"就是包容，一个对内、一个对外，又是对称思维。国家内部我们应该进行仁义道德的教化，国家外部，对匈奴我们同样要"广德行以怀之"，刚才大夫提到的军事是没有用的，头等重要的是从道德上使对方心悦诚服。"文学"一方以德治国的思路倒是贯彻得很彻底。他彻底抑制乃至取消了军事的作用："善克者不战，善战者不师，善师者不阵。修之于庙堂，而折冲还师。"他自信有更好的手段。这个思路，我们要好好地评估一下。战争的世界不同于道德的世界，也是人类历史的常态。现在"文学"一方如此低看战争，只是为张扬道德治国的理念而做的修辞吗？这可就太轻忽军事、战争的复杂性了，立言也过于轻佻了。以"文学"一方的理解，"修之于庙堂，而折冲还师"，怎样理解这句话呢？是只要"修之于庙堂"就能"折冲还师"，还是先"修之于庙堂"之后还得"折冲还师"？"修之于庙堂，而折冲还师"的"而"字可真是玄妙。从常识看，恐怕大多时候还得是后者。但仔细琢磨，"文学"一方应该是倾向于前者，你看他豪情万丈地喊出了，"王者行仁政，无敌于天下，恶用费战？"施行了仁政，都不用在军事上破费了。

　　以上我们对"文学"一方的推理逻辑提出了质疑，主要是质疑他夸大其实。仿照他的思维，治理国家的核心要务也可以是一对概念：仁政与军事。只是他扬一个抑另一个有点过头了，提出的是极端的见解。军事与仁政，战争与文明，不像他说的关系那么简单。从善意的角度理解"文学"一方的极端立场，他对仁政、文明的无限推崇当然是值得肯定的，这叫价值观的自信、坚实。一个国家真正的强大，最终靠的

◎儒生们过分强调道德教化的作用，"不战而屈人之兵"，把军事的问题纳入到道德的范畴，这也是中国历史上的王朝统治者往往趋于守成的一个原因吧。

◎应该怎么看待文明与军事的关系？《左传》里说"国之大事，在祀与戎"，几年前我在观看纪念抗战胜利70周年阅兵典礼的电视节目时，还听到中央电视台的解说员引用了这句话。

的确是它文明的力量。这个才是"文学"一方真正的主张，在终极意义上，文明的力量当然还是要大于军事力量的，一切强大的军事技术不都是文明的产物吗？我们现在也说我们的军队是文明之师。但文明与军事之间的关系，在具体的历史语境里，又不是抽象的，不是"文学"一方这种简单的二元对立思维能剖析的，这也是要实事求是承认的。

◎点评得很好！什么是仁政？联系俄乌战争、巴以冲突再来看这段话，很有意思。

大夫：匈奴只服拳头

这次大夫这边的回应依然保持了高水准。他仍然不会跟着"文学"一方起舞，在对方设置的仁政与军事的对比结构里谈问题，他首先考虑的是引入更形象、更现实的情境。辩论时对立双方就像踩在一个跷跷板上，一个技巧就是，我总是选择和对方相反的视角、切入点、话题：你推衍理论、原则，我就列举具体情境、案例；你谈情怀，我就算利益；你说远景规划，我就只专注当下具体问题。总之，矛盾着、对立着来。如果我们坐在《盐铁论》会议辩论的现场旁听，就会明白，大夫就是个玩辩论跷跷板的高手。他先费心描绘了一个急迫性、压迫感都十足的情境："匈奴桀黠，擅恣入塞，犯厉中国，杀伐郡、县、朔方都尉，甚悖逆不轨"。匈奴是非常狡猾、放纵的，连我们地方的军事首领都已经被杀掉了，军情紧急，如此具体、棘手的现实危机，不是"文学"一方提出的仁政的抽象原则能立竿见影解决的，要解决，就必须采用现实的军事手段，"宜诛讨之日久矣"。我们早就应该发动军队讨伐他们、诛杀他们了。这是在强调军事应对手段的必要性。但"宜诛讨之日久矣"的意思里，也有我们一直没有这么做的现实。这是为什么呢？从辩论技巧上看，这其实是大夫的欲擒故纵之术。为什么我们现在没有这样做呢？为什么我们军事上没

◎在现代人看来，这就是杠上了。

◎能做到大夫级别的，都是政治上的老江湖了。

◎抬出陛下给对方施加压力。

有投那么大的力量来做这件事呢？原因是："陛下垂大惠，哀元元之未赡，不忍暴士大夫于原野。"还不是因为陛下的仁德之心吗？还不是陛下更愿意施大惠给老百姓，可怜老百姓还没有得到很好的赡养，不忍心让我们这些士大夫暴露在战争的原野吗？这不都是因为陛下心怀善念、施仁政吗？

为什么我说大夫此时在玩辩论的欲擒故纵之术呢？很明显，大夫此时在巧妙地争取（"擒"）这场辩论的终极裁判——陛下，通过对现实危机的分析给陛下戴了个仁义的高帽子（"纵"）。他看似是和"文学"一方辩论，其实心里想的是如何真正说服陛下。大夫对陛下以天下苍生为念的礼赞是个政治正确的幌子（"纵"），他要的其实是陛下对军事行动的决断和支持（"擒"）。大夫说话内容的内在逻辑是：一方面，大夫是在暗暗地攻击"文学"一方，你们以为只有你们才重视仁政，别人就不懂吗？你们不敢说陛下本人不讲仁政吧，要不然早就该出兵了；另一方面，也是在强烈暗示陛下，不能再一味高调地讲仁政了，这样做已经有点贻误战机了，边境危机难测，早就该出兵了。那么相应的结论也就顺理成章了，军情如此紧急，凡是有害边境军事事务的提议，如"文学"一方提出的裁撤盐、铁、酒榷、均输等制度一定会严重影响军费，即使有些道理，此时也万万不可接受。

◎厉害啊，"听话听声，锣鼓听音"。倾听是有次第的，听到大夫在说话，听到大夫在说事，听到大夫的话外音，听到大夫话外音时自己的感受……真正的高手能做到"反闻闻自性"。

接下来，大夫再一次运用他善于营造情境的手法，直接摊牌了："纵难被坚执锐，有北面复匈奴之志，又欲罢盐、铁、均输，扰边用，损武略，无忧边之心，于其义未便也。"在此艰难的时刻，即使我们想身披铠甲手握兵器，做好发动军事行动的准备，想去攻伐北面的匈奴，但是如果听信了你们"文学"一方的主意，现在就裁撤盐、铁、均输的专案，那么结果一定是"扰边用，损武略"，扰乱军事经费配置，损伤军队的战斗力，一定会影响到我们边疆的安定，你们提出这样的主意是因为你们根本没有一颗忧虑边境的心，所以"于其义未便也"，我只好告诉你们，这个主意，不可以。我用大白话翻译大夫的话，意思显得直白了，语气也更强烈了，文言表述使大夫的表述显得始终有礼有节，稳操胜券。我都快被他说服了。

"文学"：不施仁政，穷兵黩武何时是头

再看"文学"一方的回应。大夫始终坚持讲具体的边境兵戈之事，"文学"一方的回应也没刚才淡定了，他也被引导得要集中谈兵戈之事了。从辩论技巧上看，在议题的主动设置上，"文学"一方似乎已略逊一筹。但究其根本原因，主要还是和问题的现实性、急迫性有关，他必须以自己的思想立场正面回应大夫列举的具体情境和问题。我们来看，他正面回应的质量如何。

"古者，贵以德而贱用兵"，还是"文学"一方那种追慕传统（"古者"），二元结构且扬一贬一的思维方式，贵德贱兵。继续援引孔夫子的话，"远人不服，则修文德以来之。既来之，则安之"，与外部世界的关系必须以德为原则，贯彻到底，这还是正面立论，熟悉的味道，稳当，不过也不甚精彩。

正面立论之后，就得直面问题硬刚了，"文学"一方先给大夫始终聚焦军事的说辞定性：你们这就是"废道德而任兵革"，太偏至了。你们这种思维导致的结果只能是："兴师而伐之，屯戍而备之，暴兵露师，以支久长，转输粮食无已，使边境之士饥寒于外，百姓劳苦于内"。细品"文学"一方的这段指控，也很有画面感，也很煽情，同样很体谅边境的战士，也体谅境内的百姓。潜台词是，大夫一方你们也甭想挟边境将士的辛苦来号令国家，我们一样体谅将士们。这是在拉近

◎看来话不能平铺直叙地说，也不能弯弯绕绕得自己都忘记要说啥了，大夫说话的艺术很高深啊。

◎"文学"书读得多，有古者圣贤撑着，底气就有了。

己方与边境战士的距离。表达善意，争夺特定、重要群体对自己的支持，在辩论技巧上这是很重要的。更何况从现实利益上看，军方天然更亲近大夫的立场，"文学"一方也明白这一点，态度上愿意向军方表示善意，但从国家的整体利益上，又必须超越他们的局部利益，所以他在表达体谅边境之士的同时，也表达了体谅劳苦于内的百姓。边境之士与百姓，又是一对，且从道理上只能军方的局部利益服从老百姓的整体利益，对军方可谓又拉又打，"文学"一方此处的对举、善意、煽情、计算、辩驳很是老道。最后，退一步说，"立盐、铁，始张利官以给之，非长策也"。想通过立盐、铁专卖，设置收税的利官这些方式以供给军事费用，毕竟不是国家的长久之策。"文学"一方又从具体情境出来，拉升到国家治理的长久之策这样的高度申说了，这是他们的优势之所在。

◎精彩！辩论队的辩手们都要好好读读这些文字啊，干货满满。学生辩论最擅长的是端起所谓的架势，最缺乏的就是这样的思维深度。

大夫：盐、铁、均输促进社会资源流通

关于军事用度、边防的讨论告一段落。既然"文学"一方谈到了国家治理的长久之策，大夫也索性跟进了这个话题。这是辩论过程中的话题流转，辩论时双方既得针锋相对又得有默契，一个话题已经被讨论充分，再说下去只能是重复意思，就得转移战场了。武打电影都知道转移打斗场地，辩论是文斗，道理是一样的，话题流转就是转移打斗场地。

◎不懂辩论的人表示太遗憾了，错过了多少啊！

"文学"一方讲长久之策，大夫就谈立国的本末，人家也不是只会盯着军事边防。上一回合是"文学"一方从道德进入具体军事问题，这一回合则是大夫从具体军事问题转入国家治理的本末，两者相对而行，这正是辩论的妙处，客观上会逼迫你进入对方的立场、话题乃至思维。

大夫说："古之立国家者，开本末之途，通有无之用，

市朝以一其求，致士民，聚万货，农商工师各得所欲，交易而退。"大夫也会"曰若稽古"，也会讲立国本末，不过略加推敲会发现，大夫讲这些恐怕还是虚晃一枪，他的落脚点还是具体的：开市。这是在为"盐、铁、酒榷、均输"的商业属性做理论辩护，它们就是立国的本而非末。"通有无之用"就是商业，"市朝以一其求"，朝阳一出，早上开市，"以一其求"这个表述重要，老百姓有各种需求，想满足这些需求就得集中在一个市场里面，必须在官家的控制下一并管理，结果才会很好，可以"致士民，聚万货"，招引商贩、买卖的人，使丰富的货品、人聚集起来，货聚集在特定的某个地方，"农商工师各得所欲，交易而退"，这是大夫描摹的理想状态。实际上中国传统的集市，很多也确实是这个形态，在固定的时间、固定的地点交易而退，如果你违反了，官家要管你，甚至是处罚你。

◎"古者"本身就是多元的，"稽古"是便于"揆今"。

大夫基于自己立场描摹了理想的市场状态后，更是寻找理论支撑，这次他援引的是《易经》。"《易》曰：'通其变，使民不倦。'"大夫也是会掉书袋的，辩论场上，思想资源就是弹药库，只会一句"以德治国"或"经济基础决定上层建筑"未免单薄，高手得准备更多的弹药。大夫要建立一个以工商为本的社会运行逻辑："故工不出，则农用乏；商不出，则宝货绝。农用乏，则谷不殖；宝货绝，则财用匮。"大夫的思路，有点中国版"重商主义"的味道。国家治理的根本是通有无之用，商业是驱动力。没有手工业者生产器具，农器会匮乏。商业不流通，就没有很好的货物。如果农用器具匮乏，也种不好谷子。如果没有宝货，财富也容易匮乏。所以，商业重要，是立国之本。结论是："盐、铁、均输，所以通委财而调缓。急。罢之，不便也。"大夫以商业的重要性论证"盐、铁、均输"的制度设计，有没有问题呢？其实是有的，商业流通是重要，

◎中国古代的城市，在宋以前是分离的，"市"在城中，而且早在西周时期就实行"工商食官"制度，也就是说官府控制手工业和商业的经营。

但民间自由的商业流通和官家高度控制、垄断的商业流通是不一样的。大夫的思维看上去是偏具体问题具体分析的，恰恰在这里，他是不具体、不分类的。这些故意的回避，"文学"一方是不会放过他们的。

◎对于一部分人来说，这套说辞就足够了。

"文学"：无用之物流通使人背义而趋利

话题已经转到商业流通上，商业、交通的地位该怎样安排？大夫是把它们看作立国之本的，"文学"一方则是以"道德"为立国之本，这是根本的分歧。"文学"一方的回应是："导民以德，则民归厚；示民以利，则民俗薄。俗薄则背义而趋利，趋利则百姓交于道而接于市。"你看立场不同，对同样一个"市场"的描述多么不同。在"文学"一方的视野里，市场是"俗薄""背义而趋利"的祸端和秀场。市场是不是存在这些东西呢？当然存在。留心，辩论双方依据自己立场所列举的事实大多是属实的，否则没有说服力。问题在于如何给这些事实定性？如何评估这些事实的品质？这里对照一下希腊修辞学家赫尔玛格拉斯的"争议点理论"。这是一种面对争议性话题时可以借鉴的系统分析工具，它从事实、定义、品质、程序四个方面，也即四个争议点，对相关话题展开分析。其要义是：

◎平时刷视频，我更喜欢看的是视频下方的评论。都是评论者自己的投射，各种评论摆在一起，就能看到集体意识的大致状况，也能照见自己所处的位置。很有意思。

其一，"事实争议点"，是对某人在某一时间、地点是否做了某事（行为），在事实认定上的争议。

其二，"定义争议点"，是对如何对事件（行为）进行定义、定性时，在性质认定上的争议。

其三，"品质争议点"，涉及对事情（行为）的品质等级、严重程度等进行认定时，在品质标准——何种量即可认定为何种品质上的争议。

其四，"程序争议点"，涉及对事情（行为）的处理次序、处理理据时，在程序上的争议。

一对照就看出来了，"文学"和大夫，各自立论、列举事实，自说自话的时候多，真正交锋的就是对事实，例如这里的对"市"的定义、品质上的争议。顺便说一下，辩论过程其实就是在这四个争议点上流转。再多说一句，现实生活中遇到分歧时，"争议点理论"的启示是，最好做到事实优先、定性有据、品质量化、程序严格。可惜的是，《盐铁论》里的辩论双方似乎都不符合这个高标准，人间的事，非逻辑、理性所能限定呀，可他们的辩论，在道德和利益之间两极摆荡，如果没有逻辑、理性的规约，怕是没有结果的，最后也只能由陛下一锤定音了。

"文学"一方引老子的话说，"贫国若有余，非多财也，嗜欲众而民躁也"。多与少是相对的，是相对于人的欲望的。那些实际上很贫困的国家看上去似乎财富有余，为什么呢？因为老百姓的奢欲很重，这样一定会有很浮躁的风气，大家纷纷逐利，这就势必形成财富堆集的光鲜表象，俗称打肿脸充胖子嘛。用我们现在的话来讲，都去追求那些表面的光鲜、现实的利益的话，谁去做基础的、创造性的工作？没人做基础的工作，怎么可能会有创造力？没有创造力，即使在商业上，你也没有内在的力量，一旦被别人掐着脖子，不是很被动吗？我多次提醒，我们听到"文学"一方意见的时候，既不能完全信服他，也不能不认真考虑他发出的警告，不能对"以德为本"的思维抱有偏见。"文学"一方引的老子的这句话，现在版本的《道德经》里是没有的，我觉得《道德经》的另一句话引在这里也合适："有德司契，无德司彻。天道无亲，恒与善人。"有德圣人执政就像持有借据但不追讨那样宽容，无德的执政者就像掌管税收的官员那样刻薄苛严。天道对任何人都不会有偏爱，但永远助力有德的善人。

◎感觉这个更适合具体事例的处理，辩论涉及的理念差异，不好认定和量化。

◎儒生们反对"逐利"，与道家"不贵难得之货"的主张在某种程度上有相通之处，都是更注重精神的恬淡自适。

◎这个引申好！

◎大道无情，天道无亲。大道只赋能与道相合的人，它不以人的道德标准来评判，"文学"满嘴道德，却未能合于真正的大道。要看到自己的执念。

"是以王者崇本退末，以礼义防民欲"，王者是定调的，人的欲望和礼仪，就像流动的水和坚硬的河岸，需要以礼义防止欲望膨胀，需要把商业纳入道德的轨道上，需要对商业规约，以实用为主。所以，"实菽粟货财"，先考虑把真正攸关老百姓生计的粮食夯实，准备足。能吃饱才是第一位的，这一点"文学"一方是很实在的。当然，他们也不是说一点都没有看到市场、商业的必要性，只是要做严格的道德限制："市、商不通无用之物，工不作无用之器。"无用的、奢侈的都不要了，这是很朴素的想法，但也太不够变通了，对商业、流通的认识也是肤浅的。司马迁有《史记·货殖列传》，是专门研究商业流通的，提出了"以末致财，用本守之""人弃我取，人取我与"等活泼的思想，他的见识就高多了。

◎是的，要看到人们的认知处于不同的层级，他们的需求也是多元的。

太史公曰：夫神农以前，吾不知已。至若《诗》《书》所述虞、夏以来，耳目欲极声色之好，口欲穷刍豢之味，身安逸乐，而心夸矜势能之荣，使俗之渐民久矣，虽户说以眇论，终不能化。故善者因之，其次利道之，其次教诲之，其次整齐之，最下者与之争。（《史记·货殖列传》）

司马迁对人性的认识才是深刻的，正因如此，他对商业本身的理解也是深刻的。

物贱之征贵，贵之征贱，各劝其业，乐其事，若水之趋下，日夜无休时，不召而自来，不求而民自出之。岂非道之所符，而自然之验邪？（《史记·货殖列传》）

◎对自己不擅长的领域还是要藏拙为好。

"文学"一方对商业并不高明的见识，使他最后的结论"故商所以通郁滞，工所以备器械，非治国之本务也"显得狭隘、武断了。

大夫：你不懂，天下器物待商而通，待工而成

　　"文学"一方把商业流通往窄了说，大夫一方回应时就往宽了讲，这一回合可算针锋相对。大夫还是先援引思想，他发言的起首式倒是越来越像"文学"一方了。这也是辩论的常态，混战中偶尔会迷失自我，甚至越来越像对方。上一回合，大夫开始引用，引用的是《易经》，这次换成了《管子》。

◎哈哈，要有定海神针才行。

　　"管子云：'国有沃野之饶而民不足于食者，器械不备也。有山海之货而民不足于财者，商工不备也。'"国家自然资源丰富但老百姓不一定富足，甚至吃不饱，而且器具也不完备，原因出在哪里？某地有山海之货，有自然产出的货品，但老百姓拿它换不成财富，不就是因为商业和手工业不具备吗？大夫引管子的这句话很有针对性。管子是中国历史上搞商战的高手，对商业的理解是深刻的，大夫引得有的放矢。大夫也常在特定情境里讨论问题，因果关系清晰，让对方无可躲闪，这也是一种辩论的狠招。他设置了一个推理结构，这个结构里，资源是有的，可是结果却是资源没有转换为老百姓的生产力，没有转换为老百姓的财富，原因何在？这是要给出解释的。当然大夫自己的解释就是因为没有商业，没有手工业，没有工业。"文学"一方也常设置二元结构，但经常没有大夫具体、有针对性，重要的是还缺乏情境感。这是"文学"一方要学习的。

◎这样的题在考试中肯定是大题，要一二三四五去论证的。大夫如此简要的回答，不是给了文学反驳的机会吗？

　　接下来大夫又选择在更广阔的视野里论述了。他列举了陇、蜀的"丹漆旄羽"，荆州、扬州的"皮革骨象"，江南的"枏梓竹箭"，燕国、齐国的"鱼盐旃裘"，兖州、豫州的"漆丝絺纻"等特产，把这些东西总体定性为"养生送终之具"，就是攸关生死、养生的好东西，生死、养生是都切己之事，谁能不在乎呢？可这些东西只能在这些地方出产，其他地方的

◎大夫对各地特产了如指掌，胸中有大汉的地理经济版图，增加了辩论的丰富性。

◎可是现实很打脸啊！若真是这样，这个盐铁会议就不会召开了。

人要用怎么办呢？只能"待商而通，待工而成"，可见商人的流转流通，手工业者的制作多么重要。大夫的论述又一次出彩又严密。

有了以上两层论述做铺垫，下面大夫就开始在国家治理的层次上谈商业了。"圣人作为舟楫之用，以通川谷，服牛驾马，以达陵陆"，圣人制作各种交通工具，是为了"致远穷深"。有了交通，有了商业，货物才能到达极其遥远偏僻的地方，"所以交庶物而便百姓"，这样才能使庶物交易到老百姓那里，方便他们。这还是在论证商业的作用，用的同样是"曰若稽古"、诉诸远古"圣人"的历史思维，下面就是回到汉王朝的传统，"是以先帝建铁官以赡农用，开均输以足民财"。他还是诉诸先帝的权威，先帝设专管铁的官员是为了服务于农用的，开均输是为了补充老百姓财产、财物的。所以，"盐、铁、均输，万民所戴仰而取给者"，"取给"是获得给养的意思，这个制度的设计，就是为了满足老百姓的市场需要的，所以你把它毁掉，这是不方便的。大夫很聪明，也很会辩论，逻辑严密、诉诸权威都是一流的，可有一样，他一直没有正面面对"文学"一方说这些制度的实质是"与民争利"的指控，从这个意义上说，这一回合他其实是在重复之前的意思。

"文学"：你们在给老百姓搭建犯罪的梯子

"文学"一方是不承认大夫的逻辑的，马上出来反驳。他这次没有先引典籍，而是直接反对大夫设置的推理"为什么有沃野之饶的自然资源，而老百姓不足于食？为什么有山海之货而老百姓并不富裕？"在"文学"一方看来，不是大夫你们说的那个原因。老百姓不足于食恰恰就是因为工商业太兴盛了，人们都不从事本业（农业）了，这才导致田地荒废，引起食物短缺；恰恰是老百姓都不去致力于民用东西的生产，而去制作淫巧的东西了，做淫巧东西的人太多了，山海之货没人理了。这是两个针锋相对的解释。

下面是个气势磅礴的类比，"川源不能实漏卮，山海不能赡溪壑"，如果有缺陷，就是河流也不可能填实漏的酒杯，如果欲望无边，山海也不能满足欲望的溪壑。"文学"一方说话喜欢宏大的感觉，浓浓的浪漫主义、理想主义色彩。我本人对这种风格的第一直觉是敬而远之，这大概是气质不对付。《黄河颂》里"我站在黄河之巅"这句我最不以为然，这豪迈给我的是不适，总觉得这样的表达不是面对我们母亲河应有的恭敬态度，倒像是礼赞敢"站在黄河之巅"的作者自己。

大夫的推理、做法都是有漏洞的，"文学"一方主张，真正合理的做法还得回到儒家伟大的传统找榜样。盘庚迁都的时候住得很差，舜把黄金藏起来不用，这是远古的榜样；本朝高祖刘邦得到天下以后把商贾都迁到长安，不让他们做官。为什么他们要这样做？是为了遏制贪鄙的风俗，想要醇厚至诚的风气，其实就是为了抑制人的欲望。当然，想抑制人们的欲望、移风易俗并不容易。"排困市井，防塞利门，而民犹为非也"，抑制一下商人交易的市井那地儿，防塞点人们求利的门路，老百姓都不愿意。就是说，当官家想用礼义、用制度、用政策来防止民众欲望膨胀的时候，老百姓还会为了利益做坏事，更不要说"上之为利"，上方自己还奔着利益去了。"文学"一方这段感慨挺真实的。但他会像司马迁似的，面对这种现实的领悟因势利导而不是阻截人性吗？不会。这其实就是价值观的深刻影响，也不能简单苛责他们的顽固，这就把问题想简单了。很多时候，固执、迂腐和伟大其实是一体两面的，当然，这样说不代表不可以指出他们的偏至之处，有赞赏有批评，才是既辩证又真诚的精神。叶圣

◎这个反驳挺给力的。

◎呵呵。

◎欲望是人心生长出来的，风俗是人心的显化。还是要回到对生命内在的关注和引领上。

◎说得好！双方就是过于拘囿自己的观点，看不到对方的合理性。

陶说，好的文章要"诚实"和"精密"（《怎样写作》），做个好人，做个能思考的人何尝不是要这样呢？

最后，"文学"一方还是引了《左传》："《传》曰：'诸侯好利则大夫鄙，大夫鄙则士贪，士贪则庶人盗。'"这是不同等级之间的连锁反应。诸侯好利的话，那么他下一级的大夫就会鄙陋，只追求利，啥都没有见识过，可不就是鄙陋吗？大夫追逐利益，他的士就会有贪欲，这个程度会越来越高，社会精英都一层一层地腐烂的话，那么到了"庶人"这儿，就开始敢偷盗了。结论是：看到层层递进的危害了吧，大夫的推理、做法实质是"开利孔为民罪梯"。这是个既形象又严厉的指控：按你们的思路，等于是开了一个利益的小孔，不要轻忽小瞧了它，那就是给老百姓安置的犯罪的梯子。

◎我觉得"文学"这段话说得很有道理。前面庄子《天下》篇谈了生命的几个层次，过于强调利益会阻碍对生命更深层次的认知，天下熙熙皆为利来，这是和社会上层意识形态的引导有关的。

◎动心思要比对方还快，可以根据预判，精准回应。

◎我看过高手过招，前面都是顾左右而言他，最后一下精准点穴，用当下流行的话就是：刺激！

大夫：富国富民还打压奸商，犯罪梯子从何谈起

"文学"一方"开利孔为民罪梯"的指控这么强烈，大夫如何辩解？对这种硬指控的回应，在辩论场上可以有多种处理方式，从辩论技巧上看，或者不为所动、继续自说自话；或者激烈回应、反唇相讥；或者避重就轻、顾左右而言他，等等。大夫的回应显然是第一种。他当然知道这一指控的杀伤力很大，但他选择站在自己立场解释清楚均输具体是怎么一回事，而不是反唇相讥，因为把具体情况解释清楚了也就把对方指控的力道卸掉了，这其实是很高明的应对，也显得很沉稳和正派。你不得不承认，有着行政历练的这些大夫是有城府和谋略的。看大夫如何解释均输的原委：

"往者，郡国诸侯各以其方物贡输，往来烦杂，物多苦恶，或不偿其费。"这是陈述均输制度设计的初衷。各地的物产要上贡供给长安，的确存在着往来烦杂的问题。要上贡的物产

呢，也有个质量问题，有的虽是特产但质量不高，可能它的价格都抵不上运费。如果全国不一盘棋，各地把特产直接分头运到长安的话，多有浪费也杂乱，这也是客观事实。所以，"郡国置输官来以相给运，而便远方之贡，故曰均输"。各地方设置输官，统一协调运输，这样方便远方各处贡品的输送，所以叫均输，输就是运输，均就是协调、平均。这个解释走的是技术范儿，轻描淡写，仿佛这就是个水到渠成、利国利民的事。还是没有触及官家垄断的问题。

魔鬼藏在细节里。既然大夫选择具体解释均输运作的机制，下面的内容就是最紧要的信息了：

开委府于京师，以笼货物。贱即买，贵则卖。是以县官不失实，商贾无所贸利，故曰平准。平准则民不失职，均输则民齐劳逸。故平准、均输所以平万物而便百姓，非开利孔为民罪梯者也。

字面意思是这样的：各地在京师长安城自己开个仓库，好笼货。物价低时买，贵时就卖。这样各地基层的官员能掌握物资，商人没有哄抬物价，从中获取暴利的机会，我们就拉平了物价的准线，所以把这个叫作"平准"。物价平准了老百姓就不会失业了，施行均输的政策，老百姓也平等安逸了。所以说，平准、均输政策好，使万物的价格拉平，是方便老百姓的，不是"文学"一方说的那样"开利孔为民罪梯者也"。

你看大夫这话说得滑溜顺畅吧。各地政府联手建立了一个内部封闭的渠道，既能利用市场的价格变动规律，又不让商人染指，从而保证物价的平稳、老百姓的平等。能不能真正做到呢？事实上社会一定是需要市场的，大夫甚至主张商业是立国之本。问题是通过什么样的形式建立市场，为什么不让民间自发地做商业流通？官家的均输和民间的商业如何协调？有矛盾了怎么办？桑弘羊关于均输的制度设计一直到

◎哈，有种等待伏击的感觉。

◎再好的制度设计，如果不能充分做好应对人性之恶的措施，就很难达到初衷，甚至事与愿违。

第十四章 神降明出

宋代王安石变法乃至以后还有遗留，内在的问题也一直存在。我记得财经作家吴晓波说过，王安石变法是中国古典社会最后一次系统性变法，而且变法的结果也不是很好，就连支持变法的宋神宗这个"神宗"的庙号以后都没皇帝喜欢用了，不吉利。我没有做过专门了解，从桑弘羊到王安石及以后，中国均输制度运行的实际情况及调整究竟是怎样的？这应该是个大问题。先不管它，还是回到《盐铁论》的辩论上来。就大夫的这段话，仔细推敲的话也不免有些疑问，事实与结论之间的推衍也不令人放心。说些疑点：

1. "笼"是行业技术性的箱笼、笼装、笼罩呢，还是社会性质上的垄断、控制呢？汉字的多义、模糊有时真的方便钻空子。

2. 如何做到"贱即买，贵则卖"？怎样监管？

3. "县官不失实"，就一定能"平准"吗？"商贾无所贸利"时，他们不会想办法搞定县官吗？

4. "平准则民不失职，均输则民齐劳逸"的内在逻辑是什么？

怀着这些疑点，我们一起来看"文学"一方的反应会是怎样的。

县官猥发，阖门擅市：
这一次，"文学"的反驳太给力了

大夫对均输运作的描述是基于自己立场，高度选择性的，但毕竟透漏了信息，有信息就意味着会出现疑点。辩论双方之间的对抗、攻击，会

◎有意思，这个还真没留意过。

◎中国古代的改革，往往制度设计的初衷是好的，但在执行的过程中走样，从而导致不好的结果。王安石变法也是如此。我认同钱穆先生说的："任何一制度，决不会绝对有利而无弊，也不会绝对有弊而无利。所谓得失，即根据其实际利避而判定。而所谓利弊，则指其在当时所发生的实际影响而觉出。"

◎现在明白韩非为啥不喜欢知识分子了，呵呵。

使对方试图掩饰、弱化、扭曲的信息浮现出来，重新得到审视。真相就是这样拼全的。而且，正是得益于辩论过程中双方的不断对抗、激发，"文学"一方在这一回合全面展现了鞭辟入里的分析能力，深入到了均输制度的权力生态、运行机制。这就是对话、辩论的功劳，"文学"一方也从最初的追慕传统一步步走到了此时非常具体而微的剖析。我们看具体情形是怎样的：

"文学"一方首先还是先追溯理想的传统状态："古者之赋税于民，因其所工，不求所拙。农人纳其获，女工效其功。"又一次的"曰若稽古"，古时对老百姓收赋税，会根据他从事的行业，只收他擅长做的东西，不会收他不擅长做的。比方说他是种小麦的，就收他多少小麦，不能收其他的；他是养蚕的，就收蚕丝，不能收其他的。农人只需要上交他自己家田里的一部分收获，女工则上交她的手工品就可以了。

现在均输的设计、运作不是这样的："今释其所有，责其所无。百姓贱卖货物，以便上求。"现在你们不要老百姓手里有的，你要的是他们没的，他们只能贱卖他自己家的货物，去买官家要求的东西。《聊斋志异》里有篇著名的短篇小说《促织》，写的就是这个情形，毕飞宇还做过精彩的解读（《看苍山绵延，听波涛汹涌 —— 读蒲松龄〈促织〉》）。官家要老百姓上贡"促织"（蟋蟀），老百姓只能变卖自己家的东西去买，结果需求暴涨，价格扭曲，民不聊生。

"文学"一方进一步挑出了近来存在的具体情况，这个情况逐渐逼近均输问题的核心。"间者，郡国或令民作布絮，吏恣留难，与之为市。"最近，有的地方命令老百姓做粗丝棉，代表官家的吏在向老百姓收购的时候，很放肆地刁难、挑剔。这才是均输问题的第一个核心问题，官家与老百姓交易时，地位能是平等的吗？这不是民间性质的商人与商人、商人与

◎说得好！真理愈辩愈明。

◎横征暴敛，苛政猛于虎。

老百姓、老百姓与老百姓之间的交易，这是官家与老百姓的交易，在这样一个官家可以命令老百姓做粗丝棉的权力格局里，官家与老百姓的交易怎么可能是平等的呢？其结果一定是"吏恣留难"。

已经挑开了交易中权力不平等的秘密，接下来"文学"一方就火力全开，把均输运作的真正面目揭露了："吏之所入，非独齐、阿之缣，蜀、汉之布也，亦民间之所为耳。行奸卖平，农民重苦，女工再税，未见输之均也。"官家有强权，所收购的肯定不止大夫你们刚才列举的齐、阿的细绢，蜀、汉的麻布，本来只收那些东西就行了，但具体做事的"吏"——多像出了事被当作替罪羊的"临时工"，会扩张自己的权力，他会为了更大的利益去强行收购老百姓生产的其他物产，收到后再倒卖出去。这些物产原先可能是没有进入流通领域的，现在被"吏"收购了以后，势必造成原有价格的波动。这就叫"行奸卖平"，用欺骗的、强买强卖的手段低价买、高价卖，农民遭受两重痛苦，既要交官家规定的，还得交"吏"强行收购的。同样地，女工也被课以双重税收，总之，根本就没有见到大夫你们说的"输之均也"。这种以不平等的权力为背景的均输制度，不可能起到平抑物价的作用，只能加重老百姓的负担。

均输的内情已经清楚了，吏只是台前的执行者，真正的操盘手是"县官"，现在"文学"一方给均输做了一针见血的定性："县官猥发，阖门擅市，则万物并收。"这十三个字可以说是对均输运行机制及其结果最精彩的概括，十分经典！老实说，我们现在看《盐铁论》的这些思考，对我们完善市场经济，进一步理顺市场与政府的关系等方面都有很多的启发。"县官猥发"，基层官员乱发命令，因为他有不受老百姓制约的权力，这是均输的权力生态；"阖门擅市"，关起城门独揽市场，高度垄断商业流通渠道，想怎么样就怎么样，这

◎那些行政级别并不高的吏，通常喜欢在老百姓那里刷存在感，想到这里画面感都出来了。

◎权力导致腐败，导致制度设计走样。

◎确实，近几年有所谓国进民退之说，《盐铁论》的辩论对我们所面临的问题仍有参考作用，值得今天的人们借鉴和深思。这也是古典文献经久不衰的魅力所在。

是均输的运行生态；"万物并收"，想收什么就收什么，这是均输的结果。

完成了对均输的定性，接下来"文学"一方对均输生态链条的各个牟利者做了犀利的剖析，可谓黑幕掀开、丑恶毕现："万物并收，则物腾跃。腾跃，则商贾牟利。自市，则吏容奸。豪吏富商积货储物以待其急，轻贾奸吏收贱以取贵，未见准之平也。"万物并收，资源控制高度权力化，市场扭曲，物价一定飞涨。物价飞涨、波动得厉害，商人就有从中牟利的机会了。他们肯定会"自市"，自己评估，主动出击市场，这些行为大部分恐怕也是低价买、高价卖。物价飞涨、波动本身以及商人的投机对于围绕着官家权力的人，尤其是"吏"，也是有利的，因为官家才是最大的资源控制者，"吏"可以上下其手，物价波动恰恰给他们提供了投机机会，所以"则吏容奸"，"吏"一定会容纳奸商，他们结成了利益共同体，豪吏富商一定会勾结在一起。"豪吏富商积货储物以待其急"，他们人为地储存货物等待投机机会，高价出售。豪吏当然更是大规模地储货，一般没有很多资本的商人、小吏、奸吏，也在自己力所能及的范围内，采用收贱取贵的方式牟利。豪吏富商与轻贾奸吏都这样干，根本看不到原先制度设计的平准物价的功能，看到的只是物价波动、投机盛行。

最后的结论是："盖古之均输，所以齐劳逸而便贡输，非以为利而贾万物也。""文学"一方最后的感慨还是回到了理想的传统，这是儒家的思考方式，理想参照之下，更见当下的不堪，可谓沉重的叹息。

千年一叹。"县官猥发，阖门擅市，则万物并收"的冲动始终需要人们高度警惕。

◎我们国家在上个世纪90年代转型市场经济体制，"文学"抨击的那些现象这三十年都经历了，国家提出以德治国，同时又国进民退，结合本文的辩论，很有意味啊。无论古今，对执政者来说，平衡是重中之重。

第十五章 惠此中国

　　本章的主题是"惠此中国"。"惠此中国"出自《诗经·大雅》的《民劳》篇："民亦劳止，汔可小康。惠此中国，以绥四方。"从词源上看，西周何尊铭文上的"宅兹中国"是指地理上的中国，"中国"为居天下之中者。春秋时的《礼记·王制》有"中国、戎、夷五方之民，皆有性也"，夷夏之辨出现，"中国"已经有了文明的意味。《左传》里"子产论政宽猛"，提出为政须"宽以济猛，猛以济宽"，只有宽猛相济，方能"惠此中国，以绥四方"。这里的"中国"又缩小至子产为相的中原地区的郑国王都了。流变的"中国"进入现代，既有民族国家的现代意义，更有古典文明的传承一脉。"惠此中国"，越发成为中华民族的美好祈愿和文明期许。作为《国文课》的最后一章，在此告别的时刻，望师生一起虔诚念诵"惠此中国"，为我们中华民族的生存、生活、生命、生机共同祈福，回首不能忘却我们历史的辉煌和创伤，永远憧憬我们未来的拼搏和梦想。"惠此中国"，这是悲欣交集的幸福。

◎有形无形的"中国"一直在动态的演绎中。

◎此刻放眼全球，充斥着灾难和动荡的当下，无比感恩上苍"惠此中国"。

本章也是《国文课》最后一个板块"生机"的最后一章。儒家为我们贡献了"时机"的智慧,孔子更是被孟子称为"圣之时者"。孟子曰:"孔子,圣之时者也。孔子之谓集大成。集大成也者,金声而玉振之也。"(《孟子·万章下》)虽然时间如河流一般,"逝者如斯夫,不舍昼夜",但通过慎终追远的纪念,古人又在合宜的时机与我们重逢,过去和未来都会融汇到某个特定的时刻,这就是"时机"的智慧。身逢"时机",有机会对古人智慧、情思亲近,我们才能与古为徒,才会真有心动、挂念的先贤,像屈平、子长、子美、太白、东坡、易安、板桥、雪芹等,才会成为道地的中国人,才会习得中国人独有的喜乐,所谓"学而时习之,不亦说乎",大抵如是吧。

当然,我们已经身处古今中外融汇的大历史的转折里,所谓三千年未遇之大变局,人类文明是正在转进还是前途未卜,多有分歧,聚讼不已。各路文化资源空前的芜杂,尤其,现代文化特有的冷意对人并不总是友善、慰藉,虽然形式上它也耍得有模有样,博尔赫斯那句"人死了,就像水消失在水中"就很有别样的神韵,可内在的清冷、虚空还是令人不安。经由时尚、影视、广告、图画、声音、色彩,现代文化如空气,像潮水,包围、笼罩着我们,海子的诗句"面朝大海,春暖花开"已成高空中迎风飘扬的地产广告。没有些古典文明的浸润,如何从容、有力地坦然以对呢?当然,现代文化的精髓,对个体的尊重,人权意识的觉醒,更普泛的人道、更严格的理性精神同样是值得孜孜以求的。古今之争不如古今相顾,私心以为,《国文课》或许可以提供一丝机遇,给中华文明的真精神增加点邂逅的时机,也给现代文化的精髓提供一些浸润的机会,这应该是它的价值。

最后这一章,我们遴选了两篇文章:钱穆的《中国民族之克难精神》和冯至的《工作而等待》。前者接续历史,后

◎时间不是线性的,历史也不是逝去的,在宇宙的时轮里,只要内在有真诚的呼唤,古圣先贤就会给你回应。

◎是的,古典文化连接着源头的智慧。

◎是的,放下执优执劣的评判,古与今只是人类文明发展进程中的不同节点,互为镜像,相互照见。

者直面未来。相应地，本章讨论两个话题：一是中国的更生，二是中国与世界的对话。原本也准备了几节严复关于进化论的翻译文字，毕竟相当长的时段内进化论依然是影响我们现代中国的重要思想资源，认知它的利与弊，发奋图强又不陷入兽性的残酷竞争，对青年学子的心灵健康不无裨益，可惜因为篇幅所限只好割爱了。

下面我们把钱穆的《中国民族之克难精神》和冯至的《工作而等待》两文做下简要梳理。

钱穆对于中国文化的同情之了解和勤恳发扬素为学界敬重，通史巨著《国史大纲》更是在国家危难之时捧出了微言大义，凛然正气。《中国史学名著》也提供了如何读史的好门径，其他专书、论文、演讲琳琅满目、淹博通贯、多有睿识，为何独挑出这篇《中国民族之克难精神》呢？正如阅读建议说的那样，钱穆先生的文字多是温文尔雅的，此文要讲的却是有刚劲之意的克难精神。《中国民族之克难精神》一文，先讲人在极端困绝之境地里的"义气"："只问我对这事该不该如此做，却再不去问如此做了是利是害是得是失是安是危是生是死"。续讲一般生活情境里，"义利之辩，并不叫人舍利求害，只是指点人一条真正可靠的厉害别择的正道与常规"。两种情境各有不同，皆是对人浩然正气的磨砺，积而久之，自然心定气状，养成"公道与义气"。"中国人的传统文化，中国的社会风尚，正因为一向就看重这一种公道与义气，所以遂养成了举世无匹的一种克难精神。"钱穆此文里的公道与义气不正是"天行健，君子以自强不息"的真正力量支撑吗？在漫长的人生旅途中，每个人都不免有"艰难困苦"的时刻，涵养"公道与义气"的浩然正气，精神内力强大，才是把自己的命运牢牢掌握在自己手中的不二选择。

《国文课》的相关环节，还想把陈寅恪褒扬王国维的"独

◎进化论，优胜劣汰，让人一度以为世界就是这样的。可是现代人的宇宙观是以现代科学的测量为基础的，注定这个宇宙观也是狭隘的。

◎说得太对了！年纪越大越能理解这些并非道德的说教，要像孟子说的"吾善养吾浩然之气"，用正能量充盈自己。

立之精神，自由之思想"与钱穆此文的"公道与义气"做对照。看似一古一今，一现代一古典，或有侧重点的差异，其实两者在内在高贵的精神上是血脉相通的，这就是我说的古今相顾吧。"惠此中国"，也要祈愿这样高贵顽强的精神历久弥新、生生不息。

◎花开两朵，各表一枝。

如果钱穆的《中国民族之克难精神》一文昭示的是，要汲取源自我们中华民族历史的刚健正气的话，冯至的《工作而等待》表达的，则是面向全世界的沉静、坚韧和包容。

冯至被鲁迅称为"中国最为杰出的抒情诗人"，情感内敛、沉静、动人。他在这篇文章里深情诉说了自己与不同国家的杰出诗人——英国的奥登、奥地利的里尔克之间深层的精神上的亲近，以及他们和更多国际人士对陷于危难之时的中国的关心、鼓励和深情厚谊，让人唏嘘又动容，这才是全人类最高的道德模范。不同种族、不同语言、不同国籍、不同遭际，并不能阻止人们在精神上的相知、相通、相敬、相爱。

◎怎么看待这些异国知己、异代知己的现象？世界的频率是相通的，有意思。

人们常说"活在当下"至关重要，但是在特定的历史时期，残酷的现实、喧嚣的时代往往让人们难以平静地"活在当下"。在抗战时期的中国，人们或悲观地忧虑未来，或过分乐观地期盼胜利，可他们最应做的其实是既紧盯眼前的困难又努力前行，当时中国最需要的是里尔克笔下"不顾时代的艰虞，在幽暗处努力的人"。里尔克"居于幽暗而自己努力"的做法令人感佩，也深深打动了困厄中的冯至。里尔克"经过十年的沉默，工作而等待，直到在缪佐他显示了全部的魅力，一举而叫什么都有了交代"。无论是奥登还是罗素，他们都希望中国出现一批面对现实、真正努力工作的人。

◎其实一直都有，无论古今。自媒体时代，我们有更多的渠道去发现他们。

当今世界中的中国，和"抗战的第二年"的中国自然是不同了。如果说那时是在灾难深重的民族危机里，现在则是在实现中华民族伟大复兴的奋斗时刻。历史阶段不同，精神则可相通。此文里几位中外杰出的诗人在逆境中那种不绝望，"居于幽暗而自己努力""工作而等待"的精神仍然是我们最需要的。这是《国文课》的最后一篇文章了，希望以此和您共勉。

这也是和《国文课絮语》这本小书告别的时刻了，也希望以此和读者诸君共勉。最后一章不乏忧患和庄严，少些快意，您不必介怀。还记得《国文课》首篇，沈从文先生《跑龙套》一文开篇那句"我欢喜这个名分，除略带自嘲，还感到它庄严的一面"吗？身为国文教师，书稿结束之时，请允许我们向读者诸君谨致谢忱外，也说上一句：

我欢喜这个名分，除略带自嘲，还感到它庄严的一面。

◎此处一合，全书终。

跋：细谙则深有趣味

　　手边陈巨来《安持人物琐忆》一书里有回忆画家吴湖帆的高论，"一般高谈艺术，妄自称诩，如某某等等，都是尚在'未入流'阶段也"，陈巨来的评议是，"余认为吴氏此言，至正确也"。吴、陈两位的断言代表着某种要脸的传统，足令提笔放胆写"我之××观"之类、自吹自擂文字的人汗颜。此书，不过是普通国文教师随文感兴的絮语而已，不敢高攀专业的文学批评、学院范儿的高深学术，"不入流"是自然的，不过，羞愧若只停留在原地打转也是矫情，能挣扎、滋生出些真实才算好汉，还请读者诸君这么谅解着看。韩愈《听颖师弹琴》有"浮云柳絮无根蒂，天地阔远随飞扬"，这话增加了我们几分信心。

　　先读书方能批评，这是事实，说批评还是从读书说起为宜。批评仿佛读书的远行，路上风景或参差多样，磨砺体验或别有精彩，论断争斗也不免快意恩仇，但走远了恐怕最后还是会动心想着回趟老家，尽管重重的羁绊堵在那也只好客居他乡了。可真说起读书，虽有《朱子读书法》《如何阅读一本书》那样既权威又细致的指引，恐怕也不能抱太多奢望，人间的事，只要愿意睁眼看，处处涂抹图书、时时挤兑读书人的景象，谁又会不晓得呢？

　　《红楼梦》第一回开篇云："列位看官，你道此书从何而来？说起根由虽近荒唐，细谙则深有趣味，待在下将此来历注明，方使阅者了然不惑。"此句，原来读《红楼梦》时每每轻快地滑过，近来越发觉得，这一句话真道尽读书之事的奥妙，谈批评不妨就从这句话开始。

先看起头"列位看官"。语气的客气、距离感不仅仅是写书人的礼仪、成规，也是写书人要承受的事实，读自己书的恐怕大多数还是"看官"而非知音。即使你大发感慨"满纸荒唐言，一把辛酸泪。都云作者痴，谁解其中味"，怕也无济于事。《红楼梦》第一回对读者有可能辱没了自己独异的品格多次发出警告，不断提醒读者断断不可像看"理治之书""历代野史""风月笔墨"一样来对待自己，和这些"熟套旧稿"断然不同，自己有着"令世人换新眼目"的绝大抱负。但写书人也懂得，"今之人，贫者日为衣食所累。富者又怀不足之心。总一时少闲，又有贪淫恋色，好货寻愁之事"，自己的书想被人"喜悦检读"，大概机会也只有"当那醉淫饱卧之时""或避世去愁之际"。这分明是两个极端境遇，人们或活得活色生香时拿它做个消遣，或活得了无滋味时拿它当个慰藉。不是这些时刻谁又会想起来读本"大旨谈情"的书呢？"令世人换新眼目"固然伟大，也得从接引人生的各色形态入手，否则"列位看官"也难买账。这份读者意识，真是无比清醒了。

次说"你道此书从何而来？"人们对写书人的起意、动机乃至身世、家世多有刨根究底的喜好，关于《红楼梦》作者是否为曹雪芹的种种考辩、争议，大有以"曹学"代替"红学"之势。但若真追究起来，写书人起意做书"说起根由虽近荒唐"才是常态。妙的是"近荒唐"。"近荒唐"者，逼近荒唐又不全然荒唐。一方面，写书人的创作皆为反抗现实生活的行动，反抗现实生活秩序可不就是"荒唐"之举吗？另一方面，"满纸荒唐言"下的"一把辛酸泪"却是真实不虚的。一切人类精神成果的创造，说到底无非就是"说起根由虽近荒唐"。这份作者意识，不可谓不深刻。

再说"细谙则深有趣味"。这大概是阅读《红楼梦》时的不二法门了。"谙"者，左言右音，文字与声音两个维度同步方能体会《红楼梦》的韵致。看到一些红学畅销书将"细谙"当作"细按"，只好摇头废书不观。不敢刻意为高，只是，"按"分明是截断、终止的死路，"谙"却是活泼的、呼吸的生机，以"按"乱"谙"，是可忍，孰不可忍？"细谙"，提醒阅读时文脉流动的细密节奏，老杜有言，"文章千古事，得失寸心知"，不以"寸心"去"细谙"，如何能体味《红楼梦》的趣味呢？不妨随手举一例，《红楼梦》第一回甄士隐中秋夜请贾雨村，喝酒程序是"先是款斟漫饮，次渐谈至兴浓，不觉飞觥限斝起来"。从注意礼貌的客气、矜持、舒缓，到声口渐高、谈话热络，再到不知不觉之间酒器流转的声响、频率越来越往上走，文人把酒言欢行进的内在时间节奏可谓历历在目。其中"人情世故"的曲折与微妙的"趣味"，非"细谙"真难以体会。纳博科夫曾礼赞大文豪托尔斯泰作品的时间意识，说托尔斯泰是唯一一位其时间钟和众多读者的时间钟相一致的作家。若他读过《红楼梦》，大概会把"唯一"去掉。《红楼梦》对理想中的读者的阅读状态的期许，不可谓不殷切！

最后说"待在下将此来历注明，方使阅者了然不惑"。这一句倒是饶有趣味的遮眼法。"来历注明"后"阅者"也未必"了然不惑"，更真实的结果是"阅者"阅的是自己愿意阅的，惑的是自己所惑的。以《红楼梦》第一回里书的名字变化为例。原初《石头记》的命名冷冷清清，空空道人改《石头记》为《情僧录》，他大概是第一个被《石头记》里蕴藉的情感击中的闻者，所以他的命名凸显了"情"。"至吴玉峰题曰《红楼梦》"，这位学者的命名连缀起红、楼、梦，对书中内容的概括全备，这大概真是学者的本色，红学大军的各路好手多属此类，也难怪此书名独占鳌头。"东鲁孔梅溪则题曰《风月宝鉴》"，这是想回到"风月笔墨"的传统，欲望而非情感才是这一传统着迷的。"曹雪芹题曰《金陵十二钗》"，则是让焦点对准了那如水的十二个女子。至于"脂砚斋甲戌钞曰再评，仍用《石头记》"，又恢复了激动后的冷静。每个读者在看《红楼梦》，也在瞅自己。《红楼梦》此处对一本书的阅读、传播状态的估计不可谓不准确。

《红楼梦》开篇这句，曹公的伏采潜发，实在"细谙则深有趣味"；曹公认定的，自己所创造的艺术世界与现实世界的关系，真切，有期许，也留一秘密的门径——细谙，也给读者做善意提醒，然而并不做奢望。他的笔像圆润的切线一般，从读者身边走过，从现实人生风景处走过，体贴又自在从容；现代的文人难有此从容。沈从文有一小文《跑龙套》，开篇有："我为避免滥竽充数的误会，常自称是个'跑龙套'脚色。我欢喜这个名分，除略带自嘲，还感到它庄严的一面。"沈先生的谦逊是可感佩的，"欢喜""自嘲""庄严"也浸润着人间的智慧，欢喜显示出自己情感的热和真，自嘲则满足周边人平等及其他的需求，庄严则恰好符合事功本身的规矩、要求，若是你在某庙堂、大会上做个先进工作者的发言，这三点怕是都要有的，甚至次序都最好如此。人们对时下批评不满，无非是这些批评，越来越像表扬或"先进工作者的发言"，玩弄了"欢喜""自嘲""庄严"，失去了沈先生的谦逊和苦涩。读书已经远行，走到了驳杂的社会里，也难免诸种活色生香、烟火漫卷。

赵汀阳《坏世界研究》一书导言里有一句有趣的夫子自道："我原来研究形而上学，考察了许多呆主意，后来研究伦理学，考察了许多傻主意，再后来研究政治哲学，又考察了许多坏主意。"这是笔者见过的关于形而上学、伦理学、政治哲学这三门学问的本质卓有心得的见识了。对照之下，所谓文学批评与研究，又是研究什么的呢？大概就是研究"呆""傻""坏"的各种"精神现象学"吧。细细想来，文学及各门学问所关切者，的确皆纠缠于人间的呆、傻、坏诸事，而认真的文人、学人时时怀着"出淤泥而不染"的自省，努力在"坏"世界里言说着种种求真向善的文学、学术行话，难免不被行外人撇嘴讥讽——嘁，所谓高深莫测的艺术范、学术范不过是一副呆相或傻样。笔者也常自诩为仰仗看几本书方能谋生的当代孔乙己，一副呆相或傻样正是自己的真实写照，想起这些既欢喜又自嘲的快乐不免让人感慨！为文之道，还真脱不了"呆、傻、坏"的底色。沈从文的欢喜、自嘲、庄严，不也正是如此吗？

其实日常生活中人们津津乐道的呆、傻、坏这三个字的意思是有微妙差异的，这差异真要说得透辟，大概既得动用形而上学、伦理学、政治哲学的学理资源，也不能忘却《傻瓜吉姆贝尔》《狂人日记》等提供的震撼体验。康德《实用人类学》一书，"论认识能力中的心灵削弱"一节里对"傻瓜""呆子"有过辨识。康德说："傻瓜是那种为了无价值的目的而牺牲有价值的目的的人，例如为了家庭之外的显赫而牺牲家庭的福祉的人。愚蠢的侮辱人的叫法就是呆气。……一个正好违背自己的正当利益而行动的人，即使他只是损害着自己，有时也被称为呆子。"这几句话里透着某种通俗道德哲学的机智，颇值得回味。不过在康德这部看透人情世故的《实用人类学》里远不算精彩，笔者更喜欢的是下面一句："一般说来，万一要按比较理性的方式行动，傻瓜是把更大的价值放在事物之上，而呆子去将它放在自身之中。"莫小看此句，康德以"之上"与"之中"的对局来辨识傻和呆的微妙差异，精准至极，可称得上机智妙绝了！人间的大哲真是会想。黑格尔《精神哲学》一书里也谈"真正的傻"和"蠢态"，精彩思致不遑多让。略做抄录如下，乍看黑格尔式的行话或许会稍觉晦涩，但耐心地阅读后笔者担保您定有心会的收获：

真正的傻："应归于傻的，在这个词的较狭窄的意义上是指：精神始终呆在某个个别的单纯主观的表现上，并把这个表象认作是一个客观的东西。这种灵魂状态大都是来自人由于对现实不满而把自己封锁在自己的主观性中。尤其是对虚荣和傲慢的酷爱是灵魂的这种自我监禁的原因。"

蠢态："与精神涣散相反，蠢态则对一切事物都有兴趣。蠢态来源于无能把注意力固定到任何某个确定的事物上，而是一种从一个对象跟踪到另一个对象的疾病。这种疾病大部分是不可治疗的，这类傻瓜是最麻烦的人。"

在文学创作的世界里，有着多少可敬的"傻"和"蠢态"，或激情挥洒，或深思慎述，总是那么奇特地融睿智与蠢态于一身，且似乎也几无改进的可能了。梁小斌《独自成俑》里说，思想就是"手上有一根刺，使我不得不回忆这只手今天抚摸了些什么"。对手上的"肉中刺"的抚摸，多傻、多蠢，又多令人心疼。哲学家辨识、批判的"呆""傻""坏"里，有着文学（研究）的秘密，少些通俗智慧里论断的精明、世故，多些感受、共情、想象的"呆""傻""坏"。期望回到读书的悸动、羞涩、热烈、沉静，这自然又是一个很傻很呆的期望。但希望回到如此的读书状态是自愿的，梁小斌说，"关于自愿还是被迫，是衡量写作者心灵基本母题是否纯真的分水岭"，信哉此言！

"自愿"即又"呆"又"傻"的意志。鲁迅散文诗集《野草》中的名文《秋夜》里的那两株枣树，正是又"呆"又"傻"的代表。《秋夜》的开篇即：

在我的后园，可以看见墙外有两株树，一株是枣树，还有一株也是枣树。

异常直截、着意重复、又"呆"又"傻"的表述不知引起了多少摇头、讥笑、嘲讽和戏仿。这其实也不足为怪，意志冲撞语法规矩过甚，难免会有病句之嫌。更重要的是，"古今多少事，都付笑谈中"才是人间多见的阅读趣味，这句也太过咄咄逼人、令人紧张了。不乏文人学士为此句辩护，不过某些言不由衷、刻意发掘其微言大义的所谓专家级的辩辞其实更令人生厌。以八股程式看"两株枣树"，不过是对八股文破题时常"对举成文"这一程式的冲撞、反讽而已，"一株是……，还有一株也是……"无非是凸显执拗与孤独、又"呆"又"傻"的意志罢了。"秋夜"里的两株枣树，没那么"高大上"，真实的情形是："简直落尽了叶子"，"单剩干子"，"从打枣的竿梢所得的皮伤"倒是不少，这一切岁月的"残留"竟然没有折损他又"呆"又"傻"的意志，这枣树，"一无所有的干子，却仍然默默地铁似的直刺着奇怪而高的天空，一意要制他的死命，不管他各式各样地眹着许多蛊惑的眼睛"。这两株枣树引动人内心的不是悲伤之感，而是执拗的、不顾一切的、搏命式的进击。如果说人们更习惯于在时间的流逝中无可奈何地被烙上命运的刻痕，那么这"两株枣树"却是在与"奇怪而高的天空"主动的空间对抗中获得了强悍的生命力。理解前者需要体味生命无常的时间感，体贴后者大概需要看见特定处境的眼光，需要身临其境的空间意识。

看见特定处境里的意志并非易事，克尔凯郭尔在《论反讽概念》一书里就曾辛辣地讽刺古希腊的大作家色诺芬虽然身为苏格拉底的弟子，却因缺乏"看见处境的眼光"无从理解老师的秘密。有意思的是，克尔凯郭尔为了说清楚这一点例举了一幅画，那画的秘密竟然也与"两棵树"有关，所以，将克尔凯郭尔的这段文字抄录如下，实在是再好不过了：

有一张画儿，画的是拿破仑的墓。两棵大树遮蔽着它。除此之外，画儿上别无可见，首次观看者再也看不到别的东西。两棵树之间空荡荡的，什么也没有；眼睛随着大轮廓慢慢看去，在这个空荡荡之中拿破仑自己突然呈现出来——现在他站在那里，你怎么也不能使之重新消失。眼睛一旦看见了他，就会以一种几乎令人恐惧的必然性永远看见他。苏格拉底的答对也是如此。我们听到他的话，就像我们看到那两棵树一样，他的话听起来词意相符，就像那两棵树是树一样，没有一字一句听起来别有它意，就像没有一枝一叶指向拿破仑一样——然而正是这个空荡荡，这个"什么都没有"隐藏着重要的东西。

克尔凯郭尔描述的这个处境里，"突然呈现出来"的，"空荡荡"却隐藏着的重要的东西，只能是意志；"眼睛一旦看见了他，就会以一种几乎令人恐惧的必然性永远看见他"，这是对意志启动极生动的描摹。在"坏"的世界里，只有又"呆"又"傻"的意志启动，方能生成一个新的充满感受、意志的灵性空间。

说这是文学及其批评的小秘密，怕不为过吧。

"意志"的启动在中国古典诗学那里，既自觉又丰富，这就是"兴"。"兴"其实就是意志指引下逗引、接纳、激活感发的时机，此刻诗与乐交汇，依照孔夫子对乐队演奏的理解，"乐"以"翕如"的状态始，次第经过"纯如、皦如、绎如"三个节奏，最终生成华章。无"兴"则无灵韵、无意志，也无真情；"兴"的匮乏为历代时文第一顽疾。

批评需有自己的"兴、观、群、怨"。写作与批评的起点均应是"兴"（感受力），无"兴"一切免谈，这是读书内在、苛严的面向，只是它在远行中只好做种种妥协，受了诸多委屈。"观"，看上去最是种类繁多，但"直观"其实靠的仍是"兴"，其他的"观"依仗的则是思想。所谓思想，无非又思又想，其实常常是"思"不能真切前进时就靠"想"来跳跃，甚至掩饰了。"观"的根据地——某种思想资源最好老实地和盘托出，对批评者来说，有自己的根据地才有诚实的底气。"群"，批评常讲个性，也得有点"共和"意识，究其根本，私人语言有美学魅影，也有伦理效应，美与真、诗与史常扭结在"群"里，"群"后面站着的是正义，不是互道"呵呵，兄台头把"的批评者小群体。"怨"，愤怒与无力的共生才有"怨"，这个字里也秘响旁通着文学的晦暗之处，先愤怒后无力，抑或先无力后愤怒，或者在愤怒与无力之间摆荡、激荡，都是文学的常态。"怨"里有着"狮子似的凶心，兔子的怯弱，狐狸的狡猾"，最应警惕；可在文学的世界里也别奢望"在邦无怨，在家无怨"，因为这就是生命的真相，不然，"和大怨，必有余怨，焉可以为善？"

张克

2024 年 2 月 22 日

　　　　　　　　　　　　　　　跋：细谙则深有趣味

后 记

  这本小书是两位国文教师围绕《国文课》选本随文感兴的记录。原打算署名"费而隐"的，诸多原因还是放弃了。为什么想署"费而隐"呢？这是后记最想给您老实交代的。

  先说"费而隐"这名字，很惭愧，口气着实有点大。《中庸》里有"君子之道费而隐"，这是出处。拿这句话起名字，我们不是独创，还是跟《红楼梦》学的。诸君记不记得《红楼梦》第一回介绍的第一个读书人是谁？对，"姓甄名费字士隐"，"甄费"是大名，表字"士隐"。费，广大；隐，精微。《中庸》有"致广大而尽精微，极高明而道中庸"的名句，字面上"费而隐"就是前半句的意思，志向不可谓不远大，这不是我们敢高攀的。《红楼梦》给第一个出现的读书人起名"姓甄名费字士隐"，说"因这甄士隐禀性恬淡，不以功名为念，每日只以观花种竹、酌酒吟诗为乐，倒是神仙一流人物"，这是好话，是读书人理想的样子。读书人现实的样子是谐音暗示的，"甄费"即"真费"，真是个废物；"士隐"，就是读书人隐没不见。这才是曹雪芹给甄士隐准备的宿命。这其中的滋味，对读书人就无须多讲了。很想选择这个署名，算是对读书人的敬意和体贴吧。

  这本小书的成形过程是这样的，先有张克老师每周口述一次，赵改燕老师录音整理，并加批注，也不时做些补充，一稿有近14万字。本来计划张克老师随即着手修订，可不幸的是，他因被重症肌无力的疑难杂症找上门来，只好休息，这一拖就是三年。这期间每天两大碗的中药让他病情有所好转，于是又不断跃跃欲试，最终完成了书稿。

所幸，修订书稿还没要了张克老师的小命，他看上去还没有颜色憔悴、形容枯槁、呆若木鸡，看来关键时候读书人还是很顽强的。但毕竟碍于病情，文字细微之处的妥帖还是不能达到他的期许，若有不足，愿意接受读者诸君的批评。赵改燕老师做了全部的批注，她的意见是独立的，既有赞善也有批评，方便讨论。她不赞同阅读像猪八戒吃人参果那样随意却全不知滋味，这种精神鼓舞、鞭策了张克老师，一边喝中药一边努力认真读书写作。

书稿成形后得到诸多师友的指导，一并铭记在心。书稿拖延至今，得到我们供职单位深圳职业技术大学的谅解和支持，感谢学校学术出版资助项目的支持。湖南大学出版社同样给予了理解，这也是要万分感谢的。有这样的好东家、好伙伴，我们心怀感激。

责任编辑刘旺女士卓有创意的编辑，使小书增色不少，也向她特别致敬。

参考文献

[1] 林纾. 春觉斋论文 [M]. 北京：人民文学出版社，1962.

[2] 刘师培. 中国中古文学史讲义 [M]. 上海：上海古籍出版社，2019.

[3] 刘熙载. 艺概 [M]. 北京：中华书局，2009.

[4] 钱锺书. 谈艺录 [M]. 北京：中华书局，1984.

[5] 邓云乡. 清代八股文 [M]. 石家庄：河北教育出版社，2004.

[6] 吴小如. 吴小如讲杜诗 [M]. 天津：天津古籍出版社，2012.

[7] 方孝岳. 中国文学批评 中国散文概论 [M]. 北京：生活·读书·新知三联书店，2007.

[8] 周振甫. 诗文浅释 [M]. 北京：北京师范学院出版社，1986.

[9] 唐弢. 文章修养 [M]. 北京：生活·读书·新知三联书店，1983.

[10] 周汝昌. 诗词赏会 [M]. 北京：中华书局，2011.

[11] 张中行. 文言津逮 [M]. 北京：中华书局，2007.

[12] 高友工. 美典：中国文学研究论集 [M]. 北京：生活·读书·新知三联书店，2008.

[13] 流沙河. 诗经点醒 [M]. 成都：四川文艺出版社，2018.

[14] 张祥龙. 拒秦兴汉和应对佛教的儒家哲学 [M]. 桂林：广西师范大学出版社，2012.

[15] 张文江.《庄子》内七篇析义（修订本）[M]. 上海：上海书店出版社，2018.

[16] 孙中原.中华先哲的思维艺术[M].北京：北京大学出版社，2006.

[17] 杨逢彬.论语新注新译[M].北京：北京大学出版社，2016.

[18] 冯胜利.汉语韵律诗体学论稿[M].北京：商务印书馆，2015.

[19] 莫砺锋.莫砺锋讲杜甫诗[M].桂林：广西师范大学出版社，2019.

[20] 钱基博.国文教学丛编[M].武汉：华中师范大学出版社，2013.

[21] 钱穆.中国史学名著[M].北京：生活·读书·新知三联书店，2004.

[22] 顾随.顾随讲古代文论[M].石家庄：河北教育出版社，2013.

[23] 闻一多.唐诗杂论[M].南京：江苏文艺出版社，2007.

[24] 谭正璧.文言尺牍入门[M].北京：北京出版社，2015.

[25] 浦江清.中国古典诗歌讲稿[M].北京：北京出版社，2016.

[26] 杨树达.高等国文法[M].上海：上海古籍出版社，2013.

[27] 夏丏尊，叶圣陶.文心[M].北京：生活·读书·新知三联书店，2008.

[28] 汪曾祺.晚翠文谈[M].郑州：河南文艺出版社，2017.

[29] 扬之水.诗经别裁[M].北京：中华书局，2007.

[30] 朱维铮.走出中世纪[M].上海：复旦大学出版社，2007.

[31] 金性尧.夜阑话韩柳[M].北京：北京出版社，2015.

[32] 王元化.读文心雕龙[M].上海：上海书店出版社，2019.

[33] 杨树达.高等国文法[M].上海：上海古籍出版社，2013.

[34] 金克木.书读完了[M].上海：上海文艺出版社，2017.

[35] 止庵.远书[M].郑州：大象出版社，2007.

[36] 邓晓芒.灵之舞[M].上海：上海文艺出版社，2009.

[37] 王富仁.王富仁学术文集[M].太原：北岳文艺出版社，2021.

[38] 王文兴.玩具屋九讲[M].上海：上海三联书店，2014.

[39] 孟晖.花间十六声[M].北京：生活·读书·新知三联书店，2006.

[40] 李广宇.判词经典[M].北京：法律出版社，2022.

[41] 范福潮.一生能读几多书：我的私人阅读史[M].上海：东方出版社，2018.

[42] 刘勃.传奇中的大唐[M].北京：文化发展出版社，2018.

[43] 梁小斌．翻皮球 [M]．南京：江苏人民出版社，2013．

[44] 伍立杨．青山之隐 [M]．哈尔滨：北方文艺出版社，2016．

[45] 木下铁矢．朱子："职"的哲学 [M]．凌鹏，译．北京：生活·读书·新知三联书店，2022．

[46] 苏珊·佩普，休·费瑟斯通．特稿写作：从入门到精通 [M]．周黎明，译．北京：中国人民大学出版社，2011．

[47] 罗伯特·麦基．故事 [M]．周铁东，译．天津：天津人民出版社，2014．

[48] 约瑟夫·休格曼．文案训练手册 [M]．杨紫苏，张晓丽，译．北京：中信出版社，2015．

[49] 黄明胜．宣·讲：中国式公关写作的实战谋略 [M]．北京：中国市场出版社，2007．

[50] 朱家安．文案觉醒：激活新媒体人内容创作的本能 [M]．北京：机械工业出版社，2017．